权威·前沿·原创

皮书系列为
"十二五""十三五"国家重点图书出版规划项目

BLUE BOOK

智 库 成 果 出 版 与 传 播 平 台

广东蓝皮书

BLUE BOOK OF GUANGDONG

广东经济社会形势分析与预测（2021）

THE ANALYSIS AND FORECAST OF GUANGDONG'S ECONOMIC
AND SOCIETY (2021)

主　编／郭跃文　向晓梅

社会科学文献出版社
SOCIAL SCIENCES ACADEMIC PRESS（CHINA）

图书在版编目（CIP）数据

广东经济社会形势分析与预测.2021 / 郭跃文,向
晓梅主编. -- 北京：社会科学文献出版社，2021.5
 （广东蓝皮书）
 ISBN 978 - 7 - 5201 - 8256 - 0

Ⅰ.①广… Ⅱ.①郭… ②向… Ⅲ.①区域经济 - 经
济分析 - 广东 - 2020②社会分析 - 广东 - 2020③区域经济
 - 经济预测 - 广东 - 2021④社会预测 - 广东 - 2021 Ⅳ.
①F127.65

中国版本图书馆 CIP 数据核字（2021）第 075556 号

广东蓝皮书
广东经济社会形势分析与预测（2021）

主　　编／郭跃文　向晓梅

出 版 人／王利民
组稿编辑／宋月华
责任编辑／韩莹莹　范　迎

出　　版／社会科学文献出版社·人文分社（010）59367215
　　　　　地址：北京市北三环中路甲 29 号院华龙大厦　邮编：100029
　　　　　网址：www. ssap. com. cn
发　　行／市场营销中心（010）59367081　59367083
印　　装／三河市东方印刷有限公司

规　　格／开　本：787mm × 1092mm　1/16
　　　　　印　张：26　字　数：430 千字
版　　次／2021 年 5 月第 1 版　2021 年 5 月第 1 次印刷
书　　号／ISBN 978 - 7 - 5201 - 8256 - 0
定　　价／179.00 元

本书如有印装质量问题，请与读者服务中心（010 - 59367028）联系

主要编撰者简介

郭跃文 1966 年 6 月出生，湖北鄂州人。广东省社会科学院党组书记、广东省社会科学界联合会兼职副主席、广东省习近平新时代中国特色社会主义思想研究中心副主任、广东省政协委员。中山大学文学学士、华南理工大学管理学硕士。历任中共广东省委办公厅会务处副处长、省委常委会秘书（正处职）、省委办公厅综合处处长、省委办公厅信息调研处处长、省委办公厅副主任、省委新闻发言人、省委老干部局局长，兼任省委组织部副部长、省委离退休干部党工委书记。代表作有《粤港澳大湾区建设报告（2019）》《国家能力支撑下的市场孵化——中国道路与广东实践》《中国经济特区四十年工业化道路：从比较优势到竞争优势》等。

向晓梅 1965 年 4 月出生，四川宜宾人，经济学博士、二级研究员。广东省社会科学院党组成员、副院长。第十二届全国人大代表、广东省第十二次党代会代表，中宣部文化名家暨"四个一批"人才，广东省政府决策咨询专家，广东省区域与产业创新研究会会长、广东经济学会副会长。主要从事产业经济、区域经济、海洋经济和"一带一路"等问题研究。曾荣获广东省哲学社会科学优秀成果一等奖一项。代表作有《深蓝广东——广东建设海洋经济强省的优势、挑战与战略选择》《粤港澳大湾区海洋经济协同创新研究》《广东经济与产业发展：演进特征与趋势研究》《中国经济特区四十年工业化道路：从比较优势到竞争优势》等。

摘　要

《广东经济社会形势分析与预测（2021）》由一个总报告、十二个分报告组成，主要从经济学、社会学、政治学、管理学、文化学、法学等多个学科视角，以宏观经济、创新驱动、现代产业体系、脱贫攻坚、防范化解重大金融风险、社会治理、生态环境建设、法治发展、文化强省建设、粤港澳大湾区建设、区域发展、家庭调查等问题为切入点，深入研究、分析和总结了2020年广东省经济社会发展的主要成绩、面临的主要问题和挑战、2021年乃至"十四五"期间广东经济社会发展主要趋势，并提出了具有前瞻性的政策建议。研究主要发现：2020年，广东有效统筹疫情防控和经济社会发展工作，持续推动"1＋1＋9"工作部署落地落实，促使经济持续复苏向好，新动能发展壮大，民生福祉不断改善，社会大局和谐稳定，全面完成"十三五"规划主要目标任务，全面打赢脱贫攻坚战，全面建成小康社会，经济社会呈现高质量发展的良好态势。2021年需要继续深入实施创新驱动强动力，加快推动经济高质量发展；稳链纾困壮实体，加快发展现代产业体系；提质增效双循环，打造全国双向开放战略支点；优势互补促均衡，增强城乡、区域发展的平衡性、协调性；攻坚克难深改革，率先建设高标准市场经济；发展共享促和谐，建设更高水平平安广东。

从主体内容来看，本书主要包括总报告、经济篇、社会篇和专题篇四个部分。其中，经济篇主要从宏观经济、创新驱动、现代产业体系等视角对广东经济发展形势进行分析和预测。主要发现：2020年，广东经济持续稳健复苏，彰显出较强的韧性和动力，实现 GDP 110760.94 亿元，连续 32 年位居全国第1，预计 2021 年广东 GDP 将增长 7% 左右；在新冠肺炎疫情和全球经济下行等冲击下，广东产业增加值增速短期下滑后逆势回升，规模以上工业中先进制造业、高技术制造业增加值占比分别达 56.1% 和 31.1%；现代产业成为工业发

展新动能，产业结构韧性增强，产业集聚水平提高，产业提质增效效果明显；创新发展动能持续增强，区域创新能力连续 4 年蝉联全国第 1，2020 年研发投入达到 3200 亿元，研发投入强度为 2.9%，达到发达国家和地区平均水平。

社会篇主要从脱贫攻坚、防范化解重大金融风险、社会治理、生态环境建设等视角对广东社会发展形势进行了分析和预测。主要发现：2020 年，广东脱贫攻坚各项工作取得决定性进展，即将进入脱贫攻坚与乡村振兴的衔接期；金融风险防控从基本完成治标逐步向治本过渡，为推动金融高质量发展打下良好基础；在党建引领社会治理、基层治理体制改革、多元参与格局和社会心理服务体系建设等方面取得积极进展，全省 98% 以上矛盾纠纷在基层得到及时有效化解，社会治理的社会化、智能化、法治化、专业化水平不断提升；生态文明建设取得良好成效，生态环境质量持续改善，空气和水环境质量再创历史最优，绿色、低碳、循环发展方式加速形成，公众环境意识位居全国前列。

专题篇主要从法治发展、文化强省建设、粤港澳大湾区建设、区域发展等视角对广东经济社会发展形势进行了分析和预测，并以广东省社会科学院省情调查（2020）数据为基础，对广东省城乡家庭的基本情况进行了分析研究。主要发现：2020 年，广东完善疫情防控等相关领域地方立法，深入推进法治政府建设，狠抓司法改革各项任务落地见效，推进多层次、多领域依法治理，不断深化全面依法治省工作；坚持价值引领与实践养成相结合，持续深化社会主义核心价值观教育，促使文化产业稳步发展，文化"走出去"步伐日益加快，"粤港澳大湾区文化圈"建设亮点多；粤港澳大湾区科技创新能力不断增强，现代化基础设施互联互通格局取得新突破，具有国际竞争力的现代产业体系正逐步完善，宜居宜业宜游的优质生活圈加速形成，全面开放迈向更高水平；区域协调发展体制机制不断完善，珠三角核心区综合实力进一步增强，拥有 3 个 GDP 过万亿元城市，沿海经济带东西两翼和北部生态发展区一批城市经济增速亮眼，全部城市 GDP 均已突破千亿元，"一核一带一区"的区域发展格局初步确立；在新冠肺炎疫情的影响下，广东居民的工作生活方式发生了较大变化，在线教育和远程办公迅速普及，以保持社交距离为前提的全新生活方式对人们的家庭经济生活、就业状况、社会心态等产生了一定冲击。

关键词： 宏观经济　现代产业体系　文化强省　区域协调发展

目 录 ◥◆▨▨▨

Ⅰ 总报告

Ⅱ 经济篇

Ⅲ　社会篇

Ⅳ　专题篇

皮书数据库阅读 **使用指南**

总 报 告
General Report

B.1

2020~2021年广东经济社会发展报告

广东省社会科学院课题组*

摘　要： 2020年，广东有效统筹疫情防控和经济社会发展工作，持续推动"1+1+9"工作部署落地落实，促使经济持续复苏向好，新动能发展壮大，民生福祉不断改善，社会大局和谐稳定，全面完成"十三五"规划主要目标任务，全面打赢脱贫攻坚战，全面建成小康社会，全省经济社会呈现高质量发展的良好态势。通过分析广东经济社会发展的问题与挑战，本报告认为广东需要做到：创新驱动强动力，加快推动经济高质量发展；稳链纾困壮实体，加快发展现代产业体系；提质增效双循环，打造全国双向开放战略支点；优势互补促均衡，增强城乡、区域发展的平衡性、协调性；攻坚克难促改革，率先建设高标准市场经

* 课题组成员：邓智平，广东省社会科学院改革开放与现代化研究所所长、研究员，研究方向为社会发展与现代化、社会政策与社会治理；余欣，广东省社会科学院改革开放与现代化研究所副研究员，研究方向为港澳经济；谷雨，广东省社会科学院改革开放与现代化研究所助理研究员，研究方向为科技创新；廖炳光，广东省社会科学院改革开放与现代化研究所助理研究员，研究方向为土地问题。

济；发展共享促和谐，建设更高水平平安广东。

关键词： 经济发展　社会发展　治理体系现代化

2020 年是全面建成小康社会和全面打赢脱贫攻坚战及"十三五"规划收官之年。10 月 12～14 日，习近平总书记到广东视察，出席深圳经济特区建立40 周年庆祝大会并发表重要讲话。习近平总书记的重要讲话和重要指示精神为广东经济发展指明了方向，提供了根本遵循。广东坚决贯彻落实习近平总书记、党中央战略部署，以一往无前的奋斗姿态、风雨无阻的精神状态，积极应对错综复杂的国际国内形势，特别是突如其来的新冠肺炎疫情重大挑战，坚持稳中求进工作总基调，坚持新发展理念，坚持以供给侧结构性改革为主线，坚持以改革开放为动力，统筹推进疫情防控和经济社会发展工作，深入落实"1+1＋9"工作部署，扎实做好"六稳"工作，全面落实"六保"任务，加快形成以国内大循环为主体、国内国际双循环相互促进的新发展格局，实现全省经济社会平稳健康发展，圆满完成全面建成小康社会、决战决胜脱贫攻坚和"十三五"规划目标任务，在实现"四个走在全国前列"、当好"两个重要窗口"征程上迈出新步伐，为推动在全面建设社会主义现代化国家新征程中走在全国前列、创造新的辉煌奠定了坚实基础。

一　2020年广东经济社会发展基本情况

2020 年，广东按照"1＋1＋9"工作部署，把总书记的重要指示要求一项一项落地落实，促使经济社会发展取得了巨大成就。全面建成小康社会、过上更高水平小康生活这一中国人千百年的梦想，正在南粤大地成为美好现实。

（一）统筹推进疫情防控和经济社会发展，努力夺取疫情防控和经济社会发展双胜利

2020 年，广东坚持一手抓疫情防控，一手抓复工复产，出台"统筹推进疫情防控和经济社会发展 30 条""复工复产 20 条""中小企业 26 条""金融

暖企18条""2.0版促进就业9条"等政策措施，以政策组合拳帮助市场主体应对疫情冲击，科学有序推进复工复产复商复市，逐步克服疫情带来的不利影响，促使经济运行呈恢复性增长和稳步复苏态势。2020年，广东省GDP达到110760.94亿元，同比增长2.3%，连续32年位居全国第1（见图1和图2），接近韩国；地方一般公共预算收入1.29万亿元，同比增长2.1%，是全国唯一突破万亿元的省份；一、二、三产业比重调整为4.3∶39.2∶56.5；有效投资拉动明显，固定资产投资同比增长7.2%，特别是基础设施建设和高技术制造业投资加速；社会消费品零售总额4.02万亿元，同比下降6.4%，降幅比2020年上半年收窄7.6个百分点；金融业增加值9906.99亿元，同比增长9.2%，拉动GDP增长0.8个百分点，税收占全省总税收的1/6；居民消费价格指数（CPI）同比上涨2.6%；稳住外资外贸基本盘，货物进出口总额7.1万亿元，同比下降0.9%，降幅比2020年前三季度收窄0.7个百分点；就业形势总体稳定，累计城镇新增就业96.46万人，城镇登记失业率控制在3.5%的目标范围内；居民人均可支配收入41029元，实际增速为2.5%，高于GDP增速；新增市场主体238.87万户，同比增长8.01%，实有各类市场主体1385.85万户，同比增长10.5%，市场主体总量、企业数、私营企业数、外商投资企业数等指标持续稳居全国第1，在巨大困难和挑战中展现出强大韧性。

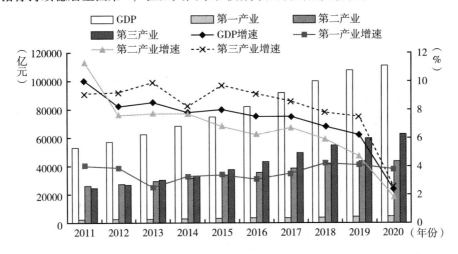

图1 2011～2020年广东GDP及三次产业增加值情况

资料来源：历年《中国统计年鉴》《广东统计年鉴》。

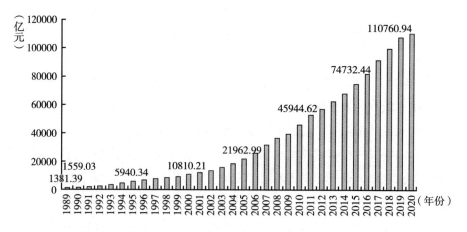

图2　1989～2020年广东GDP总量

资料来源：历年《中国统计年鉴》《广东统计年鉴》。

（二）改革开放再出发，在更高起点、更高层次、更高目标上深入推进

2020年，广东一方面持续深化改革，加快要素市场化配置改革，加快构建高标准市场体系，打造国际一流营商环境，推动有效市场和有为政府更好结合；另一方面努力构建全面扩大开放新格局，以中国（广东）自由贸易试验区为龙头全面提升对外开放合作水平，带动全省改革开放事业在更高起点、更高层次、更高目标上深入推进。

1. 全面深化改革取得新突破

广东省委推动18项重大改革任务落地见效，率先推进13项创造型、引领型改革任务攻坚突破（"18＋13"），围绕民生保障、农村综合改革、财政预算管理、疫情防控等重要领域和关键环节，推出一批新的创造型、引领型改革举措。广东高标准推进"5＋1"改革创新实验区建设，如支持深圳市和广州高新区（黄埔区）率先建设省营商环境改革创新实验区、东莞市建设广东省制造业供给侧结构性改革创新实验区、佛山市顺德区率先建设省高质量发展体制机制改革创新实验区、佛山市南海区建设省城乡融合发展创新实验区等，将改革实验试点经验逐步向全省推广。

2. 加快推进政府治理体系和治理能力现代化

2020 年，广东以"数字政府"改革建设为突破口，建设运营"粤省事""粤商通""粤政易"等系列移动政务平台，大力开展政务服务"四免"优化和"六个一"办理改革，深入推进政务服务一体化平台和政务大数据中心建设，推进政务服务跨省通办、线上线下融合，基本实现"一站式""网上办""马上办"。广东数字政府标准规范体系基本形成，累计出台覆盖总体规划、基础设施、数据、服务、安全等领域标准共 124 项，省政务大数据中心已为 63 个省级部门共享 3348 类 255 亿条数据。"数字政府"优势在疫情防控中得到充分体现，广东率先建立起健康信息跨省互认和共享机制，截至 2020 年 12 月底，"粤康码"累计使用人数超 1 亿，亮码 20.5 亿次，日均亮码 634 万次，粤澳两地搭建的"粤康码"与"澳门健康码"互认系统为 4055 万人次提供了通关服务。

深入推进政府"放管服"改革，省级权责清单事项从 2015 年的 5567 项压减到 2020 年的 1069 项，广州、深圳等 18 个地市发布 5500 多项"免证办"事项清单，广东近半数市场主体可通过"粤商通"享受 961 项涉企高频服务和 158 类电子证照服务，各地市对接到"粤商通"平台的应用达 578 项。"双随机、一公开"成为日常监管的基本方式。企业开办平均仅需 1 个工作日，参照世界银行全球营商环境评价标准，开办企业便利度相当于全球 190 个经济体前 20 名水平。在全国工商联发布的《2020 年万家民营企业评营商环境报告》中，广东被评为"营商环境最佳口碑省份"。在国家行政学院发布的全国省级政府网上政务服务能力综合排名中，广东省 2018～2020 年连续 3 年第 1。赛迪营商环境百强区（2020）排名前 5 的全部位于广东省内。广东 2020 年为各类市场主体减税降费达 3000 亿元。

3. 全力推进乡镇街道体制改革

在省市县机构改革完成后，2020 年广东重点从理顺权责关系、优化机构设置、健全运行机制、完善保障体系等方面推进乡镇街道体制改革，推动治理重心下移、力量下沉、保障下倾。如广州按照"实际需要、宜放则放"的原则，把大量基层所需、含金量高的行政许可、行政处罚、行政强制、公共服务等经济社会管理权限下放到镇街，同时推动人员编制下沉；珠海市镇街党工委被赋予对各条块机构人员的指挥调度权、考核任免权，各类资源统筹力度持续加大；东莞全

市 32 个镇街全部建成标准化政务服务中心，构建"大民生"服务格局。

4. 建设高水平开放型经济新体制

广东着力扩大高水平开放，深度参与"一带一路"建设，深化广东自贸试验区改革创新，率先建设更高水平的开放型经济新体制，率先建设面向世界、服务全国的全面开放门户枢纽，率先形成陆海内外联动、东西双向互济的开放格局。广东高标准、高质量建设深圳前海、广州南沙、珠海横琴等自贸试验区，对标世界最优最好最先进，打造珠三角国际化、法治化、便利化营商环境高地。2015～2020 年，广东自贸试验区形成 527 项制度创新成果。2020 年，广东新设外商直接投资项目 1.3 万个，其中超 1 亿美元项目 43 个，实际利用外资 1620 亿元（同比增长 6.5%），为近年来最高水平。在新冠肺炎疫情的冲击下，2020 年广东自贸试验区仍实现逆势增长，1～11 月各项指标均居全国自贸试验区前列，新设企业 2.7 万家，其中外资企业 2829 家，实际利用外资 66.82 亿美元，约占全省实际利用外资的 30%；税收达 970.02 亿元，同比增长 28.4%。国际友城基本实现共建"一带一路"主要国家全覆盖。

5. 对外贸易方式结构持续优化

广东实施贸易强省"粤贸全球"计划，推广贸易电商"厂货通"模式，不断增强畅通国内大循环和联通国内国际双循环的功能。2020 年，广东外贸进出口 7.08 万亿元，位居全国第 1（占全国 22%）；出口规模连续 4 年增长，在疫情冲击下创历史新高，达 4.35 万亿元，同比增长 0.2%（见图 3），贸易顺差扩大 5.3%；一般贸易进出口 3.63 万亿元，增长 3.5%，占全省进出口总额的比重为 51.2%，比上年同期提高 2.2 个百分点。新业态蓬勃发展，新增 7 个跨境电商综合试验区，保税物流进出口 1.1 万亿元，增长 6.4%；新增 3 个市场采购贸易试点，市场采购出口 2944.5 亿元，大幅增长 23%。防疫物资和电脑及其零部件两类商品带动广东出口增长 2.9 个百分点，其中防疫物资 2278.8 亿元，增长 81.7%，电脑及其零部件增长 9.2%。

（三）粤港澳大湾区和深圳中国特色社会主义先行示范区建设扎实推进，"双区驱动效应"充分释放

2020 年，广东认真落实中央重大战略部署，举全省之力推进粤港澳大湾区建设，统筹推进基础设施互联互通、国际科技创新中心建设、重点合作平台

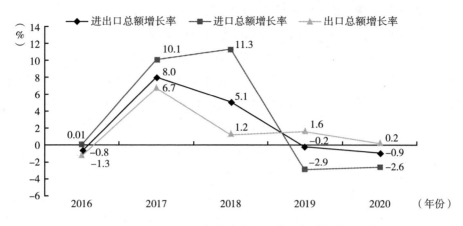

图3　2016~2020年广东外贸进出口额增长情况

资料来源：历年《广东统计年鉴》。

建设、规则衔接、民生领域融通等，不遗余力地支持深圳建设中国特色社会主义先行示范区，充分释放"双区驱动效应"。

1. 扎实推进粤港澳基础设施"硬联通"

2020年，新横琴口岸、莲塘/香园围口岸等一批重大基础设施项目落成，黄茅海跨海通道、深中通道建设顺利推进，促进粤港澳深度融合相通。"轨道上的大湾区"建设迈入"快车道"，正式开通运行广清城际等2条城轨线路，开工建设珠海至肇庆、广州至珠海（澳门）高铁等6个区域干线高铁项目，珠三角城际轨道运营总里程超过470公里，大湾区干线铁路、城际铁路、市域（郊）铁路、城市轨道交通"四网融合"的格局基本形成。截至2019年底，珠三角9市高速公路通车里程达4500公里，核心区密度约8.2公里/百平方公里，超过纽约都市圈和东京都市圈，初步形成以广州枢纽为中心，连通珠三角和粤东西北，辐射华东、中南、西南地区的放射性路网格局。珠三角港口群完成货物吞吐量约15.2亿吨，深圳港、广州港集装箱吞吐量分别位列全球第4和第5，国际集装箱班轮航线覆盖全球主要贸易港口①。港珠澳大桥运行两年来安全、便民、有序、通畅。

---

①　袁佩如、李赫：《广东省交通运输厅党组书记、厅长李静：加快构筑粤港澳大湾区快速交通网络》，《南方日报》2020年11月6日，第A08版。

2. 稳妥有序推进粤港澳大湾区"软联通"

以"湾区通"工程为抓手，加快粤港澳规则衔接、标准互认、政策互通，推动"一事三地""一策三地""一规三地"制度、港澳企业商事登记"一网通办"、国际贸易"单一窗口"建设、"跨境理财通"、职业资格互认和职称评价"一试多证"等一批政策落地实施，促进公共交通、通信资费、信用信息、电子支付等领域标准互认、规则衔接、政策互通。贯彻落实《全国人民代表大会关于建立健全香港特别行政区维护国家安全的法律制度和执行机制的决定》，全力服务"一国两制"大局。落实《粤港合作框架协议》2020 年重点工作，共同推进实施跨界基础设施建设及通关便利化等八大主要范畴的 57 项措施。以粤港澳大湾区标准化研究中心为依托，加快标准体系建设，深入推进三地职业资格互认，开展港澳律师在粤港澳大湾区内地 9 市执业试点。截至2020 年 8 月 24 日，广东共有 165 名香港居民、14 名澳门居民取得国家法律职业资格，获批成为广东执业律师。加大金融支持粤港澳大湾区建设力度，出台80 项具体措施来落实国家《关于金融支持粤港澳大湾区建设的意见》（"大湾区金改30 条政策"），其中已有 71 项获批准或落地实施。

3. 粤港澳大湾区世界级城市群全球资源配置能力进一步提升

2020 年，粤港澳大湾区 GDP 总量接近 12 万亿元，其中超万亿元城市有深圳、广州、香港、佛山 4 个，东莞接近万亿元，5 个城市合计接近 10 万亿元，集聚效应、规模效益进一步凸显。根据《2020 全球城市指数报告》（GCI）①，香港、广州、深圳分别位列全球 TOP100 城市第 6 名、第 63 名、第 75 名，其中广州、深圳排名较 2019 年分别上升 8 名和 4 名，广东上榜城市数量（4 个）位居全国第 1。

4. 充分发挥广深"双城"联动效应

广东举全省之力支持深圳建设中国特色社会主义先行示范区，全面启动深圳综合改革试点工作，逐步落实中央支持深圳改革试点的 27 项改革举措和 40

---

① 《全球城市指数报告》（GCI）首次发布于 2008 年，由国际管理咨询公司科尔尼管理咨询公司（A. T. Kearney）联合国际顶级学者与智库机构发起。GCI 排名的数据模型包括商业活动、人力资本、信息交流、文化体验、政治事务 5 个维度的 29 个指标，主要反映城市国际影响力，与 GaWC《世界城市名册》、Z/Yen《全球金融中心排名》等一样，具有较高知名度和较大影响力。

个首批授权事项清单，依法依规赋予深圳更多省级经济社会管理权限。以设立经济特区40周年为契机，进一步弘扬"敢闯敢试、敢为人先、埋头苦干"的特区精神，推动深圳、珠海、汕头经济特区在新时代展现新作为，继续发挥好经济特区的"试验田"与"窗口"作用。广州加快实现老城市新活力和"四个出新出彩"，助力广深发挥"双城联动、比翼双飞"作用。广深在政务服务"跨城通办"、南沙科学城与光明科学城—松山湖科学城先行启动区联动、联手打造粤港澳大湾区国际科技创新中心等方面的合作稳步推进，牵引带动全省高质量发展的核心引擎作用进一步强化。

（四）加快建设科技创新强省，区域创新综合能力持续居全国首位

2020年，广东坚持创新在现代化建设全局中的核心地位，深入推进科技创新强省建设工作，聚焦基础研究强化、聚力核心技术攻关、聚合创新生态网络，促使科技综合实力和自主创新能力不断提升，基础研究能力显著增强，区域创新综合能力连续4年保持全国首位[①]，对经济社会发展的支撑引领作用日益突出。以深圳、广州为核心的粤港澳大湾区国际科技创新中心，与北京、上海并列为全国三大科技创新中心，形成创新型国家的三大核心支柱和动力源。

1. 区域创新综合能力连续4年居全国首位

《中国区域创新能力评价报告2020》显示，2020年，广东区域创新能力领跑全国（见图4），自2017年以来连续4年居全国首位。这主要得益于广东形成了"基础研究+技术攻关+成果产业化+科技金融+人才支撑"的全过程创新生态链，造就了超强的企业创新能力和领先全国的创新绩效水平。同时，在以往较为薄弱的基础创新能力方面，广东通过核心技术攻关、基础研究强化和重大科技基础设施建设的持续性行动，显著改善了"知识创造""知识获取"等区域创新综合能力指标。《中国区域创新能力评价报告2020》显示，在反映基础研究能力的"知识创造""知识获取"两个指标上，广东2020年均排名全国第2，较2019年上升1名。

2. 知识创造能力短板强力补齐

2020年，广东持续加大对基础研究和核心技术攻关的投入，通过夯实科

[①] 中国科技发展战略研究小组、中国科学院大学中国创新创业管理研究中心：《中国区域创新能力评价报告2020》，科学技术文献出版社，2020。

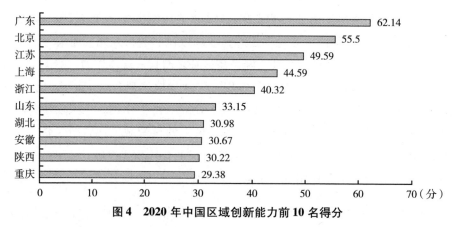

图4　2020年中国区域创新能力前10名得分

资料来源：中国科技发展战略研究小组、中国科学院大学中国创新创业管理研究中心
《中国区域创新能力评价报告2020》，科学技术文献出版社，2020。

研基础，引领前沿科学探索和技术开发，推动知识创造能力显著提升。《中国区域创新能力评价报告2020》显示，广东"知识创造"能力排名比2019年上升1名，仅次于北京；在细分指标中，专利综合指标保持第1，研究开发投入综合指标跃升全国第2。一方面，广东持续、强力加大科技研发力度。2019年，广东R&D经费投入占GDP比重为2.88%，位居全国第1（除直辖市，见图5），R&D人员全时当量80.32万人年，约占全国1/5，位居首位。这使广东能够全力推进省实验室、大科学装置、高水平研究院、新型研发机构等重大工程建设。仅2020年，广东就建立了粤港澳联合实验室10家、省重点实验室36家和高水平创新研究院7家，提速建成散裂中子源、强流重离子加速器等一批国家大科学装置。另一方面，科研基础设施的充实和科技资源短板的补齐，有效支撑了广东省重点领域研发计划稳步推进，促使一批批关键核心技术得以突破，高质量专利产出层出不穷。截至2020年9月底，广东省有效发明专利量33.49万件，连续10年居全国第1；累计PCT①国际专利申请量19.01万件（超过全国总量的1/2），连续18年居全国第1②；每万人口发明专利拥有量29.07件，是全国平均水平（15件）的1.94倍（见图6）。

---

① PCT，Patent Cooperation Treaty，指专利合作条约。
② 粤市监、夏华锁：《广东推进质量强省　助推经济高质量发展》，《食品安全导刊》2020年第26期。

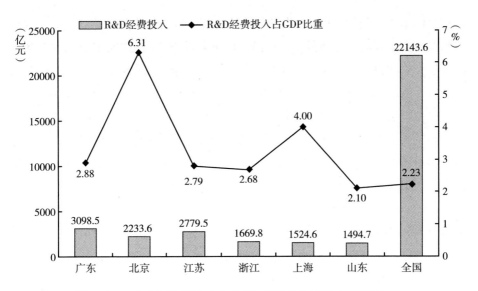

图5 2019年全国和部分省市R&D经费投入及其占GDP比重

资料来源：各省（区、市）2020年统计年鉴和《2019年全国科技经费投入统计公报》。

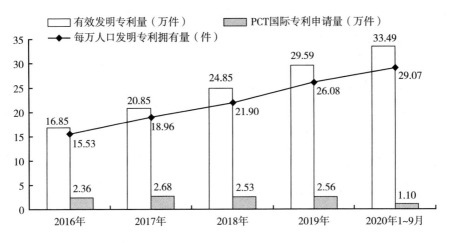

图6 2016年至2020年9月广东省发明和申请专利情况

注：PCT国际专利申请量1.10万件为2020年1～6月数据。

资料来源：《广东统计年鉴》（2017～2020）；广东省知识产权局《广东省截至当月底各市有效发明专利量（知识产权）》（2020年9月底）。

3. 知识获取能力持续提高

2020年，广东知识获取能力再上新台阶，在全国排名比2019年上升1名，

位列全国第2。这突出表现在广东与外部创新源战略合作的深化以及广东对外技术交易在全国的先进地位。一方面，广东通过改革优化国际科技合作与粤港澳科技合作项目组织体系，深化与日韩等重点国家、以色列和新加坡等创新关键国家、欧洲和大洋洲发达国家的科技合作关系，加强多边合作交流。2020年，广东吸引全球2444名高端科研人才，邀请近40个国家和地区424位"海外名师"入粤开展实质性交流合作，来粤工作的外国人才和外国高端人才数量均占全国的1/5。另一方面，广东通过深化科技体制改革，创造性地开展职务科技成果所有权和长期使用权改革试点，充分发挥"中国国际人才交流大会""深圳高交会""广州海交会"等平台的主场优势，促成全球大量优秀创新成果在广东落地。2020年，广东技术合同成交额达3462.79亿元，增长52.36%；技术交易额2648.94元，增长35.1%，均居全国第2。

4. 企业创新能力持续领跑全国

2020年，广东持续推动高新技术企业树标提质，支持企业加大研发投入，重点培育"高精尖""独角兽"等下一代产业核心的创新企业。《中国区域创新能力评价报告2020》显示，2020年广东"企业创新"指标得分80.27分，连续4年全国居首；企业研究开发投入综合指标、设计能力综合指标、技术提升能力综合指标、新产品销售收入综合指标4个细分指标全部领跑全国。2020年，广东省高新技术企业数量达5.3万家，比2007年（5119家）增长9.35倍，总量位居全国第1；入库科技型中小企业总数超3.7万家，比2019年增长29.6%，总量位居全国第1；规模以上工业企业的研发投入和成果数量在全国排名第1，领先于其他沿海发达省份。2019年，广东省规模以上工业企业的R&D人员全时当量、R&D经费、R&D项目数、有效发明专利数分别占到全国总量的20.38%、16.57%、17.78%和30.83%（见表1）。

5. 创新环境凸显粤派创业体系

以"创新孵化"为特色的粤派创业体系，使广东创业综合指标继续位列全国第1。雄厚的科技金融保障、高效的成果转化体系、强有力的科技服务体系，凸显广东创新环境的核心优势，使广东创新环境持续保持全国先进水平。在《中国区域创新能力评价报告2020》中，广东创新环境继续稳居全国第2。2020年，广东科技链与金融链融合持续深化，创新孵化能力持续提升，共组建71亿元省创新创业基金，设立17个科技信贷风险准备金池，撬动银行发放贷款

表 1　2019 年全国及部分地区规模以上工业企业 R&D 活动及专利情况

地区		R&D 人员全时当量(人年)	R&D 经费(万元)	R&D 项目数(项)	专利申请数(件)	发明专利数(件)	有效发明专利数(件)
全国	数量	3151828	139710989	598072	1059808	398802	1218074
	比重(%)	100	100	100	100	100	100
广东	数量	642490	23148566	106340	272616	121320	375515
	比重(%)	20.38	16.57	17.78	25.72	30.42	30.83
北京	数量	44241	2851859	7671	22552	11543	48656
	比重(%)	1.40	2.04	1.28	2.13	2.89	3.99
上海	数量	80694	5906504	13636	35326	15239	53559
	比重(%)	2.56	4.23	2.28	3.33	3.82	4.40
江苏	数量	508375	22061581	95240	175906	57429	180893
	比重(%)	16.13	15.79	15.92	16.60	14.40	14.85
浙江	数量	451752	12742260	98501	114326	30914	75770
	比重(%)	14.33	9.12	16.47	10.79	7.75	6.22

资料来源:《中国统计年鉴 2020》。

535 亿元,居全国前列;科技企业孵化器 1036 家,在孵企业达 3.3 万家,培育上市(挂牌)企业 668 家;众创空间 986 家,稳居全国众创空间数量第 1,全省 21 个地市实现孵化器、众创空间全覆盖。同时,广东科技创新服务体系不断强化,助力全省创新环境持续优化。截至 2020 年 6 月底,广东获批设立 3 个国家计量基准、6 个国家技术标准创新基地、2 个国家级标准检验检测验证点、80 个国家质检中心、21 个国家级和省级产业计量测试中心,有效期内认证证书 47.6 万张,居全国第 1。

6. 创新绩效彰显全球创新实力

《中国区域创新能力评价报告》显示,广东连续 13 年保持创新绩效全国第 1,这主要得益于广东拥有世界级高新技术产业。2020 年,广东强化战略科技力量,聚焦"卡脖子"技术,开展"广东强芯"行动,启动 5G、芯片与软件、高端装备等领域的一批重大攻关项目,着力构建自主可控、安全高效的创新链、产业链和供应链,凸显了前沿科技对全省产业的引领和支撑。2020 年,广东谋划推进 10 个战略性新兴产业集群建设,全力打造具有国际竞争力的世界先进产业集群,以引领型、强基型未来产业为先导,在信息光子、可燃冰、卫星互联网、干细胞等领域加快推动形成产业新发展极。2020 年,广东以高

新区为主阵地,推动高新技术产业快速发展:全省23个高新区以占全省0.7%的土地面积,创造了全省15.9%的GDP、35.3%的营业收入、30.4%的工业增加值;医药制造业、医疗设备及仪器仪表制造业、电子计算机及其办公设备制造业等主要高技术主导产业投资分别增长82.9%、31.5%和60.5%,带动高技术制造业投资增长6.9%。

(五)现代产业体系加速形成,发展质量和效率显著提升

2020年,广东坚持把发展经济的着力点放在以制造业为主体的实体经济上,以构建现代产业体系为重点,着力深化供给侧结构性改革,大力实施"强核工程""立柱工程""强链工程""优化布局工程""品质工程""培土工程",不断优化营商环境,努力建设产业强省、经济强省。2019年底,广东省委、省政府印发《关于推动制造业高质量发展的意见》。2020年5月,广东省人民政府出台《关于培育发展战略性支柱产业集群和战略性新兴产业集群的意见》。广东各地、各部门因地制宜,积极研究落实"1+20"战略性产业集群政策,提升产业集群竞争力,形成电子信息、绿色石化、智能家电、先进材料等7个万亿级产业集群,规模以上工业企业超过5.5万家。

1. 全年规模以上工业增加值V型回升

2020年,广东规模以上工业复工企业数和复工人数均居全国第1。2020年下半年以来,广东规模以上工业增加值逐月回升,连续7个月实现当月正增长,全年规模以上工业增加值3.31万亿元,同比增长1.5%。自2020年6月起,广东制造业用电量连续7个月保持较快增长,2020年11、12月均保持双位数增长。特别是进入第三季度,工业生产恢复速度明显加快。工业企业生产经营效益向好,2020年,广东省规模以上工业企业实现利润9300.00亿元,同比增长3.2%,增速由负转正(见图7)。2020年前三季度,在广东有经营活动的39个行业中,38个行业实现赢利,其中计算机、通信和其他电子设备制造业赢利增长3.8%,电气机械和器材制造业赢利增长2.4%。

2. 产业结构持续优化

2020年,广东三次产业结构基本保持第三产业打主力、第二产业保稳定、第一产业保底线的特征,具体结构调整为4.3:39.2:56.5。其中,第三产业对GDP的贡献率持续提高,广东产业结构继续呈现服务业主导经济增长的发展

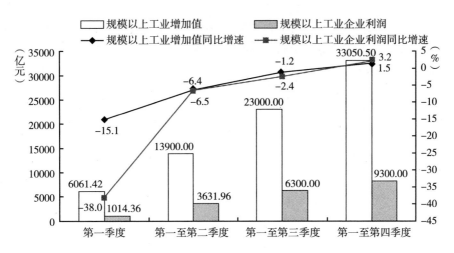

图7 2020年广东省规模以上工业增加值、企业利润及其同比增速

资料来源：广东省统计局。

特征。2020年，广东第三产业增加值为62540.78亿元，同比增长2.5%，现代服务业增加值占服务业增加值比重达64.7%。以互联网为代表的信息传输、软件和信息技术服务业等新兴服务业引领增长，2020年前三季度实现营业收入占全部规模以上服务业营业收入的34.9%，同比增长11.0%。在32个行业大类中，14个行业营业收入实现正增长，18个负增长行业降幅全部收窄，其中互联网和相关服务业增长20.0%，快递服务增长27.1%。

3. 产业新动能加速成长

先进制造业、高技术制造业引领工业增加值回升，成为广东工业的主要动能。2020年，广东先进制造业增加值增长3.4%，比规模以上工业增加值增速（1.5%）高1.9个百分点，占全省规模以上工业增加值比重为56.1%；高技术制造业增加值增长1.1%，占全省规模以上工业增加值比重为31.1%（见图8）。以数字经济、新一代信息技术等为代表的新经济增加值占GDP的比重为25.2%，同比增长3.0%。

在新动能中，广东超前部署产业发展基础设施，5G基站新建8.7万座，总量突破12万座，均居全国第1，基本实现深圳5G网络全覆盖、广州主要城区连续覆盖、珠三角中心城区广覆盖；快速布局产业创新要素，使5G专利数、国家级工业设计中心数、国家级工业互联网跨行业跨领域平台数等主要行

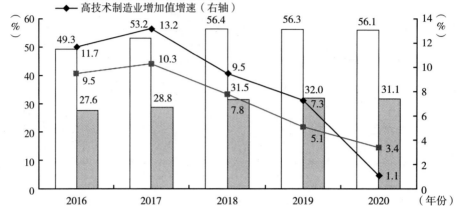

□ 先进制造业增加值占全省规模以上工业增加值比重（左轴）
▨ 高技术制造业增加值占全省规模以上工业增加值比重（左轴）
━■━ 先进制造业增加值增速（右轴）
━◆━ 高技术制造业增加值增速（右轴）

**图8　2016～2020年广东先进制造业、高技术制造业增加值
增速及其占全省规模以上工业增加值比重**

资料来源：广东省统计局。

业科技指标引领全国；以应用为先导，促使产业动能快速集聚，截至2020年
9月底，广东省5G套餐用户数达2436.6万户，5G产业园、5G＋工业互联网
应用示范园区等一批5G产业发展集聚区加速建设。

4. 产业质量显著提高

2020年，广东全面实施"强核工程""立柱工程""强链工程""优化布
局工程""品质工程""培土工程"六大工程，促使制造业高质量发展取得扎
实成效①。广东制造业500强企业入选中国制造业500强企业数量增至30家，
比2019年多3家；营业收入合计达5.02万亿元，比2019年增加2.4%；平均
营业收入100.4亿元，比2019年提高2.4%。同时，凭借在全国率先实施质量
强省战略、率先设立省级政府质量奖、率先实施质量标准比对研究提升工程
"三个质量率先"，广东质量技术基础综合能力位居全国前列，全省大中型工
程一次验收合格率达100%，制造业产品质量合格率为93.86%（2019年），

---

① 陈伟光、李刚、贺林平：《加快打造新发展格局的战略支点——访广东省委副书记、省长马
兴瑞》，《人民日报》2021年1月20日，第2版。

较 2016~2018 年稳步提升；质量标杆示范效应明显，全省累计拥有国家"质量标杆"企业 32 家，商标有效注册量 4896930 件，均居全国首位。

5. 高质量集群迅速涌现

2020 年，"双十"产业集群的布局、培育和发展凸显了广东产业高质量发展的新战略、新格局。其中，新一代电子信息、绿色石化、智能家电等十大战略性支柱产业集群营业收入合计 15 万亿元，约等于全省规模以上工业营业总收入；半导体与集成电路、高端装备制造、智能机器人等十大战略性新兴产业集群营业收入合计 1.5 万亿元，约等于全省高技术制造业营业收入的 1/3。其中，业已成熟的汽车、新一代电子信息、智能家电、智能机器人分别以广佛、广深、佛山、深莞为核心基地在全省快速布局。在"广东强芯"行动的推动下，半导体与集成电路源头技术有所进展，攻克均光光源、成像等关键技术，实现 405nm 微小结构的面曝光快速成型技术；产业关键主体快速布局，广州"粤芯 12 英寸芯片项目"实现量产，深圳华星光电 11 代线等一批半导体关键产业环节项目落地。

6. 产业数字化趋势初步显现

数字化趋势是广东产业发展的新风口。2020 年，广东以建设国家数字经济创新发展试验区为契机，加速数字经济和实体经济深度融合，巩固数字产业发展既有优势，促使人工智能、大数据、区块链、物联网等前沿技术快速应用，数字城市、数字道路、数字楼宇等大量数字应用场景落地，5G、4K 产业发展壮大。广东以建设工业互联网示范区为契机，推动互联网化和数字化，通过打造工业互联网平台，建设产业链云上平台和推动工业软件升级，推动工业制造技术和工艺软件化、数字化，促使全省 1.5 万家企业运用工业互联网实现数字化转型。

（六）以大力实施乡村振兴战略为重点，加快改变广东农村落后面貌

2020 年，广东省委、省政府发布《关于加强乡村振兴重点工作 决胜全面建成小康社会的实施意见》，进一步完善乡村振兴制度框架和政策体系，加快补齐全面小康"三农"领域短板，确保乡村振兴"三年取得重大进展"目标如期完成，确保农村同步全面建成小康社会。

1. 现代农业加速发展

2020 年，广东农业农村经济运行良好，主要农产品供给保障有力，农林牧渔业产值 7939.60 亿元，同比增长 4.2%，比上年提高 0.8 个百分点；粮食总产量 1267.56 万吨，达 2013 年以来最高水平，其中早稻播种面积增速和产量增速双双达到 2010 年以来最高水平（见图 9），粮食安全的基础更加稳固。广东聚力发展富民兴村产业，已建设 14 个国家级现代农业产业园、161 个省级现代农业产业园，打造 12 个国家级农业产业强镇，62 个"一村一品、一镇一业"农产品入选"全国名特优新农产品名录"，居全国首位；以 67 家国家级农业龙头企业带动一、二、三产业有效融合，促进现代农业与食品产业迈向全球价值链中高端，截至 2019 年底实现现代农业与食品集群规模总产值 1.38 万亿元。广东抓住疫情期间数字经济突飞猛进的重大机遇，印发《广东数字农业农村发展行动计划（2020－2025 年）》，成功举办 2020 世界数字农业大会，建立农产品"保供稳价安心"数字平台和"12221"农产品市场体系，推动一批传统农业企业向数字经济转型，启动千名村播培训计划，实现植保无人机飞防面积超过 100 万亩。

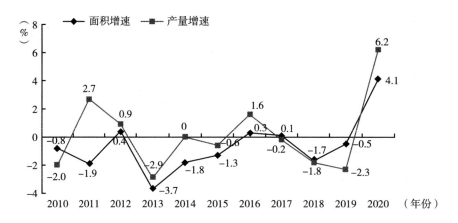

图 9　2010～2020 年广东早稻播种面积及产量增速

资料来源：历年《广东统计年鉴》。

2. 农村面貌明显改善

农村基础设施条件全面改善。2020 年，广东投入 70 亿元新建改建"四好农村路"6.3 万公里。2018～2020 年，广东省级财政累计投入 143 亿元建设"四好农村路"，使农村交通条件更加便利。全面实现农村居民"出门硬化路，客车到家门"，农村乡镇通三级及以上公路比例达100%，约14804公里砂土路全部清零，100人以上自然村全部通硬化路，提前1年实现19412个建制村通客车。新增集中供水人口125万人，实现20390个行政村集中供水全覆盖，"十三五"期间累计投入182亿元建成各类农村供水工程2.06万宗。农村信息化程度进一步提高，率先实现20户以上自然村全部通百兆光纤。2020年，省级财政安排148.33亿元全面改善乡村人居环境，实现村级公共服务中心、集中供水、无害化户厕、垃圾收运处理体系100%覆盖。截至2020年10月，广东省154183个自然村中已完成"三清三拆三整治"①任务的比例达99.8%，农村人居环境综合整治成效显著。全面推进农房管控，从打造样板示范村庄、分类提升村庄风貌、推进存量农房微改造和新建农房风貌塑造、沿线连片建设美丽乡村等方面提升乡村风貌，努力打造与粤港澳大湾区世界级城市群相匹配的美丽乡村。

3. 农民收入明显提高

农民可支配收入显著增加，城乡居民可支配收入差距缩小。2015~2020年，广东省农村常住居民人均可支配收入从13360.4元增长到20143.4元，年均增长8.56%，超过同期城镇常住居民人均可支配收入年均增速和GDP年均增速，城乡居民可支配收入比值从2.60下降到2.50。按照"省级支持+县级运营+镇村接单"的架构设置农民合作社服务中心，在县级层面，每个县（市、区）设立1个以上农民合作社服务中心，全省共有农民专业合作社5万个，入社成员72万户，辐射带动农户117万户。大幅拓宽农民就业和培训渠道，大力推动"乡村工匠"工程，制定乡土人才培训评价标准71个，招募"三支一扶"人员3000名。健全农业转移人口市民化机制，推动取消城区常住人口300万以下的大中小城市和小城镇落户限制。

（七）加速区域协调发展，"一核一带一区"区域发展格局逐步形成

广东按照构建"一核一带一区"区域发展格局的战略部署，打破过去把

---

① "三清"，即清理村巷道乱堆乱放生产工具、建筑材料，清理房前屋后和村巷道杂草杂物、积存垃圾，清理沟渠、池塘、溪河淤泥、漂浮物和障碍物；"三拆"，即拆除旧房危房、废弃猪牛栏及露天厕所，拆除乱搭乱建、违章建筑，拆除非法违规广告、招牌等；"三整治"，即整治垃圾，整治生活污水，整治水体污染。

粤东西北作为同类地区的思维定式，根据"全省一盘棋"理念以及不同区域之间的资源禀赋差异，因地制宜推动不同地区差异化发展，让珠三角核心区、沿海经济带、北部生态发展区等不同区域在不同赛道上赛龙夺锦。

1. 珠三角核心区发展集聚、辐射功能进一步凸显

广东以支持深圳建设先行示范区的同等力度，支持广州实现老城市新活力和"四个出新出彩"，强化广深双城联动，举办广深"双城联动"论坛。两地在交通互联互通、产业对接共建、改革协同突破、社会民生共建共享等方面取得显著进展，共同引领广东省区域协同发展。加快珠三角核心区功能拓展和空间拓展，推动广州都市圈（包括广州、佛山、肇庆、清远、云浮和韶关）、深圳都市圈（包括深圳、东莞、惠州、河源和汕尾）、珠江口西岸都市圈（包括珠海、中山、江门和阳江）建设。广州、深圳、佛山、东莞对其他城市的辐射带动作用成为广东省发展的动力源，广湛、深汕"双核+双副中心"的深度协作模式初步构建。广清经济特别合作区建设正式启动，按照"一区三园一城"① 布局，由广州开发区主导开发建设广清、广德、广佛3个产业园，由北部广清"五区一县"共建大湾区北部生态文旅合作区，打造生态经济新高地和辐射全球的世界级休闲度假胜地，为广东省破解区域发展不平衡不充分难题提供可复制、可推广的"广清经验"。深圳市深汕特别合作区全力打造高质量发展的产业高地、诗意栖居的"田园城市"、深圳都市圈副中心，将经济建设和社会事务管理权划归飞出地深圳行使。在该合作区，全国首个"飞地"法院、基层检察院实现揭牌履职。2020年，该合作区新增供地产业项目7个，新增竣工投产项目7个，新动工项目15个，供地产业项目已累计96个，计划总投资超过528亿元，全部达产后预计年产值近千亿元。

2. 沿海经济带成为重大项目建设"主战场"

加大有效投资力度，以交通基础设施建设和重大产业投资为先导，加快打造沿海经济带东西两翼重要发展极。2020年，汕尾GDP增长4.6%，阳江GDP增长4.4%，增速显著超过2.3%的全省GDP增速，实现加速奔跑。2019年，东翼加大补齐基础设施短板力度，基础设施投资增长51.8%，固定资产

———————————

① "一区三园一城"包含广清经济特别合作区，广清（清城）、广德（英德）、广佛（佛冈）3个产业园，以及广清空港现代物流产业新城。

投资增长12.7%，固定资产投资增速为珠三角、东翼、西翼、山区四大区域中最高；西翼全力打造区域重化工产业集群，海上油气田节能技改等石化技改项目推动工业技改投资快速增长24.4%，高于全省平均水平11.5个百分点。湛江、汕头两个副省级中心城市建设快速推进，以汕头港、湛江港为核心的东西两翼港口群建设加快推进，沿海经济带高速公路通道优化完善。近年来，660多个投资额超过10亿元的项目密集落地，巴斯夫、中科炼化、宝钢湛江钢铁、廉江清洁能源等投资额超百亿美元大项目带动石化、钢铁等沿海重化工产业带和核电、海上风电等清洁能源产业集群逐步形成。

3. 北部生态发展区绿色崛起步伐加快

突出生态优先、绿色发展，高标准建设粤北生态特别保护区，加强生态补偿、转移支付、基本公共服务均等化、产业政策和考核政策研究，建立科学合理的生态文明建设考核评价体系，落实河长制、湖长制、林长制等生态责任，用最严格制度、最严密法治保护生态环境，筑牢粤北生态屏障。财政补偿与生态保护成效挂钩政策实施范围实现48个生态发展区（县）全覆盖。推动北部老工业城市和资源型城市转型升级，加快推进产业生态化和生态产业化，积极探索生态产品价值实现的路径和机制，传统产业绿色化改造、高附加值农业、文化旅游产业发展等取得积极进展。2020年，云浮市GDP实现1002.18亿元，至此广东21个市GDP全部突破千亿元。

（八）文化强省建设稳步推进，社会文明程度不断提升

广东始终坚持按照"两手抓、两手都要硬"的要求，高质量推进文化强省建设，繁荣文化事业，做大做强文化产业，不断擦亮岭南文化品牌，满足人民精神文化生活需求，全力打造粤港澳大湾区世界文化高地。

1. 精神文明建设提质增效

广东持续深入推动理想信念教育常态化、制度化，促使习近平新时代中国特色社会主义思想深入人心，社会主义核心价值观落细、落小、落实，特区精神、抗疫精神得到充分弘扬。扎实开展精神文明创建九大行动，把文明创建融入城乡基层和社会生活各方面。2020年，广东省有3个市县获得"全国文明城市"称号，71个村镇被评为"全国文明村镇"，88个单位被评为"全国文明单位"，22户家庭被评为"全国文明家庭"，37所学校被评为

"全国文明校园"。新时代文明实践中心建设成效显著，共建成新时代文明实践中心（所、站）2.3万个，22个全国试点地区实现县、镇、村三级阵地全覆盖，44个省级试点地区实现所在乡镇（街道）覆盖率达96.5%。省财政"十三五"时期投入15亿元，用于加强对4248处红色革命遗址的保护和利用。用"绣花"功夫对历史文化街区、文物建筑等进行改造，涌现广州市荔湾区永庆坊片区微改造、潮州"百家修百厝（祠）"等历史文化街区保育、乡村振兴和文物建筑活化利用的典型案例和先进经验①。

2. 现代公共文化服务体系日益完善

持续加大对公共文化服务的投入力度，文化事业费投入居全国第1，全面补齐五级公共文化基础设施，形成较为完备的公共文化服务网络。坚持文化标志性工程（广东美术馆、广东非物质文化遗产展示中心、广东文学馆"三馆合一"项目）与基层"三馆一站两中心"建设一体推进。截至2020年底，已建有146个县级以上公共图书馆、145个文化馆、1614个乡镇（街道）综合文化站、25865个行政村（社区）综合性文化服务中心，基本实现了省、市、县、镇、村五级公共文化设施100%覆盖。开展公共文化示范性建设，到2020年底共建成3个国家级、12个省级公共文化服务体系示范区和一大批示范项目。开展新时代文明实践广东"七个一百"精品项目下基层活动，超过100万名群众享受到优质的文艺展演、宣讲慰问和志愿服务。加强非物质文化遗产保护和传承，推动文化生态保护区建章立制，开展"云上非遗工程""非遗在校园"等工作，努力探索非遗保护和传承的岭南经验。

3. 推动文化产业高质量发展

推动文化与科技深度融合发展，实施"文化＋技术""互联网＋文化"等战略。数字文化产业蓬勃发展，催生出网络视频、网络游戏、网络音乐、社交平台、4K/8K超高清视频等新业态，涌现腾讯、多益网络、奥飞动漫、酷狗音乐、锐丰音响科技、励丰文化等一大批行业领先的文化高科技企业②。文化

① 徐子茗、李文轩：《聚力融合发展，坚持改革创新——广东文化强省建设交出亮眼成绩单》，《南方日报》2020年10月20日，第A05版。
② 徐子茗、李文轩：《聚力融合发展，坚持改革创新——广东文化强省建设交出亮眼成绩单》，《南方日报》2020年10月20日，第A05版。

产业对 GDP 贡献率从 2013 年的 5.66% 提升到 2018 年的 9.61%，对经济增长拉动率由 2013 年的 0.46 个百分点上升至 2018 年的 1.08 个百分点（见图 10）。2016~2019 年，广东省文化产业增加值及其占全省 GDP 比重持续上升（见图 11）。2019 年，广东省文化产业规模有所扩大，文化产业增加值 6227.18 亿元，占全省 GDP 比重达 5.8%，占全国文化产业增加值比重达 14.0%，文化产业增加值及企业数量均继续位居全国首位。

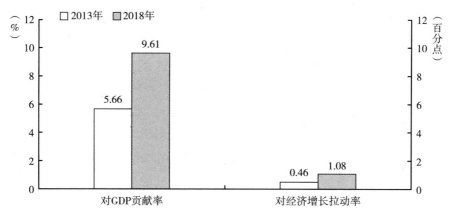

图 10　2013 年、2018 年广东文化产业对 GDP 贡献率及拉动经济增长情况

资料来源：国家统计局、广东省统计局。

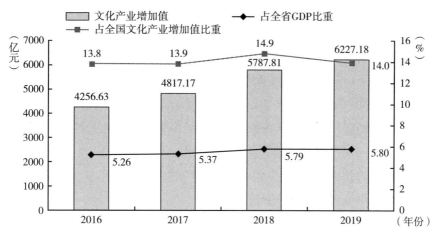

**图 11　2016~2019 年广东文化产业增加值及其占全省
GDP 比重和占全国文化产业增加值比重**

资料来源：国家统计局、广东省统计局。

（九）坚持以人民为中心，不断提高全社会殷实小康生活的水平

2020 年，广东积极推动各项社会事业发展，高质量完成十件民生实事，切实保障和改善民生。政府一般性支出压减 15% 以上，集中财力用于民生类支出 1.21 万亿元，占一般公共预算支出的 69.4%，住房保障、卫生健康、教育、社会保障和就业等领域支出增幅较大，分别达到 28.7%、12.0%、10.2% 和 6.1%，民生补短板领域投资合计增长 32.0%，基本公共服务多项指标处于全国领先水平，人民群众获得感、幸福感、安全感不断增强。

1. 多措并举保居民就业

以实施 2.0 版"促进就业九条"为总抓手，打出促进就业的政策组合拳，城镇新增就业 133.7 万人，完成年度目标 111%，城镇登记失业率回落到 2.53%（见图 12），低于 3.5% 的控制线，成功应对了前所未有的稳就业压力。大力落实稳企稳岗，帮 306.8 万家企业减免或延缴社保费 1970.6 亿元，发放失业保险稳岗返还资金 130.07 亿元，发放以工代训资金 38.85 亿元[①]。抓好重点群体就业，高校毕业生就业率超过 97%，失业人员再就业、就业困难人员实现就业分别完成年度任务的 114.8% 和 113.0%，未就业贫困劳动力动态归零。深入实施各项就业和人才工程，全面提升劳动力技能和素质。其中，"粤菜师傅""南粤家政"工程累计带动就业创业 124 万人次。拥有 146 所技能院校和 1332 万名技能人才，其中高技能人才 445 万人，建成全国规模最大的技工教育体系。成功承办全国第 1 届职业技能大赛，并以 32 金、13 银、11 铜的综合成绩排名全国第 1。"粤菜师傅""广东技工""南粤家政"三项工程累计培训 349 万人次。发放优粤卡 3139 张，建成人才驿站 282 个。此外，互联网营销师、直播销售员、在线学习服务师等与互联网新业态相关的新职业蓬勃发展，信息传输、软件和信息技术服务业从业人员同比增长 3.2%，新就业形态发挥了稳就业的蓄水池作用。

2. 居民人均可支配收入居全国前列

2020 年，广东居民人均可支配收入 41029 元，高于全国居民人均可支配

---

① 肖文舸、陈理：《把稳就业放首位牢牢守住经济社会发展底盘 '十三五'粤累计新增就业 700 万人》，《南方日报》2021 年 1 月 23 日，第 A02 版。

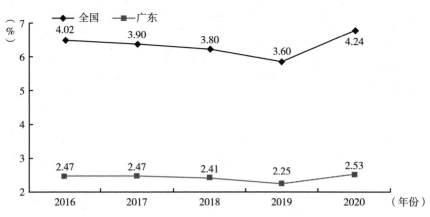

图 12　2016～2020 年广东和全国城镇登记失业率

资料来源：历年《中国统计年鉴》《广东统计年鉴》。

收入（32189 元），同比名义增长 5.2%。其中，城镇居民人均可支配收入
50257 元，同比名义增长 4.4%。2016～2020 年，广东居民人均可支配收入实
际增速与 GDP 增速基本同步，2020 年广东居民人均可支配收入实际增速
（2.5%）跑赢 GDP 增速（2.3%）（见图 13）。横向对比，2020 年，广东居民
人均可支配收入位居全国第 6，同比名义增速（5.16%）在居民人均可支配收
入排名前 10 的省市中位居第 1（见图 14）。

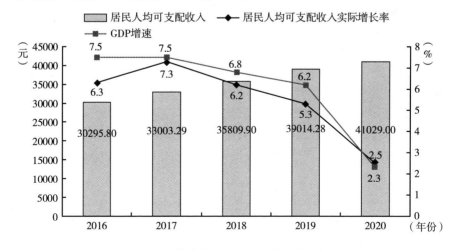

图 13　2016～2020 年广东居民人均可支配收入与 GDP 增速

资料来源：历年《广东统计年鉴》。

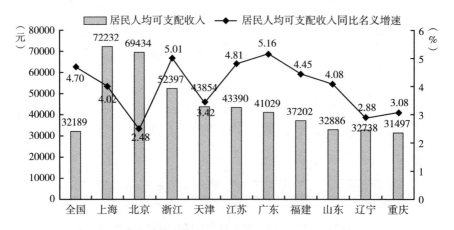

图 14　2020 年居民人均可支配收入排名前 10 的省市

资料来源：国家统计局、各省（区、市）统计局。

3. 一般公共预算教育经费支出稳居全国第 1

广东建立了从学前教育到高等教育全覆盖的生均财政拨款制度，教育投入做到"两个只增不减"①。2019 年，广东省地方教育经费总投入 4918.76 亿元，一般公共预算教育经费支出 3218 亿元，同比分别增长 15.24%、14.70%（见图 15），总量自 1993 年以来连续 27 年居全国首位，增幅也居全国首位。建立从义务教育到大学教育的生活费补助制度，2016 年以来平均每年发放补助金 10.8 亿元，年均资助学生人数达 29.5 万人。高水平大学建设取得积极进展，香港中文大学、香港科技大学、香港城市大学等一批港澳知名高校来粤合作办学。截至 2020 年 9 月，18 所高校进入 ESI（基本科学指标数据库）排名全球前 1%，比 2015 年增长 125%（2015 年为 8 所）；100 个学科进入 ESI 排名全球前 1%，比 2015 年增长 194.1%（2015 年为 34 个）。2020 年，学前教育"5080"攻坚行动取得历史性突破，新增公办幼儿园学位 109.45 万个，公办幼儿园在园幼儿占比达 51.39%，公办幼儿园和普惠性民办幼儿园在园幼儿占比 86.61%。

4. 主要健康指标基本达到发达国家水平

2016~2019 年，广东医疗卫生与计划生育支出占一般公共预算支出比例

---

① "两个只增不减"指确保一般公共预算教育经费支出逐年只增不减，确保在校学生生均一般公共预算教育经费支出逐年只增不减。

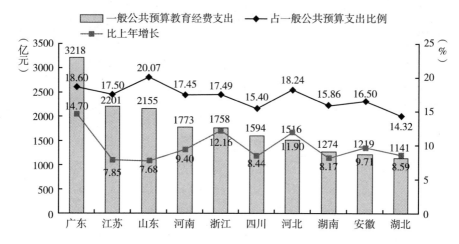

图15 2019年中国部分省市一般公共预算教育经费支出及占比情况（前10）

资料来源：相关省市2020年统计年鉴。

逐年上升（见图16），对医疗卫生事业的保障不断强化。2020年，广东卫生健康支出约1771.42亿元，比2019年增长12%。2020年，广东各级财政投入疫情防控资金302.78亿元，全力以赴支持打赢疫情防控阻击战，其中安排发热门诊和发热诊室规范化建设补助资金18.82亿元、公立医疗卫生机构新冠病毒核酸检测能力建设补助经费1.17亿元、公共卫生建设和重大疫情防控救治体系建设补助资金5.49亿元，实现核酸检测能力建设项目资金100%到基层县（市、区），县级疾控机构核酸检测能力100%覆盖。"十三五"期间，广东居民人均期望寿命由77.2岁提高到78.4岁，婴儿死亡率从2.64‰下降到2.08‰，孕产妇死亡率从11.56/10万下降到11.22/10万，5岁以下儿童死亡率由3.47‰下降到2.58‰，主要健康指标基本达到发达国家水平。

5. 社会保障水平不断提高

社会保险实现制度和人群两个全覆盖，基本实现应保尽保。截至2019年底，广东省基本医保参保人数为1.078亿人，总体参保率达98%以上。实现全省医疗保障异地就医"一站式"直接结算全覆盖。截至2020年9月底，广东省异地就医"一站式"结算6.61万人次，医疗总费用14.6亿元。保障水平不断提高。2020年，广东省城乡居民基本医保财政补助人均不低于550元，职工医保和居民医保政策范围内报销比例分别持续稳定在87%、76%，大病保

图16 2016～2019年广东医疗卫生与计划生育支出及其占一般公共预算支出比例

资料来源：《广东统计年鉴2020》。

险起付线降低到年度城乡居民人均可支配收入的50%，政策范围内支付比例提高至不低于60%。对困难群体降低大病保险起付标准，提高报销比例，不设年度最高支付限额。全省困难群众特别是建档立卡贫困人口基本医保、大病保险和医疗救助的总体报销水平达到90%左右。截至2020年底，广东月人均城乡低保标准分别为870元、712元，"十三五"期间分别年均增长11%、12%；城乡特困人员基本生活标准分别为年人均16970元、13800元，"十三五"期间分别年均增长30%、16%。2020年，安排财政救助资金133.5亿元，稳步提高168万困难群众的基本生活保障水平；发放价格临时补贴，惠及群众1870万人次。截至2020年底，建成城市居家养老服务示范点172个，将全省近3.2万名农村留守老年人纳入关爱范围；初步构建起县、镇、村三级儿童福利保障工作服务网络，已配备村（居）儿童主任27240名、镇（街）儿童督导员1788名；销售福利彩票162.14亿元，筹集福彩公益金50.1亿元，两项指标连续13年保持全国第1；"社工双百计划"升级为"社工双百工程"，全省有持证社工9.6万人，占全国社工总数的17.9%。

6. 在营造共建共治共享社会治理格局上走在全国前列

2020年，广东在疫情防控阻击战中动员97万名医务人员、540万名党员干部、30万名社区工作者、50万名志愿者投身疫情防控一线，动员社会各界捐款捐物60.5亿元、向湖北捐赠款物25.1亿元，引导社会组织支持约6万家企业复工复产。

扫黑除恶专项斗争开展至今，广东省社会治安大局持续向好，平安广东、法治广东建设有力推进。2020年，广东省共打掉涉黑组织66个、黑恶势力犯罪团伙316个，破获涉黑恶案件5148起，查处公职人员813名，查封、冻结、扣押涉案资产323.07亿元，各项主要指标均居全国前列①。截至2020年10月，中央督导组重点交办和直接交办线索办结和初步办结率100%，全省214名目标逃犯到案率99.7%，"伞网清除"存量案件办结率99.1%，各部门累计开展行业治乱行动190余次。2020年1~10月，广东省共组织发起"飓风"集群战役368次，成功打掉犯罪团伙2500余个，抓获犯罪嫌疑人3.3万余名，冻结资金26亿余元，带动全省破获刑事案件17.5万起。"净网2020"行动于1~8月共侦破网络黑产案件1770余起，刑事拘留8740余人。

共享社会治理格局逐步形成。实现"综治中心+网格化+信息化"实体化运转全覆盖。全省市、县、镇、村四级全面建立规范化的综治中心（工作站），共划分基础网格14.4万个，配备网格员17.7万名，实现100%覆盖。矛盾纠纷多元化解体系运行有序，坚持和发展新时代"枫桥经验"，人民调解、司法调解、行政调解、商事调解、行业调解等衔接联动机制不断健全。目前，广东省98%以上的矛盾纠纷在基层得到及时有效化解。2020年，广东省各级行政复议机关共新收到行政复议申请2.89万件，其中约80%的行政复议案件得到有效化解；共组织办理法律援助案件24.7万宗，为农民工追回工资待遇近8.1亿元②。

应急管理体制进一步完善，安全生产形势持续好转。广东省已形成"全灾种、大应急"格局，构建了全灾种统筹应对、全链条有效覆盖、全过程综合管理的大应急格局，已建成基于24个省直部门57个方面的"智慧应急"大数据平台，形成监测预警"一张图"、指挥协同"一体化"、应急联动"一键通"。2020年底，实现对全省1307家危化品生产企业、2.85万辆危化品运输车辆、1.5万座塔吊、8149座水库、482个地质灾害点动态监控。广东省安全

---

① 《2020年广东公安抗疫之年战绩斐然，社会治安秩序持续向好》，广东省公安厅网站，http://gdga.gd.gov.cn/xxgk/sjtj/content/post_3180613.html。

② 陈伊纯：《去年全省新收行政复议申请2.89万件 近八成行政复议案件得到有效化解》，《南方日报》2021年2月3日，第A05版。

生产形势总体保持稳定，2019 年实现重特大事故零控制（2001 年以来首次）；2020 年 1～10 月，广东省各类事故起数、死亡人数同比分别下降 37.8%、22.6%，工贸领域实现连续 33 个月无重大以上事故；成功应对了 23 轮强降雨和 4 个台风，因灾死亡人数同比下降 73.44%。

（十）聚焦攻克最后堡垒，三大攻坚战取得决定性成就

2020 年，广东聚焦坚决打赢"三大攻坚战"，成功推动全省剩余相对贫困村和相对贫困人口全部稳定脱贫、全部出列，实现主要污染物治理以及大气、水环境质量改善重大突破，保障金融秩序总体稳定，有力保驾护航本省高质量发展。

1. 如期高质量完成脱贫攻坚目标任务

2020 年，广东省脱贫攻坚战取得决定性胜利，现行标准下 161.5 万相对贫困人口、2277 个相对贫困村全部达到出列标准。"十三五"期间，4454 名省定贫困村第一书记和近 6.5 万名驻村干部先后投入脱贫攻坚战中，省财政累计投入 1600 多亿元，省定贫困村人居环境明显改善，基础设施和基本公共服务达到全省中等以上水平①，乡村产业蓬勃发展。

坚持"输血""造血"相结合，统筹推进开发式扶贫与保障性扶贫工作，产业扶贫和就业扶贫成绩显著。实施 6.3 万个扶贫产业项目，培育 9877 名创业致富带头人，带动 62.8 万贫困户实现年人均产业增收 2476 元；帮助 40.14 万贫困劳动力转移就业，人均就业增收 1.8 万元②；累计建成扶贫车间、扶贫工作坊 1022 个，开发公益性岗位 1.7 万个，帮助 27.9 万贫困劳动力实现家门口就业。在 2277 个省定相对贫困村中，有劳动能力贫困户年人均可支配收入 15148 元，村均集体经济收入达 33.5 万元。在全力以赴支持东西部扶贫协作方面，协助桂川黔滇 4 省（区）14 个市（州）93 个贫困县摘帽、500 多万贫困人口脱贫，为全国脱贫攻坚大局贡献广东力量，展现了广东担当。2010 年

---

① 2020 年，广东"全省 2277 个省定贫困村完成村庄规划编制的自然村完成率 100%，建有村庄标准垃圾屋（垃圾点）的自然村完成率 100%，已实施雨污分流的自然村完成率 100%"。参见黄进、黄婷《从最基础最薄弱的短板补起——2277 个省定贫困村"后队变前队"》，《南方日报》2021 年 1 月 13 日，第 A03 版。

② 主要通过实施"广东技工""南粤家政""粤菜师傅"三项工程，加强珠三角与粤东西北地区劳务协作，帮助困难群众解决就业问题。

以来，通过"6·30"广东扶贫济困日活动平台，累计募集300多亿元社会资金，为400多万建档立卡贫困人口提供帮扶。

2. 坚决打赢污染防治攻坚战

2020年，广东省生态环境质量明显改善，全面完成国家考核约束性指标，污染防治攻坚战取得决定性成效。全年空气质量优良天数占比为95.5%，完成国家要求考核目标（95.5%）；细颗粒物（$PM_{2.5}$）平均浓度为22微克/米³，同比下降5微克/米³，优于世界卫生组织第二阶段目标（25微克/米³），创有监测数据以来最好成绩；臭氧浓度为138微克/米³，较2019年下降12.7%，实现5年来$PM_{2.5}$浓度与臭氧浓度首次同步下降；$PM_{2.5}$、SO_2、NO_2、PM_{10}浓度达到2014年全面实施环境空气质量新标准以来最好水平。71个地表水国考断面水质优良率（Ⅰ~Ⅲ类）为83.1%，劣Ⅴ类国考断面全部清零；27个入海河流国考断面水质劣Ⅴ类比例为0；茅洲河、练江等重点流域水质全面好转。2020年10月，地级以上市在用集中式饮用水源（79个）水质达标率为100%。2020年第三季度，县级集中式饮用水源（82个）水质达标率为100%。2020年，新增污水管网3.3万公里，污水日处理能力814万吨，基本消除地级以上城市建成区黑臭水体；生活垃圾日处理能力达14.9万吨，同比增长91%。疫情期间医疗废物、医疗废水全部得到及时、有序、安全处理处置。

坚持新发展理念，经济发展绿色动能更加强劲。2018~2020年，累计安排污染防治和生态环境保护领域专项债资金超过500亿元；截至2020年6月，已纳入省PPP项目库的生态环保类项目共258个，总投资额1177亿元。珠三角地区大力发展海上风电、核电等可再生能源产业，以替代传统能源供给，其中核电总装机容量1626万千瓦（约占全国1/3），是全国核电利用第一大省。截至2020年底，广东累计成交碳排放配额1.72亿吨，成交额达35.61亿元，连续7年稳居全国第1。2020年1~11月，广东消纳清洁能源电量3082亿千瓦时，减排二氧化碳约24188万吨，相当于植树约18105万亩（约等于16.2个广州市面积）。2019年，广东非化石能源消费占比约29.6%，单位GDP化学需氧量、氨氮排放强度、二氧化硫排放强度和氮氧化物排放强度较2015年分别下降40.6%、40.0%、38.5%和35.0%[①]。

---

① 鲁修禄：《牢记嘱托　坚决打赢广东污染防治攻坚战》，《中国环境报》2020年9月8日，第3版。

3. 坚定不移打好防范化解重大金融风险攻坚战

2020年，广东省防范化解金融风险，营造诚实守信金融生态环境，维护良好金融秩序，健全金融消费者权益保护机制，取得显著成效。国家金融管理部门驻粤机构、广东省政府相关部门协商建立金融委办公室地方协调机制（广东省），协同推进化解防范重大金融风险，为实体经济发展创造更好环境。完成707家P2P网贷机构全部清退目标任务，涉众金融风险水平显著下降。出台《广东省地方金融监督管理局关于〈非法集资举报奖励办法〉的实施细则》，逐步实现非法集资全链条治理。2019年，新发案件宗数及涉案人数分别同比下降28.44%、35.44%。金融风险提前预警和协同处置化解能力大幅提升。截至2020年8月，广东省地方金融风险监测防控中心通过"金鹰"系统已覆盖"7+4+1"类地方金融业态和全省21个地市，对全省约1400万个工商主体进行筛查，对50余万家企业进行实时监测和风险评级。广州市地方金融风险指数从2017年底的71.6下降至2020年6月的60.66。政府债务水平处于低位，隐性债务风险可控。2020年1月，广东正式发布了全国首个地方金融非现场监管区块链系统。全面完成64家农信社改制任务，改制后累计化解风险包袱1300亿元。2020年，共侦破1.3万余宗经济犯罪案件，有力维护了经济安全和社会稳定。

金融环境的全面净化和改善为金融能级大幅提升提供了坚实保障。2020年，广东省金融业增加值占GDP比重为8.9%，成为全省九大主要行业中第1个正增长行业。深交所创业板注册制改革成功实施，广州期货交易所正式获批，本外币存贷款余额、原保费收入等主要金融指标均居全国第1。截至2020年底，境内上市公司总数达677家，总市值超过15万亿元，总数继续保持全国第1。2020年新增境内上市公司60家，连续3年新增数保持全国领先。各大金融机构持续加大对制造业的稳企纾困力度，新增制造业贷款2957亿元，超过2017~2019年的增量总和；工、农、中、建四大行在广东投放的制造业贷款均为全国第1。

（十一）扎实推进党的建设新的伟大工程，营造风清气正、干事创业的良好政治生态

2020年，广东省委坚持以习近平新时代中国特色社会主义思想统领广东一切工作，自觉把党的建设始终贯穿改革发展全过程，为全面建成小康社会提供坚强政治保障。

1. 持续深入学习贯彻习近平新时代中国特色社会主义思想取得新成效

坚持以习近平新时代中国特色社会主义思想为指导，全面贯彻党的十九大和十九届二中、三中、四中、五中全会精神，深入学习贯彻习近平总书记出席深圳经济特区建立40周年庆祝大会和视察广东重要讲话、重要指示精神，更加准确把握新发展阶段新任务新要求，坚定不移贯彻新发展理念，加快打造新发展格局的战略支点，开展新一轮"大学习、深调研、真落实"。

2. 坚持政治引领，始终把党的政治建设摆在首位

把"两个维护"作为最根本的政治纪律和政治规矩，建立健全第一议题制度、"大学习、深调研、真落实"工作机制、专项研讨培训制度等，坚决落实"两个维护"十项制度机制，旗帜鲜明地讲政治，始终坚持正确政治方向，真抓实干，确保习近平总书记重要讲话和重要指示批示事事有着落、件件有回音，确保总书记、党中央决策部署贯彻到广东改革发展全过程各方面。

3. 全面压实意识形态工作责任制，守好意识形态"南大门"

牢牢把握正确政治方向，把握意识形态工作领导权、管理权、话语权，压实压紧意识形态工作责任，做大做强主流思想舆论。完善意识形态分析研判处置机制，深入开展维护意识形态安全专项行动，严格遵循主管主办和属地管理原则，突出抓好网络意识形态阵地管理，加强对新闻媒体、网络新媒体、论坛讲座、研讨会、报告会等阵地和队伍的管理，全面落实高校维护意识形态安全责任制，坚决守好意识形态"南大门"。

4. 持续加强基层组织建设，将各级党组织锻造得更加坚强有力

坚持大抓基层的鲜明导向，以组织体系建设为重点，以"基层党建全面进步过硬"为主题，持续加强基层组织建设，圆满完成基层组织建设三年行动计划。树立党的一切工作到支部的鲜明导向，深入贯彻落实党支部工作条例，从基础工作、基本制度、基本能力抓起，推进机关党支部标准化、规范化建设。大力实施"头雁"工程，严格党员教育管理监督，落实好"三会一课"、主题党日、政治生日等制度，切实增强党员对党组织的归属感，使基层党支部更有凝聚力、战斗力和影响力。

5. 创新干部管理的激励机制，锻造一支政治过硬、具备领导现代化建设能力的干部队伍

坚持激励广大干部在新时代勇于担当、奋发有为，坚持教育与激励两手抓，

注重在改革一线考察识别干部,大胆提拔使用敢于改革、善于改革的干部,全面落实习近平总书记关于"三个区分开来"的重要要求,建立健全容错纠错机制,引导干部争当改革的促进派、实干家,进一步激发广大干部干事创业热情。

6. 坚定不移正风肃纪反腐,营造风清气正的良好政治生态

严格落实中央八项规定及其实施细则精神,深入整治"四风"老问题和新表现,力戒形式主义、官僚主义,引导树立正确的政绩观。严格落实对"一把手"进行监督的六项规定,全面落实基层正风反腐三年行动方案,抓好中央及省委巡视反馈问题整改,持之以恒抓好作风建设和反腐败斗争。加强监督执纪问责,深入推进党风廉政建设,切实把良好的作风体现到更好地服务基层上来,努力建设风清气正的政治机关,营造干事创业的良好氛围。

二 2020年广东经济社会发展面临的问题与挑战

当前,中国疫情防控取得重大战略成果,经济社会正常秩序基本恢复,但外防输入、内防反弹压力还很大。同时,在世界经济深度衰退、经济全球化遭遇逆流的大背景下,2021年和"十四五"初期经济社会发展还存在不少困难、问题和挑战:经济发展形势依然复杂严峻,现代化产业体系建设任重道远,科技自立自强基础较弱,区域和城乡发展不平衡,政府治理现代化水平有待提升,生态环境建设面临新挑战。

(一)疫情防控常态化条件下经济恢复基础尚不牢固

当前,新冠肺炎疫情全球大流行和中美贸易摩擦等外部环境不稳定、不确定因素仍然较多,广东经济运行虽逐步恢复常态,但发展形势依然复杂严峻。一是经济恢复基础不牢固。2018年第一季度至2020年第一季度,广东省GDP累计增速整体逐季持续下滑,2020年各季度经济累计增速波动较大,前两个季度累计增速为负值,第三季度转为正值,全年2.3%的增速虽来之不易但仍位于历史低位(见图17)。疫情仍然是影响2021年经济增长的重要变量。二是工业投资增速和占比呈下降趋势。2020年1~10月,广东固定资产投资同比增长5.9%,其中第一产业和第三产业投资分别增长85.7%和8.1%,第二产业投资下降2.2%。从历史来看,2014~2019年,广东工业投资增速从17.3%下降到6.3%,

工业投资占全社会投资比重从 32.4% 下降到 23.7%。三是居民消费潜力有待进一步释放。2020 年，广东省城镇居民人均消费支出 33511 元，同比下降 2.7%。2016~2020 年，广东省居民人均消费支出占可支配收入比重下降 8 个百分点，城镇居民人均消费支出占可支配收入比重下降 9.2 个百分点。2015~2019 年，广东省社会消费品零售总额增速下降 2.5 个百分点。2020 年，在疫情冲击下，广东省社会消费品零售总额同比下降 6.4%（见表 2）。

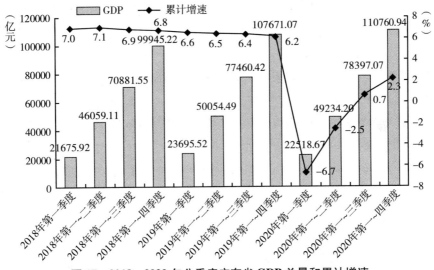

图 17　2018~2020 年分季度广东省 GDP 总量和累计增速

资料来源：广东省统计局。

表 2　2015~2020 年广东省居民收入和消费支出情况

单位：%

年份	人均可支配收入实际增速	最终消费支出拉动 GDP 增长（百分点）	人均消费支出占可支配收入比重	城镇居民人均消费支出占可支配收入比重	社会消费品零售总额增速
2015	6.9	3.9	75.3	73.9	10.5
2016	6.3	3.7	77.4	75.9	9.8
2017	7.3	3.6	75.2	73.7	9.9
2018	6.2	3.5	72.8	69.7	8.7
2019	5.3	—	74.3	71.5	8.0
2020	2.5	—	69.4	66.7	-6.4

资料来源：《广东统计年鉴》（2016~2020）。

（二）现代产业体系建设任重道远

一是产业结构有待优化。工业重型化发展不足，整体结构偏轻。2019年，广东省重工业总产值占工业总产值比重为68.3%，低于江苏的72.1%①。钢材、造船等行业产值远落后于江苏、山东、辽宁等省份。生产性服务业对工业发展的有效支撑不足。从国际通常水平看，每1元工业增加值需要1元以上的生产性服务业为其提供配套服务②。2019年，广东省工业增加值和生产性服务业增加值分别为33616.10亿元和28821.52亿元，对应比例为1:0.86，生产性服务业有效供给缺口达14%。新兴产业尚未完全挑起大梁。二是工业增速有待提升。2020年，广东省规模以上工业增加值同比增长1.5%，低于全国水平（2.8%），工业对GDP增长的支撑作用同步减弱（见图18）。2020年，广东三次产业结构为4.3:39.2:56.5，第二产业增加值为43450.17亿元，同比增长1.8%，低于第一产业和第三产业的增速（分别为3.8%和2.5%），对经济增长的贡献率也低于第三产业。三是部分企业生产经营困难。近年来，广东省中

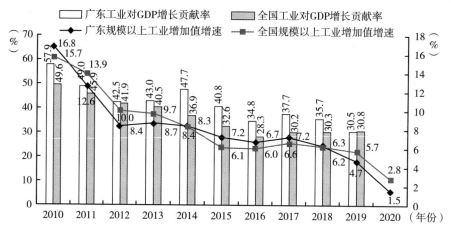

图18 2010～2020年广东省和全国规模以上工业增加值增长和对GDP增长贡献情况

资料来源：历年《中国统计年鉴》《广东统计年鉴》。

---

① 如广东钢材的产量不足江苏的一半，广东造船业大幅度落后于江苏、上海、辽宁和山东等造船先进省市，造船完工量、订单量不足第一造船大省江苏的1/60。

② 纪汉霖、张深：《生产性服务业经济增长与制造业转型升级的互动发展研究——基于2005—2014年全国省份面板数据》，《科技与经济》2017年第3期。

小企业受到国内外市场不景气、生产经营成本提高、市场竞争加剧等影响，生存发展面临困境。2020年暴发的新冠肺炎疫情进一步加大了这种困难。

（三）科技自立自强的基础不牢

一是基础研究投入仍需加大。2019年，广东省R&D经费支出总量居全国首位（3098.49亿元），研发投入强度已经达到2.9%，但体现原始创新能力和水平的基础研究投入仅占研发投入总量的4.6%，低于全国5.5%的平均水平，与美国、日本等发达国家20%的水平相距甚远。二是高水平研究创新主体数量偏少。与国内发达地区相比，广东省高水平创新资源明显不足，高端科研平台相对偏少：没有QS①世界大学排名前100强的高校；"双一流"高校（2所）和学科（18个）数量低于北京（8所、162个）、上海（4所、57个）和江苏（2所、43个）；国家实验室仍然空白，国家重点实验室、国家工程研究中心和大科学装置的数量也相对少于京沪，且主要集中在珠三角地区。三是高端创新人才总量仍然偏少。技能人才特别是高技能人才仍存在巨大缺口，创新人才培养不平衡，对国际化创新人才吸引力不足。四是关键核心技术受制于人。长期以来，广东在核心技术、关键零部件、重大装备等方面受制于人，85%以上的芯片和80%以上的关键零部件依赖进口。中美经贸摩擦进一步凸显了广东"缺芯少核"的瓶颈问题。

（四）区域、城乡、经济社会发展不平衡问题依然较为突出

区域发展不平衡、不协调，城乡发展差距较大，公共服务投入存在短板是长期困扰广东发展的突出问题。一是区域经济总量差距持续扩大。"十三五"期间，珠三角和粤东西北的GDP比值从4.01上升到4.22（见图19）。2020年，珠三角GDP占全省GDP比重为80.83%，比2016年略有提高。二是城乡收入差距仍然较为突出。2020年，广东省城乡居民人均可支配收入比值为2.50，高于天津（1.86）、浙江（1.96）、上海（2.19）、江苏（2.19）、福建（2.26）等发达地区，在东部发达省市中仅略低于北京市的水平（2.51）；揭阳市农村居民人均可支配收入（16312元）低于全国水平（17131元），河源、

---

① QS，Quacquarelli Symonds。

潮州、云浮等市仅略高于全国水平。三是民生保障与经济发展水平不匹配。广东省的人均公共预算支出、人均教育支出、人均社会保障和就业支出、学前教育生均一般公共预算教育经费、每十万人普通高等教育在校生人数、高等教育毛入学率、幼儿园生均教育经费、每千常住人口执业（助理）医师数、每千名老人拥有养老床位数等社会民生领域指标排名在发达省市中不占优势，与第一经济大省的地位不相称（见表3）。

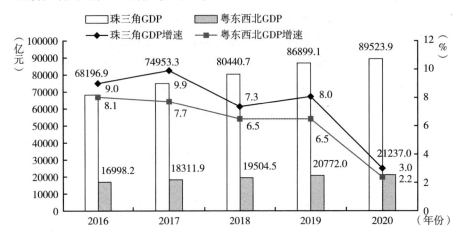

图 19　2016～2020 年珠三角和粤东西北地区 GDP 总量和增速

资料来源：《广东统计年鉴2020》，广东省统计局。

表3　2019 年部分发达省市及全国民生指标比较

单位：元，人

地区	人均公共预算支出	人均教育支出	人均卫生健康支出	人均社会保障和就业支出	每十万人普通高等教育在校生人数	每千常住人口执业（助理）医师数
全国	14552.6	2354.3	1172.6	2010.5	2857	—
广东	15014.2	2786.7	1371.1	1478.6	2751	2.53
北京	34399.1	5280.4	2481.5	4517.9	5320	4.92
天津	22766.3	2994.1	1266.9	3527.8	4214	2.97
上海	33685.4	4100.7	2032.2	4117.4	3582	3.08
江苏	15580.6	2743.3	1122.7	1754.6	3311	3.16
浙江	17184.7	3016.6	1257.5	1835.8	2509	3.51

资料来源：《中国统计年鉴2020》。

（五）治理效能有待进一步提升

一是重点领域改革有待深化。"18+13"重大改革事项有待进一步深化和巩固成果，采取更多创造型、引领型改革举措；粤港澳大湾区在税制结构、税率设置、征税范围等方面的差异较大，全面衔接仍有制度性障碍①，跨境投资、跨境电商等领域的税务问题仍未解决；劳动力、资本、土地、技术、数据等要素市场改革和其他重点领域的改革需要加强系统性、协同性。二是营商环境对标国际一流水平还有差距。据毕马威企业咨询（中国）有限公司研究，2019年广东自贸试验区营商环境全球模拟排名第32。在全国公共服务质量监测中，广东省在公共教育、公共就业、医疗服务、社会保障等12个方面的公众公共服务满意度较低②，企业和群众办事的获得感、满意度还需进一步提升。三是法治政府和社会信用体系建设有待加强。县和乡镇等基层一线法治政府建设，以及粤东西北地区法治政府建设相对滞后。公共联合征信系统的信用信息征集范围有待扩大，互联互通水平有待提高，个人联合征信体系建设进展缓慢。

（六）生态环境建设面临新挑战

作为经济大省和人口大省，广东省实现可持续发展任重道远，在生态环境保护、污染治理、节能减排等方面仍然存在巨大的提升空间。一是环境质量改善的基础不牢。2020年，湛江、云浮、汕尾等6市水环境质量同比有所变差，9个劣Ⅴ类国考断面全部消劣的成果仍需大力巩固。二是污染物排放总量虽持续下降但仍处于高位。广东省第二次全国污染源普查结果显示，截至2017年底，广东工业源普查对象数量（55.48万个）位居全国第1，占比22.39%；初步估算2020年污染源总量约有70万家，珠三角地区单位国土面积污染物排放强度远超过粤东、粤西地区。三是污染治理投入有待增加。工业污染源治理任务较重，政府治污资金投入水平偏低，人均节能环保预算支出在沿海发达省

---

① 例如，在税务服务方面，目前广东省（按照国内统一标准）纳税次数为一年7次，而香港特区企业纳税次数每年平均只需要3次。可参考广东省政协提案委员会、广东省政协提案工作研究会《提案工作研究参考》2020年第8期。

② 《国家市场监管总局办公厅关于2019年全国公共服务质量监测结果的通报》，2020年4月。

市中排名靠后。四是资源环境约束仍较大。珠三角核心区土地开发强度超过国际惯例警戒线（30%）水平，土地集约节约利用难度较大。2019 年，在一次能源消费结构中，煤炭消费占比仍然高达 34.2%。广东作为碳排放大省，在 2030 年前实现"碳达峰"① 目标任重道远。

三　2021年广东开启社会主义现代化新征程的趋势分析

2021 年是中国在全面建成小康社会基础上向全面建设社会主义现代化国家迈进的开局之年。尽管面临复杂变化的发展环境，但中国仍处于重要的战略机遇期。广东物质基础雄厚，产业体系完备，市场空间广阔，社会大局稳定②，具有开启社会主义现代化新征程的诸多优势和条件。在以习近平同志为核心的党中央坚强领导下，广东一定能在全面建设社会主义现代化国家新征程中走在全国前列、创造新的辉煌。本报告认为，2021 年广东的经济社会发展将呈现以下态势。

（一）经济现代化加速推进

一是宏观经济增长稳步恢复。虽然 2021 年新冠肺炎疫情和中美贸易摩擦的发展态势仍然存在较大的不确定性，但广东经济将在 2020 年较低基数基础上有所反弹甚至补偿性增长。广东将充分发挥产业优势、市场优势、开放优势和创新优势，实现投资、消费和进出口稳步复苏，将进一步开拓多元国际市场，使经济运行保持在合理区间。预计 2021 年广东 GDP 增长 7.0% 左右，GDP 总量达到 12 万亿～12.2 万亿元，经济总量全面超过韩国。二是创新在广东现代化建设全局中的核心地位显著提升。持续强化创新驱动，创新大省加速向创新强省转变，积极探索关键核心技术攻关新型举国体制的"广东路径"，

---

① 2020 年 9 月 22 日，在第七十五届联合国大会一般性辩论上，习近平主席宣布中国将提高国家自主贡献力度，二氧化碳排放力争于 2030 年前达到峰值，努力争取 2060 年前实现碳中和。"碳达峰"意味着到 2030 年向大气中排放的温室气体不再增加，这在某种意义上说是粗放式发展的"天花板"；"碳中和"则要求更高，通过植树造林等方式，排放的碳与吸收的碳相等。相关分析见杜娟《广东省社会科学院副院长、研究员赵细康：拉开城市空间　实现绿色低碳发展》，《广州日报》2020 年 11 月 13 日，第 A5 版。

② 余欣：《打造经济新引擎　推动广东高质量发展走在前列》，《广东经济》2021 年第 1 期。

坚决解决核心基础零部件和元器件、先进基础工艺、关键基础材料、关键产业技术等"卡脖子"问题，加快提升科技实力和自主创新能力，加速补齐基础研究和应用基础研究能力短板，大力激发科技人才创新创造活力，推动实现科技自立自强。坚持把制造业作为经济高质量发展的主攻方向，坚持"传统产业升级改造、新兴产业创新发展"两手抓，做大做强"双十"产业集群，大力发展数字经济，推进产业数字化和数字产业化，超前布局战略性新兴产业和具有高成长性的未来型企业，增强产业链供应链自主可控能力，构建现代产业体系。三是新发展格局的战略支点地位进一步强化。坚持把构建新发展格局作为经济现代化的路径，以高水平国际循环提升国内循环的效率和水平，坚持扩大内需，顺应消费升级趋势，激发消费潜力，促使供需双向协同发力，不断增强产业、消费、投资、外贸、安全等领域的支撑力，不断强化战略支点的支撑、联通、撬动功能，进一步畅通经济循环，实现经济在高水平上的动态平衡，在大变局中全面塑造广东高质量发展新优势。

（二）改革开放更加全面深入

一是社会主义市场经济体制进一步完善。围绕使市场在资源配置中起决定性作用和更好地发挥政府作用，以改革创新实验区为依托，大力实施创造型、引领型改革，不断提高改革综合效能，增强改革的系统性、整体性、协同性，引导各项改革朝着打造新发展格局战略支点聚焦发力；加快推进土地、劳动力、资本、技术、数据等要素市场化改革，实现要素配置高效高质；进一步提升营商环境的市场化、法治化、国际化水平，积极构建亲清政商关系，进一步激发和弘扬企业家精神，不断提升企业核心竞争力，激发市场主体新活力。二是全面扩大开放见实效。对标国际最好、最优、最先进，充分发挥广东自贸试验区、经济特区的示范带动作用，强化联通功能，拓展国内经济纵深，联通国际市场，打造国际交通枢纽，形成联通内外的贸易、投资、生产、服务网络，提高对外开放合作水平，实现进出口总额正增长；建设高水平开放型经济新体制，健全对外开放安全保障体系，推进实施广东自贸试验区4.0版方案，进一步发挥在"一带一路"建设中的战略枢纽、经贸合作中心和引擎作用，不断增强畅通国内大循环和联通国内国际双循环的功能。三是在新征程中持续释放"双区驱动效应"。粤港澳大湾区内基础设施互联互通、制度衔接通畅无阻、

要素流动高效便捷，区域协同创新共同体和重大合作平台初显成效，"双区"的整体效应、集聚效应、协同效应、战略效应和辐射引领效应进一步强化，为广东高质量发展提供强大牵引，更好服务"一国两制"大局。深圳综合改革试点取得新成绩，重要领域和关键环节改革取得标志性成果，带动广东改革向纵深推进，为全国制度建设做出重要示范。广州加快建设具有经典魅力和时代活力的国际大都市，与深圳在新征程、新高度上"双城"联动、比翼双飞，为广东打造新发展格局战略支点提供有力支撑。

（三）发展平衡性、协调性稳步增强

一是"一核一带一区"的区域协调发展格局加快形成。珠三角核心区发展能级提升，主引擎作用进一步显现；沿海经济带产业支撑强化，沿海城市优势互补、合作互促的产业发展势头良好，沿海重要产业集群和产业带逐步形成；北部生态发展区绿色发展优势凸显，生态屏障进一步巩固；以深汕特别合作区、广清经济特别合作区为区域协调发展的创新典范，推动"核""带""区"在新发展格局中一体协同、各扬所长。二是在更深层次推进文化繁荣发展。坚持物质文明和精神文明"两手抓、两手都要硬"，积极培育和践行社会主义核心价值观，大力弘扬以爱国主义为核心的民族精神和以改革创新为核心的时代精神，以"九大行动"为抓手深化精神文明创建，建设与高度发达的物质文明相适应的精神文明。大力提升公共文化服务水平，增强文化产业优势，推动文化大发展大繁荣，更好满足人民群众精神文化生活新期待，建设更高水平的文化强省。三是建设更高水平的美丽广东。以习近平生态文明思想为指引，加快绿色发展步伐，深入践行"绿水青山就是金山银山"的理念，推动人与自然和谐共生，大幅提高能源资源利用效率，持续减少主要污染物排放总量，持续改善生态环境质量，以碳达峰、碳中和牵引产业绿色低碳循环发展，推动生产生活方式绿色转型，完成单位 GDP 能耗降低等绿色发展关键指标国家下达的任务。

（四）实现更高水平的共同富裕

一是用心、用情、用力保障和改善民生。坚持以人民为中心的发展思想，统筹效率与公平，用心、用情、用力办好民生社会事业，持续提升人民群众生活品质。高质量推动"粤菜师傅""广东技工""南粤家政"三项工程，实现

更加充分、更高质量就业，实现居民人均可支配收入稳步增长，加快形成中等收入群体占多数的橄榄形收入分配结构，不断健全多层次社会保障体系，解决大城市住房突出问题，建设更高水平的幸福广东。二是基本公共服务均等化达到更高水平。以推动基本公共服务均等化为重要抓手，提高民生保障水平，实现城乡之间、区域之间、人群之间基本公共服务均等化，降低要素流动成本，促进机会公平，促进人的全面发展和社会全面进步，扎实推动全体人民共同富裕，形成全省强大的内在凝聚力和发展驱动力。健全基本公共服务体系，创新基本公共服务提供方式，满足多元化、高层次消费需求。三是农业农村现代化水平不断跃升。顺应"三农"工作重心历史性转移的新形势新要求，突出高质高效深化农业供给侧结构性改革，突出宜居宜业大力实施乡村建设行动，突出富裕富足推动农户与现代农业有机衔接，全面推进乡村振兴落地见效。整合优化对口帮扶力量，助力实现"十年根本改变农村面貌"目标。重点解决好种子和耕地问题，补齐农业发展短板，大力发展数字农业和现代种业，助推农业农村高质量发展。

（五）治理现代化水平显著提升

一是积极防范和化解影响广东现代化进程的各类风险。树立底线思维，增强忧患意识，深入贯彻总体国家安全观，统筹应对各类传统安全和非传统安全问题，不断健全防范、化解内外部重大风险机制体制，坚决维护国家政治、经济安全和社会稳定。认真总结新冠肺炎疫情的经验教训，创新和完善重大疫情防控举措，建立健全公共卫生应急管理体系，提高突发公共事件应急能力和自然灾害防御能力。严密防范和打击境外敌对势力渗透、破坏、颠覆、分裂活动，构建海外利益保护和风险预警防范体系，全力支持香港、澳门保持长期繁荣稳定、更好融入国家发展大局。二是全面提升社会治理总体效能。充分发挥人民群众在社会治理中的主体地位，完善和创新社会治理，打造人人有责、人人尽责、人人享有的共建共治共享社会治理共同体。把更多资源、服务、管理放到社区，为居民提供精准化、精细化服务，切实把群众大大小小的事办好。完善社会治理体制，深入开展市域社会治理现代化试点，以"绣花"功夫推动城市智慧治理，加快形成活力和秩序有机统一的社会发展新局面，不断推出社会治理现代化的"广东经验"。三是建设更高水平的平安广东、法治广东。

扎实推进全面依法治省，正确处理新形势下人民内部矛盾，不断增强运用法治思维和法治方式化解矛盾纠纷的能力，树立全周期管理意识，推动扫黑除恶常态化，全力维护人民群众生命安全和社会稳定，努力把广东建设成为全国最安全稳定、最公平公正、法治环境最好的地区之一，实现高质量发展与高水平治理齐头并进，筑牢现代化建设的安全基石。

四 2021年推动广东社会主义现代化建设开好局、起好步的对策建议

2021年，广东将以习近平新时代中国特色社会主义思想为指导，深入贯彻党的十九大和十九届二中、三中、四中、五中全会精神，坚持稳中求进的工作总基调，准确把握新发展形势，深入贯彻新发展理念，加快构建新发展格局，以推动高质量发展为主题，以深化供给侧结构性改革为主线，以改革开放为根本动力，以满足人民日益增长的美好生活需要为根本目的，统筹推进"五位一体"总体布局，协调推进"四个全面"战略布局，统筹发展和安全，巩固拓展疫情防控和经济社会发展成果，确保社会主义现代化建设和"十四五"时期经济社会发展开好局、起好步，以优异成绩庆祝建党100周年。

（一）创新驱动强动力，加快推动经济高质量发展

1. 聚力打好关键核心技术攻关战

一是坚决突破"卡脖子"技术。推动省重点领域研发计划、粤港澳科技合作专题、重大基础研究项目优化布局，聚焦技术短板尤其是对欧美国家依赖性较强的技术环节，如半导体、控制组件、数控机床、机器人视觉系统、仿真分析软件等进口多且技术含量高的领域，把"卡脖子"清单变成科研攻关清单，集中力量进行自主技术攻关，力争一批关键技术实现重大突破。实施"广东强芯"行动，推动广东省产业补芯强核。继续支持受打压重点高技术企业和重点产业，强化集成电路关键共性技术平台建设，开展芯片堆叠技术、成套 FD‑SOI 工艺技术、第三代半导体技术等的研发，强化企业生态链条建设等。二是超前布局前沿引领技术。在全国率先探索新概念材料、量子信息、类脑智能等高精尖前沿未来领域，加速构建先发优势，把握未来产业发展主动

权。启动区块链、新能源、物联网等领域重点专项，布局实施"区块链与金融科技""新能源""物联网和智慧城市"等重点专项。三是持续关注重大民生技术。重点推进与民生相关的普惠精准的公共卫生技术、智能高效的智慧城市技术、现代农业技术、绿色可靠高效的生态环保技术等取得突破。在重点民生领域开展先行先试，为改善民生福祉提供有力保障，让全社会享受更多科技成果。

2. 积极融入国家创新战略和创新布局

一是抓好综合性国家科学中心建设。积极争取国家在广东布局建立国家技术创新中心，着力建设一批高水平创新研究院，培育和创建国家实验室与国家科研基地，加快推进粤港澳大湾区综合性国家科学中心先行启动区建设。支持广东承担国家重大科技专项和重大科技成果转移转化工作，吸引更多优秀技术成果在广东开花结果。二是加快重大科技创新平台建设。加快中国科学院广州明珠科学园、广州南沙科学城、东莞中子科学城、深圳光明科学城等一批高能级创新基地、园区建设，"串珠成链"加速打造广深港澳科技创新走廊。推动粤港澳大湾区生物安全创新研究院、广东省大动物模型研究中心建设，进一步完善生物医药领域基础设施。三是打造面向全球的开放创新体系。加强与发达国家及创新型国家的合作，积极开展科研项目联合资助、科研人员往来交流等工作，大力培育国际产业技术创新联盟。围绕亟须攻克的重大科学问题和前沿技术问题，组织面向全球科学家的大科学研究计划和科学研究基金。推动"一带一路"科技创新合作，支持广东科研机构和科学家与共建"一带一路"国家和地区共建联合实验室，鼓励境外企业来粤建设研发中心。优化完善"银龄专项"试点工作，重点引进国（境）外已退休或即将退休的高端专家，遴选海外创新项目、科学家、优秀研发人才与团队，强化其与国内创新资源的交流和对接，吸引一批源头创新领军人才，集聚一批技术创新骨干人才，培育一批科技成果转化领域人才。

3. 深化科技体制机制改革

一是建立重大科技项目市场形成机制。改革科研组织管理和项目形成机制，采用定向组织、并行支持、"揭榜挂帅"等新型科研组织模式，广泛征集核心技术攻关优秀研发团队和最佳解决方案。采用动态滚动的资金支持方式，引入科创基金或风险投资资金参与投资，形成政府与社会资金共同支持机制。

强化创新普惠性支持，推动高新企业树标提质。二是实行科研项目绩效分类评价。坚持分类评价，对基础研究类科技活动，注重评价原理性的新发现、高水平科学论文的产出；对应用研究、技术开发类科技活动，注重评价新技术、新工艺、新产品、新材料、新设备的研发；对产业化项目，注重评价产值、税收等经济效益。推进评价方式多元化，积极探索同行评议、代表作评议、中长期评议等新评价方式。三是探索科技创新管理负面清单制度。研究探索在创新链不同环节设置科技创新管理负面清单制度。在基础研究环节，设置科技创新管理"零"负面清单，除涉及国家安全事项外，科技管理部门不介入；在技术创新环节，探索在有条件的科研项目中实行经费支出负面清单管理，规定经费主要用途和禁用事项；在成果转化环节，探索赋予科研人员职务科技成果所有权或长期使用权，明确权益授予的条件与流程。四是实施成果转化类人才培育计划。培育专业化技术经纪人队伍，完善科技特派员制度，鼓励和支持经认定的高校、科研院所和企事业单位向有需求的单位派驻科技人员，开展以新产品示范推广效果和经济效益为导向的技术服务、科技攻关、成果推广等科技成果转移转化活动。

（二）稳链纾困壮实体，加快发展现代产业体系

1. 做大做强实体经济

工业是实体经济的基础。对近年来广东工业增加值增速下降的趋势要保持高度警惕，研究制定工业增加值合理增速标准和工业增加值占 GDP 的合理比例，设立警戒线，持续加大工业重点领域投资力度。一是推动资源配置从"撒胡椒面"向"精准滴灌"转变。以电子信息、半导体及集成电路、高端智能装备、绿色石化、新能源汽车等重大产业投资为先导，以"一群一策"推动全省十大战略性支柱产业集群和十大战略性新兴产业集群培育发展，确保战略性支柱产业集群营业收入年均增速与全省经济社会发展增速基本同步，确保战略性新兴产业集群营业收入年均增速 10% 以上。二是加大新型基础设施投资建设力度。加快 5G、数据中心等建设，以工业互联网、人工智能、云计算、大数据、物联网、VR（虚拟现实）、AR（增强现实）等新技术赋能工业企业，优先推进 5G 在工业园区的布局和应用，形成各种不同的应用场景和服务，提高供给效率。三是加快推进传统工业行业技术改造。加大财政资金对重点领域

企业技术改造的扶持力度，扩大技改扶持范围，将支持范围扩展到软件、信息化改造、生产条件改善等方面，引导工业企业以提高劳动生产率、产业优质率、节能减排率为目标实施技术改造。

2. 提升产业链供应链现代化水平

新冠肺炎疫情和中美贸易摩擦让广东产业链供应链的稳定性、安全性、自主性经受了巨大的压力测试，要举一反三、长短结合，积极做好稳链补链强链延链工作，探索实施"链长制"，加快补齐短板，锻造长板，推动产业链供应链更加自主可控、安全高效。一方面，要继续做好助企纾困工作。落实已经出台的纾困惠企政策，帮助企业解决实际困难，保持市场主体的稳定。建立健全产业链供应链应急协调管理机制，解决断点、堵点、卡点。在稳链纾困的基础上，积极融合到全球产业链创新链中，保持产业链稳定、有效运转[①]。另一方面，要实施产业基础再造工程。梳理重要行业企业"卡脖子"技术清单，对产业链缺失、薄弱环节予以重点支持。集中资源对关键核心技术进行国产化攻关，支持企业研发"去美国化"的设备和拓展技术供应渠道，加快产业链供应链关键环节国产化进程，切实维护产业链供应链安全。依托产业链引进更多品牌制造企业，培育产业链上的"专精特新"企业，增强全产业链优势。

3. 以数字经济拉动产业链重构升级

一是营造有利于数字经济发展的良好生态环境。成立数字变革战略领导小组，加强对数字大变革时代前沿性、全局性、关键性问题的分析研判和决策应对，推动全省各地制订具有施工路线图性质的"数字发展计划"，打造珠三角5G网络城市群。加强数字基础设施建设，推动城乡基础设施数字化和网络化，提供质优价廉的数字公共服务。二是加快数字经济对传统产业的改造。遴选一批优质工业互联网技术服务商，建设若干智能制造试点示范基地，打造优质工业企业云服务平台，加快制造业向数字化、网络化、智能化转型。三是推动数字经济向新领域的延伸。加快建设广州、深圳两市的人工智能与数字经济广东省实验室，加快建设深圳数字货币创新试验区，围绕数据资源收集、整理、共享、开发等开展创新探索，建设大数据交易中心，建立健全数据要素市场，形

---

① 余欣：《打造经济新引擎　推动广东高质量发展走在前列》，《广东经济》2021年第1期。

成数据驱动经济发展新形态。培育壮大一批数字平台型企业，实现中小企业与平台企业共生协同发展，打造"平台＋生态"的发展格局。

（三）提质增效双循环，打造全国双向开放战略支点

1. 积极融入国内大循环

牢牢把握扩大内需这一战略基点，充分发挥在构建国内强大市场上的优势，提升供给体系对国内需求的适配性。一是积极推进产品提质升级，满足国内高端产品需求。鼓励企业研发、设计、生产高端产品，强化知识产权保护，实施最严格的质量管理，提升售后服务水平，加强品牌建设，严厉打击假冒伪劣产品。二是完善供需对接渠道，搭建专业特色平台。深入实施"粤贸全国"计划，积极为外贸企业搭建和拓展内销渠道，促进"粤货"精准对接国内市场需求。三是建立现代物流体系。加快建设"轨道上的大湾区"，探索高铁客货两运，加快推进疏港铁路建设，构建"水陆空铁"多式联运新格局，降低综合物流成本。健全县、乡、村三级电商物流服务体系，畅通农产品进城和工业品下乡双向通道。

2. 推动形成更高水平对外开放格局

一是深入贯彻实施粤港澳大湾区国家战略。发挥港澳在广东与国际交往中的"超级联系人"作用，加快推进"湾区通"工程，加强与国际资源和市场的对接，率先形成与国际高标准投资和贸易规则相适应的规则制度体系，打造高水平对外开放平台，提高全球竞争力。大力发展服务贸易、数字贸易，引进和培育商务服务、科技研发、检验检测等生产性服务业，不断优化贸易结构。以跨境电商综合试验区和市场采购贸易试点建设为载体，积极发展离岸贸易、国际中转等外贸新业态。二是积极建设、利用好广东自贸试验区等重大平台。把珠海横琴、广州南沙、深圳前海打造成为开放型经济体制先行区，及时总结提炼自贸试验区好的经验做法，并在全省全国复制推广。加快"中以（汕头）科技创新合作区""广东奋勇东盟产业园"等创新平台建设，引进在全球产业链中有重要影响力的龙头企业，特别是引进对产业链带动效应强的大型制造类项目。三是积极开拓多元化国际市场。利用中国签署《区域全面经济伙伴关系协定》（RCEP）和中欧投资协定（BIT）谈判正式完成的历史契机，深入持续推动"粤贸全球"计划，依托广东世界级港口群和国际货运通道，大力开

拓欧盟、东盟、日韩、共建"一带一路"国家等区域市场。

3. 全面促进消费升级

一是激发居民消费潜力,全面拉动内需。大力推动家电下乡、汽车下乡,推动汽车和家电消费转型升级和市场下沉,加快文化旅游、教育培训、养老托幼等服务消费提质扩容,开发拓展智能产品、可穿戴设备、数字娱乐等信息消费。大力支持广州、深圳建设国际消费中心城市,努力促进高端消费回流。二是着力发展消费新业态和消费新模式。培育"夜间经济""90后经济""00后经济""宅经济"等消费新业态,打造体验消费、定制消费、智能消费、在线消费、旅游消费等消费新模式。三是把握公共卫生应急需求和健康消费需求升级契机,发展高端健康防护产品和大健康服务,形成消费新热点,有力推动消费回补。四是顺应国际经贸发展新趋势,加快内外贸在线化平台建设,启动"外销转内销"和"广货北上"行动,用好网上广交会,加快发展跨境电商,打造"数字丝绸之路"门户枢纽。

(四)优势互补促均衡,增强城乡、区域发展的平衡性、协调性

1. 以有效投资加速区域协调发展

一要做大做强珠三角这个带动全省发展的主动力源。充分释放"双区驱动效应",推动广州、深圳深度合作、协同发展,充分发挥"双核联动、比翼双飞"作用,推动珠三角核心区优化发展,牵引带动全省形成"一核一带一区"区域发展格局。加快促进珠江东西两岸基础设施互联互通、产业协同和深度一体化,促进人才、资金、科技、信息等高端要素自由流动。深入推进广佛全域同城化、广清一体化,加快推动广州都市圈、深圳都市圈、珠江口西岸都市圈深度融合。二是推动重大项目向东西两翼沿海地区布局发展。以交通基础设施和重大产业投资为先导,围绕临港、临海实施产业布局,推动城镇空间和产业重点向沿海经济带集中,推进东西两翼沿海地区重大项目建设,打造世界级沿海产业带。加大倾斜力度,协调资源要素配置,落实资金、土地、人才等政策支撑。探索推动广州、深圳与湛江、汕头深度协作,以"双核+双副中心"区域协作机制带动汕潮揭城市群和湛茂都市圈快速发展。三是推动北部生态发展区绿色发展。以生态基础设施建设为重点,完善生态优先的基础设施布局和城市功能布局,以大湾区北部生态文化旅游合作区为切入点带动北部

生态发展区全域旅游发展，强化生态屏障功能，建设"绿水青山就是金山银山"示范区。

2. 着力提高城镇化质量

当前，广东城镇化率已经超过70%，基本实现了从乡土广东向城市广东的转变。下一步要着力提高城镇化质量。一要全面优化城镇化空间格局。以世界级城市群为目标，全面提升汕头、湛江省域副中心城市能级和量级，增强五大现代化都市圈聚集功能，加快推动具备条件的非县级政府驻地特大镇设市，稳妥调减收缩型城市市辖区和收缩型县（市）。二要放开、放宽除广州、深圳以外的城市落户限制。在珠三角城市群实现户籍准入年限同城化累计互认，试行以经常居住地登记户口制度，加大"人地钱挂钩"配套政策的激励力度，推动公共资源按常住人口规模配置。三要着力提升东西两翼和粤北地区城镇化率。适度借鉴日本市町村合并和美国小城镇发展等国际经验，通过村镇合并和在主要交通线路的主要节点上建设新村，就近就地安置农业转移人口。四要加快城镇老旧小区改造（城市更新）和城市公用设施升级换代，全面提升城市综合承载能力。

3. 深入实施乡村振兴战略

一是进一步加强农业农村基础设施建设。高标准建设现代农业产业园，实现"跨县集群、一县一园、一镇一业、一村一品"全覆盖，打响"粤字号"农业品牌。全面普及农村互联网，大力发展农村电商。加大农村"新基建"力度，加快农村道路、供水、供电、信息、垃圾和污水处理等基础设施升级改造，加快农村公路、桥梁安全改造。二是大力推动城乡融合发展。以国家城乡融合发展试验区广清接合片区建设为先导，全域推进破解城乡二元结构、促进城乡融合发展改革试点，全面推开农村集体经营性建设用地直接入市。推广顺德村级工业园改造和梅州"地票制"等改革经验，盘活低效闲置用地，推动用地指标在区域、城乡间有序流动。建立健全城市人才入乡激励机制和工商资本入乡促进机制。加快农业保险高质量发展，扩大保险覆盖面，新增保险品种，提高保险保额标准。三是做好巩固拓展脱贫攻坚成果与乡村振兴有效衔接。及时做好返贫人口和新发生贫困人口的监测帮扶工作，实施低保线（标准）与扶贫线（标准）"两线合一"，建立解决相对贫困的长效机制。

（五）攻坚克难促改革，率先建设高标准市场经济

1. 促进改革系统集成协同高效

一是坚持试点改革与全面改革良性互动。把深圳综合改革试点与全省全面深化改革紧密结合起来，以综合改革试点为突破口加快制度创新、实践创新，协调推动中央有关部门支持综合改革试点任务及首批 40 项授权事项尽快落地实施。以支持深圳的同等力度支持广州"四个出新出彩"、实现老城市新活力，支持广州打造构建新发展格局示范城市。二是坚持战略性改革与战术性改革相结合。聚焦基础性和具有重大牵引作用的改革举措，统筹推进重要领域和关键环节改革，多策划战略性、战役性改革，多推动创造型、引领型改革，加快推进有利于提高资源配置效率的改革、有利于提高发展质量和效益的改革、有利于调动各方面改革积极性的改革。三是坚持自上而下与自下而上有机统一。鼓励基层大胆探索创新，支持有条件的地区开展原创性、差异化探索，为新时代发展县域经济、促进城乡融合发展、实现高质量发展探索新路经。

2. 加快要素市场化改革

一是深入推进农村土地制度改革。巩固完善农村基本经营制度，探索农村承包地"三权分置"有效实现形式，引导土地有序流转，健全农业社会化服务体系，培育新型农业经营主体。鼓励有条件的地方推进农村土地股份制改革。加快构建与《中华人民共和国土地管理法》（2019 年修正）相配套的农村集体土地征收补偿政策体系，统筹运用城市更新、土地整备等二次开发模式，开展工业园区连片升级改造，探索建立与产业关联的差异化土地价格机制。二是完善数据要素供给和使用机制。推动工信、统计、政务数据部门协同开展数据资源普查，推动公共数据资源开发利用。在保护隐私的基础上，创新数据要素供给和使用，探索数据要素商业应用的有效模式。三是擦亮"广东技工"品牌。以职业能力为核心制定职业标准，探索符合不同领域、不同行业、不同岗位人才特点的评价标准和评价方式，加快实现职业技能等级证书和学历证书互通衔接，构建科学、客观、公正的职业人才评价标准体系。

3. 创建一流营商环境

一是推动简政放权向纵深发展，持续减少政府对资源直接配置行为。推动新一批省级行政职权委托或下放给地市实施，将已经向广州、深圳委托或下放的

省级行政职权范围逐步扩大至珠三角全部地区乃至全省。全面实施市场准入负面清单制度,不断缩减清单事项,推动"非禁即入"普遍落实,实现公平竞争审查制度市县全覆盖。加快工业产品生产许可证向产品认证转变。持续开展减证便民行动。二是提高监管现代化水平。推动"双随机、一公开"监管全覆盖,建立以"信用+监管"为核心的新型市场监管机制。加快出台对电子商务、移动支付、平台经济等各类新技术、新产业、新业态、新模式的监管措施,量身定制包容审慎监管模式和标准规范,对新兴产业实行包容审慎监管。重点强化食品药品安全监督检测能力建设。三是运用大数据提升政府服务效能。全面实行"一窗受理、综合服务",建立与服务对象的挂钩联系制度,主动开展"送服务上门"专题活动;全面启动"一网统管"三年行动计划,推进"粤平安""粤政图"等平台建设。四是进一步提升政府执行力。持续开展全省营商环境监测评价,并纳入各级政府绩效考核体系。创新政府部门执行力评估体系,围绕"政府执行力建设"设置关键指标,对不同级别和地区的政府部门实行差异化考核评价。

(六)发展共享促和谐,建设更高水平平安广东

1. 推进基本公共服务均等化、优质化

一要大力发展教育事业。不断增加公办幼儿园和普惠性民办幼儿园学位,重点提升普惠性民办幼儿园办学条件和教学质量,全面巩固"5080"攻坚行动成果。调整优化中小学教职工事业单位编制配备,稳定教师队伍。加快大湾区大学等高校筹办工作,进一步完善具有广东特色的现代职业教育体系,推动符合条件的技师学院纳入高等学校序列,力争高等教育毛入学率进入全国中高水平行列。二要稳步推进健康广东建设。加快医疗卫生服务体系向卫生健康服务体系转型升级,推进国家医学中心和区域医疗中心建设,全面落实分级诊疗和家庭医生制度,免费实施出生缺陷筛查。完善珠三角地区与粤东西北地区医院一对一帮扶合作机制,通过远程会诊平台、网上教学等方式对基层人才开展培训。三要强化省级公共服务统筹。加快制定广东省统一的基本公共服务标准,实现珠三角与粤东西北地区基本公共服务均等化,构建"省域公民身份"认同,实现不同区域均等化的基本公共服务、比较均衡的基础设施通达程度和大体相当的人民基本生活保障水平。实施公共文化惠民工程,为基层群众提供"指尖上"的综合文化服务。全面提高低保人员、特困人员、孤儿、残疾人等

弱势群体的社会保障和救助水平。

2. 提高中等收入群体比重

一要提高劳动者收入水平。把保就业作为重中之重，出台"3.0版促进就业9条"，完善落实援企稳岗政策，实施新一轮职业技能提升行动，对全省50岁以下城乡居民实行全员培训，确保零就业家庭动态清零。突出抓好"粤菜师傅""广东技工""南粤家政"三项民生培训工程，打造改善民生平台和技能服务金字招牌。加强劳动者尤其是平台经济等新业态从业人员劳动权益保护，建立以动态调整的最低工资标准为核心的劳动者基本收入制度。二要深化收入分配制度改革。初次分配方面，着力增强劳动者话语权，着重保护劳动所得，努力实现劳动报酬增长和劳动生产率提高同步，提高劳动报酬在初次分配中的比重；二次分配方面，着力规范收入分配秩序，保护合法收入，增加低收入者收入，调节过高收入，取缔非法收入，努力缩小城乡、区域、行业的初次分配差距；三次分配方面，大力发展公益慈善事业，强化企业和公民的社会责任，鼓励社会互助。三要妥善解决居民财产差距扩大问题。坚持"房子是用来住的，不是用来炒的"这一定位，不断扩大住房保障覆盖面，强化中低收入群体的住房保障。

3. 营造共建共治共享社会治理格局

一要积极预防和打击违法犯罪，大幅降低刑事犯罪率。深入开展扫黑除恶专项斗争，重点打击以地域、宗亲或血缘为纽带形成的农村黑恶势力团伙，以及涉枪涉爆、电信网络诈骗、盗抢骗等多发性侵财犯罪，着力解决人民群众反映突出的违法犯罪问题。二要重点加强对流动人口（包括境外流入人口）的服务管理。持续推进常住人口基本公共服务均等化，寓管理于服务之中，以服务促管理，不断拓展外来人口参与社会治理途径和方式，引导包括外来流动人口在内的居民群众广泛参与社会治理，加快形成社会治理人人参与、人人尽责的良好局面。三要建立健全基层社区治理体系，把矛盾纠纷化解在基层。大力弘扬新时代"枫桥经验"，整合社区工作力量，创新调解思路，壮大群防群治队伍，常态化开展矛盾纠纷风险排查工作以及各类不稳定因素的摸排和预防，搭建调解力量最优、调解能力最强的联动调解平台。四要强化社会治理人才培养培育。建立完善社会治理人才的培养体系和培养规划，建立健全社会治理工作岗位设置体系，制定合理的薪酬标准，完善奖励、激励和晋升制度，以专业社会治理人才辐射引领一批社会组织人才和志愿者，形成专群合力。

经 济 篇
Economic Analysis

B.2

2020~2021年广东宏观经济
形势分析与预测

广东宏观经济形势分析与预测课题组*

摘　要： 2020年，新冠肺炎疫情对广东宏观经济造成全方位、深层次冲击，同时广东经济持续稳健复苏也彰显出其较强的韧性和复苏动力。展望2021年，世界经济将在低基数基础上有所反弹，但疫情将引发世界经济的深层次结构性调整，并在一定程度上重塑世界经济治理格局。基于预测模型，结合专家调查，课题组预计2021年广东GDP将增长7%左右。

关键词： 宏观经济　新冠肺炎疫情　世界经济

---

* 课题组组长：陈再齐，博士，广东省社会科学院人事处处长、研究员，主要研究方向为宏观经济、区域经济。课题组成员：杨志云，广东省社会科学院经济研究所副研究员，主要研究方向为区域经济、经济增长；李震，广东省社会科学院经济研究所副研究员，主要研究方向为城市与区域发展、人力资本与经济增长；宋宗宏，博士，广东省社会科学院经济研究所副研究员，主要研究方向为宏观经济、经济发展战略与政策。

2020年是"十三五"规划收官之年，也是全面建成小康社会、实现第一个百年奋斗目标的决胜之年。然而，岁末年初突如其来的新冠肺炎疫情给全国、给广东实现全年经济社会发展目标带来严峻挑战。面对百年来全球发生的最严重的传染病大流行，以及错综复杂、挑战明显增多的国际环境，广东认真贯彻落实中央部署，扎实做好"六稳"工作，落实"六保"任务，有力有效推动生产生活恢复。在新冠肺炎疫情全球蔓延和世界经济深层次结构性调整的大背景下，2021年广东将继续贯彻落实"双循环"新发展格局建设战略部署，遵循稳中求进工作总基调，充分发挥市场优势、开放优势和创新优势，促进宏观经济形势逐步恢复常态，为全面推进社会主义现代化建设及"十四五"时期经济高质量发展开好局、起好步。

一 2020年广东宏观经济运行态势

面对新冠肺炎疫情的巨大冲击和国内外复杂严峻的环境，广东统筹疫情防控和经济社会发展，积极有效推动复工复产，推动生产生活秩序正常化。2020年，广东经济持续较快修复，主要经济指标逐季改善，经济增速由负转正，趋势向好。总体上，生产端的恢复快于需求端，投资、出口的恢复快于消费。

（一）经济复苏动力持续增强

根据广东省统计局数据，2020年广东GDP达到110760.94亿元，同比增长2.3%，与全国增速持平。分季度来看，广东经济季度累计增速呈现由负转正的深"V"形反弹走势（见图1）。第一季度，由于疫情暴发，全国各地纷纷采取严厉的防控措施，限制人员流动和接触，企业停工停产，供应链断裂，正常生产生活秩序遭到严重破坏。受此冲击，广东第一季度实现GDP 22518.67亿元，同比下降6.7%（名义增速①为－5.0%），创下季度GDP增速的历史最低纪录。到第二季度，随着国内疫情防控形势持续向好，复工复产、复商复市加快推进，广东经济在生产端的拉动下稳步恢复，累计实现GDP

---

① 由于从2019年第四季度开始，广东省统计局不再公布当季GDP实际增速，因此课题组通过将相邻两个季度的累计GDP相减求得当季GDP，并据此计算当季GDP名义增速。

49234.20亿元，同比下降2.5%，降幅比第一季度缩小4.2个百分点；当季GDP 26715.53亿元，名义增速为0.4%。到第三季度，全国抗疫斗争取得重大战略成果，生产生活基本正常化，消费修复也在加快，供需两端联合发力。广东经济恢复进一步加快，前三季度累计增速由负转正至0.7%，比上半年提高了3.2个百分点；当季GDP为29162.87亿元，名义增速达到9.3%。第四季度，广东经济复苏势头持续，累计增速比前三季度进一步提高1.6个百分点；当季GDP为32363.83亿元，名义增速回落至7.1%。总体上，广东季度经济增速指标已基本恢复至疫情之前的常态水平。全年季度经济增速指标的变动趋势，充分展现了广东经济在疫情冲击下较强的韧性和修复力。

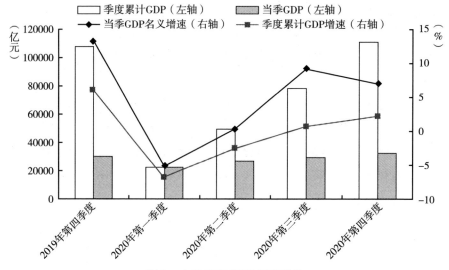

图1 广东季度GDP及其增速

资料来源：广东统计信息网。

2020年，广东以超11万亿元的GDP规模，继续在经济总量上领跑全国，比排名第2的江苏多8041.94亿元，连续32年全国领先的优势依然稳固。不过广东的经济增速在全国31个省（区、市）中处于中下游位置，与东部地区的江苏、浙江、山东等省份相比存在较大差距。比较这几个省份分季度经济反弹走势，可以看到其受疫情冲击程度及复苏动力、节奏变化的显著差异（见图2）。第一季度，受疫情冲击，各省（区、市）经济增速都出现较大幅度下降，其中广东降幅最大，由上年末的6.2%下降至-6.7%，下降了12.9

个百分点,幅度与全国持平,而江苏、浙江、山东三省经济增速降幅分别为11.1个、12.4个、11.3个百分点,表明疫情对广东的负面冲击最大。并且在第二季度经济复苏反弹过程中,广东季度累计经济增速回升了4.2个百分点,回升幅度比江苏、浙江、山东分别低1.7个、1.4个和1.5个百分点,也比全国低1个百分点。在这一季度,广东经济复苏最缓,反弹力度最小。但是到第三季度,广东经济反弹力度显著加大,季度累计增速比第二季度回升了3.2个百分点,幅度比江苏、浙江、山东分别高1.6个、1.4个、1.1个百分点,比全国高0.9个百分点,累计增速已追平全国水平。第四季度,广东经济累计增速继续回升1.6个百分点,与全国持平,比山东低0.1个百分点,比江苏、浙江分别高0.4个、0.3个百分点,反弹力度依然较大。导致广东与前述三省及全国经济反弹轨迹差异的原因可能有两个方面。一方面,广东外来务工人员规模大,疫情对节后员工返岗、企业复工复产影响更大,并且这种影响一直延续到第二季度,以致第一季度广东经济下降幅度更大,第二季度反弹力度也相对较小。另一方面,广东外贸依存度高,经济运行与外贸出口需求的变化高度相关;第一季度外贸出口大幅下降对广东经济拖累严重,到了下半年,外贸出口持续较快增长对广东经济反弹起到重要的拉动作用。

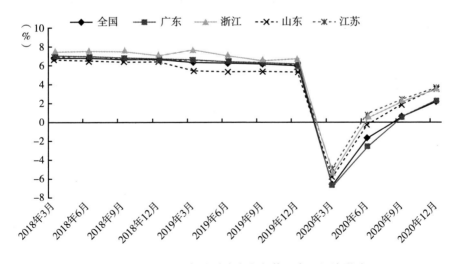

图2　2018~2020年分季度粤浙鲁苏及全国经济增速

资料来源:Wind。

分产业看，2020 年广东第一产业累计实现增加值 4769.99 亿元，同比增长 3.8%，增速比第一季度提高 4.1 个百分点，比上半年提高 2.2 个百分点；第二产业累计实现增加值 43450.17 亿元，同比增长 1.8%，增速比第一季度提高 15.9 个百分点，比上半年提高 8.0 个百分点；第三产业累计实现增加值 62540.78 亿元，同比增长 2.5%，增速比第一季度提高 4.0 个百分点，比上半年提高 2.4 个百分点（见图 3）。2020 年，广东三次产业结构由上年的 4.0∶40.5∶55.5 调整为 4.3∶39.2∶56.5，第二产业比重下降 1.3 个百分点，第三产业比重提高 1.0 个百分点。

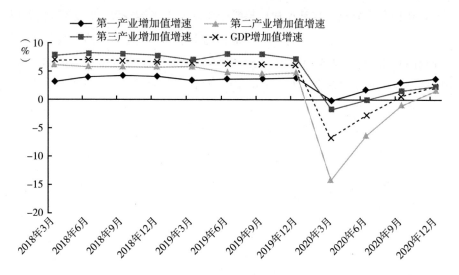

图 3　2018~2020 年分季度广东 GDP 增加值和三次产业增加值累计增速

资料来源：Wind。

从产业增加值累计增速反弹的轨迹可以看到，虽然 2020 年广东三次产业增加值季度累计增速均呈持续回升态势，不过由于三次产业在广东经济中的占比不同，受疫情冲击程度和复苏动力不同，其增速回升的幅度、力度均存在差异，其对整体经济复苏的作用也明显不同。具体来看，第一产业受疫情冲击最小，第一季度增加值只下降了 0.3%，第二季度累计增速已经由负转正，全年增速（3.8%）已经非常接近 2018 年、2019 年水平，是三大产业中恢复最快、最好的产业，对广东全年经济增长的拉动为 0.2 个百分点。第三产业第一季度增加值下降幅度为 1.5%，第二季度累计增速由负转正，全年增速（2.5%）与 2018 年、2019 年 7.5% 左右的水平还有较大差距，对广东全年经济增长的拉动为 1.4 个百分点，贡献率为61.8%。第三产业是三大产业中恢复最慢的产业。毕竟当前全球疫情仍未得到有效控制，国内疫情防控常态化，交通运输、酒店餐饮、旅游等出行和聚众属性强的服务行业所受影响仍在一定程度上持续存在。总的来看，广东第三产业增加值在疫情冲击下下降幅度相对较小，增速由负转正早，波动幅度较窄，恢复时间最长，经济稳定器的特征凸显。

再看以工业为主体的第二产业。第二产业短期内受疫情冲击最大，第一季度增加值下降幅度达到14.1%，到第四季度累计增速才实现正增长，对全年经济增长的拉动为0.7个百分点，比前三季度提高0.8个百分点，贡献率为31.1%，比前三季度提高45.4个百分点。第二产业成为第四季度广东经济增速回升最重要的动力。显而易见，广东第二产业增加值在疫情冲击下下降幅度大，但反弹幅度也大，力度也较大，是经济波动的最重要原因，加速器的特征明显。这一点通过2020年广东工业生产加速改善过程可以看得更加清晰。如图4所示，2020年初受疫情影响，广东工业生产出现大幅下降。1~2月，广东规模以上工业增加值同比下降23.2%，降幅高于全国水平9.7个百分点。此后，随着工业生产逐步恢复，广东规模以上工业增加值降幅不断收窄，与全国规模以上工业增加值增速

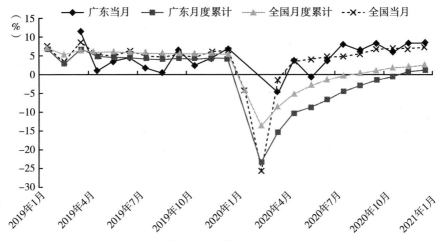

图4　2019~2020年广东与全国规模以上工业增加值月度增速对比

注：由于广东省统计局并未公布2020年1月和2月当月规模以上工业增加值数据，只公布了1~2月累计数据，因此本图无法反映2020年1月、2月两个月广东当月规模以上工业增加值增速低于全国。不过由于2020年1~2月广东规模以上工业增加值增速远低于全国，可以推断2020年2月当月广东规模以上工业增加值增速同样远低于全国。

资料来源：Wind。

的差距也逐渐缩小。第一季度,广东规模以上工业增加值同比下降15.1%,到上半年降幅已收窄至6.4%。到第四季度,广东规模以上工业累计完成增加值3.31万亿元,同比增长1.5%,增速比第一季度回升16.6个百分点,比前三季度回升2.7个百分点。广东规模以上工业增加值增速与全国规模以上工业增加值增速的差距也由第一季度的6.7个百分点缩小至第四季度的1.3个百分点。从当月规模以上工业增加值增速的变化,可以看到广东规模以上工业增加值增速总体上不断回升,工业生产呈加速复苏态势。从6月开始,广东当月规模以上工业增加值增速连续7个月实现正增长,其中12月达到8.5%,创年内新高,已由年初大幅低于全国水平提高到超出全国水平1.2个百分点,在边际上已实现反超。

(二)固定资产投资稳步恢复

2020年,广东固定资产投资同比增长7.2%,增速比全国同期高4.3个百分点,比江苏、浙江和山东分别高6.9个、1.8个和3.6个百分点,投资增速在前述几个省份中最高(见图5)。分季度看,第一季度受疫情影响,制造业、房地产开发、基础设施等投资活动短期大规模停顿(主要发生在2月、3月),广东固定资产投资同比下降15.3%,降幅小于全国0.8个百分点,小于江苏4.9个百分点,比浙江、山东分别大10.1个、11.2个百分点。第二季度,随着疫情逐步被控制,复工复产快速推进,固定资产投资也快速恢复。上半年,广东固定资产投资同比增长0.1%,增幅比第一季度提高15.4个百分点,反弹力度明显大于全国及苏浙鲁三省。第三季度,广东固定资产投资增速继续强势提升4.9个百分点,重回领先位置。到第四季度,广东固定资产投资增长依然强劲,增速再次提高2.2个百分点,与全国及苏浙鲁三省差距进一步拉大。分产业看,在高标准农田建设和以生猪饲养为主的畜牧业投资大幅增长带动下,2020年全年广东第一产业投资增速达81.0%,比上半年提高45.2个百分点,比上年大幅提高99.0个百分点;第二产业投资下降1.1%,降幅比第一季度收窄21.2个百分点,比上半年收窄6.6个百分点(其中,电力、热力、燃气及水生产和供应业投资增长13.1%;工业技改投资下降9.6%,降幅比第一季度收窄24.3个百分点,比上半年收窄13.3个百分点);社会领域投资加快带动第三产业投资增长9.3%,增速比第一季度提高22.6个百分点,比上半年提高7.0个百分点(其中,教育、卫生和社会工作、文化体育和娱乐业投资合计增长32.0%)。

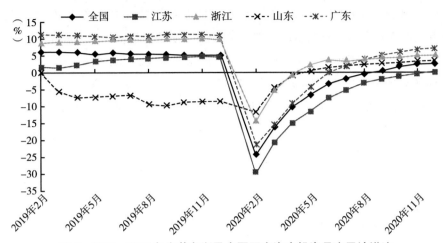

图5   2019～2020年粤苏鲁浙及全国固定资产投资月度累计增速

资料来源：Wind。

分三大类别投资来看，基础设施投资率先反弹。在新型基础设施建设，新型城镇化建设，交通、水利等重大工程建设"两新一重"领域投资带动下，2020年全年广东基础设施投资增长11.6%，增速比第一季度提高23.0个百分点，比上半年提高4.4个百分点（见表1）。其中，道路运输业投资增长15.4%，水利管理业投资增长20.4%。5G、数据中心、重大科学装置项目等新型基础设施项目建设进展顺利，电信、广播、电视和卫星传输服务投资增长20.2%。新增5G基站8.7万座，总量居全国第1。

表1   2020年广东主要类别固定资产投资增速

单位：%

	第一季度	上半年	前三季度	全年
固定资产投资	−15.3	0.1	5.0	7.2
其中：基础设施投资	−11.4	7.2	11.6	11.6
制造业投资	−30.9	−16.1	−9.8	−5.1
房地产开发投资	−8.3	2.5	7.1	9.2

资料来源：广东统计信息网。

房地产市场快速复苏带动房地产开发投资持续较快反弹。2020年第一季度，广东商品房销售面积1802.30万平方米，同比下降29.1%；商品房销售额

2557.51 亿元，同比下降 25.4%。同期，房地产开发投资下降 8.3%。之后，随着疫情进入常态化防控阶段，部分楼盘促销力度加大，广东商品房销售面积降幅显著收窄，商品房成交量快速回升。到第四季度，广东商品房累计销售面积 14908.25 万平方米，同比增长 7.7%，增速比第一季度提高 36.8 个百分点；商品房销售额 22572.51 亿元，同比增长 14.3%，增速比第一季度提高 39.7 个百分点。2020 年全年，广东商品房销售面积和销售额增速均创下 2018 年以来新高。房地产市场快速复苏，开发商资金流转加速，带动广东省房地产开发投资增速由负转正，稳步提高。2020 年，广东完成房地产开发投资 1.73 万亿元，同比增长 9.2%，增速比第一季度提高 17.5 个百分点，比上半年提高 6.7 个百分点。其中，商品住宅投资增长 9.7%，办公楼投资增长 15.8%，商业营业用房投资下降 0.3%，其他投资增长 9.0%。

在三大类别投资中，制造业投资受疫情影响最大，恢复最慢。2020 年第一季度，广东制造业投资同比下降 30.9%，比同期全省整体固定资产投资降幅高 15.6 个百分点，比全国制造业投资降幅高 5.7 个百分点。到第四季度，广东制造业投资累计同比下降 5.1%，降幅比第一季度收窄 25.8 个百分点，比上半年收窄 11.0 个百分点，比全国同期降幅高 2.9 个百分点，与全国差距有所缩小。制造业投资总体偏弱，但结构分化明显：优势传统制造业投资下降 14.4%，其中，纺织服装投资下降 37.7%，金属制品业投资下降 19.9%，家用电力器具制造业投资则大幅增长 37.4%；先进制造业投资下降 0.4%，其中在相关大项目带动下，钢铁冶炼及加工、石油及化学投资分别增长 97.8% 和 10.1%；高技术制造业投资加快，同比增长 6.9%，增幅同比提高 7.9 个百分点。其中疫情期间对相关防疫物资、医疗设备、居家办公产品等的需求高速增长，驱动高技术制造业中的医药制造业、航空航天及设备制造业、电子计算机及办公设备制造业投资分别增长 82.9%、38.0% 和 60.5%，增速比上半年分别提高 32.6 个、55.0 个和 52.3 个百分点。

（三）消费受疫情冲击大，复苏缓慢

2020 年第一季度，受疫情影响，广东社会消费品零售总额大幅下降 19.0%，降幅与全国持平，其中 3 月当月下降 21.6%。此后随着国内疫情得到有效控制以及各地多项促消费政策的推动，广东消费市场持续恢复，市场活跃度不断回升，社会消费品零售总额降幅不断收窄。不过，疫情深刻地改变了消

费者的消费观念、消费习惯和消费方式。疫情不仅对消费需求的短期冲击强度大，而且冲击持续时间长，导致消费需求恢复缓慢，其中又以服务消费最为突出。到第四季度，广东累计实现社会消费品零售总额4.02万亿元，同比下降6.4%，降幅比前三季度、上半年和第一季度分别收窄2.9个、7.6个和12.6个百分点。从月度数据看，广东社会消费品零售总额增速从3月的负增长21.6%逐步提升至8月0.2%的正增长，12月增速为1.2%，仍较大幅度低于疫情前的常态水平。消费恢复速度明显落后于生产、投资和出口。

与全国及苏浙鲁三省相比，广东社会消费品零售总额降幅更大，复苏更慢。2020年第一季度，广东社会消费品零售总额增速（-19.0%）比江苏（-18.1%）、浙江（-14.7%）、山东（-15.2%）分别高0.9个、4.3个和3.8个百分点；到第四季度，广东社会消费品零售总额增速比全国低2.5个百分点，比江苏、浙江、山东分别低4.8个、3.8个和6.4个百分点，与第一季度相比增速差距有所扩大（见图6）。

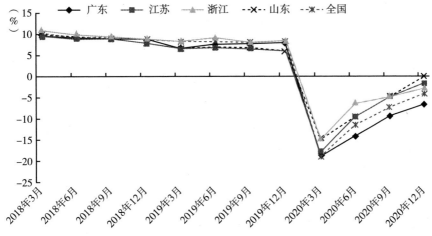

图6　2018～2020年粤苏鲁浙及全国社会消费品零售总额月度累计增速

资料来源：Wind。

分经营所在地看，城镇、乡村消费品零售额降幅均有所收窄，幅度相当。2020年，广东城镇消费品零售额下降6.3%，降幅比上半年收窄7.5个百分点，比第一季度收窄12.6个百分点；乡村消费品零售额下降6.8%，降幅比上半年收窄8.3个百分点，比第一季度收窄13.3个百分点。分消费类型看，商品零售收

入和餐饮收入均呈现向好态势，餐饮收入虽降幅大但回升更为明显。2020年，广东商品零售收入下降4.7%，降幅比上半年收窄6.6个百分点，比第一季度收窄11.1个百分点；餐饮收入下降18.7%，降幅比上半年收窄15.4个百分点，比第一季度收窄24.9个百分点。

分商品类别看，受疫情影响，不同类别商品销售额增速存在明显差异。尽管随着疫情得到有效控制，2020年下半年升级类商品消费需求持续释放，但总的来看，可选消费品受到的冲击仍然大于必选消费品。在限额以上批发和零售业商品中，基本生活类商品零售额保持较快增长。2020年，广东省粮油食品类、饮料类、日用品类商品零售额分别增长9.4%、14.4%和7.8%；中西药品类商品零售额因防疫需求大幅增长21.6%。在可选消费品中，服装、鞋帽和针纺织品类商品零售额下降14.0%，化妆品类商品零售额下降2.0%，金银珠宝类商品零售额增长6.4%，体育、娱乐用品类商品零售额增长1.5%，书报杂志类商品零售额增长25.2%，家用电器和音像器材类商品零售额下降1.2%，文化办公用品类商品零售额下降1.1%，家具类商品零售额下降10.5%，通信器材类商品零售额增长1.9%，石油及制品类商品零售额下降21.2%，建筑及装潢材料类商品零售额下降29.7%，汽车类商品零售额下降3.8%。其中在限额以上单位商品零售额中占比较高的服装、鞋帽和针纺织品类，石油及制品类，汽车类商品零售额增速比全国分别低7.4个、6.7个和2.0个百分点，成为广东社会消费品零售总额增速低于全国的重要原因。

此外，网上零售额高增长对广东省消费起到重要支撑作用。疫情暴发以来，在传统消费被不同程度抑制的情况下，线上消费活跃，持续快速增长。2020年，广东省限额以上单位通过公共网络实现的商品零售额增长19.3%，占全省限额以上单位商品零售额的26.5%，占比同比提高5.9个百分点。

（四）外贸进出口韧性超预期

2020年，广东外贸进出口总额7.1万亿元，同比下降0.9%，降幅比第一季度收窄10.9个百分点。其中，出口额4.3万亿元，增长0.2%，增速比第一季度提高14.6个百分点；进口额2.7万亿元，下降2.6%，降幅比第一季度收窄5.2个百分点。2020年12月，广东工业品出口交货值同比增长6.1%，增速比2月提高29.2个百分点，增幅创年内新高。2020年，广东出口防疫物资2278.8亿元（增长81.7%），出口电脑及其零部件等增长9.2%，两类商品合计拉动广东出口额增长 2.9 个百分点。纵观广东外贸进出口额全年走势，年初受疫情影响出现大幅下降，随后持续改善，回升力度超预期，到 12 月外贸进出口额及进口额累计增速已基本恢复到 2019 年水平，出口额累计增速也实现由负转正，只比 2019 年低 1.4 个百分点。总体上看，广东外贸进出口恢复良好，韧性凸显。

制造业产品是广东出口商品的主体，占货物总出口额的 85% 左右。从制造业不同行业全年出口额增速的变化态势可以看出：疫情在全球不同国家蔓延的时间差异及其防控效果的差异，造成全球供应链的修复不同步，成为 2020 年广东外贸出口额深幅下降及快速反弹的主要原因。具体来看，2020 年第一季度，疫情在国内暴发，企业停工停产，出口订单无法及时组织生产交货、部分出口订单流失，广东进出口总额下降 11.8%，其中出口额下降 14.4%，降幅比全国高 3 个百分点（见图 7）。2020 年第一季度，在广东主要的制造业出口大类行业中，纺织服装、服饰业，皮革、毛皮、羽毛及其制品和制鞋业，家具制造业，文教、工美、体育和娱乐用品制造业，橡胶和塑料制品业，金属制品业，通用设备制造业，汽车制造业，电气机械和器材制造业，计算机、通信和其他电子设备制造业等行业出口交货值均大幅下降，降幅分别为 33.2%、29.7%、39.7%、33.0%、19.1%、17.9%、19.3%、23.4%、11.6%、14.5%（见表 2）。

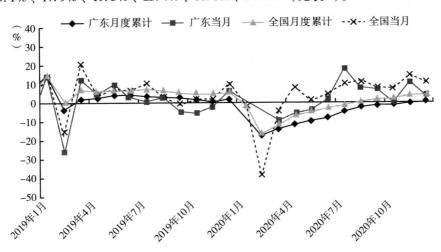

图 7　2019~2020 年广东及全国出口额月度增速

注：广东 2020 年 1 月、2 月当月出口额数据未公布，从 1~2 月广东出口额累计增速及近几年广东出口额增速来看，广东 2020 年 1 月、2 月当月出口额增速应低于全国。

资料来源：Wind。

表2 2020年广东制造业主要行业出口交货值增速

单位：%

主要行业	第一季度	3月	6月	9月	12月	全年	行业占比
制造业合计	-16.0	-5.3	5.3	-3.9	6.0	-3.8	100.0
农副食品加工业	-21.8	-12.9	-12.5	-3.7	-8.4	-12.9	0.6
食品制造业	-10.0	17.6	-17.0	0.6	-7.8	-9.3	0.4
纺织业	-14.7	-9.1	-24.8	-15.6	-7.9	-15.9	0.9
纺织服装、服饰业	-33.2	-34.1	-41.7	-20.5	-17.4	-31.8	1.3
皮革、毛皮、羽毛及其制品和制鞋业	-29.7	-17.0	-40.0	-26.8	-26.9	-33.7	1.5
木材加工和木、竹、藤、棕、草制品业	-48.9	-49.8	-43.5	-35.6	-23.0	-33.8	0.1
家具制造业	-39.7	-33.2	-26.2	-10.6	-18.4	-24.5	1.4
造纸和纸制品业	-16.0	-8.4	-10.7	-0.4	-8.0	-6.0	0.4
印刷和记录媒介复制业	-15.8	0.1	-15.3	-6.4	-2.4	-12.4	0.8
文教、工美、体育和娱乐用品制造业	-33.0	-29.6	-19.8	4.4	10.7	-12.3	3.2
石油、煤炭及其他燃料加工业	-6.8	-50.5	-88.5	-45.9	-55.4	-49.5	0.2
化学原料和化学制品制造业	-8.1	3.5	-7.8	-4.2	1.0	-5.3	1.0
医药制造业	19.5	68.2	123.7	89.5	93.6	111.9	0.6
化学纤维制造业	-3.6	9.3	35.0	75.8	35.1	20.5	0.1
橡胶和塑料制品业	-19.1	-6.5	-6.6	1.6	8.5	-5.3	3.3
非金属矿物制品业	-14.5	3.0	2.6	-11.0	7.9	-3.7	1.3
黑色金属冶炼和压延加工业	8.7	45.7	1.1	-35.1	-54.9	-20.7	0.2
有色金属冶炼和压延加工业	-28.3	-8.7	-23.4	-7.0	7.6	-17.1	0.4
金属制品业	-17.9	-3.3	-5.1	17.0	26.5	1.3	3.0
通用设备制造业	-19.3	-9.2	-7.1	6.4	4.4	-4.8	3.5
专用设备制造业	-5.8	8.9	33.8	13.7	6.7	13.7	2.9
汽车制造业	-23.4	-3.1	87.6	-0.5	6.1	-3.5	1.3
铁路、船舶、航空航天和其他运输设备制造业	-20.5	-18.9	-10.1	12.9	8.4	-1.6	1.0
电气机械和器材制造业	-11.6	0.0	2.4	13.2	18.3	5.2	14.6
计算机、通信和其他电子设备制造业	-14.5	-3.8	14.5	-9.1	5.8	-3.1	53.9
仪器仪表制造业	-14.7	2.3	9.7	-12.7	12.2	-6.0	1.2

资料来源：广东统计信息网。

到第二季度，国内疫情防控及企业复工复产取得显著成效。与此同时，疫情在海外加速蔓延，全球供应链受阻，海外防疫物资需求急剧增长而供给严重不足。广东凭借疫情防控和复工复产较早取得成效的优势，积极组织相关商品生产和出口。在防疫物资和居家办公用品等相关品类出口的拉动下，2020年上半年广东出口额下降8.5%，降幅比第一季度收窄5.9个百分点，增速比全国同期低5个百分点。但6月当月，广东出口额增长1.8%，增速已经转正，比全国同期低2.5个百分点。具体到主要的制造业出口大类行业，6月当月，广东医药制造业，化学纤维制造业（与口罩、防护服等相关），专用设备制造业（医疗器械所属行业），计算机、通信和其他电子设备制造业（居家办公设备），以及汽车制造业同比分别增长123.7%、35.0%、33.8%、14.5%、87.6%，比3月增速分别提高55.5个、25.7个、24.9个、18.3个、90.7个百分点。

到第三季度，广东外贸出口进一步复苏。前三季度，广东出口额同比下降1.5%，降幅比上半年收窄7.0个百分点，与全国同期增速差距也缩小至3.3个百分点。9月当月，广东外贸出口额增长6.7%，增速比6月提高4.9个百分点，比全国同期低2个百分点。从主要的制造业出口大类行业来看，随着全球疫情的逐步缓解、生产能力的逐步恢复，广东防疫及居家办公相关物资出口额增速有所回落。9月当月，广东医药制造业，专用设备制造业，计算机、通信和其他电子设备制造业，汽车制造业出口交货值增速比6月分别回落34.2个、20.1个、23.6个、88.1个百分点，化学纤维制造业增速提高40.8个百分点，达到75.8%。不过，与此同时，因服装、家具、玩具、鞋靴等产品全球主要出口国生产能力未能完全恢复，海外订单向国内转移得尤为明显。9月，广东纺织服装、服饰业，皮革、毛皮、羽毛及其制品和制鞋业，家具制造业，文教、工美、体育和娱乐用品制造业，橡胶和塑料制品业，金属制品业，通用设备制造业，电气机械和器材制造业等行业出口交货值增速也分别比6月提高21.2个、13.2个、15.6个、24.2个、8.2个、22.1个、13.5个、10.8个百分点，出口持续加速改善。

第四季度，广东外贸出口额保持月度正增长，季度累计增速比前三季度提高1.7个百分点，成功实现年度正增长，但势头有所放缓，增速仍比全国低3.8个百分点。从制造业主要出口行业来看，12月纺织业，文教、工美、体育和娱乐用品制造业，橡胶和塑料制品业，金属制品业，电气机械和器材制造业等行业出口交货值增速比9月继续有较大幅度提高，海外订单向国内转移的效应仍然持续。此外，医药制造业，计算机、通信和其他电子设备制造业，汽车制造业，非金属矿物制品业，仪器仪表制造业等行业出口交货值增速在9月回落后重新回升，对广东出口起到重要的支撑作用。

从不同贸易方式来看，"大进大出、两头在外"的加工贸易受疫情冲击的程度远远大于一般贸易。在疫情冲击下，广东贸易结构持续优化，一般贸易出口额占总出口额比重不断上升。2020年，广东一般贸易进出口额3.6万亿元，同比增长3.5%；加工贸易进出口额2.0万亿元，同比下降13.3%。其中，一般贸易累计出口额增长5.4%，比1~2月累计增速提升23.7个百分点；加工贸易累计出口额下降13.5%，比1~2月提升18.5个百分点（见图8）。一般贸易出口额占广东省总出口额的比重也由2019年底的50.0%上升到2020年的52.6%，提高2.6个百分点；加工贸易出口额占比则由34.4%下降到29.7%，下降4.7个百分点（见图9）。加工贸易出口额不仅降幅大，而且回升力度明显偏小，而一般贸易出口展现出更强的抗冲击能力。

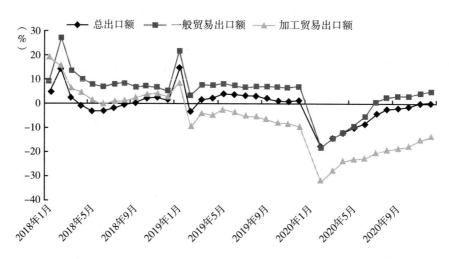

图8　2018~2020年广东一般贸易出口额与加工贸易出口额月度累计增速变化

资料来源：Wind。

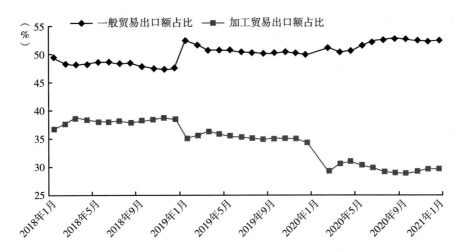

图9 2018～2020年广东一般贸易出口额与加工贸易出口额月度累计占总出口额比重变化

资料来源：Wind。

二　国内外发展环境分析

2020年以来，新冠肺炎疫情暴发和中美贸易摩擦持续对世界经济产生巨大冲击，特别是新冠肺炎疫情至今尚在全球蔓延，导致大多数经济体被迫在隔离封锁与复工复产之间做出权衡，全球产业链供应链中断风险加大，世界经济陷入二战以来程度最深的衰退。预计2021年，世界经济将在低基数基础上有所反弹，但疫情将引发世界经济的深层次结构性调整，并在一定程度上重塑世界经济治理格局。

（一）疫情持续蔓延，世界经济陷入深度衰退

新冠肺炎疫情在全球持续蔓延，多数经济体采取隔离、封锁等非常手段予以应对，导致经济活动停摆，产业链供应链中断，对高度依赖人员互动的零售贸易、休闲娱乐、餐饮住宿、旅游和交通运输服务等行业造成巨大冲击，使生产端和需求端同时陷入低迷。世界经济在出现"断崖式"下滑后，开始走向艰难复苏之路。

2020年，世界经济萎缩的幅度远大于2008年（负增长0.1%）。2021年1

月，联合国在《2021年世界经济形势与展望报告》中预计2020年世界经济下降4.3%（见表3）。世界银行在2021年1月发布的《全球经济展望》报告中，预计2020年全球经济萎缩4.3%，萎缩幅度低于此前预期，主要是因为2020年第二季度以来大型发达经济体衰退程度弱于预期，且中国经济加快复苏，各主要国家迅速出台大规模财政、货币政策和应对疫情措施，保障了家庭的可支配收入和企业的现金流，提振了世界经济。国际货币基金组织（IMF）上调了对世界经济增长的预期，在2021年1月发布的《世界经济展望》更新报告中，预计2020年全球经济萎缩3.5%，比2020年10月的预测上调0.9个百分点。其中，发达经济体经济下降4.9%，新兴和发展中经济体经济下降2.4%。根据IMF的预测，在主要经济体中，中国将是唯一实现正增长的国家，2020年经济预计增长2.3%。联合国、世界银行和IMF预测2021年世界经济将分别增长4.7%、4.0%和5.5%，各经济体复苏力度存在较大差异，复苏前景主要取决于医疗干预程度和政策支持有效性等。更严重的问题是，从中长期影响看，疫情将导致20世纪90年代以来的全球减贫成果付之东流，并加剧不平等现象，还将严重拖累人力资本积累和生产率增长。

表3　世界及主要经济体经济增长预测

单位：%

国家或地区	联合国		世界银行		国际货币基金组织	
	2020年	2021年	2020年	2021年	2020年	2021年
世界经济	−4.3	4.7	−4.3	4.0	−3.5	5.5
发达经济体	−5.6	4.0	−5.4	3.3	−4.9	4.3
美国	−3.9	3.4	−3.6	3.5	−3.4	5.1
欧元区	−7.9	5.0	−7.4	3.6	−7.2	4.2
日本	−5.4	3.0	−5.3	2.5	−5.1	3.1
新兴和发展中经济体	—	—	−2.6	5.0	−2.4	6.3
中国	2.4	7.2	2.0	7.9	2.3	8.1
印度	−9.6	7.3	−9.6	5.4	−8.0	11.5
俄罗斯	−4.0	3.0	−4.0	2.6	−3.6	3.0
巴西	−5.3	3.2	−4.5	3.0	−4.5	3.6
南非	−6.4	2.9	−7.8	3.3	−7.5	2.8
东盟5国	—	—	—	—	−3.7	5.2

资料来源：UN，"World Economic Situation and Prospects 2021"，25 January 2021；World Bank，"Global Economic Prospects"，5 January 2021；IMF，"World Economic Outlook Update"，January 2021。

（二）全球贸易流量减少，疫情将重塑全球贸易格局

2019年，受全球性保护主义和经济下行压力较大影响，全球货物贸易量下降0.1%（见表4），为2008年国际金融危机以来的首次下跌；全球货物贸易额18.89万亿美元，下降3%；全球商业服务出口额6.03万亿美元，增长2%，增幅同比回落7个百分点。2020年以来，为应对新冠肺炎疫情，各国均采取了贸易限制性措施，全球贸易流量大幅减少。世界贸易组织（WTO）2020年12月发布的数据显示，2020年第一、二季度，世界货物贸易量分别环比下降2.7%、12.7%，第三季度环比增长11.6%，但同比下降5.6%。2020年10月6日，WTO发布最新《贸易统计与展望》报告，预测2020年世界货物贸易量将下降9.2%，比4月乐观情景下的预测上调3.7个百分点。2021年，全球贸易有可能加快实现复苏，但仍存在不确定性，在很大程度上取决于疫情持续时间和各国抗疫政策的有效性。疫情深刻影响了世界贸易的结构和模式，世界贸易难以恢复到疫情暴发前的增长趋势线上。WTO预测在"疲软复苏"情景下，2021年全球货物贸易量将增长7.2%。

表4　2015～2021年世界货物贸易量增速

单位：%

	2015年	2016年	2017年	2018年	2019年	2020年	2021年
世界货物贸易量	2.3	1.4	4.7	2.9	-0.1	-9.2	7.2
出口							
北美	2.6	0.7	3.4	3.8	1.0	-14.7	10.7
中南美洲	0.6	1.3	2.9	0.1	-2.2	-7.7	5.4
欧洲	2.9	1.1	3.7	2.0	0.1	-11.7	8.2
亚洲	1.3	2.3	6.7	3.7	0.9	-4.5	5.7
其他地区	1.8	3.5	0.7	0.7	-2.9	-9.5	6.1
进口							
北美	5.2	0.3	4.4	5.2	-0.4	-8.7	6.7
中南美洲	-7.6	-9.0	4.3	5.3	-2.1	-13.5	6.5
欧洲	3.6	3.0	3.0	1.5	0.5	-10.3	8.7
亚洲	2.1	2.2	8.4	4.9	-0.6	-4.4	6.2
其他地区	-3.9	-4.5	3.4	0.3	1.5	-16.0	5.6

资料来源：WTO，"Trade Shows Signs of Rebound from COVID－19，Recovery Still Uncertain"，6 October 2020。

（三）主要经济体出台超常规刺激政策，将产生债务水平加速上升等负面效应

为应对疫情，各主要经济体均出台超常规财政、货币政策及其他支持措施，支出总额已大大超过 2008 年国际金融危机时的水平。国际金融研究所（IIF）2021 年 1 月发布的数据显示，自疫情发生以来，在政府借债大幅增加的推动下，全球债务水平快速提升，2020 年全球债务高达 275 万亿美元，全年新增债务 17 万亿美元。2020 年，全球政府债务与 GDP 之比达 105%，同比上升 15 个百分点。经济刺激政策有助于经济加速恢复，但也带来了金融失衡和预算失衡等挑战。虽然发达经济体背负的债务负担较新兴经济体更大，但受货币发行权、经济实力偏弱等因素影响，高债务对发展中国家的冲击将更加强烈。

目前，疫情还在全球蔓延，如果防控疫情的政策援助持久化，将进一步推高全球债务水平，同时将进一步压缩财政和货币政策的操作空间。美国、欧盟和日本等发达经济体已进入零利率或负利率时代，财政政策过度扩张容易引发严重的债务问题，传统政策的实施空间已经十分狭小。欧元区国家总体债务水平已较高，如果 2021 年再出台大规模财政刺激措施，可能导致欧洲债务危机再次爆发。发达经济体大规模释放流动性，将冲击发展中国家金融、外汇市场，造成资本外逃、汇率贬值、经济下行和失业加剧。

（四）全球产业链供应链加速重构，呈现短链化、区域化、本地化、分散化趋势

在疫情冲击下，产业链供应链中断，中间产品贸易额大幅下滑，高度融入全球价值链和高度依赖外部需求的出口导向型经济体受到的冲击尤其巨大，加之近年来极端主义、民粹主义、保护主义盛行，"退群""脱钩""断链"行为不断增多，主要经济体开始加快布局调整产业链供应链，推动其短链化、区域化、本地化、分散化发展，打造自主可控、安全高效的产业链供应链。

国际贸易规则重构正加速推进全球产业链供应链重构。美国 2020 年倡议实施"经济繁荣网络"计划，构建由美国主导的新全球产业链、供应链、

价值链。联盟成员主要是美国、日本、澳大利亚、印度、韩国和越南等国，还包括企业和民间社会团体。该计划试图通过统一标准、加强协调，减少对中国的依赖。该计划覆盖范围涉及商贸、投资、能源、数字经济、基础设施、医疗卫生、教育研发等各个领域。2020年11月，15个国家正式签署《区域全面经济伙伴关系协定》（RCEP），明确提出将促进区域产业链、供应链和价值链的融合。

（五）国内经济加速恢复，但全面恢复仍面临诸多挑战

中国疫情防控和复工复产积极有效，中国经济率先在全球恢复，中国将成为2020年全球唯一经济正增长的主要经济体。2020年，中国GDP按季分别下降6.8%、增长3.2%、增长4.9%、增长6.5%，呈逐季加快增长态势，全年累计增长2.3%。从供给侧看，2020年中国工业生产恢复快于预期，规模以上工业增加值同比增长2.8%，增速比2019年同期回落2.9个百分点；服务业增加值增长2.1%，增速比2019年同期回落5.1个百分点。从需求侧看，2020年中国社会消费品零售总额同比下降3.9%，其中餐饮收入下降16.6%，限额以上单位商品零售额下降1.0%，15大类商品中仍有汽车类，石油及制品类，服装、鞋帽和针纺织品类等7大类商品零售额为负增长，特别是石油及制品类下降14.5%；制造业投资同比下降2.2%，采矿业投资同比下降14.1%，拉低固定资产投资增速，全年固定资产投资同比仅增长2.9%。从价格看，2020年中国居民消费价格同比增长2.2%，主要是食品烟酒、其他用品和服务价格拉抬所致，12月单月8大类消费品中仍有衣着、交通和通信、居住3大类价格处于负增长区间，显示消费市场需求不足现象依然严峻。2020年，中国工业生产者出厂价格同比下降1.8%，其中，采掘和原材料出厂价格同比分别下降5.2%和5.6%，显示工业品生产仍有通缩压力。

中国在全球产业链、供应链、价值链中发挥着重要作用，已经深度融入世界经济体系。外部发展环境日益严峻以及新冠肺炎疫情对欧美等国家和地区造成二次冲击，在进一步阻碍世界经济复苏的同时，也将对中国经济产生负面影响。当前，中国经济还面临如下突出挑战。一是2020年以来宏观杠杆率快速上升，债务负担有所加重。国家金融与发展实验室数据显示，2020

年中国宏观杠杆率为270.1%，比上年上升24.7个百分点，企业、居民和政府杠杆率均呈上升趋势。二是产业发展将长期遭受"两面夹击"，转型升级压力加大。一方面，在疫情暴发背景下，以美国为首的发达国家对中国的打压围堵和防范戒备有增无减。美国先后多次将中国高科技、互联网和人工智能企业纳入实体清单，进行高强度精准打击，企图打断中国企业向全球价值链中高端攀升的步伐。另一方面，越南、印度等国加快改善营商环境，利用要素成本低的优势，加大力度吸引外资，导致中国部分产业环节直接越过中西部地区转移配置至新兴市场经济体。三是中小企业生存压力巨大。新冠肺炎疫情加剧了中国中小企业的生存困境。中国经济的恢复不能仅靠国有企业和大型民营企业，帮助数量众多的中小企业渡过难关、走上转型之路尤为重要。

（六）国内多项政策叠加和集成，将为广东经济增长提供有力保障和坚实支撑

《外商投资法》和《优化营商环境条例》生效施行，营商环境加快改善。在保护主义加速抬头、经济全球化遭遇逆流的背景下，中国进一步深化改革、扩大开放，先后出台《关于构建更加完善的要素市场化配置体制机制的意见》《关于新时代加快完善社会主义市场经济体制的意见》《关于新时代推进西部大开发 形成新格局的指导意见》《海南自由贸易港建设总体方案》等重要文件，积极主动应对外部环境变化，加快构建以国内大循环为主体、国内国际双循环相互促进的新发展格局。党的十九届五中全会擘画未来发展蓝图，明确了"十四五"时期经济社会发展指导方针、主要目标和主要任务，为"十四五"开局起步指明了方向。中国宏观调控政策调整空间较大，2020年底召开的中央经济工作会议明确提出，要继续实施积极的财政政策和稳健的货币政策。积极的财政政策要提质增效、更可持续，保持适度支出强度，增强国家重大战略任务财力保障，在促进科技创新、加快经济结构调整、调节收入分配上主动作为；稳健的货币政策要灵活精准、合理适度，保持货币供应量和社会融资规模增速同名义经济增速基本匹配，保持宏观杠杆率基本稳定，加大对科技创新、小微企业、绿色发展的金融支持力度。中国经济长期向好的基本面没有变，近4亿人的中等收入群体及庞大的内需市场将为消费与产业升级、经济的结构性

调整以及应对外部复杂形势提供坚实底盘。上述多项政策的叠加和集成,将为广东经济持续健康发展提供有力保障和坚实支撑。

三 2021年广东宏观经济主要指标预测

(一)预测思路

本报告根据广东宏观经济运行的态势,运用2020年数据更新广东宏观经济分析与预测季度模型,并结合专家调查,对2021年广东宏观经济走势进行预测。

1. 模型更新

广东宏观经济分析与预测季度模型由"广东宏观经济分析与预测模型研究与应用"课题组研制,是需求导向型宏观经济季度模型。该模型是以凯恩斯的国民收入决定论为基础,并结合广东经济运行特点建立的模型。该模型以总需求分析为出发点,总需求分为消费需求、投资需求和净出口需求。模型具体分为消费、投资、进出口、GDP、产业、价格六个模块,涉及一系列的行为方程、技术方程和恒等式。

根据广东省统计局公布的2020年数据,本报告对广东宏观经济分析与预测季度模型进行更新,为2021年广东宏观经济主要指标预测提供模型框架。

2. 基本情景设定

随着国内疫情防控取得重大阶段性成果,国内疫情对广东宏观经济运行的负面冲击将在2021年进一步趋弱。但国外疫情的态势仍不明朗,将成为2021年影响广东宏观经济运行的最大不确定因素。综合主要国际机构的观点,本报告设定基本情景如下:假设国外疫情仍继续扩散,全球人民被迫适应疫情蔓延的新环境,全球经济复苏之路仍较为艰难且漫长。

3. 专家调查

从研究机构、政府部门、企业中选择熟悉广东宏观经济运行的人士作为专家,进行2021年广东宏观经济运行环境、运行态势和指标预测的调查,为2021年广东宏观经济主要指标预测提供集思广益的"外脑"参考。

4. 指标预测

根据最新更新的广东宏观经济分析与预测季度模型，结合专家调查，对 2021 年广东宏观经济主要指标进行预测。

（二）预测结果

在"双循环"新发展格局建设战略部署下，广东将继续遵循稳中求进工作总基调，充分发挥市场优势、开放优势和创新优势，促进宏观经济形势逐步恢复常态，为全面推进社会主义现代化建设及"十四五"时期经济高质量发展奠定坚实基础。

1. 经济运行基本恢复常态，预计2021年 GDP 增长7% 左右，达到 12.2 万亿元左右

广东经济将主要受到以下因素的影响。第一，新冠肺炎疫情的负面影响将难以在短期内消除。新冠肺炎疫情在全球蔓延，导致 2020 年世界经济陷入衰退。进入 2021 年，能否遏制新冠肺炎疫情在全球范围内的蔓延态势，仍面临较大不确定性。即使新冠肺炎疫情的蔓延态势得到有效抑制，世界经济在低基数基础上有所复苏，疫情期间所产生的互不信任、保护主义、地缘冲突等负面影响也将持续存在一段时间，给世界经济复苏的可持续性和稳定性带来重大挑战。第二，中美战略博弈持久而严峻。贫富分化、阶层固化、疫情冲击、经济受挫等深层次问题困扰美国，"美国利益优先"战略日益强化，对华焦虑将进一步强化美国对华遏制的企图，中美关系由互补转向竞争，战略博弈态势不会因为一位新的总统而发生转变。第三，国内一系列战略和政策部署带来的利好效应不断显现。面对当前挑战，习近平总书记提出"逐步形成以国内大循环为主体、国内国际双循环相互促进的新发展格局"的重大战略决策，为广东经济发展指明了方向。同时，中国保持战略定力，进一步深化改革、扩大开放，做出一系列战略部署和政策调整，为广东经济在疫情后复苏提供坚实保障。第四，广东内外需加快复苏。2020 年第二、三、四季度，广东投资、消费和进出口逐渐复苏。这一势头将在 2021 年进一步持续和巩固，为广东经济稳定运行提供强大动力。综合分析，广东经济运行将基本恢复常态，预计 2021 年 GDP 增长 7% 左右，达到 12.2 万亿元左右(见表 5)。

表5 广东宏观经济主要指标及其增长率预测

单位：万亿元，%

指标		实际值		预测值
		2019 年	2020 年	2021 年
GDP	数值	10.77	11.08	12.20
	增长率	6.2	2.3	7.0
第一产业增加值	数值	0.44	0.48	0.50
	增长率	4.1	3.8	4.0
第二产业增加值	数值	4.35	4.35	4.70
	增长率	4.7	1.8	5.5
第三产业增加值	数值	5.98	6.25	7.00
	增长率	7.5	2.5	8.5
固定资产投资	数值	—	—	—
	增长率	11.1	7.2	8.0
社会消费品零售总额	数值	4.27	4.02	4.30
	增长率	8.0	-6.4	8.0
出口总额	数值	4.34	4.35	4.45
	增长率	1.6	0.2	2.0
进口总额	数值	2.81	2.73	2.80
	增长率	-2.9	-2.6	1.5

2. 第二、三产业基本恢复稳定发展状态，预计2021年第二、三产业增加值分别增长5.5%左右、8.5%左右，分别达到4.7万亿元左右、7万亿元左右

广东产业发展将主要受到以下因素的影响。第一，疫情影响减弱，企业逐步恢复生产活力。第二，需求逐渐恢复，"新基建"项目加快推进，房地产市场逐渐回暖，消费需求潜力也将不断释放，将带动产业加快发展。第三，供给侧结构性改革继续深化，支持实体经济发展的力度进一步加大。第四，居民收入将成为"双循环"新发展格局构建的重要着力点，有利于第三产业稳定发展。综合分析，第二、三产业基本恢复稳定发展状态，预计2021年第二、三产业增加值分别增长5.5%左右、8.5%左右，分别达到4.7万亿元左右、7万亿元左右。

3. 投资转向平稳增长，预计2021年固定资产投资增长8%左右

广东固定资产投资增长将主要受到以下因素的影响。第一，在经济高质量

发展阶段，数字转型、智能升级、融合创新等服务型基础设施建设将成为投资增长新动力。第二，在"房住不炒"主基调下，房地产投资增长状况将明显改善。第三，制造业投资虽面临中美贸易摩擦、国际需求疲弱等不利因素，但也面临国内和省内经济复苏、投资需求增长等有利因素，有望稳步增长。综合分析，投资转向平稳增长，预计2021年固定资产投资增长8%左右。

4. 消费增长潜力释放，预计2021年社会消费品零售总额增长8%左右，达到4.3万亿元左右

广东消费增长将主要受到以下因素的影响。第一，新发展格局构建带来新机遇。在新的国际国内发展环境下，中国积极主动应对外部环境变化，加快构建以国内大循环为主体、国内国际双循环相互促进的新发展格局。这将为广东消费增长提供更广阔、更全面的全国市场。第二，新冠肺炎疫情的负面影响逐渐消除。新冠肺炎疫情对高度依赖人员互动的零售贸易等行业的冲击尤其巨大，导致社会消费品零售总额下降幅度较大。当前，中国抗疫取得阶段性胜利，并将在2021年走向新的胜利，疫情对消费增长的抑制将逐步消除。综合分析，消费增长潜力释放，预计2021年社会消费品零售总额增长8%左右，达到4.3万亿元左右。

5. 外贸恢复稳定增长，预计2021年出口总额和进口总额分别增长2%左右和1.5%左右，达到4.45万亿元左右、2.80万亿元左右

广东外贸将主要受到以下因素的影响。第一，全球贸易复苏，但面临不确定性。2021年，全球贸易能否复苏，在很大程度上取决于疫情持续时间和各国抗疫政策的有效性。如果各国抗疫有效，全球贸易将出现较快复苏；如果各国抗疫效果差，人们将逐步接受与疫情共存的无奈境地，全球贸易将缓慢复苏。不论何种情况，疫情对全球贸易结构和模式的冲击将广泛、持久，疫情前的全球贸易环境将难以复返。第二，国际经贸规则重构带来新机遇。2020年11月15日，《区域全面经济伙伴关系协定》（RCEP）正式签署，全球约29.7%的人口和超过25万亿美元的GDP将在RCEP下从事自由贸易活动，将重构当前的国际经贸规则。在这一历史机遇下，广东进出口商品结构将持续优化，多元国际市场将进一步开拓，为广东外贸提供新的增长点。综合分析，外贸恢复稳定增长，预计2021年出口总额和进口总额分别增长2%左右和1.5%左右，达到4.45万亿元左右、2.80万亿元左右。

四 促进广东宏观经济平稳健康发展的对策建议

（一）围绕民生改善，激发消费需求

以人民利益为导向，持续提高城乡居民收入，真正做到让群众"能消费、敢消费、愿消费"，释放消费潜力，实现消费市场扩大升级。实施城乡居民增收行动计划，努力实现居民收入增长与经济增长同步。深化收入分配制度改革，健全工资正常增长机制，扩大中等收入群体，逐步缩小居民收入差距。加快社会事业发展，增加基本公共服务供给，着力补齐公共教育、医疗卫生、住房保障、社会保障等民生短板。继续推进基本公共服务均等化，进一步缩小城乡之间、地区之间、群体之间在共享公共服务方面的差距。针对低收入群体、困难地区，加大帮扶力度，推动农村低保制度和扶贫开发政策有效衔接，健全稳定、可持续的脱贫长效机制。

（二）扩大有效投资，促进投资健康稳定增长

紧跟国际前沿技术、新兴产业发展新趋势，加大对新一代信息技术、高端装备制造、数字经济、生物医药等领域的投资力度，加快部署一批重点项目，培育壮大一批骨干企业，推动战略性新兴产业加快发展壮大。进一步加大传统技术改造投资力度，大力支持企业加快实施采用新技术、新工艺、新设备和新材料的技术改造。加快推进新型基础设施建设投资，完善和提升5G、人工智能、工业互联网、物联网等数字基础设施体系。引导基础设施投资向粤东西北地区倾斜，破除欠发达地区的发展瓶颈，培育新的经济增长动力。扩大对农村地区公共服务品领域的投资规模，重点加大医疗卫生、教育、文化等公共服务领域的投入力度。

（三）继续扩大对外开放，全面提升在国际大循环中的能级地位

以"一带一路"建设为国内外互联互通的纽带，加大"走出去"力度，深化国际交往合作，以开放"补链"，建立更加广阔、安全的市场空间。加快促进粤港澳大湾区在法律规则对接和制度创新、知识产权保护、劳动力流动、

教育和医疗、商事制度、科创合作、专业资格互认、标准衔接等方面的融合与共享等,推动三地制度协同和基础设施联通,以国际化的贸易投资规则体系和营商环境吸引全球企业研发与生产,提高对全球高端要素资源的配置能力。推动外贸企业加快运用新技术、新材料、新设备提升产品质量,打造自主品牌,提高一般贸易比重和层次。推动跨境电商综合试验区建设,加快培育发展跨境电商、保税物流等外贸新业态、新模式。

(四)打造创新生态系统,强化创新支撑能力

聚焦基础研究、创新公共服务、制造业应用端,提高创新试验成功率、创新成果转化率和制造业应用端创新能力。研究出台促进政府数据开放及授权开放的政策措施,当前尤其要重视完善促进重大科技基础设施平台数据有序共享及开放的举措,创造良好的数据使用生态。加快建设各类科技孵化器、众创空间、创业服务机构、知识产权交易机构等中介服务机构,以优质的设施与良好的生态环境吸引创新人才。借鉴发达国家经验,完善实验和研究税收抵免政策。建立健全机器智能科技伦理、法规政策体系,强化技术风险管控。

(五)以城市群、都市圈一体化为重点,逐步增强内循环新动力

对标建设世界级城市群,加快珠三角核心区深度一体化。重点推进粤港澳大湾区、深圳中国特色社会主义先行示范区"双区"建设,以同等力度支持广州"四个出新出彩"、实现老城市新活力。全面增强深圳、广州的核心引擎功能,强化广深"双核联动",深化珠三角城市战略合作,做优做强做大珠三角世界级城市群。发挥珠三角核心区的辐射带动作用,支持环珠三角城市加快"入珠融湾"步伐,推进广州都市圈(广佛肇清韶)、深圳都市圈(深莞惠河汕)、珠江口西岸都市圈(珠中江阳)三大都市圈内部的一体化融合发展。大力推进汕头、湛江两个省域副中心城市建设,赋予其部分省级管理权限,强化基础设施建设和临港产业布局,培育壮大汕潮揭都市圈和湛茂都市圈。

B.3

2020～2021年广东创新驱动发展报告

广东省社会科学院企业研究所课题组*

摘　要：　本报告在回顾梳理党的十八大以来广东省创新驱动发展历程的基础上，总结了广东创新驱动发展取得的成就、制度创新驱动科技创新的主要亮点，分析了广东省创新驱动发展的短板和挑战以及面临的形势，提出广东要加快创新驱动发展，必须建设综合性国家科学中心，增强原始创新能力；培育壮大产业链和创新链融合主体，提升产业链现代化水平；构建国际一流创新生态，全面激发创新发展潜能；积极嵌入全球创新网络，打造国际科技合作高地。

关键词：　创新驱动　制度创新　原始创新

　　自党的十八大明确提出实施创新驱动发展战略以来，广东省坚决贯彻落实习近平总书记的重要指示批示精神，将创新作为发展第一动力，发扬敢为人先的精神，锐意改革，不断创新，走出一条具有广东特色的创新驱动发展之路。2020年是"十三五"规划收官之年，"十三五"期间，广东省创新驱动发展取得令人瞩目的成就，区域创新综合能力跃升至全国第1。2021年是"十四

---

* 课题组主要成员：李源，广东省社会科学院企业研究所所长、研究员，主要研究方向为创新管理、产业经济和公司治理；刘城，广东省社会科学院企业研究所副研究员，主要研究方向为产业创新、企业竞争力、跨国公司研究；陈志明，广东省社会科学院企业研究所副研究员，主要研究方向为技术创新、区域创新；王阳，广东省社会科学院企业研究所助理研究员，主要研究方向为技术进步、经济增长。

五"规划开启之年，广东省创新驱动发展进入新阶段。"十四五"时期是中国开启全面建设社会主义现代化国家新征程的第一个 5 年，也是广东奋力在全面建设社会主义现代化国家新征程中走在全国前列、创造新的辉煌的第一个 5 年。未来 5 年，国家要构建以国内大循环为主体、国内国际双循环相互促进的新发展格局，更加强调创新在现代化建设全局中的核心地位，把科技自立自强作为发展的战略支撑。广东省要打造新发展格局的战略支点，必须深入实施创新驱动发展战略，强化锻造长板与补齐短板齐头并进、自主创新与开放创新相互促进、科技创新与制度创新双轮驱动，实现创新驱动发展路径从"爱迪生象限"向"巴斯德象限"①的跃升，形成更多从"0"到"1"的突破，建设具有全球影响力的科技和产业创新高地。2021 年，广东省要为承担的新的历史使命开好局、起好步，更要充分发挥创新核心引擎作用，为塑造高质量发展新优势打好坚实基础。

一 党的十八大以来广东省创新驱动发展历程

党的十八大以来，以习近平同志为核心的党中央高度重视创新，强调"创新是引领发展的第一动力"。广东省率先改革，转变经济发展方式。创新成为推动广东省经济社会发展的原动力，广东省创新发展能力位居全国前列，整体基本进入创新驱动发展阶段。2020 年 10 月，习近平总书记视察广东并出席深圳经济特区建立 40 周年庆祝大会，寄望广东坚定不移实施创新驱动发展战略，建设具有全球影响力的科技和产业创新高地，在全球科技革命和产业变革中赢得主动权，在全面建设社会主义现代化国家新征程中走在全国前列、创造新的辉煌。在"十三五"收官、"十四五"开启之际，广东省面临新形势和新使命，其创新驱动发展正步入新阶段。

党的十八大明确提出实施创新驱动发展战略，坚持走中国特色自主创新道路。广东省深入学习贯彻党的十八大、习近平总书记系列重要讲话精神，以

---

① 普林斯顿大学 Donald Stokes 教授在其著作《巴斯德象限：基础科学与技术创新》中提出，纯基础研究（玻尔象限）与纯应用研究（爱迪生象限）是各自沿着自己的轨道发展的，而带有应用目的的基础研究（巴斯德象限）是连接上述两个轨道的枢纽。

"三个定位、两个率先"① 为总要求，高度重视科技创新对经济社会发展的战略支撑作用，成立了创新驱动发展战略领导小组，按照"大科技、大开放、大合作"的思路，扬长避短，全面实施创新驱动发展战略，着力构建以创新为主要引领和支撑的现代化经济体系。

2012～2016年，广东省委、省政府着重从深化科技体制机制改革着手，推动实施创新驱动发展战略，搭建起促进创新驱动发展的制度体系。2014年6月21日，广东省委、省政府出台了《关于全面深化科技体制改革 加快创新驱动发展的决定》，从知识创新、技术创新、协同创新、产业创新、转化应用、环境建设六个方面提出目标任务和工作举措，是党的十八届三中全会以来国内省份首次颁布实施关于深化科技体制改革、实施创新驱动发展战略的顶层设计，是广东一定时期内实施创新驱动发展战略、建设创新型省份的纲领性文件。2015年3月，中共中央、国务院发布《关于深化体制机制改革 加快实施创新驱动发展战略的若干意见》，广东跟随出台了《关于加快科技创新的若干政策意见》《广东省系统推进全面创新改革试验方案》《加快推进创新驱动发展重点工作方案（2015—2017年）》《广东省经营性领域技术入股改革实施方案》等文件。在2015年国家修订《科技成果转化法》背景下，广东于2016年修订《广东省自主创新促进条例》，出台《广东省促进科技成果转化条例》，其中的相当一部分规定具有突破性和前瞻性，如提高承担项目人员人力资源成本费的比例，细化有关科技成果使用权、处置权、收益权的规定，明确科技成果转化"定价免责"保障性制度，探索实施科技成果约定转化制度，等等。2016年7月，全国首个"国家知识产权改革试验田"落户广东。在此期间，广东省委、省政府将培育高新技术企业作为实施创新驱动发展战略的首要举措，设立3年60亿元的高新技术企业培育专项资金，着力支持高新技术企业开展技术研发和成果转化等活动。广东省高新技术企业数量从2012年的6699家，猛增至2017年的33073家，居全国第1。2014年、2015年，深圳和珠三角相继成为国家自主创新示范区，广东省也由此成为全国唯一拥有两个自主创

---

① 习近平总书记在2012年末视察广东时提出，广东要努力成为发展中国特色社会主义的排头兵、深化改革开放的先行地、探索科学发展的试验区，为率先全面建成小康社会、率先基本实现社会主义现代化而奋斗。

新示范区的省份。

2017 年，党的十九大再次提出实施创新驱动发展战略，加快建设创新型国家。习近平总书记也对广东创新驱动发展工作做出系列重要指示。2017 年 4 月，习近平总书记对广东工作做出"四个坚持、三个支撑、两个走在前列"① 的重要批示，对广东创新驱动发展工作提出了要求和目标。2018 年 10 月，习近平总书记在广东考察时对广东提出了高质量发展的要求，强调要发挥企业创新主体作用和市场导向作用，加快建立技术创新体系，激发创新活力。2020 年 10 月，习近平总书记出席深圳经济特区建立 40 周年庆祝大会并在广东考察调研，他再次对广东提出，要坚定不移实施创新驱动发展战略，培育新动能，提升新势能，建设具有全球影响力的科技和产业创新高地；要围绕产业链部署创新链、围绕创新链布局产业链，前瞻布局战略性新兴产业，培育发展未来产业，发展数字经济；要聚焦国内短板产品，在自主研发上加倍努力，走更高水平的自主创新之路；要加大基础研究和应用基础研究投入力度，主动融入全球创新网络。

2017 ~ 2020 年，广东深入贯彻落实党的十九大精神和习近平总书记重要指示批示精神，把科技创新作为关系全局的工作，加快推动科技创新强省建设。2018 年 5 月，广东获批建设珠三角国家科技成果转移转化示范区，以企业为主体、市场为导向、产学研深度融合的区域创新体系进一步完善。2019 年 1 月，广东省以省政府一号文的形式出台了"科创 12 条"，着力构建更加灵活高效的粤港澳科技合作机制，在推进创新人才高地建设、加快建设省实验室和新型研发机构等方面，提出一系列具有改革性、开放性和普惠性的政策措施，为解决创新驱动发展面临的突出问题提供了制度保障。2019 年 2 月，《粤港澳大湾区发展规划纲要》印发，粤港澳大湾区成为继珠三角国家自主创新示范区之后广东省创新驱动发展的又一重要引擎。从 2017 年开始，广东省区域创新能力跃居全国首位，基础研究和应用基础研究能力显著增强，已基本达到全球创新型国家和地区水平。广东省创新驱动发展正迈入新阶段。

---

① "四个坚持"：坚持党的领导、坚持中国特色社会主义、坚持新发展理念、坚持改革开放。"三个支撑"：为全国推进供给侧结构性改革、实施创新驱动发展战略、构建开放型经济新体制提供支撑。"两个走在前列"：在全面建成小康社会、加快建设社会主义现代化新征程上走在前列。

二 广东省创新驱动发展取得的成就

2020年，广东省从推动区域创新协调发展、强化企业创新主体地位、提高产业关键技术攻关能力、加强原始创新能力建设等方面深入实施创新驱动发展战略，突出抓好粤港澳大湾区国际科技创新中心、深圳和珠三角国家自主创新示范区、广深港澳科技创新走廊建设，不断完善由"基础研究—技术攻关—科技成果产业化—科技金融—人才支撑"构成的独特创新生态链，实现区域创新能力持续快速提升。

（一）迈入全球创新型地区行列

从全球来看，创新型国家或地区普遍表现出创新能力强、创新投入多、创新绩效好和创新竞争力强等特征[①]。从创新能力、创新投入、创新绩效和创新竞争力等主要科技指标判断，广东省已迈入全球创新型地区行列，研发投入强度、PCT国际专利申请量、万人有效发明专利拥有量等方面达到世界创新型国家和地区发达水平[②]，整体创新能力位居全国前列（见表1）。

表1 广东省多项创新指标处于领先地位

类别	代表指标	数据	说明
创新能力	区域创新能力	2020年，位居全国第1	2017～2020年连续4年保持全国第1
	全球创新指数	在世界科技集群前100名中，深圳—香港—广州科技集群位居全球第2	其中,中国创新能力居全球第14位
创新投入	研发投入强度	2020年，研发投入强度为2.9%。研发投入总量位居全国第1，研发投入强度位居全国第3	远超欧盟国家平均水平，与美国、比利时、芬兰、丹麦等创新型国家水平相当
创新绩效和创新竞争力	科技进步贡献率	2019年，达到59.1%	与全国水平相当。目前，全球主要创新型国家和地区普遍超过50%，最高达到70%以上

---

① 陈光：《科技"新冷战"下我国关键核心技术突破路径》，《创新科技》2020年第5期。
② 如无特别标注，以下指标数据主要来自历年政府统计年鉴、统计公报、政府工作报告以及政府部门网站。

续表

类别	代表指标	数据	说明
创新绩效和创新竞争力	先进制造业增加值占规模以上工业增加值比重	2020 年，达到 56.1%	
	高技术制造业增加值占规模以上工业增加值比重	2020 年，达到 31.1%	远超全国平均值(14.4%)
	新经济增加值及占比	2020 年，达到 2.79 万亿元，占 GDP 比重超过 1/4	
	高新技术企业数量	截至 2020 年底，达 5.3 万家	位居全国第 1
	有效发明专利量	截至 2020 年底，35.05 万件	连续 10 年居全国第 1
	每万人口有效发明专利拥有量	2020 年，28.04 件	是全国平均水平(15.8 件)的 1.77 倍，珠三角地区是全国平均水平的 3.35 倍
	PCT 国际专利申请量	截至 2020 年底，累计 21.82 万件	超过全国总量的 1/2，连续 18 年居全国第 1，占全球总量的 10% 左右。华为 PCT 国际专利申请量位居全球榜首
	知识产权优势示范企业	截至 2020 年 6 月底，达到870 家	位居全国第 1

资料来源：课题组根据相关资料整理。

1. 以粤港澳大湾区城市群为主体的世界级创新集群正在形成

粤港澳大湾区国际科技创新中心建设取得积极进展，深圳和珠三角国家自主创新示范区、广深港澳科技创新走廊、中心城市、高新区的创新引擎、主阵地作用进一步凸显。截至 2020 年底，广深港澳科技创新走廊加快形成，光明科学城、松山湖科学城综合性国家科学中心先行启动区建设稳步推进。广州、深圳等中心城市集聚了广东省 65% 的 R&D 经费投入、58% 的高新技术企业、55% 的本科院校，成为构建"一核一带一区"① 区域发展格局的核心支柱和动力源。广州南沙科学城、东莞松山湖科学城、深圳光明科学城逐步发展成为基

---

① 2019 年 7 月，广东省委、省政府发布《关于构建"一核一带一区"区域发展新格局 促进全省区域协调发展的意见》，提出"一核一带一区"区域协调发展新格局。其中，"一核"即珠三角核心区，是引领广东省发展的核心区和主引擎；"一带"即沿海经济带，是新时代广东省发展的主战场；"一区"即北部生态发展区，是广东省重要的生态屏障。

础研究高地。截至2020年底，广东省共有14个国家级高新区、15个省级高新区。2019年，省级以上高新区实现营业收入5.17万亿元，同比增长超过30%；高新技术企业存量超过1.1万家；超过60%的高新区建立了省级以上创新型产业集群；高新区营业收入过亿元企业近3700家；高新区内集聚了一批大院大所、10个省实验室以及超过一半的新型研发机构；高新区以仅占全省0.7%的土地面积，创造了全省15.9%的GDP、35.3%的营业收入、30.4%的工业增加值①。

粤港澳大湾区核心城市在全球创新网络中的枢纽地位进一步凸显。世界知识产权组织发布的《2020年全球创新指数报告》显示，在世界科技集群前100名中，深圳—香港—广州科技集群位居全球第2（见表2）。

表2　世界前10名科技集群

排名	集群名称	经济体	PCT国际专利申请量(件)	科学出版物(件)	在PCT国际专利申请总量中的份额(%)	在科学出版物总量中的份额(%)
1	东京—横滨	日本	113244	143822	10.81	1.66
2	深圳—香港—广州	中国	72259	118600	6.90	1.37
3	首尔	韩国	40817	140806	3.90	1.63
4	北京	中国	25080	241637	2.40	2.79
5	加利福尼亚圣何塞—旧金山	美国	39748	89974	3.80	1.04
6	大阪—神户—东京	日本	29748	67514	2.81	0.78
7	马萨诸塞州波士顿—剑桥	美国	15458	128964	1.48	1.49
8	纽约州纽约市	美国	12302	137263	1.17	1.58
9	上海	中国	13347	122367	1.27	1.41
10	巴黎	法国	13561	93003	1.30	1.07

资料来源：《2020年全球创新指数报告》。

① 《科研力量提升！广东超一半新型研发机构落在高新区》，中国科技网，2020年3月18日，http://m.stdaily.com/index/kejixinwen/2020-03/18/content_903846.shtml。

2. 区域创新综合能力持续提升

根据中国科学院大学中国创新创业管理研究中心发布的中国区域创新能力评价结果，2012～2016年，广东省区域创新能力保持全国第2；从2017年开始，广东省区域创新能力超过江苏，位列全国第1，并且连续4年全国第1（见表3）。在《2020中国区域创新能力评价报告》中，广东省在企业创新、创新绩效2个指标上排名全国第1，知识创造、知识获取指标进步1位，排名全国第2，创新环境指标排名全国第2。

表3 2012～2020年部分省市区域创新能力排名

区域	2012年	2013年	2014年	2015年	2016年	2017年	2018年	2019年	2020年
广东	2	2	2	2	2	1	1	1	1
北京	3	3	3	3	3	3	2	2	2
江苏	1	1	1	1	1	2	3	3	3
上海	4	4	4	4	4	4	4	4	4
浙江	5	5	5	5	5	5	5	5	5
山东	6	6	6	6	6	6	6	6	6
湖北	11	12	10	12	12	9	9	8	7
安徽	9	9	9	9	9	10	10	10	8
陕西	14	14	15	14	10	13	13	12	9
重庆	13	8	8	8	8	8	8	7	10
天津	7	7	7	7	7	7	7	9	15

资料来源：2012～2020年《中国区域创新能力评价报告》。

3. 研发投入强度达到发达国家和地区水平

2012年，广东省研发经费投入1250亿元，占GDP比重为2.17%。2019年，广东省研发经费投入首次突破3000亿元，占GDP比重为2.88%。2020年，广东省研发经费投入达到3200亿元，是2012年的2.56倍，占GDP比重提升至2.9%。党的十八大以来，广东省研发经费投入年均增长率达到12.5%。

根据世界银行（The World Bank）数据，2020年广东省研发投入强度远超欧盟地区的平均水平（2.18%），与美国、比利时、芬兰、丹麦等发达国家水平相当（见图1）。

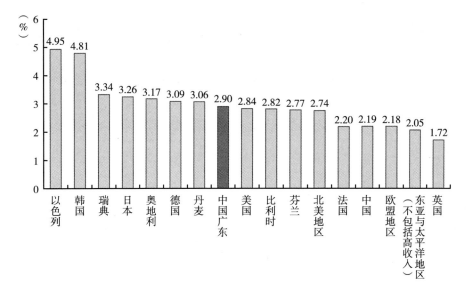

图1 研发投入强度较高的国家和地区

资料来源：世界银行数据库。其中广东为2020年数据，其他国家和地区为2018年数据。

从地市来看，2019年，深圳、珠海、东莞研发投入强度超过广东省平均水平，其中深圳研发投入强度高达4.93%，与以色列、韩国等全球最高水平相当，珠海、东莞的研发投入强度超过3%（见表4）。

表4 2019年广东省各地市全社会R&D投入情况

单位：亿元，%

地市	全社会R&D投入	占全省R&D投入比重	本市GDP	全社会R&D投入占本市GDP比重
深圳	1328.28	42.87	26927.09	4.93
珠海	108.31	3.50	3435.89	3.15
东莞	289.96	9.36	9482.50	3.06
广州	677.74	21.87	23628.60	2.87
佛山	287.41	9.28	10751.02	2.67
惠州	109.35	3.53	4177.41	2.62
江门	71.06	2.29	3146.64	2.26
中山	65.37	2.11	3101.10	2.11

续表

地市	全社会 R&D 投入	占全省 R&D 投入比重	本市 GDP	全社会 R&D 投入占本市 GDP 比重
韶关	19.10	0.62	1318.41	1.45
肇庆	24.87	0.80	2248.80	1.11
汕头	28.32	0.91	2694.08	1.05
揭阳	19.90	0.64	2101.77	0.95
清远	13.65	0.44	1698.22	0.80
潮州	7.52	0.24	1080.94	0.70
茂名	14.60	0.47	3252.34	0.45
汕尾	4.82	0.16	1080.30	0.45
湛江	13.56	0.44	3064.72	0.44
阳江	5.08	0.16	1292.18	0.39
河源	3.88	0.13	1080.03	0.36
云浮	2.58	0.08	921.96	0.28
梅州	3.12	0.10	1187.06	0.26

资料来源：《广东统计年鉴 2020》。

4. 创新绩效水平和竞争力进一步提升

创新驱动产业价值链迈向中高端。2020 年，广东省形成电子信息、绿色石化、智能家电、先进材料等 7 个万亿级产业集群，进入世界 500 强企业从 7 家增加到 14 家，规模以上工业企业超过 5.5 万家，国家质量考核连续 5 年获得 A 级。2019 年，广东省科技进步贡献率达到 59.1%，实现逐年攀升。产业结构高端化特征进一步突出。2020 年，高新技术产品产值达到 7.8 万亿元；新经济增加值 2.79 万亿元，比上年增长 3.0%，占 GDP 比重达到 25.2%；先进制造业增加值增长 3.4%，占规模以上工业增加值比重达到 56.1%；高技术制造业增加值增长 1.1%，占规模以上工业增加值比重为 31.1%。以广州、深圳为创新引擎的珠三角地区在新一代信息技术、智能制造和装备制造、新能源、"互联网＋"等新兴产业领域取得长足发展，以华为、比亚迪、柔宇科技等为代表的一批优秀本土企业不断逼进世界技术前沿。世界知识产权组织（World Intellectual Property Organization，以下简称"WIPO"）发布的《2020 年全球创新指数报告》显示，世界最具价值的5000个品牌中有408个来自中国，其中9个中国品牌跻身世界前25位，来自广东省的平安、华为和腾讯等企业分别位列第9位、第10位和第19位。

知识产权引领优势进一步突出。2020年，广东省获得第21届"中国专利奖"奖项239项（其中金奖9项），均居全国第1；广东省国家知识产权优势示范企业达870家，位居全国第1。截至2020年底，广东省有效发明专利量35.05万件，连续10年居全国首位。2020年，广东省专利授权总量70.97万件，比上年增长34.6%，居全国首位；PCT国际专利申请量2.81万件，居全国首位，累计PCT国际专利申请量超过全国总量的1/2，连续18年居全国第1；每万人口发明专利拥有量28.04件，是全国平均水平（预计为15.8件）的1.77倍。2019年，华为以4411件PCT国际专利申请量，连续3年居全球PCT国际专利申请人排行榜首位；OPPO移动通信和平安科技分别位列第5位和第8位；深圳大学和华南理工大学分别位列全球PCT国际专利高校申请人排行榜第3位和第5位①。广东省以知识产权交易为主体的技术市场日益活跃，2020年成交总额为3465.92亿元，同比增长52.5%，占全国比重超过10%。

（二）企业创新主体地位不断强化

1. 形成"四个90%"的创新特色和突出优势

广东省企业具有创新意愿强烈、动力强劲的特点，已成为广东省创新要素集成、科技成果转化的生力军。根据《2020版欧盟工业研发投资记分牌》报告，华为销售额在2019年增长19.1%，研发投入达到1300亿元，同比增长31%，超越三星和苹果，仅次于Alphabet和微软，在全球公司中排名第3，在中国公司中排名第1；腾讯、中兴通讯也进入全球研发2500强中中国企业前10名（见表5）。截至2020年底，广东省90%的研发机构设在企业，90%的研发人员属于企业，90%以上的研发经费来源于企业，90%以上的发明专利产生于企业，"四个90%"已成为广东省创新驱动发展的最大特色和突出优势。

---

① 《〈2020年全球创新指数报告〉发布》，https://baijiahao.baidu.com/s? id = 168565976 5298709353&wf r = spider&for = pc。

表5 进入全球研发2500强的前10家中国企业

单位：亿欧元，%

全球排名	公司	产业	2019年研发支出	研发支出比上年增长
3	华为	技术硬件和设备	167.1	31.23
26	阿里巴巴	软件和计算机服务	54.9	15.08
46	腾讯	软件和计算机服务	38.7	32.49
54	中国建筑	建筑和材料	27.9	37.46
66	百度	软件和计算机服务	23.4	16.32
73	中国铁建	建筑和材料	21.1	42.83
74	国铁集团	建筑和材料	21.0	22.89
78	中石油	石化	20.0	11.16
81	上汽集团	汽车制造	18.8	-7.25
95	中兴通讯	技术硬件和设备	16.6	13.65

资料来源：《2020版欧盟工业研发投资记分牌》。

以企业为主体的区域创新体系推动小微科技企业向高新技术企业加速蝶变。2020年，广东实有各类市场主体1384.85万户，占全国的比例超过10%，其中入库科技型中小企业超2.8万家，总数排名全国第1。2020年，广东省高新技术企业数量达到5.3万家，比2012年增长了约6.6倍（见图2），占全国高新技术企业总数的比例超过20%，总数排名全国第1。

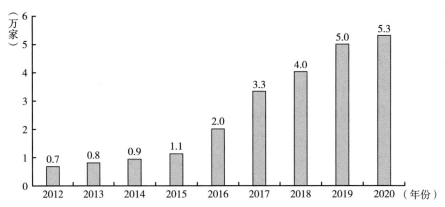

图2 2012~2020年广东省高新技术企业数量

资料来源：历年《广东国民经济和社会发展统计公报》。

2. 企业创新平台建设取得显著成效

促进关键技术突破及产学研深度融合的创新创业平台体系进一步完善。2019年，广东省新增省级制造业创新中心5个、技术创新中心2个、新型研发机构53个。截至2020年底，广东省规模以上工业企业建立研发机构比例达43%，主营业务收入5亿元以上工业企业全部设立研发机构；省级新型研发机构总数达251个，建成众创空间986个、科技企业孵化器1036个、省级以上大学科技园16个，在孵企业超3.1万家，均保持全国第1；新增21个国家级科技企业孵化器，连续两年稳居全国首位，国家级孵化器总数达171个，位居全国第2。广东省9个国家级、30个省级双创示范基地加快建设，"众创空间—孵化器—加速器—科技园"全孵化链条体系进一步健全。

3. 面向企业创新需求的要素供给能力进一步增强

科技与金融进一步深度融合。广东省大力发展创业投资，对初创型科技企业的支持与扶持力度不断加大；落实普惠性科技信贷政策，2020年引导银行机构面向7000多家科技企业投放科技信贷超200亿元，针对疫情防控重点科技企业提供122亿元科技贷款；省财政出资71亿元组建广东省创新创业基金，募资规模超过200亿元；国家科技成果转化引导基金首次在广东省设立子基金，形成了覆盖全省的线上和线下相结合的科技金融服务体系。创新人才加快向企业集聚（见表6）。2019年，新增专业技术人才58万人、高技能人才9.22万人，引进第八批"珠江人才计划"44个团队、"广东省特支计划"20个团队、海外青年博士后550名；规模以上工业R&D人员全时当量为64.25万人年，占全国比重为20.4%，规模居全国第1。2020年，在粤两院院士达102人，引进121个创新创业团队；通过"湾区人才"工程建设博士、博士后科研平台1600个，在站博士后10280人。

表6　2012~2019年广东省R&D活动人员及企业占比

指标	2012年	2013年	2014年	2015年	2016年	2017年	2018年	2019年
R&D人员全时当量（万人年）	49.2	50.2	507.0	50.2	51.6	56.5	76.3	80.3
其中：企业（万人年）	45.2	45.9	46.0	45.2	46.3	50.7	70.0	—
企业占比（%）	91.8	91.4	90.7	90.0	89.7	89.7	91.7	—

资料来源：广东省科技厅。

（三）产业创新发展取得积极进展

1. 关键核心技术攻关取得积极成果

2019 年，广东省制订精准投入重点领域研发计划，预算安排 59.84 亿元资金，组织实施 5 批共 296 个省重点领域研发计划项目，凝练出"新一代通信和网络""芯片、软件与计算"等"10 + 2"重大专项和若干重点专项，对受制于人的"卡脖子"核心技术、元器件、关键零部件、装备和主要依赖进口的部件、装备等进行集中攻关和突破。2020 年，实施"广东强芯"行动，在集成电路、工业软件、高端设备等领域补齐短板，取得重要成果，如广州粤芯实现量产，基于国产 8K 技术标准的媒体终端芯片实现全球行业领先，人工智能领域研发出首款双核深度计算 SOC 芯片，等等。

2. 高端创新平台支撑战略性产业集群发展

广东省围绕战略性支柱产业集群发展，建成一批国家级和省级创新平台，在突破产业关键技术、策源新兴产业方面发挥了重要支撑作用。截至 2020 年底，共拥有国家工程实验室 15 个、省工程实验室 108 个、国家工程技术研究中心 23 个、省级工程技术研究中心 5944 个、国家—地方联合工程研究中心 45 个、国家认定企业技术中心 87 个、省级企业技术中心 1434 个，形成了支撑集群产业创新的高端创新平台体系（见表 7）。围绕战略性新兴产业集群的发展，已布局建设 20 个省级制造业创新中心，携手港澳组建粤港澳大湾区新兴产业国家技术创新中心。聚焦人工智能、区块链等新一代通用信息技术的发展，构建开放、协同的新技术基础设施集群，加快建设广州、深圳国家新一代人工智能创新发展试验区。

表 7 2012 ~ 2020 年广东省主要创新平台发展情况

单位：个

创新平台	2012 年	2013 年	2014 年	2015 年	2016 年	2017 年	2018 年	2019 年	2020 年
在粤国家重点实验室	19	13	21	26	26	27	28	30	30
省重点实验室	180	196	194	204	277	306	352	378	—
国家工程技术研究中心	22	23	23	23	23	23	23	23	23
省级工程技术研究中心	598	1054	1379	1950	2569	4215	5351	5351	5944
省实验室	—	—	—	—	—	—	7	10	10
省级新型研发机构	—	—	—	124	180	194	219	251	—

资料来源：广东省科技厅。

（四）原始创新能力进一步提升

1. 基础研究与应用基础研究能力不断增强

2017 年，广东省区域创新能力全国排名第 1，但体现基础研究与应用基础研究能力的知识创造、知识获取指标全国排名均为第 3，位列北京、江苏之后。根据《2020 中国区域创新能力评价报告》，2020 年，广东省知识创造、知识获取指标进步 1 位，全国排名均提升至第 2（见表 8），创新"最初一公里"正在打通。

表 8　2020 年中国部分省市区域创新能力排名情况

地区	综合值排名	知识创造排名	知识获取排名	企业创新排名	创新环境排名	创新绩效排名
广东	1	2	2	1	2	1
北京	2	1	3	4	1	3
江苏	3	3	4	2	3	2
上海	4	4	1	7	6	4
浙江	5	5	7	3	4	5
山东	6	15	9	6	5	17

资料来源：《2020 中国区域创新能力评价报告》。

2. 基础研究领域初步形成全社会共投格局

广东省基础研究财政投入占比从 2010 年的 2.07% 上升到 2019 年的 4.58%（见图 3），基础研究投入经费迈入百亿元水平。基础研究财政投入及社会共投机制不断健全，构建起国家联合基金、省重大项目、省内联合基金、省杰青与面上项目四大板块基础研究与应用基础研究资助体系，形成了从 10 万元到上亿元的基础研究"金字塔"形支持格局；引导、鼓励企业支持并参与基础研究，试点设立每年捐赠 1000 万元的广东省 - 温氏集团联合基金项目，探索形成企业捐资支持基础研究与应用基础研究的"广东模式"。

3. 粤港澳大湾区三地基础创新能力协同发展取得积极进展

香港、澳门集聚了数量众多的全球顶级高校和人才，拥有高端科研力量，如由教育组织 Quacquarelli Symonds（QS）发布的《2021 年 QS 世界大学排名榜》显示香港有 5 所高校入围全球前 100 名，而广东省拥有产业优势，

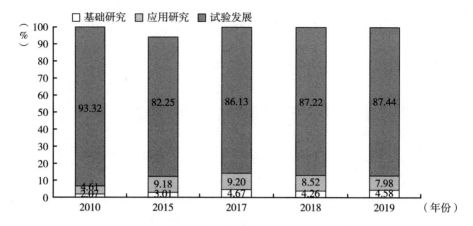

图3 2010～2019年广东省全社会研发投入结构变动情况

注：2015年广东省基础研究、应用研究和试验发展投入总额低于全省全社会研发投入总额。

资料来源：《广东统计年鉴2020》。

三地基础创新能力具有协同发展的天然条件和需求。2020年，粤港澳三地在科技计划项目、科研项目资金跨境拨付、个人所得税税负等方面的合作机制不断取得新突破。2019～2020年，广东省每年实现财政资金过境拨付港澳项目总额累计超亿元。广东省持续实施粤港、粤澳联合创新资助计划，截至2019年底共支持项目162个，支持总金额1.74亿元。"广州—深圳—香港—澳门"科技创新走廊建设积极推进，深圳落马洲河套地区成为粤港澳科技合作示范区。截至2020年底，香港高校在广东省设立的基础研究机构已达9家（见表9）。

表9 截至2020年底香港高校在广东省设立的基础研究机构

高校名称	在广东省设立的基础研究机构
香港大学	香港大学深圳研究院
香港科技大学	香港科技大学深圳研究院
	香港科技大学霍英东研究院
	佛山市香港科技大学LED–FPD工程技术研究开发中心
	香港科技大学(广州)
香港中文大学	香港中文大学深圳研究院

高校名称	在广东省设立的基础研究机构
香港中文大学	香港中文大学（深圳）
香港城市大学	香港城市大学深圳研究院
香港理工大学	香港理工大学深圳研究院
香港浸会大学	香港浸会大学深圳研究院

资料来源：广东省科技厅。

4. 战略科技力量体系逐步形成

广东省深入推进国家重点实验室、省重点实验室、省实验室、创新研究院、粤港澳联合实验室、重大科技基础设施等实验室体系建设，建立和完善战略科技力量体系。2020 年，广东省新建 36 个省重点实验室，国家重点实验室数量达到 30 个。启动建设 3 批共 10 个省实验室，在建通信与网络领域国家实验室及量子科学领域国家实验室基地。引入国家纳米科学中心、中科院空天信息研究院、中科院微电子所、北京协同创新研究院等 17 个国家级大院大所在广东省落地建设高水平创新研究院。中国科学院深圳理工大学建设启动，中国科学院大学广州学院落户南沙。围绕人工智能、新一代信息技术、新材料、先进制造、生物医药、海洋科技、现代农业、环境科技和智慧城市等重点领域，新增 10 个粤港澳联合实验室，累计建成 20 个粤港澳联合实验室。围绕创建综合性国家科学中心，积极建设世界一流重大科技基础设施集群，成为仅次于北京的全国大科学装置布局最多的省份（见表 10）。在 2020 年中国科学十大进展中，广东牵头和参与完成的成果共有 2 项，包括南方科技大学牵头的项目"实验观测到化学反应中的量子干涉现象"等。2017～2020 年，广东省共有 7 项研究成果入选"中国科学十大进展"[①]。

---

① 《2020 年度"中国科学十大进展"广东独占两项》，广东省科技厅网站，2021 年 3 月 5 日，http：//gdstc. gd. cn/kjzx_n/gdkj_n/content/post_3236330. html。

表 10 广东省重大科技基础设施建设情况

地市	建成、在建或规划建设的重大科技基础设施
广州	"天河二号"国家超级计算广州中心、新型地球物理综合性科学考察船、天然气水合物钻采船、人类细胞谱系、冷泉系统实验装置、极端海洋动态过程多尺度自主观测科考系统等
深圳	国家超级计算深圳中心、大亚湾中微子实验站、未来网络试验设施、国家基因库二期等
东莞	中国散裂中子源一期、中国散裂中子源二期、南方先进光源、先进阿秒激光设施等
惠州	强流重离子加速器和加速器驱动嬗变研究装置等
江门	江门中微子实验站等

资料来源：中国科学院、广东省科技厅。

三 广东省制度创新驱动科技创新的主要亮点

2019～2020 年，广东省积极主动适应科技创新发展的新形势、新要求，不断提高科技制度创新与高质量发展的适配性，加强科技创新政策系统供给和法治保障，强化产业创新政策引领，突出科技在疫情防控中的支撑保障作用，健全源头创新机制，深化科技创新开放合作，健全科技管理治理体系，为深入推进粤港澳大湾区国际科技创新中心建设提供有力的制度体系保障和环境支撑，也为深化科技强省建设、全面增强创新驱动发展动力、服务全国疫情防控大局、统筹推进疫情防控和经济社会发展、提高创新质量、引领经济高质量发展提供路径探索和经验积累。

（一）注重科技政策精准设计，创新法制保障体系更加完善

注重加强创新政策的系统设计。制定出台《关于进一步促进科技创新的若干政策措施》，从推进粤港澳大湾区国际科技创新中心建设、加强科研用地保障、持续加大科技领域"放管服"改革力度等 12 个方面提出一批突破性、创新性、针对性强的政策措施，为进一步强化科技创新驱动引领作用提供清晰的制度指引和有力的政策支持。

启动实施粤港澳大湾区科技创新行动计划，面向港澳进一步开放省级和地级以上市科技计划项目，支持港澳科研机构和高校牵头或独立申报；加大企业

创新普惠性支持力度，采取奖补的形式进一步提高科技型中小企业研发费用加计扣除比例，鼓励有条件的地级市对设立不超过 5 年的科技中小企业按财政贡献给予奖励；扩大创新券规模和适用范围，实现全国使用、广东省兑付；加强科研土地供给保障，建立科技创新类项目用地激励机制，对将"三旧"改造用地用于科技创新类项目的县（区），给予新增建设用地计划指标奖励。

强化科技创新的法治保障和行动自觉。修订实施《广东省自主创新促进条例》，从法制层面对研究开发、成果创造及转化、人才建设和服务等予以明确，为全面增强创新第一动力、促进高质量发展提供坚强有力的法制保障，以立法形式保障科技创造重大战略的实施。首次以立法形式规定建立面向港澳的省级财政科研资金跨境使用机制，鼓励与港澳台高校、企业、研发机构等开展自主创新合作。首次以立法形式对产权激励进行明确规定，促进自主创新成果转化与产业化。明确规定提高科研人员经费自主使用权，对于省财政性资金设立的自主创新项目，项目承担人员的人力资源成本费可从项目经费中支出，且比例不受限制。从法制层面突出和强调基础研究和应用基础研究，设立基础研究与应用基础研究基金，以提高原始创新能力和关键核心技术供给能力。首次在地方立法层面对遵循科研伦理规范予以明确，明确签订科研伦理承诺书是自主创新项目立项的必备条件。

（二）强化科技应对疫情，为经济快速恢复做出新贡献

加强疫情防控科研攻关。突出科技创新在主动应对疫情中的支撑作用，为科学精准有效防控贡献科技力量。专门出台《广东省科学技术厅关于强化科技攻关实施科技惠企行动支撑疫情防控的若干措施》，从加强疫情防控科研攻关、强化对科技型中小企业的支持、改进和优化科技管理服务等 5 个领域提出17 项有针对性的措施。明确设立疫情防控科研攻关应急专题，在省财政科技资金"大专项＋任务清单"中增设疫情防控方向。明确省、市联动在省重点领域研发计划、基础研究重大项目、自然科学基金等方面部署重点科研任务，要求省、市财政科技资金投入不低于 5 亿元。

加大科技服务创新力度。高度重视科技服务创新在促创业、稳就业中的积极作用，为统筹常态化疫情防控和经济社会发展提供重要保障。出台《广东省科学技术厅关于在常态化疫情防控中强化科技创新服务支撑创业就业的若干

措施》，从以实施孵化育成体系"双千计划"带动创业、以"百千万就业行动计划"带动做大科技服务业、协同开发特色金融产品帮助解决企业融资难题等10个方面提出一揽子支持措施，助力常态化疫情防控下经济稳定、持续、健康发展。

推动生物医药高质量发展。专门制定《关于促进生物医药创新发展的若干政策措施》，提出统筹生物医药创新发展布局、强化关键核心技术供给、加快重大科研实验平台建设等10条具体措施，打造生物医药重大科技基础设施集群，培育建设10个左右生物医药产业园区，到2022年新增国家高新技术企业1000家，为促进生物医药源头创新和基础性技术突破、促进生物医药产业集聚发展、提高生物医药国际竞争力和安全治理能力提供有力的政策支持。

（三）加强产业创新规划引领，产业创新制度保障更加有力

突出产业创新政策分类供给。加强产业创新政策的系统化、前瞻性谋划，有力促进产业创新升级。制定出台《广东省人民政府关于培育发展战略性支柱产业集群和战略性新兴产业集群的意见》，推动十大战略性支柱产业集群和十大战略性新兴产业集群高质量发展，提出到2025年，落实"强核工程""强链工程""品质工程"等六大工程，实施短板突破计划，从创新治理方式、提升创新水平、增强要素保障能力、提升企业竞争力、推进开放合作五个方面加强措施保障，为提高产业集群发展水平和竞争力、进一步夯实经济高质量发展基础提供支撑。

实施"一产一策"行动计划。出台《广东省发展新一代电子信息战略性支柱产业集群行动计划（2021~2025年）》等20个产业集群具体行动方案和实施路径，基于"一群一策"，为集群有效提升创新水平、打造产业高质量发展典范提供精准化战略引导和政策配套支持。

加强产业高质量发展平台建设。制定《广东省人民政府关于促进高新技术产业开发区高质量发展的意见》，进一步明确高新区未来发展目标和重点任务，加快提升高新区综合发展质量；提出到2022年实现国家级高新区地市全覆盖，研发投入强度超过10%，营业收入超6万亿元；提出到2030年全省高新区国际竞争力大幅提升，成为参与全球科技合作的中坚力量；要求围绕完善

土地利用政策、建设创新创业载体、加大财政投入力度等六大方面，进一步优化高新区资源配置，同时加强评价监测，以评价结果为导向实施奖惩。《广东省省级高新技术产业开发区管理办法》对高新区认定、扩区、升级和管理等做出进一步细化规定，为推进高新区规范化高质量发展和科学管理提供清晰指引。

（四）聚焦基础研究和应用基础研究，原始创新体制机制不断完善

系统部署基础研究与应用基础研究。在全国率先出台《广东省人民政府关于加强基础与应用基础研究的若干意见》，对广东省基础研究与应用基础研究的战略定位、未来发展目标予以明确，要求到2022年基本建立基础科学研究新体系，到2035年基础研发投入超过发达国家平均水平，到21世纪中叶基础科学研究综合实力基本达到发达国家水平，并围绕打造高水平研究平台、优化资助体系、壮大高层次人才队伍等九个重点方面提出30条具体支持措施。同时配套出台《广东省基础与应用基础研究基金重点领域项目实施方案》，聚焦八大重点领域及36个专业方向，要求2018～2022年省财政设立基础研究与应用基础研究基金，为基础研究和应用基础研究项目开展、重大平台建设提供稳定专项资金支持。

高标准推进实验室体系建设。制定出台《广东省实验室建设省级财政投入资金管理办法》，明确省级财政资金的投入范围、投入比例和下达程序，进一步加大省级共建力度，对珠三角地区广东省实验室建设基于考核给予奖补支持，对粤东西北地区广东省实验室建设按照省、市2∶1的比例给予同步投入支持。充分调动承建地市主动性和积极性，为广东省实验室建设提供空间载体、硬件设施、运行经费等全方位配套支持。启动实施广东省实验室体系"创新赋能计划"，围绕实施方法、管理、政策、经验等四大专题，针对实验室的负责人和科研骨干，积极开展赋能培训和实操训练，以全面提高广东省实验室科研骨干对创新方法、创新工具的应用能力和创新活力。

建立基础研究长期性支持保障机制。专门组建广东省基础与应用基础研究基金委员会，统一负责基础研究与应用基础研究基金管理运行并落实相关规划，稳定支持基础研究与应用基础研究。同时与地市成立粤穗、粤深、粤佛、粤莞等联合基金，对重点项目、青年项目、团队项目等实施专项资助。

《广东省科学技术厅关于组织实施 2019～2020 年广东省基础与应用基础研究重大项目的通知》要求按照"成熟一个，启动一个"的原则，对基础研究与应用基础研究项目的资助强度为 3000 万～5000 万元/个。

（五）深化与港澳科技合作，协同创新制度建设取得新突破

加强粤港澳科技创新协同发展制度保障。有针对性地制定《广东省科学技术厅、广东省财政厅关于香港特别行政区、澳门特别行政区高等院校和科研机构参与广东省财政科技计划（专项、基金等）组织实施的若干规定（试行)》，多方式鼓励与支持港澳高等学校和科研机构承担广东省科技计划项目，为港澳企业、科研机构、高校等牵头或参与广东省科技计划项目提供有力的定向支持。

加强港澳青年创新创业载体建设。为进一步优化港澳青年来粤创新创业环境，制定《关于加强港澳青年创新创业基地建设的实施方案》，提出到 2025 年，珠三角每个市各建设至少一个港澳青年创新创业基地，要求从构建全方位多层次政策支撑体系、建设创新创业孵化平台载体、营造宜居宜业的工作生活环境、建立粤港澳青年深度交流融合机制四个方面，着力为港澳青年来粤创新创业、学习生活提供更加便利化的条件和支持保障。

加大税收减免力度，吸引境外高端人才。为进一步降低来粤工作境外人才实际税负水平，下发《关于贯彻落实粤港澳大湾区个人所得税优惠政策的通知》，规定对在珠三角 9 市工作的境外（含港澳台）高端人才和紧缺人才已缴个人所得税超过应纳税额 15% 的部分实施个人所得税财政补贴，该补贴免征个人所得税；明确将工资薪金所得、劳务报酬所得、通过人才项目获得的补贴性所得等六种所得收入，纳入差额补贴的个人所得范围；明确人才认定和补贴发放办法由各市自主制定。

（六）完善优化科技管理机制，科技创新治理体系基本建立

积极探索建立适应高质量发展的科技管理体系。制定《关于构建支撑高质量发展的省级科技计划管理体系改革实施方案》，实施科技管理业务重塑与再造，改革重组省级科技计划业务体系，形成重点领域研发计划、基础研究与应用基础研究基金、广东省实验室建设、粤港澳大湾区国际科技创新中心建设

四大计划任务，以及普惠性政策与创新环境建设、区域创新能力与支撑保障体系建设两大支撑保障的新型科研计划体系。

建立任务导向型的"大专项+任务清单"科技项目管理模式。下发《广东省科学技术厅关于实施2020年省科技专项资金（"大专项+任务清单"）项目的通知》，将省级科技部门项目管理权限下放至各地市，由各地市自主提出立项清单，进一步发挥省级财政科技资金的导向作用和促进整体效能的提高。

健全符合创新规律的科研项目监督机制。专门制定出台《广东省科技计划项目监督规定》，实施科技计划项目组织全过程监督和全面统筹，对监督方式、监督程序、监督结果运用做出规范要求和制定细化标准，建立起统一、规范、有序的项目监督流程，同时明确各层级监督主体的监管职责，构建起职责清晰、覆盖全面、规范有序的科技计划项目"大监管"体系。

四　广东省创新驱动发展的短板与挑战

尽管广东省在创新驱动发展方面取得令人瞩目的成就，但对标全球最好最优以及国内先进省市，其在创新投入、基础研究、创新发展平衡性、科技体制机制改革等方面仍存在不少短板。而复杂多变的国际形势、新技术新业态的发展以及新发展格局战略支点的打造，都对广东省创新驱动发展提出新课题、新挑战。

（一）存在的短板

1. 研发投入强度与国内先进地区相比仍有差距

从研发投入总量来看，广东省从2016年开始保持全国第1。从研发投入强度来看，2019年，中国R&D经费投入达22143.6亿元，研发投入强度为2.23%，广东省研发投入强度超过全国平均水平，但与北京和上海相比还有较大差距，较江苏、浙江的领先优势不明显（见图4）。

2. 基础研究能力仍显薄弱

基础研究投入不足。2019年，广东省基础研究投入强度仅为4.6%，低于6.0%的全国平均水平。2013~2019年，广东省地方财政科技投入中的基础研

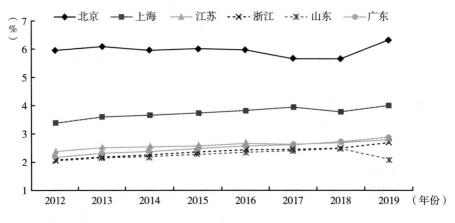

图4 2012～2019年中国部分省市研发投入强度比较

资料来源：历年《全国科技经费投入统计公报》。

究投入平均占比仅为1.5%。虽然2019年广东省R&D人员全时当量与其他主要省市相比较高，但是基础研究人员全时当量投入占比却不及全国平均水平（8.2%），更不如北京、上海甚至山东（见图5）。

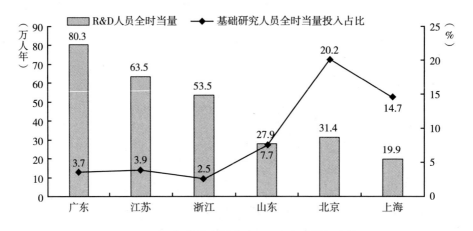

图5 2019年中国主要省市R&D人员投入比较

资料来源：《中国科技统计年鉴2020》。

高水平大学、大院、大所较少。在2020年世界QS排名前100强的高校中，北京2所、上海2所、浙江1所、香港5所，广东省数量为0。广东省

"双一流"高校（2所）和学科（18个）数量远低于北京（8所、162个）、上海（4所、57个）等地。截至2019年底，广东省有国家重点实验室30个，数量仅约为北京（152个）的1/5，也少于江苏（39个）和上海（32个）；国家工程技术研究中心23个，与北京（68个）、山东（36个）和江苏（29个）相比仍存在一定差距；已建成的大科学装置有5个，少于安徽（9个）和北京（7个）。广东省国家实验室尚未实现零的突破，综合性国家科学中心建设也处于刚刚起步阶段。

基础研究创新氛围不活跃。一是过去的经济增长模式主要依赖于应用研究，对基础研究不够重视，缺乏对原创性理论研究、颠覆性技术的布局。二是对基础研究的激励不足。相较于应用研究，基础研究具有研发时间长、突破难度高等特点，少有人愿意花十多年时间去研究一些核心技术，并且其经济效益存在明显的滞后。这严重影响了科研人员的研发积极性，也对基础研究领域人力资源的发展造成了阻碍，导致基础研究人力资源缺乏①。三是企业发展存在短视现象。只要国外没有"卡"住核心技术，企业往往会选择直接购买这些技术，然后用于生产并获利②。

3. 企业创新能力发展不均衡

企业研发机构覆盖率不高。广东省规模以上工业企业数量全国第1，但有研发机构的企业比例（42.6%）不及江苏（46.2%）。

创新型骨干企业规模不大。2019年，在全国"独角兽"企业前100强中，广东省有21家，落后于北京（39家）；合计估值7723.8亿元，仅占前100强企业估值总和的16.4%，远远落后于北京（38.8%）和浙江（31.6%）。

高新技术企业竞争力不强。虽然广东省高新技术企业数量较多，但从2019年户均经济指标来看，户均营业收入、户均工业总产值、户均净利润、户均R&D人员和户均R&D经费支出方面均不及全国平均水平，与先进地区相比更显不足（见表11）。

---

① 李妍、刘永子：《广东省科技创新发展比较研究》，《科技创业月刊》2018年第2期。
② 李慧：《广东省促进科技成果转化的科技金融机制研究》，《科技与金融》2019年第8期。

表 11　2019 年高新技术企业户均经济指标情况

	全国	北京	上海	江苏	浙江	山东	广东
高新技术企业数（万家）	21.85	2.32	1.26	2.39	1.62	1.14	5.00
户均营业收入（亿元）	2.06	1.64	2.40	2.05	2.25	2.42	1.66
户均工业总产值（亿元）	1.48	0.33	1.09	1.84	1.79	2.06	1.30
户均净利润（亿元）	0.13	0.08	0.17	0.13	0.24	0.14	0.11
户均 R&D 人员（人）	32.62	20.02	23.25	37.49	44.19	38.94	21.83
户均 R&D 经费支出（亿元）	0.10	0.10	0.12	0.12	0.10	0.13	0.06

资料来源：《中国火炬统计年鉴 2020》。

4.科技成果转化机制有待完善

部分高校科技成果转化动力仍不足。一是目前高校对企业服务的意识不强。由于体制原因，即使高校有科技成果产出，企业也较难通过股权激励等有效形式与科技成果挂钩。二是职称评定、绩效考核、职位晋升等机制仍然存在"唯基金""唯论文"现象。这导致大多数高校科研人员更倾向于追求论文、课题数量，而对科技成果的后期转化愿望并不强烈。三是高校、企业双方对接渠道不畅通。虽然近年来部分实力较强的高校院所积极寻求与企业搭建科技成果转化平台，但受制于资源和能力，目前还是以单兵作战、点对点服务的形式为主，创新要素无法深度融合，未能形成系统的科技成果转化服务链①。

科技成果价值评估体系不完善。一是缺乏评估标准。例如高校科技成果转化存在信息不对称、评估难度大等问题，并且衡量科技成果价值的因素较多，构建标准化的评估体系难度较大。二是缺乏评估机构。目前，广东省市场上科技成果价值评估机构数量较少，专利评估组织的管理也相对滞后，专利交易开放性的平台较少。

5.区域协同创新有待加强

创新投入和创新产出主要集中在珠三角。一是财政科技投入分布不均衡。2019 年，广东省仅深圳地方财政科技投入（356.4 亿元）就已超过粤东西北地区

_____

① 刘洋、韦文求、封春生、林雄：《广东省高校及科研院所科技成果转化现状、问题及对策研究》，《科技管理研究》2019 年第 2 期。

地方财政科技投入总和（313.3亿元），而珠三角地区中除了广州和深圳外，其余地方财政科技投入均未超过百亿元。二是创新主体研发投入分布不均衡。企业R&D经费支出过度集中于珠三角地区。粤东西北地区的高新技术企业数量占广东省高新技术企业总数的比例仅为5.0%，而广州和深圳两市高新技术企业总数就占了广东省高新技术企业总数的5成以上。2019年，珠三角地区规模以上工业企业R&D经费支出占整个广东省规模以上工业企业R&D经费支出的94.9%（见图6）；而珠三角地区规模以上工业企业R&D经费支出又集中在一线城市，广州市规模以上工业企业R&D经费支出占珠三角地区规模以上工业企业R&D经费支出的13.0%，深圳市占47.8%，两者之和就已高达珠三角地区的约6成。三是创新产出分布不均衡。2019年，广东省PCT国际专利申请量为2.5万件，其中有1.7万件来自深圳，占比达到68%。

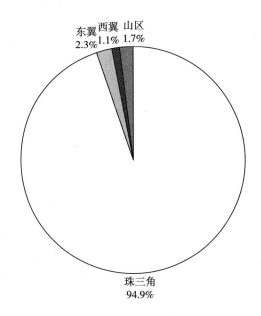

图6　2019年广东省分地区规模以上工业企业R&D经费支出比例

资料来源：《广东统计年鉴2020》。

创新基础设施主要布局在珠三角。目前，绝大部分创新基础设施集中在珠三角地区，尤其是广州和深圳。比如，已建成或在建的11个大科学装置全部分布在珠三角地区；30个国家重点实验室全部集中在珠三角地区；23个国家

工程技术研究中心除了清远和云浮分别有 1 个外，其余全部在珠三角地区；24 个省实验室有 14 个布局在珠三角，其中广州和深圳共 8 个①。科技企业孵化器大多数分布在珠三角地区，粤东西北地区仅有 9.4% 的科技企业孵化器，其中，云浮、揭阳、汕尾等 8 个地市孵化器优质企业数量仅为个位数；粤东西北地区众创空间数仅为珠三角众创空间数的 12.2%。

创新人才主要集中在珠三角。截至 2019 年底，广东省新增引进领军人才共 81 人，其中珠三角地区就有 77 人；本地院士和双聘院士人数分别为 113 人和 207 人，其中广州分别为 54 人和 64 人，深圳分别为 53 人和 92 人；广州和深圳共引进博士、硕士 6.2 万人，占广东省引进总数的 78.6%。

（二）面临的挑战

1. 维护产业链供应链稳定对科技自立自强提出更高要求

在中美经贸摩擦和新冠肺炎疫情双重影响下，产业链环节转移、供应链中断的风险不断加大，产业安全问题日益突出。经过多年的发展，广东产业已深度嵌入全球产业链分工体系中。2019 年，广东外贸依存度高达 66.35%，且关键核心技术受制于人，"缺芯少核"问题普遍存在，85% 以上的芯片和 80% 以上的关键零部件依赖进口。国际产业链上游关键零部件和核心技术一旦中断供应，广东产业链就会出现"卡脖子"现象，引发资本密集型和技术密集型企业业务中断、市场竞争力下降、生产成本上涨、发展速度放缓等问题。习近平总书记强调："关键核心技术是要不来、买不来、讨不来的。"② 只有着力增强自主创新能力，掌握关键核心技术，实现科技自立自强，才能从根本上维护产业链供应链稳定。在这一点上，广东省还有很长的路要走。

2. 打造新发展格局战略支点对创新要素集聚提出更高要求

广东省基于自身发展基础、条件以及在全国发展大局中的地位和作用，致力于打造以国内大循环为主体、国内国际双循环相互促进的新发展格局的战略支点。实施创新驱动发展战略是构建新发展格局的必经之路。只有创新能力提升，才能打通产业链中被"卡脖子"的堵点，才能畅通国民经济循环；只有

---

① 《广东科技创新动态数据》，http：//gdstc. gd. gov. cn/attachment/0/407/407124/3149642. pdf。

② 在中国科学院第十九次院士大会、中国工程院第十四次院士大会上的讲话。

创新能力提升，才能破解外循环痛点，实现国内国际双循环。因此需要进一步集聚全球高端创新和产业资源，积极打造参与国际经济竞争的制高点。创新驱动的实质是人才驱动，其中顶尖人才在创新活动中有着不可替代的作用。与北京、上海等地区相比，广东省科技人力庞大，但是科技领军人才和掌握关键核心技术的创新团队较少。如何更好地利用"两种资源"（国际资源和国内资源）、"两个市场"（国际市场和国内市场）集聚创新要素，为当好战略支点创造条件，是摆在广东省各类创新主体面前的重要课题。

3. 新技术、新业态快速发展对科技创新治理提出更高要求

新一轮科技革命和产业革命正在催生新技术和新业态，而新技术应用和新业态呼唤新治理。例如大数据的应用，不断引发数据隐私、数据安全和数据权属等问题；而人类胚胎干细胞技术的应用又引发伦理约束、相关法律规定不明确等问题。以大数据、云计算、物联网、人工智能等新一代信息技术为代表的新技术的应用与推广，催生出共享经济、平台经济、智能经济等大量新业态，而基于传统业态形成的治理理念和机制在面对新业态时经常存在促进发展不够和防范风险不力等困难。比如自动驾驶汽车法律责任的认定、在线教育平台的资质合规性、数字经济中对个人信息的使用与保护等都触及伦理、法律和社会风险问题，都对原有治理体系提出了新要求。广东省创新驱动发展离不开新技术的普及与应用，这就迫切需要建立与之相适应的新的科技创新治理体系。

五　广东省创新驱动发展进入新阶段面临的形势

（一）全球创新发展趋势

1. 全球创新重心持续东移，中国创新能力提升迅速

WIPO 发布的《2020 年全球创新指数报告》显示，亚洲特别是东亚地区，正成为全球高端生产要素和创新要素转移的重要目的地，一些城市群正在成为具有世界影响力的科技创新中心。从科技集群数量来看，2020 年，中国有 17 个科技集群进入全球科技集群百强，仅次于美国，排在世界第 2 位。其中，深圳—香港—广州和北京分别位居第 2 位和第 4 位。印度、中国、菲律宾和越南

成为 GII 创新排名进步最大的经济体，均已跻身前 50 位。从 2013 年到 2020 年，中国的排名提升 21 位，在 80 个 GII 创新指标中，中国有 8 个位列全球第 1。韩国首次成为第 2 个进入前 10 的亚洲经济体，另一个亚洲国家是新加坡，排名第 8。

澳大利亚咨询机构 2thinknow 发布的《全球"创新城市"指数报告（2019）》显示，中国城市排名大幅提升，共有 44 个城市进入前 500 强，广东省的深圳、广州、东莞、佛山、珠海、中山、汕头名列其中，深圳由枢纽型城市升级为关键纽带型城市（见表 12）。

表 12　2019 年中国的全球创新城市分布

序号	城市	排名	得分	等级	与上年比较排名变化
1	北京	26	50	关键纽带型	11
2	上海	33	49	关键纽带型	2
3	台北	44	47	关键纽带型	16
4	深圳	53	46	关键纽带型	2
5	香港	56	46	关键纽带型	−29
6	广州	74	45	枢纽型	39
7	重庆	237	39	节点型	44
8	宁波	240	39	节点型	64
9	天津	242	39	节点型	14
10	武汉	243	39	节点型	59
11	苏州	244	39	节点型	−24
12	南京	269	38	节点型	−28
13	杭州	279	38	节点型	20
14	高雄	294	37	节点型	27
15	成都	307	37	节点型	−48
16	厦门	308	37	节点型	−23
17	无锡	330	36	节点型	17
18	台南	332	36	节点型	38
19	温州	333	36	节点型	18
20	大连	336	36	节点型	−21
21	青岛	338	36	节点型	−1
22	福州	339	36	节点型	5
23	台中	341	36	节点型	57
24	沈阳	343	36	节点型	30

续表

序号	城市	排名	得分	等级	与上年比较排名变化
25	东莞	344	36	节点型	−34
26	泉州	355	35	节点型	10
27	西安	359	35	节点型	−25
28	南通	360	35	节点型	31
29	佛山	361	35	节点型	33
30	昆明	362	35	节点型	12
31	南宁	363	35	节点型	9
32	哈尔滨	364	35	节点型	32
33	南昌	365	35	节点型	25
34	太原	366	35	节点型	26
35	扬州	375	34	新崛起型	9
36	济南	380	34	新崛起型	6
37	澳门	381	34	新崛起型	−73
38	郑州	382	34	新崛起型	13
39	珠海	383	34	新崛起型	−35
40	长春	392	33	新崛起型	−4
41	中山	399	33	新崛起型	13
42	合肥	401	33	新崛起型	10
43	烟台—威海	410	32	新崛起型	7
44	汕头	411	32	新崛起型	38

2. 新冠肺炎疫情对创新领域产生重要影响，世界创新格局将发生改变

疫情对全球供应链、产业链产生冲击，一方面对劳动密集型传统制造业形成更大挑战和倒逼产业升级；另一方面使新技术、新产品、新业态有了新的应用需求和市场契机，将促进生物医药、智能制造、信息技术等高技术产业加速发展，特别是卫生保健行业（图7所示为调查者认为的在新冠肺炎流行期间的最近6个月中创新取得重大进展领域的比例）。

此次新冠肺炎疫情如同一场被动的大规模自然实验。隔离和封锁措施助推了远程会议、远程教育、在线社交、在线游戏、数字支付和电子商务等领域的发展。如受疫情影响，腾讯会议（国际版称为 VooV Meeting）的发布时间比计划提前数月。上线后不到两个月，腾讯会议就拥有了 1000 万活跃用户，成为世界上用户最多的视频会议应用程序之一。沉浸式虚拟体验的需求将快速增长。人们居家隔离期间通过互联网工作、上学、开会等，未来可能需要深度虚

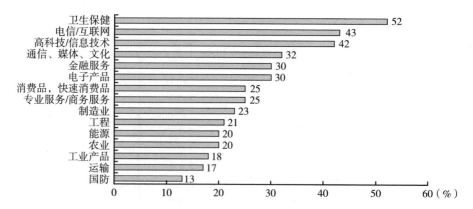

图7　国际企业高管对新冠肺炎疫情期间各行业创新情况的看法

资料来源：Edelman Intelligence, GE Global Innovation Barometer China Executive Report (*Combined January and September 2020 Report*)。

拟体验，在虚拟世界中直接复制物理世界的体验。企业将加速上云进程。许多企业已经着手推进数字化转型，将软件和服务迁移至云端，带动了产业界的上云风潮。不过企业数字化的需求和供应能力之间可能会存在缺口或供应短期滞后。

新冠肺炎疫情导致创新投资更加审慎。北美、亚洲和欧洲的风险投资显著下降，早期阶段的风险投资公司、研发密集型初创企业以及风险投资热点地区之外的国家正受到更大的负面影响。国际科技创新合作面临冲击，创新要素流动、人员交流、项目合作等受到不同程度影响。不同国家企业高管对疫情影响创新步伐的看法存在差异。根据GE的调查，超过半数的中国企业高管认为，由于新冠肺炎疫情的影响，创新步伐已经放缓或保持不变（见图8）。

3. 数字技术革命进入导入期后半段，数据成为关键生产要素和战略性资源

大数据、物联网、人工智能、区块链等数字技术的拓展应用进一步深化。新技术展现出的良好发展前景吸引了大量投资，多元化的技术路线和商业模式探索陆续展开，一批掌握前沿技术并创造了新商业模式的企业快速涌现。数字技术革命已处于向大规模应用过渡的导入期后半段，有可能将全球带入新一轮繁荣周期。

新兴数字技术的应用也将使科技创新和生产对数据的依赖程度越来越高。数据资源作为新的关键生产要素，有助于减少传统要素投入，降低创新创业门槛，提升生产效率。越来越多的设备与网络建立连接，生产对数据要素的依赖程度不断上

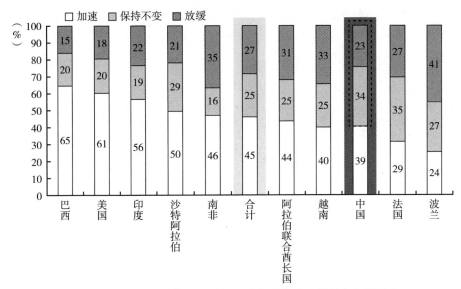

图8　部分国家企业管理层对新冠肺炎疫情影响创新步伐的看法

注：排除回答"不知道"的受访者。

资料来源：Edelman Intelligence，GE Global Innovation Barometer China Executive Report（*Combined January and September 2020 Report*）。

升，数字增加值在价值链中所占比重将显著提升；创新也越来越依赖科学数据，数据驱动的研发和应用能力将直接影响国家和区域的长期竞争优势。

（二）"十四五"时期广东创新驱动发展面临的形势和任务

"十四五"是中国全面建成小康社会、实现第一个百年奋斗目标之后，乘势而上开启全面建设社会主义现代化国家新征程、向第二个百年奋斗目标进军的第一个5年。全球大变局正加速演进，国内发展环境也经历着深刻变化。党的十九届五中全会提出以推动高质量发展为主题，构建以国内大循环为主体、国内国际双循环相互促进的新发展格局。创新不仅是提升产业基础高级化水平、产业链现代化水平，提高供给体系质量和水平的重大战略选择，也是畅通国内国际双循环，构建新发展格局，掌握发展主动权的关键。

广东提出"十四五"时期要加快推动粤港澳大湾区和深圳先行示范区建设，打造新发展格局的战略支点。建设粤港澳大湾区和深圳先行示范区，其核心是打造具有全球影响力的国际科技创新中心。构建新发展格局，仅靠消费和投资"循环"不起来，必须有产业的转型升级进行配合，而背后的核心驱动力在于科技创新。只有通过科技创新不断提高劳动生产率，实现依靠创新驱动的内涵型增长，才能实现人均收入增长，进而促进消费增长、内需扩大，最终实现经济增长。因此，"十四五"时期必须把"坚持创新驱动发展"放在最显著的位置，坚持创新在现代化建设全局中的核心地位，把科技自立自强作为经济社会发展的战略支撑，下大力气提升自主创新能力，打造国内国际规则衔接示范地、全球高端要素集聚地、科技产业创新策源地、经济内外循环链接地、产业安全发展支撑地，为建立新发展格局战略支点打下坚实基础。

六 加快创新驱动发展的对策建议

深刻把握发展的阶段性新特征、新要求和全球科技竞争新态势，坚持创新在现代化建设全局中的核心地位，进一步增强源头自主创新能力，提升产业创新发展水平，营造一流创新生态，打造国际科技创新合作高地，全面增强科技创新策源能力，厚植自主创新优势，增强支撑、引领经济高质量发展动力，为推进粤港澳大湾区、深圳中国特色社会主义先行示范区"双区"建设，加快建设现代化经济体系，打造新发展格局的战略支点，推动广东在全面建设社会主义现代化国家新征程中走在全国前列、创造新的辉煌提供强有力的创新动力支撑[①]。

（一）建设粤港澳大湾区综合性国家科学中心，增强原始创新能力

一是加强基础研究和应用基础研究战略谋划与系统布局。加快建立具有前瞻性、预见性、系统性的科技创新发展规划体系，加强技术预见研究，超前部署关键领域的基础研究和应用基础研究，以创新发展的顶层设计实现创新主体、创新领域、创新政策的有机联动、协同支撑和多点突破。

二是健全重大科技项目选题机制。在电子信息、智能制造、材料、能源、

---

① 《中共广东省委关于制定广东省国民经济和社会发展第十四个五年规划和二〇三五年远景目标的建议》明确提出以在全面建设社会主义现代化新征程中走在全国前列、创造新的辉煌为总定位、总目标。

生命健康等重点领域和产业，敏锐、准确把握具有颠覆性、变革性、引领性作用的创新科技攻关主题和方向，突破形成一批创新性重大技术成果，不断增强科技源头创新能力和基础研究国际竞争力。发挥好科学家在重大前沿问题上的专业优势，增强科学家在重大战略规划、重大项目布局、科技政策制定等方面的决策咨询作用。创新常态化的政企对接机制，利用好企业家对重点现实问题的敏感把握，在制订重大规划计划和开展重大科研攻关时，充分征求企业意见。

三是加强战略科技力量梯队培育。加快提高实验室建设水平，打造高精尖实验室体系。引进顶尖科学家建设国际领先的科学实验室，加快培育和建设一批国家实验室、国家重点实验室、企业国家重点实验室等，整合、升级和新建一批广东省实验室，提高实验室学术水平和知名度，形成国家实验室"预备队"。引导科研院校面向科技前沿，建成一批高水平科技创新基地和具有国际影响力的前沿研究平台，加快形成一流科研人才梯队。

四是健全重大技术创新协同攻关机制。健全完善关键核心技术创新突破组织实施机制，聚焦前沿、重大、关键、尖端、核心的科技领域，提高重大科研统筹协调和资源配置能力，提高协同攻关效率。建设跨领域、跨学科、大协作、深融合的创新攻关平台，加快提升突破性创新能力。持续加强财政资金统筹配置，创新基础研究投入分配机制，健全重大科技项目快速立项机制，强化项目管理的目标导向和成果导向，完善以信任为前提的资金管理模式，赋予项目承担单位和科研人员更大的自主权和主导权。

（二）培育壮大产业链和创新链融合主体，提升产业链现代化水平

一是进一步培育扩大产业链和创新链融合创新主体规模。以"补链、强链、延链"为重点，完善科技型中小企业、高新技术企业、独角兽企业、世界500强企业等创新型企业分类梯度培育模式，形成若干在全球供应链、产业链和创新链中具有主导权、话语权的竞争优势企业，打造更多"链主型"企业，使之成为引领并带动产业创新升级发展的核心引擎和关键载体。分行业和重点领域建立由产业链核心企业和骨干龙头企业牵头制定的技术短板突破清单，优先推行本土原创的科学技术解决方案和技术标准。

二是建立"双链"融合创新发展利益共同体。健全骨干龙头企业与中小

企业互动协同创新发展机制，促进以大企业为主导，大、中和小企业共生的协作创新网络的形成和发展，形成"双链"融合互利共生、集成高效、协同共赢的发展利益联结体。健全完善产业链创新主体间合作机制和利益共享机制，着眼技术创新全过程、全周期、全流程，支持行业龙头企业组织产业链上下游企业建立高水平产业创新联盟，提高协同创新效率和质量，打造国产化自主可控技术体系，提高技术发展自主权，实现重点领域、关键环节技术创新质的突破。

三是建设"双链"融合高能级创新平台体系。支持和鼓励行业领军企业与国家级、中科院级、省部级和高校级科研机构组建专业性创新平台，以更大力度鼓励和支持企业参与包括国家重点实验室、国家企业技术中心在内的重大科技创新平台建设。大力支持本土龙头企业、产业链核心企业开展跨领域创新合作，打造高水平产业协同创新平台，更好地推动产业链上下游中小企业及配套企业对接创新资源、融入创新链条，提高产业创新质量。

四是建立"双链"融合科技安全防控体系。加强产业链安全风险识别和系统研判，健全应对重大风险的科研储备和支持体系，探索建立产业科技安全监测和预警体系，提高科技安全应对能力。分行业开展产业链、供应链、创新链运行中各类风险的评估、研判与应对，着力提升产业链抗风险能力、修复能力、跃升能力。①

（三）构建国际一流创新生态，全面激发创新发展潜能

一是形成高效活跃的科技金融生态圈。打造形成国际创业投资中心，加快科技创业投资、科技信贷发展，吸引更多国际知名创投机构、天使基金落户广东，加快培育一批具有竞争力和影响力的本土创业投资机构，提高科技金融供给质量和发展水平。进一步加强和深化粤港澳科技金融资源对接与合作，充分发挥香港金融资源和金融服务的国际化比较优势，拓展科技金融对接渠道，提升科技金融资源要素的富集度，形成科技投融资"洼地"。加强金融供应链建设，提高供应链金融产品供给能力，促进产业创新成果与金融资本的精准有效

---

① 杜国功：《国企提升价值链、供应链、产业链现代化水平的思考》，《经济参考报》2020年6月8日，http://www.jjckb.cn/2020-06/08/c_139122500.htm。

对接。建立更加完善、高效的科技金融服务体系，探索股债、股保、股债保等金融服务新模式。

二是加强创新成果价值实现体系建设。强化技术转移体系建设，聚焦成果转移转化，加强现有科技服务机构的资源整合与功能升级，建设具有国际影响力的科技成果转化综合服务平台。构建国际化、市场化科技成果评估和发现机制，探索建立反映知识产权客观市场价值的平台和体系。健全科技成果转化与资本市场的对接机制，加大对科技成果转化项目的投融资服务力度，有效提高创新成果转化投资活跃度和成功率。建立高水平知识产权运营体系，打造一批知识产权运营示范中心，完善知识产权资本化交易制度，加快提高知识产权价值实现效益。

三是提高科技管理精准化服务能力。健全集成化科技政策供给体系，完善政策链、资金链和服务链联动的创新发展模式，形成技术、人才、资源、政策等要素高效集聚融合的开放式创新生态环境。推动研发管理向创新服务和创新治理转变，加强大数据等技术在科技管理体系中的运用，形成服务集成、精准高效的管理服务体系。健全创新政策实施监测评估机制，及时掌握政策实施效果和调整优化政策，提高政策执行力和针对性。

（四）积极嵌入全球创新网络，打造国际科技合作高地

一是提高粤港澳大湾区科技创新策源能力。健全完善粤港澳科技合作常态化机制，加强政策沟通协调和规制对接，提升粤港澳科技创新合作能级，实现高效协同、优势互补的深度创新合作新格局。打造粤港澳和国际基础研究重大平台载体，在共建粤港澳联合实验室基础上升级建成国家实验室、国家重点实验室，加大对联合创新项目持续资助力度。加强粤港澳协同创新平台建设，探索建立粤港澳产学研合作创新联盟，深化粤港澳产学研政合作，以企业为重要依托打造一批国家企业技术中心、国家技术创新中心、国家级科技成果孵化基地等高水平协同创新平台，促进重大科技成果落地转化。

二是拓展科技创新国际合作空间。以更大力度实施国际科技合作战略，设立国际科技合作基金，立足布局在广东省的大科学装置、广东省优势学科和科技重点领域，积极参与国际大科学计划和大科学工程，提升国际基础研究竞争力。加强与"一带一路"重大科技创新需求对接，在智能制造、电子信息、

生物医药等重点领域主动实施一批国际科技合作项目，拓展国际科技合作空间和深度。加强与联合国多边科技组织联系，深化与日本、韩国、以色列等创新型国家的科技合作和交流，推动高技术产业资本国际流动平台建设，提高国际科技合作质量。

三是完善科技创新国际合作服务体系。积极打造国际创新资源开放合作平台和学术交流平台，促进国际科技人才交流、项目深度合作，更好地嵌入全球创新网络，成为国际科技创新合作重要枢纽。创新国际人才交流和引进机制，不断提高国际开放合作的吸引力和国际高端人才的凝聚力，支持海外科学家和科研机构联合广东省科研机构申报省级、国家级科技计划项目。加强国际科技合作监测评估和绩效管理，研究国际科技合作有效模式和路径，不断提升国际科技合作水平。

参考文献

陈光：《科技"新冷战"下我国关键核心技术突破路径》，《创新科技》2020 年第 5 期。
李金惠、郑秋生：《浅析广东促进科技成果转化的现状、问题及对策》，《科技与创新》2017 年第 9 期。
李妍、刘永子：《广东省科技创新发展比较研究》，《科技创业月刊》2018 年第 2 期。
梁海锋、朱婧、周述章：《广东省孵化器优质企业培育发展现状、特点及模式分析》，《广东科技》2020 年第 7 期。
石义寿：《广东高新技术企业发展若干问题思考》，《科技创新发展战略研究》2018 年第 1 期。
拓晓瑞、陈敏翼：《广东省创新基础设施发展现状与建议》，《广东科技》2020 年第 9 期。
鄢波、杜军、潘虹：《珠三角区域科技协同创新的现状、问题及对策》，《科技管理研究》2019 年第 1 期。

B.4
2020~2021年广东构建
现代产业体系发展报告

广东省社会科学院经济研究所课题组*

摘　要：　2020年，尽管受到新冠肺炎疫情和全球经济下行压力等多种因素影响，但广东产业经济增速在短期下滑后逆势回升，产业结构韧性增强，产业集聚水平提高，产业提质增效效果明显。2021年，广东在推动产业基础高级化和产业链现代化、打造产业新动能和新优势上仍面临诸多挑战，要大力培育战略性产业集群，推动数字经济和实体经济深度融合，提高产业链现代化水平，打造产业创新生态，加快构建具有国际竞争力的现代产业体系，成为引领高质量发展的典范。

关键词：　现代产业体系　战略性产业集群　产业链现代化

现代产业体系是实现经济高质量发展的重要基础。党的十九届五中全会强调，要加快发展现代产业体系，推动经济体系优化升级。广东省现代产业体系建设一直走在全国前列。2020年是"十三五"收官之年，以外向型经济为主的广东在这一年遭遇新冠肺炎疫情和世界经济下行的严重冲击，一季度主要产业发展指标值明显下滑，三季度在经济新动能和产业新业态的带动下，实现产业增速由负转正，显示出较强的发展韧性，产业经济发展规模和质量保持全国

* 课题组主要成员：吴伟萍，广东省社会科学院经济研究所副所长、研究员，主要研究方向为产业经济、网络经济、区域经济；胡晓珍，经济学博士，广东省社会科学院经济研究所副研究员，主要研究方向为产业经济、区域经济；王秀婷，经济学博士，广东省社会科学院经济研究所助理研究员，主要研究方向为产业经济。

领先水平。但广东新兴产业支撑不足、关键核心技术受制于人、稳产业链供应链压力大等问题仍较为突出。2021年是"十四五"开局之年，广东开启全面建设社会主义现代化新征程，为全面优化升级产业体系、促进产业基础高级化和产业链现代化提供了机遇窗口，也对加快构建实体经济、科技创新、现代金融、人力资源协同发展的现代产业体系提出了紧迫要求。

一　2020年广东现代产业体系发展特征

2020年，广东围绕工业提质增效、服务业能级提升、数字经济和互联网新业态培育、创新动能转换等方面不断发力，促使现代产业体系建设水平位居全国前列。尽管受到新冠肺炎疫情的冲击，广东产业增加值增速短期内大幅下滑，但依托强大的生产制造能力和完整的产业链支撑，广东先进制造业和高技术制造业逆势发展，互联网＋服务等产业新业态和消费新模式快速崛起，形成产业发展的新动能。广东产业结构不断优化，新产业、新业态蓬勃发展，主要优势产业升级步伐加快；产业集聚度持续提升，战略性产业集群不断发展壮大，成为实体经济高质量发展的主导力量；质量效益明显提升，产业发展经济效益、生态效益、创新效益不断提升，科技成果产业化能力快速提高；创新动力不断增强，基础研究能力不断强化，关键核心技术攻关不断取得突破，产业链安全可控程度持续提升。

（一）产业结构：产业运行趋稳向好，呈现较强发展韧性

2020年，广东在做好新冠肺炎疫情防控的同时，抓紧复工复产，加快推进产业结构战略性调整和转型升级。这一年，广东产业运行主要呈现两大特点：一是三次产业增加值增速逐季回升，第一、第三产业增加值增速上半年已实现由负转正，第二产业增加值增速第四季度实现由负转正；二是服务业增长态势优于制造业，先进制造业和高技术制造业增加值增速高于全省平均水平，新兴服务业发展良好。

1. 三次产业增加值增速稳步上升，结构韧性不断增强

2020年，广东三次产业结构调整为4.3∶39.2∶56.5。第一产业实现增加值4769.99亿元，按可比口径计算增长3.8%，增幅比第一季度回升4.1个百分点，比上半年回升2.2个百分点，比前三季度回升0.8个百分点；重要农产品

供给保障有力,"菜篮子""果盘子"生产供应充足。第二产业实现增加值43450.17亿元,按可比口径计算增长1.8%,增幅比第一季度回升15.9个百分点,比上半年回升8.0个百分点,比前三季度回升2.6个百分点;电气机械和器材制造业、汽车制造业增加值分别增长8.0%、6.6%,增幅比前三季度分别提高5.2个和7.9个百分点。第三产业实现增加值62540.78亿元,按可比口径计算增长2.5%,增幅比第一季度回升3.2个百分点,比上半年回升1.6个百分点,比前三季度回升0.8个百分点。与全国同期三次产业增加值增速相比,广东第一产业、第三产业增加值增速下滑幅度总体小于全国;第二产业受疫情影响程度较深,第二产业增加值增速下滑幅度大于全国,第一季度广东第二产业增加值增速为－14.1%,比全国第二产业增加值增速(－9.6%)低4.5个百分点,第四季度广东第二产业增加值增速回升至1.8%,比全国第二产业增加值增速(2.6%)低0.8个百分点,差距逐季收窄,表明广东第二产业回调速度较快,结构韧性较强(见图1)。

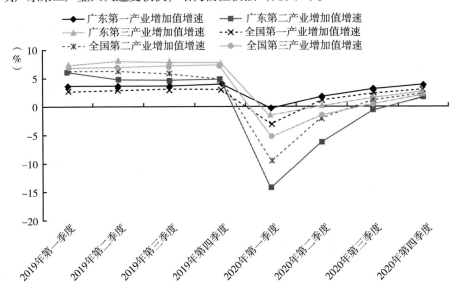

图1 2019～2020年全国与广东三次产业增加值增速

资料来源:Wind。

与国内重点省份相比,2020年,广东第二产业增加值略低于江苏,远高于浙江、山东;第三产业增加值高于江苏、浙江、山东(见图2、图3)。第三产业对GDP的贡献率日益提高,呈现服务业主导经济增长的发展特征。

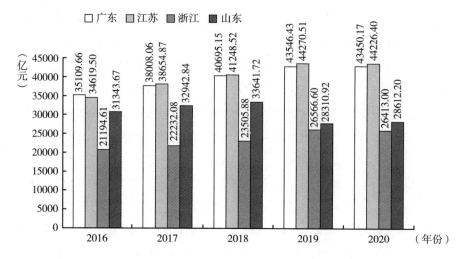

图2 2016~2020年广东、江苏、浙江、山东第二产业增加值

资料来源：广东、江苏、浙江、山东统计信息网，《中国统计年鉴2020》。

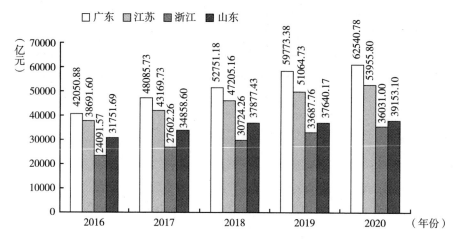

图3 2016~2020年广东、江苏、浙江、山东第三产业增加值

资料来源：广东、江苏、浙江、山东统计信息网，《中国统计年鉴2020》。

2.工业新动能发展稳定，高端化发展趋势明显

2020年，广东累计实现规模以上工业增加值3.31万亿元，同比增长1.5%，增幅比一季度回升16.6个百分点，比上半年回升7.9个百分点，比前三季度回升2.7个百分点（见图4）。

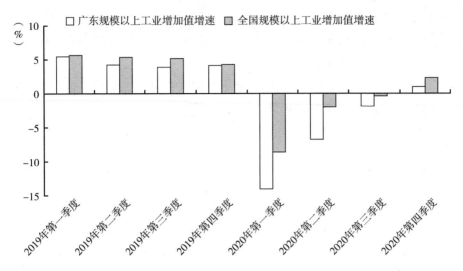

图4 2019～2020年全国与广东规模以上工业增加值增速

资料来源：Wind。

从制造业内部结构来看，广东现代产业发展态势良好，成为带动工业生产加速回暖的重要力量。2020年，广东规模以上工业中先进制造业、高技术制造业增加值占比分别达56.1%和31.1%（见图5），高技术制造业投资同比增长6.9%。其中，在口罩、防护服、手套等医疗物资需求增加的带动下，医药制造业、医疗设备及仪器仪表制造业投资分别增长82.9%和31.5%。部分高

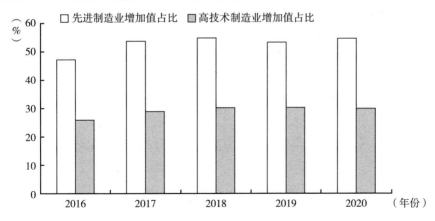

图5 2016～2020年广东现代产业增加值占比

资料来源：广东统计信息网、《广东统计年鉴2020》。

技术新产品产量高速增长，3D 打印设备、风力发电机组、工业机器人、计算机工作站、新能源汽车、4K 电视产量分别增长 144.8%、135.5%、48.5%、47.4%、27.6% 和 19.6%。

分行业来看，2020 年，广东增加值累计增速较前三季度回升的行业有 34 个，其中石油加工、炼焦和核燃料加工业，有色金属冶炼和压延加工业，汽车制造业回升幅度较大，分别回升 8.3 个、8.1 个和 7.9 个百分点。从重点行业看，2020 年，广东工业四大支柱行业（电子、电气、电力和汽车行业）合计完成增加值 15826.67 亿元，占广东规模以上工业增加值的比例为 47.9%，拉动广东规模以上工业增加值增长 1.4 个百分点。从产品产量看，2020 年广东在产的 507 种工业产品中，有 254 种实现增长，占比 50.1%，比前三季度提高 9.3 个百分点，有 23 种产品增速超过 100%。2020 年，广东与防疫物资生产相关的行业增加值保持较快增长，医药制造业增长 12.0%，化学纤维制造业增长 22.5%；防疫物资产量高速增长，生产口罩 273.99 亿只，增长 33 倍，其中医用口罩 156.38 亿只，增长 54 倍。2020 年，广东规模以上工业企业累计生产口罩 198.00 亿只，同比增长 3577.7%，其中医用口罩 118.04 亿只，同比增长 5965.0%。

3. 服务业向现代化、智能化转型，新业态快速发展

新冠肺炎疫情对广东服务业发展造成较为严重的负面冲击。总体来看，住宿和餐饮业，批发和零售业，以及交通运输、仓储和邮政业等具有出行和聚众属性的服务行业受疫情冲击最大，复苏也较为缓慢。2020 年第一季度，这三个行业的增加值降幅分别为 38.8%、20.5% 和 15.2%，第四季度降幅分别缩小至 22.0%、4.4% 和 3.4%，下降幅度依然较大（见图 6）。与此同时，疫情深刻改变了人们的生活消费方式，信息技术加速向经济社会生活各领域渗透，以"非接触"为主要特征的在线购物、订餐、看房、教育、医疗、游戏、办公等服务业新热点、新模式、新业态快速成长，有效减轻了疫情带来的负面冲击，加快了服务业整体复苏进程。从服务业细分行业来看，金融业信息化、网络化程度高，受疫情冲击最小。2020 年第一季度，金融业增加值同比增长 7.8%，增速只比 2019 年末下降 1.5 个百分点；2020 年第四季度，金融业增加值累计增速回升至 9.2%，基本恢复到 2019 年底的水平。其他服务业是另一个受疫情冲击较小的服务行业，第一季度增加值同比增长 8.2%，增速只比 2019 年末下降 0.8 个百分点。其他服务业增加值增速远高于服务业整体水平

的原因有两个方面：一方面，其他服务业中的科教、卫生、环境、政务等非营利性公共管理服务占比较大，稳定性较高，受疫情影响较小；另一方面，其他服务业中的信息传输、软件和信息技术服务业增加值不仅未受到疫情的负面冲击，反而因受益于经济社会生活加速线上化而逆势增长。

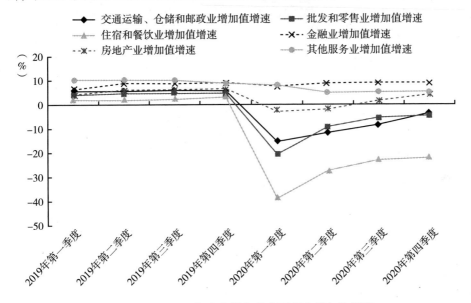

图6　2019～2020年广东服务业主要行业增加值增速

资料来源：Wind。

2020年，广东以新经济为代表的营利性服务业不断加快发展，以"互联网＋"为标志的现代服务业新动能也在持续增强（见图7），网络购物、网络广告、在线医疗、在线教育等新兴业态、新服务模式迅速兴起并蓬勃发展。2020年，广东新经济增加值同比增长3.0%，占GDP的比重达25.2%。技术含量高的信息传输、软件和信息技术服务业成为服务业增加值增长的主要推动力，互联网和相关服务增加值持续两位数增长，2020年增长18.2%。

4. 数字经济蓬勃发展，新兴产业表现活跃

2020年，广东大力推动粤港澳大湾区全球大数据硅谷和国际数字经济创新中心建设，深入实施"机器人＋"和智能化技术改造，加快数字化新技术、新工艺、新装备的创新和推广。珠三角基本形成涵盖网络设备、基站设备、天线、终端、软件的5G全产业链。2020年，广东培育与新型城市化发

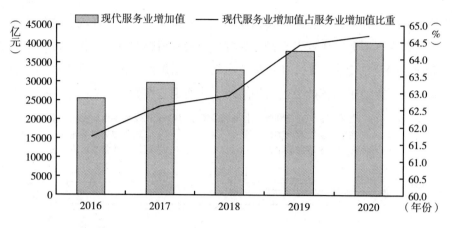

图7 2016~2020年广东现代服务业增加值及占比

资料来源:广东统计信息网。

展相适应的移动互联网服务、智能物流、智慧医疗、网络教育等数字经济新业态,做大做优电子商务平台,为经济快速回升提供了有力支撑。2020年,广东在线办公、远程问诊、在线教育等新兴需求旺盛,信息消费持续较快增长,移动互联网接入流量增速保持在30%以上,全年增长33.4%。网上购物、直播电商等新业态、新模式带动线上交易快速发展。2020年,广东限额以上单位通过公共网络实现的零售额增长19.3%,占全省限额以上单位商品零售总额的26.5%。数字经济引领下的外贸新业态发展良好。2020年,广东保税物流、跨境电商进出口额分别增长6.4%和51.5%,市场采购出口额增长23.0%。

5.民营经济实力强劲,成为稳增长重要主体

2020年,广东民营经济在推动经济转型升级、振兴实体经济等多个方面发挥了重要作用。2020年前三季度,广东规模以上工业中国有控股企业、外商及港澳台投资企业、民营企业增加值占全省规模以上工业增加值的比重分别为16.3%、34.2%和49.5%,民营经济成为推动经济高质量发展的重要主体。华为、腾讯、比亚迪、大疆、海王、研祥、明阳风电等民营高科技龙头企业坚持以科技为动力,以市场为导向,在疫情冲击下实现固定资产投资逆势增长。在高技术制造业中,民间固定资产投资同比增长21.2%,增幅高于高技术制造业固定资产整体投资16.9个百分点,其中,医药制造业,航空、航天器及

设备制造业，医疗设备及仪器仪表制造业民间固定资产投资分别增长61.3%、51.9%和29.8%。2020年1~11月，广东民间投资增长1.4%，增速年内首次转正。

（二）产业集聚度：战略性产业集群蓬勃发展，推动产业基础高级化和产业链现代化

世界产业发展实践表明，产业集群是产业现代化发展的主要形态，是提升区域竞争力的内在要求，也是建设现代产业体系的重要内容。广东产业集群化发展具备良好基础，新一代电子信息、绿色石化、智能家电、汽车、先进材料、现代轻工纺织、软件与信息服务、超高清视频显示、生物医药与健康、现代农业与食品等十大战略性支柱产业集群2019年营业收入合计达15万亿元，具有坚实的发展基础和良好的增长趋势；2020年前三季度，广东21个地市战略性支柱产业总产值较高，成为广东经济的重要基础和支撑（见表1）；半导体与集成电路、高端装备制造、智能机器人、区块链与量子信息、前沿新材料、新能源、激光与增材制造、数字创意、安全应急与环保、精密仪器设备等十大战略性新兴产业集群2019年营业收入合计达1.5万亿元，集聚效应初步显现，增长潜力巨大，对广东经济发展具有重大引领、带动作用。2020年，广东出台《关于培育发展战略性支柱产业集群和战略性新兴产业集群的意见》，提出十大战略性支柱产业集群突出"稳"，十大战略性新兴产业集群体现"进"，对推动广东产业链、创新链、人才链、资金链、政策链相互贯通，打好产业基础高级化和产业链现代化攻坚战，加快建立具有国际竞争力的现代化产业体系意义重大。

表1　2020年前三季度广东21个地市战略性支柱产业总产值

单位：亿元

	汽车产业	智能家电	智能机器人	先进材料	绿色石化	轻工纺织
广东省	5698.58	8900.24	306.90	14674.9	9557.21	17874.43
广州	3719.16	778.60	4.35	1609.24	1551.74	1765.29
深圳	500.99	1632.14	250.60	1512.30	868.56	2472.69
珠海	55.15	562.20	2.72	613.05	398.95	259.48
汕头	25.10	43.35	0.24	352.90	352.71	1362.12

续表

	汽车产业	智能家电	智能机器人	先进材料	绿色石化	轻工纺织
佛山	729.82	3138.76	9.83	3247.73	1481.67	3757.83
韶关	12.61	13.84	0	431.94	68.63	78.25
河源	4.11	42.05	0	226.45	40.43	128.40
梅州	19.01	15.55	0	140.52	12.37	43.94
惠州	128.32	619.17	9.63	668.59	1224.20	594.62
汕尾	3.84	1.16	0.52	141.80	75.49	338.84
东莞	151.93	735.98	23.97	1703.31	1124.89	3073.35
中山	112.18	857.69	0.64	485.86	396.29	925.19
江门	87.98	284.95	0.99	584.58	300.16	746.89
阳江	0.21	10.13	0	353.11	6.41	93.59
湛江	5.14	33.11	0	359.29	244.47	172.85
茂名	0	1.71	0	199.18	842.43	51.35
肇庆	89.97	24.31	0.18	575.85	208.85	509.46
清远	25.72	44.45	0	685.93	140.07	267.40
潮州	0	10.88	0	179.62	42.38	327.12
揭阳	11.32	46.70	3.23	466.49	150.17	833.02
云浮	16.03	3.50	0	137.16	26.34	72.73
珠三角核心区	5575.49	8633.81	302.91	11000.49	7555.32	14104.81
沿海经济带	45.61	147.04	3.99	2052.40	1714.05	3178.90
北部生态发展区	77.48	119.40	0.00	1622.01	287.84	590.72

资料来源：广东统计信息网。

1. 新一代电子信息产业集群在珠江东岸集聚，是拉动广东工业快速发展的重要力量

电子信息产业是广东省的第一大支柱产业，对广东省的实体经济发展起到重要支撑作用。新一代电子信息产业集群包含计算机制造、通信设备制造、广播电视设备制造、雷达及配套设备制造、非专业视听设备制造、智能消费设备制造、电子器件制造、电子元件及电子专用材料制造、其他电子元件制造等细分行业。新一代电子信息产业在广东省工业中占据重要地位，企业数量多、总量规模大，已初步形成以深圳为研发中心，以东莞、惠州等市为生产基地的珠江东岸电子信息产业集聚区，在智能终端、信息通信、集成电路设计领域具有较强的产业基础，主要产品的制造能力和技术创新能力强，5G 手机、通信设

备、计算机整机等产品产量居全国前列。2020年前三季度，新一代电子信息产业工业总产值和增加值分别占广东规模以上工业的29.1%和26.6%，是广东规模以上工业中占比最大的行业；实现营业收入30489.66亿元（同比增长4.3%），实现利润总额1605.53亿元（同比增长3.8%），实现税金总额590.34亿元（同比增长2.4%），增速分别比广东规模以上工业高7.0个、6.2个、10.8个百分点。

从企业规模来看，广东新一代电子信息产业向华为、中兴等大型企业集中。在通信设备制造行业，以华为、中兴等为代表的龙头企业具有国际竞争实力；在电子元器件行业，深圳三星视界、深圳华强在规模和出口交货值上均位居全国同行业首位。2020年前三季度，广东新一代电子信息产业规模以上工业企业数为7146家，占广东规模以上工业企业总数的12.9%，比第二大行业电气机械和器材制造业规模以上工业企业数（6294家）多13.5%；百强企业（按营业收入排序）合计完成工业增加值4090.44亿元，同比增长5.3%，高于该产业平均增速4.6个百分点，拉动全省规模以上工业增加值增长0.9个百分点。

从区域集中度来看，广东新一代电子信息产业集群在珠三角地区特别是珠江东岸集聚，其中深圳主要布局新一代通信设备和智能终端，广州主要布局新型显示器件和电子元器件，东莞重点集聚智能手机、互联网络设备等产业，惠州则重点布局超高清视频全产业链。2020年前三季度，珠三角地区新一代电子信息产业实现增加值5965.20亿元，同比增长1.3%，占广东省工业增加值的比重高达96.7%，其中深圳、东莞、惠州3个城市新一代电子信息产业增加值分别为3706.31亿元、1017.06亿元、456.59亿元，占广东省工业增加值总量的84.0%（见图8）。

从产品集中度来看，广东新一代电子信息产业集群主要集中在通信设备制造业。2020年前三季度，在广东新一代电子信息产业9个中类行业中，通信设备制造业工业总产值和增加值分别为15367.56亿元和3367.03亿元，同比分别增长5.6%和6.1%，占新一代电子信息产业总量的比重分别为56.8%和20.9%，拉动新一代电子信息产业集群产值增长3.2个百分点。

2.智能家电产业集群在佛山、深圳、珠海集聚，重点产品全国占比较高

智能家电产业是广东的传统产业和支柱产业。智能家电产业集群包含电气机械和器材制造业，计算机、通信和其他电子设备制造业，通用设备制造业3个行业大类中的相关细分行业。近年来，广东智能家电产业规模持续扩大，拥

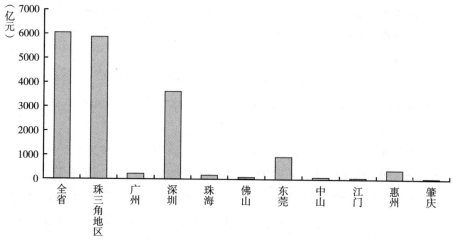

图8　2020年前三季度广东新一代电子信息产业增加值主要区域分布

资料来源：广东统计信息网。

有全球规模最大、品类最齐全的产业链，具有规模优势、集聚优势、产业化配套优势和成本优势，是全球最大的家电制造业中心。"粤家电"享誉国内外，成为继"珠江水""广东粮""岭南服"之后广东重要的代名词。2020年前三季度，广东拥有规模以上智能家电制造企业5223家，占全省规模以上工业企业总数的9.4%，形成以美的、创维、康佳、TCL、格兰仕和格力等国内外知名智能家电制造企业为龙头的产业集群；实现增加值1946.17亿元，占全省规模以上工业增加值的8.5%，同比增长3.0%，高于全省规模以上工业增加值增速4.2个百分点；实现工业总产值8900.24亿元，占全省规模以上工业总产值的8.7%。2020年，在新冠肺炎疫情影响下，广东智能家电产业营业收入同比下降，其中家用电力器具制造业作为智能家电产业中产值占比最大的行业，营业收入同比下降6.7%，拉低智能家电产业营业收入增速3.6个百分点，是对整个智能家电产业营业收入增速影响最大的行业。

从区域分布来看，广东已形成以深圳、佛山、东莞、珠海、中山、惠州、湛江为聚集地的智能家电产业集群。2020年前三季度，广东智能家电产业集群主要集中在珠三角核心区特别是佛山、深圳、珠海3个城市。珠三角核心区智能家电产业实现增加值1873.74亿元，占全省智能家电产业增加值的比重为97.2%，其中佛山智能家电产业实现增加值778.40亿元，占全省智能家电产业增加值的比重为40.4%，深圳和珠海智能家电产业工业增加值均超过200亿元，占全省智能家电产业增加值的比重分别为13.1%和10.7%①。

从产品产量来看，2020年，广东智能家电产业多种产品产量全国第1甚至超过全国产量的一半。格力空调，美的电风扇、电饭锅、洗碗机和饮水机，格兰仕微波炉等产品的产销量雄踞世界第1；彩电、组合音响、家庭影院、空调、电冰箱和空气能热水器等多种家电产品竞争力居全国首位；微波炉、电饭锅、电压力锅、电磁炉、消毒碗柜等30多种产品的出口量大约占据全球销售总量的50%。2019年，广东共生产彩电10442.30万台，占全国彩电总产量的55.0%，生产空调6691.42万台，占全国空调总产量的30.6%，这两类产品占比都位列全国第1；生产家用电冰箱1631.42万台，占全国家用电冰箱总产量的20.6%，占比仅次于安徽省（31.7%）；生产家用洗衣机672.56万台，占全国产量的9.0%，占比在全国排名第4（见表2）。2020年前三季度，广东智能家电产业部分产品产量实现较高增速，部分产品产量出现一定下滑：共生产彩电8144.98万台，同比增长5.9%；生产空调4972.49万台，同比下降4.4%；生产家用电冰箱1646.43万台，同比增长12.0%；生产家用洗衣机501.66万台，同比下降2.3%。

表2　2019年智能家电产业重点省（市）部分主要产品产量

单位：万台，%

地区	彩电		空调		家用电冰箱		家用洗衣机	
	数量	占比	数量	占比	数量	占比	数量	占比
全国	18999.06	—	21866.16	—	7904.25	—	7432.99	—
广东	10442.30	55.0	6691.42	30.6	1631.42	20.6	672.56	9.0
上海	135.75	0.7	314.20	1.4	33.81	0.4	147.75	2.0
江苏	1383.46	7.3	499.97	2.3	1068.08	13.5	2239.39	30.1
浙江	193.43	1.0	1939.20	8.9	567.89	7.2	1118.46	15.0
安徽	1941.85	10.2	3366.45	15.4	2505.89	31.7	2328.32	31.3
山东	1580.57	8.3	876.36	4.0	732.50	9.3	513.71	6.9

资料来源：广东统计信息网。

① 全省智能家电产业增加值是按照省增加值率计算的增加值，分市及分经济区域智能家电产业增加值是按照各市增加值率计算的增加值，所以全省与分市加总数据不相等。

3. 汽车产业集群在广州、佛山集聚，百强企业发展优于行业平均水平

汽车产业关联度高、规模效益明显、资金和技术密集，是广东的重要支柱产业之一。汽车产业集群包括汽车整车制造（汽柴油车整车制造和新能源车整车制造）、汽车用发动机制造、改装汽车制造、低速汽车制造、电车制造、汽车车身及挂车制造、汽车零部件及配件制造等细分行业。截至 2020 年第三季度末，广东作为中国汽车生产和消费第一大省，拥有规模以上汽车及零部件企业 876 家，汽车制造业企业数量和规模近年保持稳定增长态势，汽车产量2017～2019 年连续 3 年居全国首位。随着广汽传祺、比亚迪等自主品牌发展壮大，小鹏汽车、腾势、广汽蔚来等新能源造车企业逐步发展，广东形成日系、欧美系和自主品牌多元化发展的产业格局。2020 年前三季度，广东汽车产业工业总产值和增加值分别为 5698.58 亿元和 1266.89 亿元，占全省规模以上工业的 5.6% 和 5.5%；实现营业收入 6274.86 亿元，同比增长 4.7%，高于全省规模以上工业营业收入同比增速 7.4 个百分点；户均营业收入 6.55 亿元，是全省规模以上工业户均营业收入（1.84 亿元）的 3.6 倍。

从区域集中度来看，广东已形成广州花都、番禺、南沙以及深圳坪山等高度集聚的汽车产业园区，汽车产业集群在珠三角核心区特别是广州、佛山集聚，且在珠三角产业转型升级过程中向粤东西北地区转移，引领北部生态发展区汽车产业集群快速发展。2020 年前三季度，珠三角核心区汽车产业实现增加值1265.77 亿元，占全省汽车产业增加值的比重高达 97.5%，其中广州、佛山分别实现增加值 837.61 亿元和 174.43 亿元，占全省汽车产业增加值的比重高达64.5% 和 13.4%；北部生态发展区汽车产业实现增加值 23.11 亿元，同比增长11.8%，占全省汽车产业增加值的比重为 1.8%①。

从行业分布和企业集中度来看，广东汽车产业集聚效应不断增强，产业配套优势突出，形成了汽车、发动机及零部件制造业相配套的较完整的汽车产业体系。汽车产业集中在汽车整车制造业、汽车零部件及配件制造业两大行业。百强企业发展势头良好，在整体行业处于产量下降、经济效益下降、市场竞争加剧的下行态势下，保持较为稳定的增速。2020 年前三季度，广东汽车整车

① 全省汽车产业增加值是按照省增加值率计算的增加值，分市及分经济区域汽车产业增加值是按照各市增加值率计算的增加值，所以全省与分市加总数据不相等。

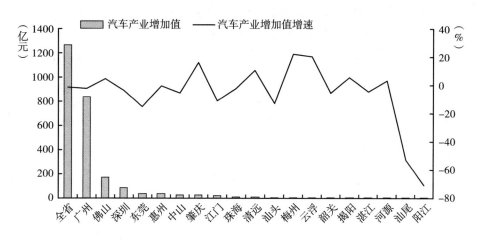

图9 2020年前三季度广东汽车产业增加值及增速

资料来源：广东统计信息网。

制造业、汽车零部件及配件制造业合计完成工业总产值5479.27亿元，占汽车产业总产值的96.2%，合计完成增加值1224.81亿元，占汽车产业增加值的96.7%；汽车整车制造业实现营业收入3329.52亿元，同比增长10.4%，拉动汽车产业营业收入增长5.2个百分点，实现税金总额148.27亿元，同比增长3.9%，占汽车产业税金总额的比重高达68.5%，是对汽车产业税金总额增长贡献最大的行业。汽车产业集群百强企业发展优于行业平均水平，2020年前三季度完成工业增加值1070.11亿元，同比增长2.0%，高于整个汽车产业平均水平3.3个百分点，占汽车产业集群工业增加值的84.5%；实现营业收入5202.13亿元，同比增长8.9%，高于整个汽车产业平均水平4.2个百分点，占汽车产业集群营业收入的82.9%。

4. 智能机器人产业集群在深圳、东莞集聚，工业机器人占比逐年提升

智能机器人产业是广东战略性新兴产业之一，主要包括工业机器人、服务机器人、特种机器人和无人机（船）等。截至2019年底，广东共有省级机器人骨干（培育）企业86家，初步形成从关键零部件到整机和应用，从研发、设计到检测的较为完整的智能机器人产业链。近年来，广东智能机器人产业主要经济指标增速较快，部分产品在全国占据较大的市场份额。2020年前三季度，广东智能机器人产业分别实现工业总产值和增加值306.90亿元和

72.50亿元，同比增长29.8%和29.6%，增速分别高于全省规模以上工业企业32.8个和30.8个百分点。广东智能机器人产业经济效益明显好于全省规模以上工业企业。2020年前三季度，广东智能机器人产业集群实现营业收入326.62亿元（同比增长40.3%），实现利润总额31.45亿元（同比增长106.2%），平均用工人数3.12万人（同比增长8.6%），增速分别比全省规模以上工业高43.0个、108.6个和14.3个百分点；其中智能无人飞行器制造业营业收入同比增长46.0%，拉动智能机器人产业营业收入增速增长31.6个百分点，利润同比增长67.0%，拉动智能机器人产业利润总额增速增长107.2个百分点。2020年前三季度，在智能机器人产业主要产品中，民用无人机、工业机器人和服务机器人产量大幅增加，其中工业机器人产量同比增长44.5%，占全国工业机器人总产量的29.4%，增速高于全国工业机器人增速26.3个百分点。

从区域分布来看，广东有12个地市布局智能机器人产业，广州、深圳、珠海、佛山、东莞等地在工业机器人、服务机器人、关键零部件、系统集成、无人机（船）等细分领域各具优势，已初步形成产业集聚态势。2020年前三季度珠三角核心区智能机器人产业集群实现增加值75.16亿元，同比增长26.5%，占全省该产业集群工业增加值的比重高达98.7%，其中深圳智能机器人产业实现增加值61.50亿元，占全省智能机器人产业工业增加值的80.7%；沿海经济带占比仅为1.3%；北部生态发展区无此产业①。

从行业分布和企业集中度来看，广东智能机器人产业涵盖智能无人飞行器制造、工业机器人制造、服务消费机器人制造和特殊作业工业机器人制造四个行业，大型企业占比较大，产业集聚较为明显。2020年前三季度，广东智能无人飞行器制造业实现增加值45.42亿元，同比增长29.8%，占智能机器人产业增加值比重达62.6%，拉高智能机器人产业增加值增速18.6个百分点；工业机器人制造业实现增加值20.43亿元，同比增长57.6%，占智能机器人产业增加值的比重由2018年的17.8%提高至28.2%（见图10）。从

---

① 全省智能机器人产业增加值是按照省增加值率计算的增加值，分市及分经济区域智能机器人产业增加值是按照各市增加值率计算的增加值，所以全省与分市加总数据不相等。

企业分布来看，2020 年前三季度，广东智能机器人产业拥有规模以上工业企业 140 家，其中营业收入排名前 20 位的企业营业收入占该产业集群营业收入的比重高达 89.4%，营业收入大于 10 亿元的 4 家企业营业收入占比达73.3%，产业集中度非常高。

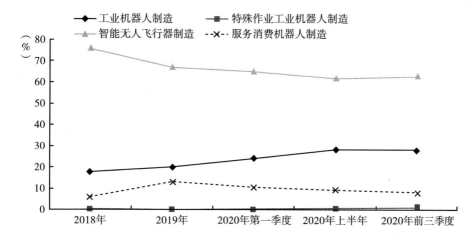

图 10　广东智能机器人产业集群分行业增加值占比

资料来源：广东统计信息网。

（三）产业发展质量：内涵式发展成效明显，经济效益稳步增长

1. 产业经济效益稳步增长，产业发展转向集约型

2020 年，广东积极推动经济增长模式从规模速度粗放型向质量效益集约型发展，工业企业积极转变发展方式，调整生产结构，促使产业发展质效显著提升。2020 年，广东规模以上工业企业实现利润总额 9286.90 亿元，按可比口径计算增长 3.2%，增幅比第一季度回升 41.2 个百分点，比上半年回升 9.7 个百分点，比前三季度回升 5.6 个百分点。与国内重点省份相比，2020 年广东规模以上工业企业利润总额远高于江苏（7365.30 亿元）、浙江（5545.00 亿元），产业经济效益维持在较高水平（见图 11）。

2. 产业绿色发展动能增强，节能低碳成效显著

2020 年，广东扎实推进节能低碳工作，加快建设资源节约型、环境友好型社会，促使单位 GDP 能耗稳步下降。各地市创建多家绿色工厂、绿色园区、

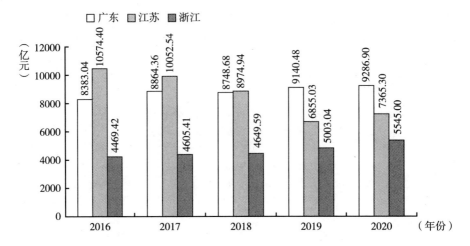

图11 2016～2020年广东、江苏、浙江规模以上工业企业利润总额

资料来源：根据广东、江苏、浙江统计信息网及相关年份统计年鉴整理得出。

绿色供应链示范企业。2020年，广东省共完成674条陶瓷生产线、593台10蒸吨以上燃煤锅炉清洁能源改造。同时，广东继续深化碳排放权交易试点工作，并积极配合全国碳市场建设工作。

3. 科技成果产业化水平提高，企业创新效益持续提升

2020年，广东依托各类新型研发机构，建立科技成果转移转化成果包和技术需求信息发布系统，打造科技成果转移转化服务大平台，打通科技成果供需信息对称渠道，健全科技成果转化体系，加速科技成果产业化进程，促进新技术产业化、规模化应用。2020年，广东高新技术企业数量达5.3万家，高新技术产品产值达7.8万亿元。从创新效益来看，2019年广东规模以上工业企业新产品销售收入为42970.06亿元，占规模以上工业企业营业收入的比重为29.29%。分区域来看，东莞、深圳、惠州规模以上工业企业新产品销售收入占营业收入比重分别为42.23%、39.08%和36.80%，在21个地级市中居前3位，表明依托广深港澳科技创新走廊的科创资源和成果转化优势，深圳都市圈核心城市科技成果产业化的效率较高；粤东地区的汕尾（18.59%）、粤北地区的清远（22.30%）排名也较为靠前，表明依托深圳、广州的科技创新要素溢出效应，粤东西北地区的科技成果产业化水平得到有效提高；但从整体上看，珠三角9市规模以上工业企业新产品销售收入占营业收入比重的均值为

28.58%，是粤东西北地区该指标均值的2.31倍，表明珠三角9市的创新产出能力明显高于粤东西北地区（见图12）①。

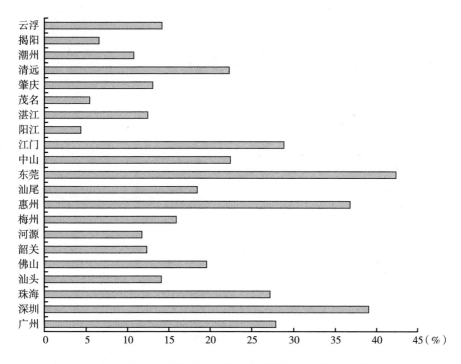

图12　2019年广东规模以上企业新产品销售收入占营业收入比重

资料来源：根据《广东统计年鉴2020》整理得出。

（四）产业发展动力：产业创新能力不断增强，产业链供应链自主可控能力持续增强

2020年，广东全面推进实施创新驱动发展战略，不断深化科技体制改革，加大稳链、补链、强链、控链工作力度。2019年，广东R&D经费支出占GDP的比重提高至2.9%（见图13），区域创新能力排名连续4年居全国首位，有效发明专利量、PCT国际专利申请量保持全国首位。

---

① 广东省社会科学院经济研究所课题组：《〈广东产业转型升级指数评价研究报告（2019）〉发布》，《南方经济》2020年第3期。

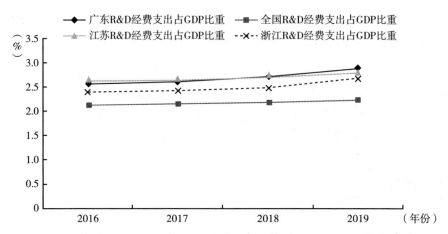

图13 2016～2019年全国及广东、江苏、浙江R&D经费支出占GDP比重

资料来源：根据全国、广东、江苏、浙江统计年鉴整理得出。

基础研究能力不断强化，产业基础向高级化发展。2020年，广东不断加大基础研究投入力度，挂牌运行鹏城国家实验室，新增一批国家技术创新中心和国家制造业创新中心，新建10个粤港澳联合实验室、36个省重点实验室，新设立7个高水平创新研究院在5G、芯片与软件、高端装备等领域启动一批重大攻关项目，国家级高新区增加至14个，高新技术企业达5.3万家，主营业务收入5亿元以上的工业企业全部设立研发机构，为产业原始创新能力提升提供了良好的基础支撑。

关键核心技术攻关不断取得突破，高技术产业的安全可控能力有效提升。2020年，广东围绕九大产业领域"卡脖子"技术，组织实施重点领域研发计划，重点领域研发项目整体进展顺利，第一套30KV电子束曝光系统调试成功，攻克均光光源、成像等关键技术，实现405nm微小结构的面曝光；开展"广东强芯"行动，广东粤芯实现量产，一批半导体设备、元器件等项目加快落地；推动1.5万家企业运用工业互联网实现数字化转型。鹏城实验室、再生医学省实验室、深圳湾实验室、湛江湾实验室等一批省实验室和高端创新平台与华为等重点高技术企业开展技术对接，从供应链、产品链、技术链角度支持高科技企业及相关产业技术安全可控能力升级。

高素质人才不断积聚，成为产业创新核心力量。2020年，广东坚持引进高端领军人才与培育高技能产业大军相结合，加速集聚高素质人才，持续提升科技人员数量与质量，拥有两院院士 102 人，引进创新创业团队 121 个。

（五）当前广东现代产业体系建设存在的问题

2020 年，在新冠肺炎疫情的强冲击下，广东实体经济和中小企业短期内受到较大影响，但在产业较强韧性的支撑下迅速回调，发展趋于稳定。但与此同时，广东产业创新能力不高、产业基础不强、产业链供应链不稳、市场主体不活跃、要素制约突出等问题也进一步暴露。

1. 实体经济发展不足，多数行业短期内受到严重冲击

广东实体经济发展困难较多，尤其是制造业发展动力不足，制造业增加值增速一直低于全省平均水平，对经济增长的支撑作用减弱。2020 年，在广东40 个工业行业大类中，仅 23 个行业累计增加值为正增长，增长面为 57.5%。与国内重点省份相比，广东实体经济恢复速度较慢。2020 年，江苏规模以上工业增加值同比增长 6.1%，在 40 个工业行业大类中有 31 个行业累计增加值实现正增长，增长面为 77.5%；浙江规模以上工业增加值 16715 亿元，同比增长 5.4%，在 38 个工业行业大类中有 22 个行业累计增加值实现正增长，增长面为 57.9%；山东规模以上工业增加值同比增长 5.0%。从制造业销售产值来看，2020 年前三季度，广东制造业销售产值累计同比下降 3.0%，在 31 个制造业行业中有 24 个行业处于负增长，占 77.4%，其中电气机械和器材制造业下降 1.9%，仪器仪表制造业下降 1.8%，金属制品业下降 4.9%，化学原料和化学制品制造业下降 5.2%。

2. 中小企业受疫情影响大，处于缓慢恢复期

广东是中小企业、民营经济大省。中小企业在广东产业经济中处于重要地位，是创业创新的主要阵地。在新冠肺炎疫情冲击下，广东大型企业具备较强的抗风险能力，能够迅速回调，但中小企业总体抗风险能力较弱，生产模式、产品结构、经营理念存在较多短板，受疫情影响严重，工业增加值降幅较为明显。2020 年，在广东规模以上工业企业中，大型企业累计完成增加值15850.39 亿元，同比增长 1.7%；中型企业累计完成增加值 7599.87 亿元，同比增长 3.9%；小型和微型企业累计完成增加值 9600.24 亿元，同比下降 0.8%。

3. 产业基础能力短板明显，"缺核少芯"问题仍待解决

产业基础能力是影响产业发展质量、产业链控制力和竞争力的关键能力。2020 年，广东坚持科技创新是引领发展的第一动力，把自主创新作为推动高质量发展的重要支撑，区域创新能力保持全国第 1。但广东缺少世界级的大学和研究机构，仍存在基础研究和应用基础研究创新能力不足、产业关键核心技术创新能力不强等短板和弱项。一是"工业四基"（核心基础零部件、关键基础材料、先进基础工艺、产业技术基础）自主化程度较低，关键共性技术缺失，试验验证、计量、标准、检验验证、认证、信息服务等产业基础服务体系不完善。二是关键核心技术对外依存度高，"缺核少芯"问题仍较突出，电子信息领域 90% 以上的高端芯片依赖进口，虽家电制造需求量巨大的陶瓷电容器基本实现国产化，但更高端的薄介质高容、高容高压产品被日韩企业垄断；国产工业机器人配套减速器、伺服电机等进口比例为 90%，驱动器进口比例为 80%。

4. 产业结构优化升级不足，高端产业发展质量仍待提高

受新冠肺炎疫情冲击，旧动能面临加大压力，而新动能规模尚小，新旧动能转换速度偏慢，产业结构优化升级不足，导致广东仍面临突出的经济下行压力和风险。2020 年，广东大力发展先进制造业和高技术制造业，着力培育战略性新兴产业，但大部分新兴产业尚处在成长期，规模偏小、实力偏弱，对经济增长的贡献率仍较低。同时，从高技术制造业内部看，广东不少处于高技术行业的企业主要进行低端产品的组装，技术密集型制造业的高级化进程相对滞缓，发展质量不高。从服务业内部结构来看，高端生产性服务业发展滞后，研发设计与其他技术服务，货物运输、仓储和邮政快递服务，信息服务，商务服务等行业增加值占比仍较低，远低于发达国家水平。从全球产业竞争格局来看，广东的产业整体仍处于国际产业价值链中低端，产业结构调整和转型升级力度还需要进一步加大。

二 2021年广东现代产业体系发展面临的机遇和挑战

（一）面临的机遇

1. 全球新一轮技术革命和产业变革加速推进，为广东产业创新驱动发展提

供了新契机

当前,全球科技创新处于高度活跃期,学科交叉融合和群体跃进趋势越发明显,创新已经成为培育产业竞争优势的关键。5G、人工智能、工业互联网、物联网技术加快突破并大规模商业化应用,新业态蓬勃发展,生命科学、量子计算、无人化等跨界融合,制造业智能化、融合化、绿色化、定制化趋势显著。广东作为全国科技创新实力最强和创新最为活跃的地区之一,拥有良好的人才基础、技术基础和产业基础,科技研发、成果转化能力突出。新一轮科技革命与产业变革对广东产业的智能化转型升级和产业链水平整体跃升具有革命性影响,为经济高质量发展提供了强劲动力,有利于广东增强产业链供应链自主可控能力,加快推进建设现代产业体系,在更广阔的领域内实现"并跑"和"领跑"。

2. 畅通"双循环"的新发展格局加快构建,为广东产业开放共赢提供了新机遇

当前,中国正在加快构建以国内大循环为主体、国内国际双循环相互促进的新发展格局。广东全力打造新发展格局的战略支点,在更高起点上推进改革开放,大力推进"制造业强省""创新强省"建设。广东具备强大的制造能力,拥有华为、广汽、美的、格力等一批具有国际竞争力的龙头企业。作为中国参与国际竞争合作的重要窗口,广东一直与世界经济保持着紧密联系、深度融合。畅通"双循环",打造新发展格局的战略支点,有利于广东对标国际市场,布局产业链、供应链、创新链,打造具有更强黏性的产业生态圈,深度融入全球经济竞争合作,加快集聚、利用全球资源,增强产业发展的自主性、可持续性和韧性,实现产业链条全球调整布局,重塑国际合作和竞争新优势。

3. 粤港澳大湾区和深圳中国特色社会主义先行示范区建设加快推进,为广东产业提质增效提供了新机遇

粤港澳大湾区和深圳中国特色社会主义先行示范区建设作为国家战略深入推进。2021年,广东将继续加快推动"双区"建设进程,强化广州与深圳"双城"联动效应,为高质量发展培育动力源泉。推进"双区"建设有助于广东在制度创新、放权赋能、激发活力、营造环境上实现新突破,促进各类要素高效、便捷流动,加快前海深港现代服务业合作区改革开放步伐,高标准建设深港科技创新合作区,创新产业协同发展模式,构建适度开放条件下数据、技术、人才、资本和信息等创新要素按照特定规则跨境流通体制机制,推动建立

科技创新管理制度和国际科技合作对接机制，打造世界级产业集群和人工智能与数字经济试验区，增强核心引擎功能。

4. "一核一带一区"区域发展格局加快构建，广东产业区域发展新版图加速形成

2019年7月，广东省委、省政府印发《关于构建"一核一带一区"区域发展新格局促进全省区域协调发展的意见》，指出要发挥广州和深圳的"双核"驱动作用，推进区域深度一体化，辐射带动东西两翼地区和北部生态发展区加快发展。2021年1月，广东省第十三届人民代表大会第四次会议进一步强调了加快构建"一核一带一区"区域发展格局的重要性，明确了"双核+双副中心"，珠三角帮扶粤东西北地区的发展格局和行动方略。"一核一带一区"区域发展格局的重塑，对于提升珠三角辐射带动能力，形成优势互补、合作共赢的产业发展机制，打造重要产业集群和沿海产业带，推动广东省加快形成产业区域协调发展新格局，增强内生发展动力具有重要意义。

5. 数字经济蓬勃发展，成为推动广东产业高质量发展的新力量

当前全球数字化转型和变革正在加快推进，特别是新冠肺炎疫情暴发后企业对数字化转型的需求更为迫切，以大数据、人工智能、区块链等为代表的数字新技术持续催生引领未来的新产业、新业态、新企业，深刻改变和重塑着传统的经济社会结构。广东具备发展数字经济的优良基础，与数字经济相关的制造业基础雄厚，与信息通信相关的人才较多，通信类硬件在全国领先，拥有一大批实力较强的研发机构，并具有应用场景丰富的优势。抓住数字技术变革机遇，充分释放数字化发展的倍增效应，有利于推动数字技术向广东的实体经济领域渗透，促进互联网、人工智能、云计算、大数据等新兴产业发展壮大，加快传统产业智能化升级改造步伐，为新时期广东产业加快发展提供新动能、探索新领域，加快实现实体经济质量变革、效率变革、动力变革。

（二）面临的挑战

1. 世界经济不确定性风险增大叠加新冠肺炎疫情冲击，给广东产业发展带来严峻挑战

当前，世界经济不稳定、不确定因素增多，受到新冠肺炎疫情的冲击，全球经济的复苏可能需要长达两三年时间。虽然在新形势下，经济全球化以及推动

市场更加开放的全球贸易发展趋势没有改变，但其中体现出的全覆盖、宽领域、高标准和广区域四大特点和对域外国家的强排他性，将加速广东省出口型制造企业向海外转移，加大国内制度法规调整压力。广东省工业基础领域"卡脖子"问题突出，"缺核少芯"现象明显。随着全球保护主义、单边主义抬头，广东省相关行业、企业可能面临重要设备、核心零部件、关键材料等供应紧张的风险，同时面临生产成本上涨等经营压力，稳产业链供应链压力大。作为中国对外开放的前沿阵地，广东制造产业的发展以及产品出口将面临严峻挑战。

2.国内经济运行面临下行压力，增加了广东产业发展环境的不确定性

受新冠肺炎疫情影响，中国经济下行压力较大，经济恢复可能需要较长时间。近年来，受产能过剩压力较大、全球经济形势错综复杂等因素影响，制造业投资增速有所减慢，汽车及石油类消费低迷，消费增速有所回落。外需疲软，出口压力较大，整体经济形势不容乐观。受国内宏观环境影响，当前广东经济下行压力也有所加大，新冠肺炎疫情使广东经济发展不稳定、不确定因素增多。粤东西北地区经济发展较为滞后，制造业新动能的拉动力不足，消费的新热点尚未形成，出口额因受制于世界复杂经济局势而有所下降。新冠肺炎疫情对中国经济造成严重冲击，广东作为经济大省首当其冲。特别是房地产、汽车等产业链条长、对相关产业带动力强的支柱产业增速放缓甚至下降，对广东省经济稳增长造成重大影响。

3.成本优势逐渐消失，广东产业发展面临新旧动能转换接续不力的障碍

一方面，受外部需求减弱、要素成本上升、外部技术外溢效应减弱和区域竞争格局变化等影响，广东经济已进入"高成本时代"，支撑广东长期快速发展的传统低成本优势逐步减弱。另一方面，新的生产要素和新兴产业尚未培育成熟，产业整体自主创新水平和核心技术竞争力有待提高，技术进步和金融深化仍然滞后于产业发展，旧动能进入平台期而新动能支撑不足，新旧动能转换存在接续不力的困境。

三 2021年广东现代产业体系发展趋势

（一）战略性产业集群加快培育，制造业发展基础不断夯实

推动产业集群化发展是提升广东产业竞争力的内在要求，对广东实现经

济高质量发展具有重要的战略意义，关系到广东能否在未来经济发展中抢占先机。2021年，广东将对标世界先进水平，加快推动新一代电子信息、智能家电、高端装备制造等20个战略性产业集群建设，大力推进"强核工程""立柱工程""强链工程""优化布局工程""品质工程""培土工程"六大工程，从统筹战略性产业集群全局性问题出发，抢抓"双区"建设机遇，推动城市群与产业集群协同发展，围绕城市功能定位谋划产业布局，推动各园区内产业优势互补、错位发展，打造具有显著特色的产业园区，推动集群内形成政策、资源洼地，奋力打造世界级先进制造业集群，培育产业高质量发展典范。

（二）产业基础高级化和产业链现代化攻坚战持续推进，产业链供应链自主可控能力进一步增强

高能级产业基础和现代化产业链是现代经济体系的重要特征，是维护产业经济安全的重要举措。2021年，广东将深入实施产业基础再造工程，加大重大基础研究与应用基础研究投入力度，主动承接国家重大科技计划和重大专项，围绕战略性新兴产业发展需求，实施"全链条"布局和推进，遴选一批"卡脖子"、示范带动性强的关键技术，尽快解决"缺核少芯"问题，扭转核心技术、关键零部件、重大装备受制于人的局面。广东将以数字技术赋能传统产业技术改造，加快推动传统优势产业向绿色化、智能化和高端化方向转变，扬长避短，推动广东产业向价值链高端跃迁；瞄准前沿技术领域，加强基础研究投入，加强关键领域核心技术攻关，着力增强产业的原始创新能力，提升产业链供应链发展韧性，实现经济高质量发展。

（三）数字经济与实体经济深度融合，新业态、新模式不断涌现

在新一轮技术变革的助推下，数字经济成为中国经济高质量发展的重要推动力。把握数字经济变革的战略机遇，谋求数字经济与实体经济深度融合，是推动新时期广东产业发展的关键突破口。2021年，广东将巩固数字产业发展优势，加快推动5G基站和数据中心布局建设，不断促进电子信息产业快速发展，充分发挥数据作为新生产要素的作用，拓宽数字产业化与产业数字化的新应用领域，大力发展数字新技术、新产业、新业态、新模式，

努力建设成为国家数字经济产业中心，并打造辐射和支撑全省新兴数字产业发展的创新高地。广东将以工业互联网示范区和平台建设为抓手，推进生产、管理、服务等环节的创新重构，推广"互联网＋工业""互联网＋农业""互联网＋服务业"，积极培育新产业、新业态、新模式，释放数字经济对实体经济的倍增效应。

（四）战略科技力量不断强化，产业升级支撑能力持续提升

科技创新是新时期支撑广东塑造全球产业竞争优势的根本力量，也是广东抢抓新一轮科技革命和产业变革历史机遇、实现发展动力转换的重大战略举措。2021年，广东将着力强化科技创新核心优势，筑牢产业创新基础，提升原始创新能力、自有核心技术水平、创新主体载体质量，加强创新政策策源地和创新环境营造等。广东将依托粤港澳大湾区国际科技创新中心和综合性国家科学中心建设，加快技术、人才、资源、政策等创新要素高效集聚融合，推动科技创新、产业创新以及商业模式创新，做强广深港澳科技创新走廊，构建空间分布集聚、学科方向关联的重大科技基础设施集群，不断培育新型研发机构、科技企业孵化器等重要平台，逐步统筹产业链、创新链、资金链、政策链，增强产业高质量发展的内生动力，为大湾区、环大湾区乃至整个华南地区发展未来产业提供科技保障，推动广东经济跃上新台阶。

（五）海洋产业加快成长，广东海洋经济强省建设深入推进

广东是海洋经济大省，多年来以陆地为支撑、以岛屿为支点的深远海工程发展成效显著。目前，广东省海洋经济正处在加速增长和结构转变的关键时期，海洋产业结构呈现"三二一"特征且优化趋势显著，现代海洋产业体系初步建立。2021年，广东将充分发挥独特的区位、自然条件和基础设施等比较优势，着力建设粤港澳大湾区现代化海洋经济区，推进粤港澳港口群错位协调布局，加快"大数据＋航运＋金融"式新业态、新模式发展，打造高能级国际航运中心。广东将加强海洋资源要素合作，打造海洋科技支撑平台体系和海洋金融支撑平台体系，加快科技和金融融合互促，推动海洋要素协同创新。进一步发挥地缘优势和油气服务基础优势，大力发展海上风电等新兴产业，培育壮大海洋产业集群。

四 推动广东现代产业体系发展的政策建议

（一）加快落实战略性产业集群行动计划

对标世界先进制造业集群水平，加快实施广东十大战略性支柱产业集群和十大战略性新兴产业集群行动计划，聚焦产业共性短板攻关，分行业、分步骤积极推动产业集群向专业化、差异化、规模化方向发展。促进战略性支柱产业集群稳步发展，以补齐短板做强产业链、以市场导向提升价值链、以核心技术发展创新链为导向，着力解决"缺芯少核"问题，与互联网深度融合，实现数字化、智能化转型，发展智能、健康、绿色、个性化等中高端产品①。将数字技术作为促进战略性新兴产业集群发展的核心驱动力，对标发达国家相关领域发展前沿，加快关键领域核心技术研发，重点发展前沿/领先原创性技术，增强自主创新能力。按照"一核一带一区"发展格局理念，调整优化集群发展布局，推动城市功能定位与集群发展协同匹配，着力增强产业集群发展的整体性与协同性。强化区域主体功能科学分工，打造"特色产业园区"，培育高端产业集聚区和产业创新策源地。

（二）着力推进产业基础高级化和产业链现代化建设

从补短板、锻长板、强企业三方面持续发力，加大力度推动稳链、补链、强链、控链工作落实，全力打好产业基础高级化和产业链现代化攻坚战。在补短板方面，突出重点行业关键环节抓补链，聚焦产业链条短板，积极响应国家产业基础再造工程行动，提升产业基础能力，降低制约产业自主可控的深层次风险；推动实施关键核心技术攻关工程，尽快解决一批"卡脖子"问题，争取掌握更多独门绝技，提升产业链现代化水平。在锻长板方面，加强全省产业链梯度配置，集中力量扶持与龙头企业配套的优势上下游企业发展，打造内外协同、共建共享的产业生态，筑牢产业链核心技术环节，以数字化赋能传统产业转型升级，以技术创新驱动工业绿色发展。在强

---

① 冯海波：《广东着力培育发展"双十"产业集群》，《广东科技报》2020 年 5 月 22 日。

企业方面，发挥链主企业和生态主导型企业的辐射带动作用，推动开展产业协同和技术合作攻关，力争在国内打造产业链闭环，打通从核心硬件和应用软件开发，原材料供应、零部件生产、整机制造到应用场景建设的共生产业链条，提升产业竞争力。

（三）深度推动数字经济与实体经济融合发展

以数字技术为依托，以实体经济应用需求为引领，着力推动数字经济谋篇布局，打造数字产业链和数字集群，对实体产业进行全链条改造提升，实现数字经济与实体经济的有效耦合、深度融合。推进体制机制改革，构建有助于融合发展的长效机制和政策体系，着力消除妨碍要素自由组合的堵点。大力支持链主企业、头部企业等搭建网络化协同平台，引领、带动上下游企业加快数字化转型，促进产业链向更高层级升级。培育数字经济新业态，支持建设数字经济供应链，着力发展信息化与工业化融合、新兴技术与传统优势产业融合、新兴技术间相互融合、制造业与服务业融合等融合型新业态。搭建网络化协同平台，加快工业互联网创新应用，开展产业集群数字化转型试点工作，推动广东省工业互联网产业示范基地和工业互联网（广东）创新中心加快建设并投入使用。

（四）加快推动科技创新，强化现代产业体系驱动力

充分发挥央企和中科院等大院大所在科技资源方面的高端引领作用，整合产业科技创新资源，建设一批国家重大科技基础设施和重点实验室、关键技术中试平台、公共服务平台、工程技术研究试验中心等，吸引一批具有先进科研成果的研究团队和优秀人才集聚广东，为广东产业建设提供智力支持，加快提升科技创新关键软硬件实力。将长远需求与眼前应急相结合，加强核心技术攻关。深入实施"广东强芯"行动，加快芯片自主替代步伐，加强产业经济安全防控。创新科技成果转化机制，加快推进珠三角国家科技成果转移转化示范区建设，打造华南技术转移中心、国家技术转移南方中心等平台，谋划国家（广东）军民融合创新示范区建设。推动大型龙头企业与中小微企业之间开展融通创新，加快产业链协同创新。

（五）强化要素支撑，释放现代金融、人力资源与实体经济发展的同频共振效应

优化金融结构，提升金融资源配置效率等，大力发展普惠金融、科技金融、绿色金融、定制化金融、供应链金融等新模式，培育以金融＋科技创新、金融＋先进制造等为内核的金融业新业态，发挥现代金融对实体经济的引导作用。大力发展应用互联网、大数据等新技术，创新金融服务业态和方式，拓宽创新企业融资渠道，引导更多金融资源向战略性新兴产业和高技术产业汇聚。对接广东现代产业发展需求，构建与国际接轨、更具全球竞争力的人才制度体系，强化人才队伍建设，实现人才赋能。优化人力资本结构，大力引进一批站在世界数字经济发展前沿的领军人才和高层次创新团队，以产教融合构建校企合作机制，建立技能型人才教育链与产业链之间的链接，加强适用性人才培养，激发企业家创新创业精神，引导企业家成为新时代广东构建新发展格局、建设现代化经济体系、推动高质量发展的主力军[①]。

参考文献

《2020 年广东规模以上工业生产运行情况分析》，广东统计信息网，2021 年 2 月 5 日，http：//stats. gd. gov. cn/tjfx/content/post_3221772. html。

《2020 年广东宏观经济运行情况分析》，广东统计信息网，2021 年 2 月 25 日，http：//stats. gd. gov. cn/tjfx/content/post_3231021. html。

《广东汽车战略性支柱产业集群发展现状和对策研究》，广东统计信息网，2020 年 11 月 30 日，http：//stats. gd. gov. cn/tjfx/content/post_3138381. html。

《广东新一代电子信息战略性支柱产业集群发展现状和对策研究》，广东统计信息网，2020 年 12 月 9 日，http：//stats. gd. gov. cn/tjfx/content/post_3146078. html。

《广东智能家电战略性支柱产业集群发展现状和对策研究》，广东统计信息网，2020 年 12 月 22 日，http：//stats. gd. gov. cn/tjfx/content/post_3155556. html。

《中共中央关于制定国民经济和社会发展第十四个五年规划和二〇三五年远景目标的建

---

① 农春仕：《加快人力资源与实体经济协同构建现代产业体系》，《现代经济探讨》2020 年第 8 期。

议》,中国共产党新闻网,2020 年 11 月 4 日,http：//cpc. people. com. cn/n1/2020/
1104/c64094 - 31917780. html。

马兴瑞:《2021 年 1 月 24 日广东省省长马兴瑞在广东省第十三届人民代表大会第四次会
议上作政府工作报告》,广东省人民政府网站,2021 年 1 月 28 日,http：//
www. gd. gov. cn/gdywdt/gdyw/content/post_3185688. html。

王慧艳:《广东智能机器人战略性新兴产业集群发展现状和对策研究》,《广东经济》
2020 年第 12 期。

张仁寿、刘伊尹、王广英、陈金玲、杨林:《粤港澳大湾区高技术制造业发展现状及趋
势分析——以国家中心城市广州为例》,《广东经济》2019 年第 10 期。

社 会 篇

Social Analysis

B.5
2020~2021年广东实施脱贫攻坚报告

广东省社会科学院环境与发展研究所课题组*

摘　要：　2020年，广东始终以习近平新时代中国特色社会主义思想为根本遵循，把习近平总书记关于"三农"和扶贫工作的重要论述转化为具体的政策举措，持续推进脱贫攻坚各项工作并取得决定性进展。贫困人口收入大幅度提高，贫困地区基础设施和基本公共服务显著改善，贫困地区经济社会发展明显加快，农村基层治理能力和管理水平大幅提升，为东西部扶贫协作贡献了广东力量。面向"十四五"，广东必须在巩固既有扶贫成果上，补齐"三农"短板，增强"三农"韧性，全面提升农村基层治理能力，建立稳固脱贫长效机制，加快推进乡村振兴步伐。

---

* 课题组成员：曾云敏，广东省社会科学院环境与发展研究所副所长、研究员，主要研究方向为环境经济；邹开敏，广东省社会科学院环境与发展研究所副研究员，主要研究方向为旅游经济与心理；赵亚兰，广东省社会科学院环境与发展研究所助理研究员，主要研究方向为环境经济与政策。

关键词： 脱贫攻坚 乡村振兴 基层治理

党的十八大以来，广东始终坚持以习近平新时代中国特色社会主义思想为根本遵循，把习近平总书记关于"三农"和扶贫工作的重要论述转化为具体的政策举措，全面加强党对扶贫开发工作的领导，不断创新体制机制，持续加大力度确保打赢脱贫攻坚战。2020年是全面建成小康社会目标实现之年，是全面打赢脱贫攻坚战收官之年。面对突如其来的新冠肺炎疫情影响，广东省委、省政府坚持战疫战贫"双统筹双促进"，实施克服疫情影响专项行动，挂牌督战集中攻克贫困最后堡垒，升级加强东西部扶贫协作，推动"三落实""三保障""三精准"再提效，率先实现现行标准下农村贫困人口全部脱贫、贫困村全部退出、贫困县全部摘帽[1]，高质量打赢脱贫攻坚战，为在国际上被誉为"人类历史上最伟大的事件之一"的中国扶贫事业做出了广东贡献。

一 广东省脱贫攻坚主要成就

（一）脱贫攻坚取得决定性成就

截至2020年底，广东全省在现行省定标准下，农村贫困人口全部稳定脱贫，贫困村全部达到脱贫出列标准（见表1）；贫困发生率从2016年的4.54%下降到2019年的0.1%（见图1），52个扶贫开发重点县和山区县全部摘帽（见表2），在脱贫攻坚方面取得了预期的效果。

表1 截至2020年底广东14市脱贫人口与脱贫村

地市	脱贫人口（万人）	占比（%）	贫困村出列（个）	占比（%）
湛江	23.37	100.00	218	100.00

---

[1] 《中共中央、国务院关于打赢脱贫攻坚战的决定》，2015年12月20日，http://www.gov.cn/gongbao/content/2015/content_2978250.htm。

续表

地市	脱贫人口 （万人）	占比 （%）	贫困村出列 （个）	占比 （%）
茂名	15.44	100.00	180	100.00
阳江	7.60	100.00	88	100.00
清远	12.60	100.00	261	100.00
云浮	11.26	100.00	105	100.00
梅州	14.50	100.00	349	100.00
韶关	8.34	100.00	278	100.00
河源	10.74	100.00	255	100.00
汕头	9.38	100.00	37	100.00
汕尾	12.31	100.00	137	100.00
揭阳	10.79	100.00	192	100.00
潮州	—	100.00	45	100.00
肇庆	8.80	100.00	105	100.00
惠州	3.55	100.00	46	100.00

资料来源：各地市当年国民经济和社会发展统计公报。

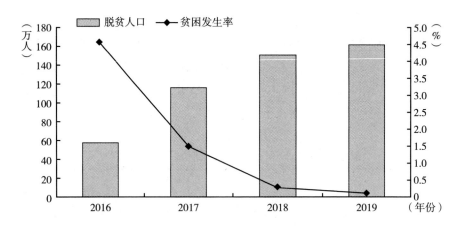

图1　2016~2019年广东农村脱贫人口和贫困发生率

表2　广东省扶贫开发重点县和山区县摘帽名单

地市	县（市、区）
广州	从化区
韶关	曲江区、始兴县、仁化县、翁源县、乳源瑶族自治县★、新丰县★、乐昌市★、南雄市★
汕头	南澳县
茂名	高州市、信宜市
肇庆	广宁县、怀集县、封开县、德庆县、高要区
惠州	惠东县、龙门县
梅州	梅江区、梅县区、大埔县★、丰顺县★、五华县★、平远县、蕉岭县、兴宁市
汕尾	海丰县、陆河县★
河源	紫金县★、龙川县★、连平县★、和平县★、东源县★
阳江	阳春市
清远	佛冈县、阳山县★、连山壮族瑶族自治县★、连南瑶族自治县★、清新区、英德市、连州市★
潮州	潮安区、饶平县★
揭阳	揭西县★、惠来县★、普宁市★
云浮	云城区、新兴县、郁南县、云安区、罗定市

注：带★的为广东省委、省政府确定的扶贫开发重点县。

（二）贫困人口收入大幅度提高

广东始终高度重视脱贫攻坚工作，长期坚持开发式扶贫，引导有劳动能力的贫困人口脱贫致富。2017～2020年，广东省有劳动能力相对贫困户年人均可支配收入从8093元提高到15147元（见表3）。2019年，广东省农民人均可支配收入达到18818元，比全国农民人均可支配收入（16021元）多2797元；即使在受到疫情影响的2020年上半年，广东省农民人均可支配收入（9894元）也超过全国农民人均可支配收入（8069元）。

表3　2017～2020年广东省有劳动能力相对贫困户年人均可支配收入

单位：元

	2017 年	2018 年	2019 年	2020 年
有劳动能力相对贫困户年人均可支配收入	8093	9600	10560	15147

（三）贫困地区基础设施和基本公共服务显著改善

在环境整治方面，截至 2019 年底，广东省完成基础环境整治工作的自然村占 96.4%，贫困户危房改造任务全面完成；农村生活垃圾收运覆盖率达 96.2%，生活污水处理率上升至 35%；农村卫生户厕普及率为 98.1%，农村厕所问题得到基本解决；"五清"行动共清理河长 4.79 万公里、水域 5967.8 平方公里，基本实现江河湖库无成片垃圾漂浮物目标；完成 11 条重点古驿道沿线环境整治提升①。在安全饮水方面，广东省已于 2020 年底全面完成脱贫攻坚饮水安全和省定贫困村集中供水全覆盖任务。广东行政村"三通"（通路、通电、通电话）实现全覆盖，覆盖率领先于全国水平；行政村电信设施建设实现大面积覆盖，覆盖率远高于全国水平②。贫困村公共服务站、标准化卫生站、快递物流覆盖率分别达 99.8%、98.5%、80.2%③，基本公共服务水平进一步提升。

（四）贫困地区经济社会发展明显加快

广东把产业扶贫作为重要抓手，促使特色产业不断壮大，产业扶贫、电商扶贫、光伏扶贫、旅游扶贫等发展较快，贫困地区经济活力和发展后劲明显增强④。2016 年至今，广东全省实施产业扶贫项目 6.3 万个，建设"一村一品"基地 1048 个⑤。在乡村旅游方面，2016 年，广东省选出 117 个具有发展旅游潜力的贫困村作为省旅游扶贫重点村，依托贫困村田园风光、民俗风情、森林景观等资源，建成一批乡村民宿、养生基地、民俗体验等旅游项目，培育

---

① 《筑牢乡村振兴"四梁八柱"》，中国农村网，2019 年 12 月 16 日，http://journal.crnews.net/ncgztxcs/2019/deshsiq/jj/128211_20191216033948.html。

② 《广东省新农村基础设施建设的成效明显　进一步推动乡村振兴战略实施》，中商产业研究院，2018 年 12 月 5 日，https://www.askci.com/news/chanye/20181205/1628321138095_5.shtml。

③ 《广东探索建立解决相对贫困长效机制主要做法与经验》，南方杂志网，2020 年 4 月 8 日，http://www.nfzz.net.cn/epaper/fb/322/content/2020-03/30/content_190664561.htm。

④ 《习近平：在决战决胜脱贫攻坚座谈会上的讲话》，中国政府网，2020 年 3 月 7 日，http://www.gov.cn/xinwen/2020-03/06/content_5488175.htm。

⑤ 《2020 年打好脱贫攻坚战　广东下了哪些真功夫？》，广东省人民政府网，2021 年 1 月 21 日，http://www.gd.gov.cn/zwgk/sjfb/sjfx/content/post_3180446.html。

"旅游扶贫示范点",旅游扶贫重点村集体年收入平均达到 8 万元以上①。在电商扶贫方面,广东一直将电商发展作为破解小农户与大市场对接根本性难题的重要方式,着力助推脱贫攻坚工作。例如,广东清远英德市在推动农业电商化、带动脱贫攻坚和乡村振兴等方面,成为国务院予以激励的十个典型县市之一②。在生态扶贫方面,广东通过建立生态公益林效益补偿制度、优先聘请贫困户当护林员、绿化乡村等生态扶贫途径,实现生态保护与脱贫致富"双丰收"。近年来,广东累计落实中央财政和省财政两级生态公益林补偿资金 201.77 亿元,惠及林农 559.7 万户 2649.7 万人,约占全省农业人口的 2/3③。作为新时期扶贫开发工作的重要抓手,易地搬迁在广东早有实践。尤其在清远、韶关等地的石灰岩高寒山区,在财政资金补助和安置优惠政策的引导下,许多贫困农户走出大山,在城镇安家落户,开启全新生活④。在产业扶贫、生态扶贫、易地扶贫搬迁等多种方式的共同作用下,贫困户就业增收渠道明显增多,贫困地区生态环境明显改善,基本公共服务日益完善。

(五)农村基层治理能力和管理水平大幅提升

脱贫攻坚改进了党的作风,密切了党群关系,进一步巩固了党在农村的执政基础。选派第一书记和驻村工作队,锻炼了机关干部,培养了农村人才。通过组织开展贫困识别、精准帮扶、贫困退出和大规模轮训等工作,农村基层治理能力和管理水平大幅提升,农村基层党组织创造力、凝聚力、战斗力明显增强。截至 2017 年底,广东全省五级(省、市、县、镇、村)书记抓扶贫的工作格局基本建立;2018 年,广东实施"头雁工程",为如期完成脱贫攻坚目标任务打下坚实的基础。截至 2020 年底,广东共派出 5597 名驻村干部奋战在脱

---

① 《广东省大力实施旅游精准扶贫 3 年攻坚将增收 10 亿》,广东省人民政府网,2017 年 3 月 19 日,http://www.gd.gov.cn/gdywdt/dczl/gcls/content/post_76212.html。

② 《广东消费扶贫助力脱贫攻坚 电商渠道表现亮眼》,中国新闻网,2020 年 9 月 27 日,https://www.chinanews.com/cj/2020/09-27/9301383.shtml。

③ 《广东:生态扶贫,让"百姓富、生态美"》,央广网,2020 年 6 月 28 日,http://m.cnr.cn/news/yctt/20200628/t20200628_525146821.html。

④ 《易地搬迁扶贫并非一搬了之》,《南方农村报》2015 年 12 月 10 日,第 2 版。

贫攻坚一线。脱贫攻坚战场成为培养锻炼干部、转变工作作风的重要平台和主阵地①。

（六）东西部扶贫协作扎实推进，贡献广东力量

广东始终深入贯彻落实习近平总书记重要讲话精神和党中央决策部署，完善结对机制，细化帮扶举措，扎实推进东西部扶贫协作，携手决战决胜脱贫攻坚，共同走向全面小康，在各项工作上取得了新进展、新成效②。2016 年以来，广东开始对广西、四川、云南、贵州 4 省（区）14 个市（州）93 个贫困县给予财政帮扶资金，并逐年加大帮扶力度。截至 2020 年 10 月，广东已累计向 4 省（区）援助各类资金 659 亿元，引导投资 3300 多亿元；派出 7 个省级扶贫协作工作组以及党政干部 1000 多人次、教师医生等人才 1.3 万多人次，在财政援助资金、扶贫车间建设数量和新增贫困人口就业人数等指标上，取得 8 个"全国第一"，在全国东西部扶贫协作成效考核中连续 3 年被评价为"好"，受到党中央、国务院的通报表扬，称得上"当了排头兵、啃了硬骨头、做了大贡献"③。

二 2020年广东省脱贫攻坚的具体措施

（一）农村地区疫情防控与复工复产两手抓，防止疫情带来的返贫风险

2020 年是全面建成小康社会的攻坚之年，但疫情对贫困户外出务工就业、特色产业、乡村旅游造成冲击。扶贫的重点工作是在坚持疫情防控常态化的情况下，遵循《广东省农业农村复工复产新冠肺炎疫情防控工作指引（第二

---

① 《一鼓作气攻坚克难坚决打赢脱贫攻坚战——广东扶贫济困日前夕　省委常委叶贞琴接受羊城晚报专访》，金羊网，2019 年 6 月 28 日，http：//news. ycwb. com/2019 - 06/28/content_30288066. htm。

② 《这四年，东西部扶贫协作带来哪些新气象》，人民日报网，2020 年 7 月 20 日，https：//baijiahao. baidu. com/s？id = 1672703379047572832&wfr = spider&for = pc。

③ 《东西部扶贫协作，广东就当"排头兵"》，南方杂志网，2020 年 10 月 26 日，http：//www. nfzz. net. cn/epaper/fb/335/content/2020 - 10/26/content_191627362. htm。

版)》，多措并举克服疫情对脱贫攻坚的影响，优先支持贫困劳动力务工就业，加快扶贫项目开工复工。

首先，为了优先支持贫困劳动力务工就业，扶贫工作人员全面摸查了贫困劳动力返岗情况和就业意向，强化了公益性岗位兜底安置，"点对点"地帮助贫困劳动力尽快有序返岗就业，同时利用农村的重大工程建设、以工代赈项目、农村人居环境整治和乡村农田水利等项目优先吸纳贫困劳动力①。广东省人力资源和社会保障厅开展"就业扶贫助复工"行动，将就业扶贫作为脱贫攻坚的重中之重，着力解决贫困户务工难、增收难问题。

其次，对于在疫情期间受到影响的农业企业、乡村旅游项目等，提供产业帮扶资金和扶贫贷款，协助其尽快复工复产，帮助它们渡过难关。对于无法继续从事的农业项目和乡村旅游项目，则寻找其他的替代项目，减少疫情带来的冲击。

最后，扎实开展消费扶贫。广东把消费扶贫与机关、企事业单位的"菜篮子"问题相结合，鼓励机关、企事业单位积极购买扶贫农产品，产销对接，建立稳定的供销关系。同时，发挥"广东扶贫济困日"活动品牌优势，广泛发动全社会爱心人士采购扶贫产品。

（二）切实做好新形势下东西部扶贫协作，携手奔小康

突如其来的新冠肺炎疫情，给东西部扶贫协作带来新的困难和挑战。为贯彻落实习近平总书记重要指示精神及国务院扶贫开发领导小组《国务院扶贫开发领导小组关于做好新冠肺炎疫情防控期间脱贫攻坚工作的通知》要求，广东争当扶贫协作"排头兵"，坚决完成收官之年各项任务。

全面完成东西部扶贫协作协议。截至2020年4月底，广东省委、省政府建立疫情分析应对机制，计划实施的1287个东西部扶贫协作项目已启动1141个②。

开展消费扶贫，把消费扶贫作为东西部扶贫协作的一个重要方式和渠道。

---

① 《高质量打赢脱贫攻坚收官战 夺取脱贫攻坚全面胜利——访广东省委农办、省扶贫专职副主任梁健》，《源流》2020年第5期。

② 吴松山、王群：《广东扶贫工作从实绩到认知创新的贡献》，《南方杂志》2020年第12期，http：//www.nfzz.net.cn/epaper/fb/327/content/2020－06/15/content_191026263.htm。

推动更多党政机关、事业单位、国有企业、金融机构、大专院校、城市医疗及养老服务机构等采购西部农特产品。广泛开展"买产品、献爱心、促脱贫"消费扶贫活动，支持广东电商企业与两地农业龙头企业、农业种养与加工基地、农副产品营销大户等主体加强对接，在电商平台和网店等优先展示、销售贫困地区农特产品。

在劳务协作方面，加强两地人社部门协作，建立完善劳务输出对接机制，搭建就业信息服务平台，帮助有就业意愿的贫困劳动力快速就业、已就业的稳定就业。加大政策扶持力度，落实社会保险补贴、岗前培训补助、交通补助、公益性岗位社保个人缴费补贴等政策。

（三）积极探索脱贫长效工作机制，夯实稳定脱贫基础

在脱贫攻坚的进程中，一些贫困人口脱贫后，可能会由于多种原因返贫，影响脱贫攻坚战的成效。尤其是在出现疫情的情况下，必须巩固已经摘帽的贫困县、贫困村、贫困户的脱贫成果，建立健全稳定脱贫长效机制。目前，广东一些地区在发展产业就业、村庄内生动力和培训教育等方面进行了稳定脱贫长效机制的有效探索。

继续把产业扶贫作为重要抓手，规划建设好一批富有亮点与特色的产业扶贫项目。立足长远发展，积极释放品牌效应，以质取胜，提高市场竞争力。发挥地方优势，把地方特色和产业发展有机融合起来，大力提升产业附加值，因地制宜发展扶贫特色产业。

在"稳就业"方面，广东提出"粤菜师傅""南粤家政""广东技工"三大工程，发力稳就业，针对贫困户及就业困难人员等加大帮扶力度。

进一步加强社会组织参与脱贫攻坚的能力建设，构建社会大扶贫格局，凝聚脱贫攻坚的强大力量。2020年以来，广东向各地市民政部门印发《广东省社会组织管理局2020年引导和动员社会组织参与决战决胜脱贫攻坚工作方案》，并发出倡议，持续动员社会组织积极参与"广东扶贫济困日""广东社会组织支援'三区三州'建设""社会组织扶百村"等一系列扶贫活动①。

---

① 《广东省民政厅召开社会组织助力脱贫攻坚培训班》，广东省民政厅，2020年8月26日，http：//www.mca.gov.cn/article/xw/dfdt/202008/20200800029159.shtml。

在加强基层党组织建设方面，进一步强化党建促脱贫攻坚，强化扶贫领域作风建设，加大干部培训力度，为脱贫攻坚提供人才支撑，创设良好的公共服务环境，结合扶贫工作实际开设专题性课程，组织参与扶贫工作的同志深入交流扶贫的做法和思路。

三 广东脱贫攻坚的基本经验

（一）始终坚持调动社会各界力量参与脱贫攻坚，率先构建起全社会广泛参与的大扶贫格局

广东长期坚持广泛调动全社会力量参与扶贫开发，动员从党政机关到企业到社会组织和个人，在"自愿、无偿"原则基础上，通过多种形式参与扶贫开发建设。政府扶贫方面，2016年以来，广东全省21个地市动员了1.8万个党政机关和企事业单位、近6.5万名驻村干部参与扶贫。社会扶贫方面，广东积极推动"万企帮万村"扶贫行动，推动村企共建、县企共建，将民营企业扶贫资源精准有效地配置到村到户。与此同时，自2010年举办首个以扶贫济困为主题的省级专项活动日"广东扶贫济困日"至2019年，广东省共认捐257.36亿元[①]。在2020年"广东扶贫济困日"活动的启动仪式上，社会各界认捐款物达3.37亿元。

（二）始终坚持从区域协调发展角度解决好贫困问题，通过粤港澳大湾区建设为脱贫攻坚注入新动能

早在2016年，广东就提出要扎实搞好珠三角9市的对口帮扶，加强珠三角与粤东西北结对帮扶。截至2020年底，广州、深圳、佛山、东莞、珠海、中山珠三角6市累计向粤东西北1719个相对贫困村派驻5597名驻村干部，投入130.94亿元，帮扶相对贫困户11.82万户36.78万人[②]。多年来，广东深入拓展区域合作，积极支持被帮扶地参与"双区"建设、"双城联动"，强化经

---

① 《万众一心夺取脱贫攻坚战全面胜利》，《南方日报》2019年10月17日，第2版。
② 《广东：2000多个相对贫困村达到脱贫出列标准》，共产党员网，http://www.12371.cn/2020/06/30/ARTI1593510706112133.shtml。

济合作，深化交流交往交融，做实做细"携手奔小康"行动，实现产业互补、人员互动、技术互学、观念互通、作风互鉴①。

（三）始终坚持聚焦贫困对象精准施策，统筹推进开发式扶贫与保障性扶贫工作

党的十八大之后，广东进一步强化"产业扶贫、就业扶贫、易地搬迁扶贫、生态扶贫、教育扶贫、健康扶贫"以及"农村危房改造、残疾人脱贫、综合保障性扶贫"等系统性扶贫脱贫政策的成效。2016~2020年，广东共安排投入各项脱贫攻坚专项资金超过800亿元，落实产业扶贫、就业扶贫、教育扶贫、消费扶贫、低保兜底等各项扶贫政策②，切实保障全省脱贫攻坚资金需求。广东充分利用"互联网＋"等多种新兴技术，构筑起立体化的、多样化的脱贫攻坚战术组合。广东始终坚持以市场为导向，强调发展特色产业脱贫，因地制宜开展光伏扶贫，鼓励实施乡村旅游扶贫，积极推进电商精准扶贫，大力宣传消费扶贫等。各种产业扶贫模式尽显其能，推动粤东西北贫困地区初步形成了具有区域特色的产业体系，拓宽了贫困地区产品销售渠道，使贫困人口的就业机会明显增加。广东将农村公共服务优先列入各级政府民生实事工程，促进城乡重大民生资源均衡配置。优先发展农村教育，县域义务教育发展基本均衡覆盖率达100%；加快推进健康村镇建设，基本实现卫生站标准化建设全覆盖；村级综合性文化服务中心覆盖率达99%；建立城乡统一的社会保障制度，基本医疗保险参保率达98%，重点医疗救助对象"二次救助"扎实推进，因病致贫返贫保障体系全面建立③；符合城乡居民养老保险参保条件的贫困人员基本上实现应保尽保。

（四）始终坚持把扶贫开发与乡村振兴深度融合，用好用活乡村振兴政策，以农村综合改革为扶贫开发增加新动能

2018年，广东省出台《中共广东省委　广东省人民政府关于推进乡村

---

① 《广东省决战决胜脱贫攻坚推进会在广州召开》，人民网，2020年3月14日，http：//gd. people. com. cn/n2/2020/0314/c123932 – 33875577. html。
② 《广东投入近千亿元保障脱贫攻坚》，新华社，2020年3月19日，https：//baijiahao. baidu. com/s？ id =1661483099295622873&wfr = spider&for = pc。
③ 《广东探索建立解决相对贫困长效机制主要做法与经验》，广东扶贫网，2020年4月8日，http：//www. nfzz. net. cn/epaper/fb/322/content/2020 – 03/30/content_190664561. htm。

振兴战略的实施意见》，明确"要推进乡村振兴与脱贫攻坚有机融合，确保到 2020 年广东省相对贫困人口全部稳定脱贫"。精准脱贫和乡村振兴有机融合，是破解广东发展不平衡不充分难题的有力抓手之一。广东把 2277 个省定贫困村作为乡村振兴的示范村，实现脱贫与振兴双轮驱动。首先在组织上，将乡村振兴工作队和扶贫工作队合二为一，共同推进工作；其次同步部署乡村振兴和脱贫攻坚工作，实现二者工作步调一致；最后在产业项目上将脱贫攻坚需要提档升级的发展项目及基础设施项目编入乡村振兴的发展规划中，实现脱贫攻坚与乡村振兴的深度融合。

四 2021年广东巩固脱贫攻坚成果及全面推进乡村振兴的政策建议

2021 年是中国国民经济和社会发展第十四个五年规划的开局之年，是决胜全面建成小康社会、决战脱贫攻坚之后，乘势而上开启全面建设社会主义现代化国家新征程、向第二个百年奋斗目标进军的第一年[1]，广东省要把巩固拓展脱贫攻坚成果作为当前和今后一个时期农村工作首要任务，坚决守住脱贫攻坚成果，在精准对标完成 2020 年高质量全面建成小康社会要求的基础上，全面补齐"三农"领域全面建成小康社会短板，集中力量完成乡村振兴硬任务，接续推进脱贫地区发展和群众生活改善，与此同时，要做好巩固拓展脱贫攻坚成果同乡村振兴有效衔接[2]，加快推动脱贫攻坚政策、机制、资金整体纳入乡村振兴战略，逐步实现由集中资源支持脱贫攻坚向全面推进乡村振兴平稳过渡[3]。

---

[1] 《习近平指出，既要决胜全面建成小康社会，又要开启全面建设社会主义现代化国家新征程》，新华网，2017 年 10 月 18 日，http://www.xinhuanet.com/politics/19cpcnc/2017-10/18/c_1121820451.htm。

[2] 刘昂：《实现巩固拓展脱贫攻坚成果同乡村振兴有效衔接》，《经济日报》2020 年 12 月 3 日。

[3] 史志乐：《实现脱贫攻坚向乡村振兴的平稳过渡》，央广网，2020 年 12 月 30 日，http://news.cnr.cn/comment/sp/20201230/t20201230_525379602.shtml。

（一）全面补齐"三农"短板，集中力量完成乡村振兴硬任务

1. 全面改善农村人居环境

一是持续开展"三清理、三拆除、三整治"行动，重点推进农村破旧泥砖房清理整治和农村生活垃圾分类处理专项行动，推动国有农场人居环境整治。二是持续推进厕所革命，完成无害化卫生户厕改建任务。三是持续推进农村生活污水治理，维护山青水美的岭南乡村风貌，大力打造精美农村①。各村的整治手段可以千村千种，但整治目标应有基础的标准和共识。广东省政府财政较为充裕，能够支撑科层化和技术化程度较高的治理②。因此，应积极借鉴基础条件较好、推进建设较快、工作成效较为明显的榜样乡村的经验。以肇庆市怀集县坳仔镇为例，为了将农村人居环境整治落到实处，该镇积极探索标准化治理模式，狠抓"三清理、三拆除、三整治"，发动村民群众以清理"三堆"（杂物堆、土堆、草堆）、治理"三乱"（乱倒垃圾、乱堆乱放、乱搭乱建）、实施"三改"（改水、改厕、改圈）、美化"三口"（村口、路口、家门口）为主要抓手，引入市场化垃圾处理和污水处理服务，多措并举不断改善村容村貌③，真正让农村人居环境整治成效看得见、摸得着、管得住。

2. 全面补齐基础设施建设和公共服务短板

首先，在农业农村基础设施方面。一要加强各级政府、企业、社会等多元主体的协同合作机制④，尤其重视压实县级政府对农村公路管理的主体责任，加大资金统筹支持力度，扎实推进"四好农村路"建设和维护工作。二要补齐现代化农业必需的基础设施，建设完善农村物流配送中心、专业批发市场、农产品仓储保鲜冷链物流基础设施、稻谷烘干机械化设备等现代化农业公共服务设施和一批直接服务农户、新型农业经营主体的田头市场，推进广东供销公共型农产品

---

① 中共广东省委：《广东省人民政府关于加强乡村振兴重点工作，决胜全面建成小康社会的实施意见》，2020年3月2日。

② 杨华：《农村基层治理事务与治理现代化：一个分析框架》，《求索》2020年第6期。

③ 《坳仔镇：人居环境整治见成效，美丽乡村建设展新颜》，怀集县人民政府网，2020年8月4日，http://www.huaiji.gov.cn/xxgk/azz/content/post_2139971.html。

④ 王名、蔡志鸿、王春婷：《社会共治：多元主体共同治理的实践探索与制度创新》，《中国行政管理》2014年第12期。

冷链物流基础设施骨干网建设。加强农业设施大棚、水肥一体化、农作物残余物再生循环利用等设施建设，建立和完善设施农业标准体系。三要加快农村互联网基础设施建设，实施信息进村入户工程，集聚涉农服务资源，提升为农信息服务能力①。

其次，在农村基本公共服务方面。一要围绕农村地区群众切实需求，在盘活用好现有硬件公共服务设施的基础上，持续加大农村义务教育、医疗卫生服务、公共文化服务等方面的投入，增加农村公共服务有效供给总量。二要针对疫情防控暴露的短板弱项，进一步加强乡镇卫生院、村卫生室的人员队伍建设，推广汕头"家庭医生签约服务贫困户"模式，提高农村群众基本医疗需求的服务保障能力，稳定和巩固基层卫生服务网底。三要加强农村公共设施运营管护，避免农村垃圾收集点变成"污染源"、污水处理设施变成"晒太阳"工程，发挥公共设施对改善乡村环境卫生的作用。

3. 全面构建岭南现代农业产业体系

首先，推进农业供给侧结构性改革，以市场需求为导向②，依托优势农产品，逐步建立"一主多元"的农业产业结构，形成品牌形象好、重点突出、风险分散的农业经营模式。对接粤港澳大湾区和深圳中国特色社会主义先行示范区两大市场，依托特色农产品和优势产区，建立一批各具特色的现代农业产业园，构建"跨县集群、一县一园、一镇一业、一村一品"现代农业产业体系，打造国家级、省级、市（县）级梯次发展的现代化农业产业格局。深入实施地理标志农产品保护工程，通过农业特色产业村和特色农业专业镇，带动创建一批农业产业强镇、优势特色产业集群和特色农产品优势区，建设一批岭南优势农业产业带。实施"粤字号"农业知名品牌创建行动，推动区域公用品牌、企业品牌、产品品牌"新三品"融合发展，加强"粤字号"品牌农产品宣传推介。推动特色优势农产品出口。大力支持盐田港推进中国—中东欧农产品电商物流与展示中心建设，鼓励广东农垦等农业企业开拓海外市场，继续

① 《广东省人民政府办公厅关于印发〈农业农村部、广东省人民政府共同推进广东乡村振兴战略实施 2020 年度工作要点〉的通知》，2020 年 8 月 10 日，http：//www. gd. gov. cn/xxts/content/post_ 3062291. html。

② 人民日报社论：《深入推进农业供给侧结构性改革》，《人民日报》2017 年 2 月 6 日，第 1 版。

广东蓝皮书

推动饶平农业对外开放合作试验区建设①。

其次，创新"农业＋"新业态发展机制，推进农业生产、农产品加工和营销环节与科普、文化、旅游体验等结合，驱动农旅、文旅融合的农村新经济业态发展。制定"互联网＋"农产品出村进城工程实施方案，全面推进现代农业产业链建设，着力发展互联网＋、农村电商平台、冷链物流体系等，建立并完善适应农产品网络销售的供应链体系、运行服务体系和支撑保障体系，加强农产品产销对接、运销对接，打通脱贫地区农产品运销"最后一公里"②。

再次，推进农业科技创新。围绕扶贫农产品，发展精深加工环节，提高农产品的科技含量、附加值和市场竞争力，解决产品周期短的问题。一要实施广东省乡村振兴科技计划，依托广州国家现代农业产业科技创新中心、国家荔枝种质资源圃和岭南现代农业科学与技术广东省实验室等先进的农业科技平台，强化科技驱动，将农业高新科技创新转换为高质量农产品和服务。二要重视科技人才作用。大力培养、引进农业科技人才，持续发挥科技特派员制度作用，支持科技特派员创新创业，结合数字农业创新行动，采取"农村科技特派员＋金融""农村科技特派员＋电商"等模式。三要探索新基建在智慧农业中的作用。推进建设5G智慧农业产业园，重点推动"5G＋智慧农业"体系建设，促进信息技术、新基建与现代农业深度融合，培育精细农业。

（二）加强保障，全面增强"三农"韧性，在防疫常态化中巩固脱贫攻坚成果

1. 推动疫情期间各项政策措施落地见效

首先，强力推动政策措施落实。一要加大政策宣传力度。利用各类新闻媒体，切实加大各类惠企利民政策宣传力度，并做好相关政策的具体解读工作，使各类政策易于知晓、便于申报③。二要加快政策兑现速度。按照"最多跑一

---

① 《广东省人民政府办公厅关于印发〈农业农村部、广东省人民政府共同推进广东乡村振兴战略实施2020年度工作要点〉的通知》，2020年8月10日，http://www.gd.gov.cn/xxts/content/post_3062291.html。
② 农业农村部办公厅：《"互联网＋"农产品出村进城工程试点工作方案》，农业农村部网站，2020年5月6日，http://www.cac.gov.cn/2020-05/08/c_1590485840494832.htm。
③ 广东省政府办公厅：《广东省政府系统政策解读工作细则（试行）》，2018年10月29日，http://www.gd.gov.cn/zwgk/wjk/qbwj/ybh/content/post_159982.html。

次"的要求,制定可执行、可操作的办理流程细则和申报指南,指定便民服务窗口统一专人受理、一站办理,减少申报材料和附加条件,简化办理手续,扩大政策覆盖面,有效解决企业及个人的"急难愁盼"问题。三要加强政策落实监督。将各项扶持政策执行责任落实到人,涉及乡村振兴领域的要统筹纳入挂牌督战任务,建立政策落实"亮灯"机制,杜绝政策执行过程中的形式主义、官僚主义,惩处阳奉阴违或徇私舞弊行为。四要加强政策实施效果评估。及时发现政策执行过程中遇到的障碍,在总体方向和支持力度不变的前提下,根据实际问题实时调整优化政策细节,保证政策顺利推进。加大对疫情影响的评估,视情况适当延长各类优惠政策期限。

其次,推动政策向乡村振兴倾斜。一要围绕促进相对困难劳动力就业,加大对带贫企业的政策帮扶力度。疫情期间,虽然各地积极开发公益性岗位,保障困难劳动力临时就业,但从稳定脱贫的角度看,关键还是要靠各类企业提供可持续的就业岗位。一方面,结合实际制定奖补办法,对加快复工复产并吸纳一定规模困难劳动力稳定就业的企业给予补贴、税收返还等奖励;另一方面,针对疫情期间国际国内市场需求下降、订单减少等企业生存发展面临的实际困难,推动涉企帮扶政策适度前移,在减税收、降成本等优惠政策基础上更加注重帮助企业"找订单",推进产业链协同复工复产,引导各级政府部门以及上下游国有企业、龙头企业等与困难劳动力用工较多的企业建立订单合作关系。二要针对脱贫地区农产品滞销问题,加大消费扶贫政策帮扶力度。一方面,整合各类涉农资金,对受疫情影响农副产品滞销受损严重的农户给予补贴,针对有贷款的农户制定降息贴息、延期还款等有针对性的帮扶政策;另一方面,发挥先前脱贫攻坚对口帮扶协作机制作用,多渠道帮助解决农产品销售难题,推动珠三角各市将脱贫地区农产品消费统筹纳入各类"消费券""优惠券"政策支持中,对带动脱贫地区农产品运销成效突出的物流企业、电商平台等给予适当奖励。三要做好对脱贫地区特色产业发展的政策帮扶。针对乡村旅游,省市支持文旅企业应对疫情的专项资金要加大对乡村旅游景点、民宿、农家乐等文旅项目的投入;各地要指导做好乡村文旅宣传、设施升级、服务提质等工作,为即将复苏的旅游消费市场做好准备;省文化旅游部门适时举办广东乡村旅游品牌推介活动,发布广东最美乡村旅游推荐路线,并联合珠三角各市通过文旅消费补贴等形式,加大力度引导城市居民到脱贫地区乡村旅游消费。针对禁食野生动物

养殖产业，各地在统一收购、妥善处置在养禁食野生动物后，加快引导相关养殖企业和困难农户转型转产，帮助养殖户发展一批门槛低、见效快、市场前景好的产业项目，如结合防疫需求发展艾草、甜叶菊、金银花等中草药种植业，与城市消费市场需求对接，发展养猪、家禽饲养和水稻种植等"菜篮子""米袋子"产业项目。

2. 加大困难群众社会救助兜底保障力度

首先，加强社会救助与乡村振兴的政策衔接和信息共享。一要做好政策衔接。针对低保户与建档立卡贫困户认定标准和政策差异导致部分困难人口无法纳入低保救助范围的问题，制定临时救助政策，适当扩大社会救助的兜底保障范围。建立完善低保"渐退帮扶"的政策机制，对收入超过低保标准但未稳定脱贫或有返贫风险的建档立卡困难家庭，继续给予一定时间的渐退帮扶。二要加强信息共享。以广东省政务数据资源共享平台为基础，进一步加强建档立卡贫困人口"是否脱贫""受疫情影响情况""是否重残""是否重病"等关键信息共享，建立健全有返贫风险的不稳定脱贫人口、有致贫风险的边缘贫困人口等重点监控对象相关信息共享机制，提升数据信息质量和共享频率，强化民政部门精准识别重点人群并及时实施兜底救助的效能，防止"错保""漏保""脱保"等问题。

其次，加强对特殊困难群体和受疫情影响困难群体的关爱帮扶。一要因人施策、精准关爱各类特殊困难群体。进一步完善特困群体关爱服务体系，细化关爱保障措施。针对孤儿、农村留守和困境儿童，实施"孤儿助学工程"、百家社会组织走近留守和困境儿童"牵手行动"等，关心他们的教育和心理健康，在他们缺少亲情陪伴时给予更多社会爱护。针对孤寡老人和残疾人，落实特困人员救助供养政策，保障其照料、就医、护理等需求，营造尊老扶弱的文明风尚，维护好他们应有的社会尊严。进一步优化"粤省事"移动政务服务平台等线上特困救助申请审批流程，在村（居）委提供信息真实性证明的前提下，可由特定人代办线上申请，提升线上平台服务特困群体的效能。二要着力解决受疫情影响困难群体的生活困难。加快建立社会救助和保障标准与物价上涨挂钩的联动机制，通过发放临时价格补贴等方式，缓解疫情以来物价上涨对困难群众基本生活的影响。深入排查疫情以来困难家庭子女接受线上教育及复学、重疾重病人员就医等面临的实际困难，加大帮扶力度。发挥广东省高校毕业生就业创业智慧服务平台作用，创新网络招聘、校企对接等方式，帮助高校困难毕业生顺利就业。进一步加大临时救助力度，对由于疫情等原因而基本生活陷入困境的群体给予应急性、过渡性救助。

3. 提高脱贫人口抵御风险能力

一是引导银行、保险等资本要素向农村地区有序流动，推广汕头"防贫险"模式，设计开发防贫和扶贫保险专属产品，实现疫情、自然灾害等突发情况下社会救助和金融保险"二次兜底"。二是推动农业龙头企业等带贫主体建立与脱贫农户的利益联结机制，探索"农户＋合作社＋基地＋农业企业""务工工资＋固定收益""生产经营＋固定收益"等增收扶贫模式。重点支持困难地区探索农村土地征收、土地经营权流转、宅基地规范使用等制度改革创新，增加农民财产性收入。三是以劳动技能培训"三大工程"为基础，创新采取"广东技工＋智能制造""粤菜师傅＋旅游""互联网＋南粤家政"等模式①，加强技术等级认证、培训与就业对接等服务，促进农村劳动力就业增收。

4. 加强脱贫攻坚领域安全管理和风险管理

首先，防范化解困难地区各类涉疫次生灾害和风险隐患。一是加强扶贫项目复工复产、疫情防控责任落实。严格按照疫情防控责任落实到位、质量安全监管责任落实到位的"双到位"要求，有序推动扶贫项目复工和扶贫企业复产。积极运用人脸识别、电子围栏、远程视频等新技术，防范复工复产期间疫情反弹和安全生产问题。二是做好禁食野生动物无害化处理。认真落实国家林业和草原局《关于稳妥做好禁食野生动物后续工作的通知》要求，在引导人工养殖禁食野生动物扶贫产业转型的同时，防范禁食野生动物流入市场，指导各地对禁食在养野生动物进行妥善处置，做好需无害化处理野生动物的扑杀、消毒、运输、掩埋、焚烧工作，重点防范动物尸体处理带来的农村生产生活用水和环境污染等问题。

其次，防范扶贫项目质量安全问题和脱贫地区灾害隐患。一是加强扶贫项目质量安全监管。落实扶贫项目质量安全属地管理责任，强化监理人

---

① 王荣：《推动粤菜师傅、广东技工、南粤家政三大工程纵深发展》，人民网，2020 年 7 月 10 日，http：//gd. people. com. cn/n2/2020/0710/c123932 - 34147512. html。

员现场监督、乡村干部跟踪监督、主管部门抽查监督、群众随时监督等"四级监督"，防止扶贫项目建设中出现偷工减料、以次充好的问题。开展全省农村危房改造、脱贫村集中供水、农村公路建设等脱贫攻坚重点领域项目实施情况专项检查，排查安全隐患并及时落实整改。二是加强脱贫地区灾害预防治理。加大脱贫地区地质灾害综合治理力度，进一步引导地质灾害高发、易发地区群众异地搬迁，排查和消除农村削坡建房隐患，积极为脱贫地区人民群众创造安全的生产生活条件。加强汛期、风季的灾害天气预报，切实做好山区和沿海脱贫农村安全隐患排查，科学防范暴雨、台风等气象灾害以及山体滑坡、泥石流等次生灾害，强化面向受各类自然灾害威胁脱贫群众的科普宣传和应急演练，增强脱贫群众防灾意识、自救互救能力和临灾避险能力①，降低因灾返贫的可能。

（三）创新举措，全面升级治理能力，统筹协调探索脱贫长效机制

着力推进脱贫攻坚与乡村振兴有效衔接，把脱贫攻坚形成的政策、制度和工作体系等一整套行之有效的办法移植到乡村振兴中，全面推进乡村产业、人才、生态、文化、组织五大振兴②，进一步建立健全各方共谋乡村振兴的工作格局。

1. 深入开展再排查、再帮扶和成效普查

首先，围绕"不漏"，开展贫困问题"再排查"。发挥党员干部带头打脱贫攻坚战的先锋模范作用，在实施广东省内脱贫攻坚挂牌督战的基础上，组织动员省、市、县、乡四级万名党员干部"上山下乡""进村入户"，拉网式开展脱贫攻坚领域问题"再排查"工作。全面评估疫情对脱贫攻坚工作的影响，精准识别脱贫人口受疫情影响面临的新困难；针对有返贫、致贫风险的边缘人口，实施动态监测预警，推动"事后帮扶"向"事前干预"转变，及时将已返贫、新致贫人口纳入脱贫攻坚政策帮扶和社会救助兜底保障范围，做到脱贫攻坚不留死角、不漏一人。

其次，围绕"不贫"，开展脱贫人口"再帮扶"。根据实际情况，对未稳

---

① 陈莉、贾思萱：《有效提升居民自救互救意识和能力的途径与措施》，《中国减灾》2020年第9期。

② 《习近平谈乡村振兴的五个路径》，求是网，2019年5月30日，http：//www.qstheory.cn/zhuanqu/bkjx/2019－05/30/c_1124562746.htm。

定脱贫人口、已返贫人口、新致贫人口面临的各种困难，量身定制"一户一策"的"再帮扶"措施，明确帮扶主体和责任落实，确保阶段性消灭相对贫困问题。针对具备发展产业条件的困难群众，发挥驻村干部、帮扶企业作用，协调金融机构提供扶贫小额信贷支持，帮助其对接市场需求，谋划见效快的产业项目；针对有劳动能力的困难群众，通过"扶贫车间""扶贫工作坊"，帮助其就近就地就业，通过珠三角帮扶城市加强劳务扶贫协作等帮助其外出务工就业。此外，还要针对农村危房改造、脱贫村集中供水等扫尾任务，倒排工期，加大攻坚督战力度，确保高质量如期完成。

再次，围绕"不假"，开展脱贫成效"真核查"。一是全面开展脱贫攻坚普查。成立省、市、县、乡四级脱贫攻坚普查工作领导小组，详细制定普查工作方案，深入组织开展四级脱贫攻坚普查，对全省各地已取得的脱贫成效进行全面检验①，重点核查相对脱贫村"十项"退出指标和建档立卡脱贫户"八有"脱贫指标完成情况，确保每一村、每一户、每一人都实现"真脱贫、脱真贫"。二是强化脱贫攻坚监督。发挥各级人大代表、政协委员以及各民主党派和无党派人士的民主监督职能，对脱贫攻坚领域存在的形式主义以及数字脱贫、虚假脱贫问题等加强监督。各级纪检监察机关要针对脱贫攻坚领域的腐败和作风问题开展专项治理，有力保障广东省巩固拓展脱贫攻坚战宝贵成果。

2. 提高农村地区基层治理能力

一是健全基层组织治理体系。全面树立以党建带振兴的基层工作共识，强化村党组织的领导核心地位；提高基层党组织队伍素质，将有能力充分利用党和国家惠民政策与民生保障政策作为基层干部的重要要求②；积极宣传党的思想方针政策、法律法规与先进文化，增强村民法治观念；发挥农村党员的先锋模范作用，为村组织运行建言献策。二是提高基层干部治理能力。进一步深入实施好"头雁工程"，村"两委"换届时，将在脱贫攻坚工作中表现突出的干部和返乡创业带动村民共同致富的大学生纳入视野，推动村"两委"干部队伍年轻化；开展培训、轮训等，提高基层干部的知识、业务水平和突发情况应

① 《中共中央、国务院关于打赢脱贫攻坚战三年行动的指导意见》，中国政府网，2018年6月15日，http：//www.gov.cn/zhengce/2018–08/19/content_5314959.htm。

② 赵金玉：《农村基层党组织治理能力提升的意义、困境与路径》，《农村·农业·农民（B版）》2020年第11期。

对能力,树强农村地区脱贫攻坚和乡村振兴的"主心骨"[①]。三是建立完善多元主体共治机制。完善农村重大事项公示、协商和评估制度,依法有序开展农村基层治理工作。将"外引""内培"相结合,用好"农民丰收节""万企帮万村""扶贫济困日""南粤新乡贤"等平台,多渠道引流各类人才、各类组织投入脱贫攻坚和乡村振兴。发挥群众主体作用,培养农村致富带头人和高素质农民,带动乡村振兴。发挥乡土情结作用,根据实际需求,创新多种激励措施,吸引新乡贤返乡创业,例如税收减免、投资补助、成立乡贤理事会等。对于对乡村振兴有突出贡献的人才,给予表彰奖励、技术扶持,优先提干或纳入后备干部队伍。细化落实人才服务机制,在住房保障、子女入学、社保衔接等方面创造良好环境,将福利待遇与服务基层贡献挂钩,确保人才引得来、留得住、有作为[②]。四是探索乡村治理新模式。利用现代化信息技术工具,提升乡村信息管理水平和服务水平。完善乡村网站建设,公开惠农政策、惠农资金、惠民项目、基层组织、三资管理、平安建设等内容,实现全方位、动态式社会服务进村入户。加快"互联网+教育""互联网+医疗""互联网+文化"等平台建设,推动数字村务平台与县政务信息网、乡镇电子政务网互联互通,实现县、乡、村三级网络纵向互动,村级实现通知、文件、信息网上查收、传阅[③]。

3. 强化农业农村优先发展政策保障

一是各级政府落实财政投入。推动各级财政投入与补齐全面建成小康社会"三农"领域短板、完成乡村振兴三年取得重大进展目标任务相适应。加大省农业供给侧结构性改革基金对乡村振兴重大项目的支持力度。二是落实政策性农业信贷担保财政支持政策。支持省农业信贷担保公司健全农担体系,创新担保产品,稳步扩大业务规模。落实农业补贴政策和支持"三农"减税降费政策。完善涉农资金统筹整合长效机制,进一步扩大市、县统筹使用涉农资金的自主权,制定完善符合农村特点的财政资金管理使用办法。加大对市、县工作

① 李梦龙:《洛阳:全面提升乡村基层治理能力和水平》,洛阳网,2019年6月4日,http://www.lysxc.gov.cn/xianqu/20190604/25603.html。

② 《关于进一步发挥新乡贤作用,促进乡村振兴的提案》,民革中央网站,2019年3月1日,http://www.minge.gov.cn/n1/2019/0301/c425716-30952518.html。

③ 张长星、弋伟伟:《提高基层治理能力,夯实乡村治理根基》,《河南日报》2020年1月1日,http://www.henan.gov.cn/2020/01-10/1244806.html。

培训力度，组织遴选符合发债标准的项目，积极扩大用于农业农村的地方政府债券规模。完善以政策性农业保险为基础的农业保险保障体系，扩大农业保险的覆盖面和提升保险内容的多样性。三是落实乡村振兴的建设用地需求。省级土地利用年度计划应安排不少于5%的新增建设用地指标保障乡村振兴重点产业和项目用地需求，涉农市、县各级安排不少于10%的用地指标保障乡村振兴新增建设用地需求①。

4. 深化"三农"领域重点改革

一是开展土地股份合作制试点工作。在全省未实行土地股份合作制地区，每个县（市、区）选取1～2个乡镇进行土地股份合作制试点。按国家部署，开展第二轮土地承包到期后再延长30年试点。二是完成土地等农村资源性资产确权登记颁证。全面推开农村集体产权制度改革，基本实现行政村"资源变资产、资金变股金、农民变股东"改革全覆盖。持续推进扶持村级集体经济发展试点。三是建立健全城乡融合发展体制机制和政策体系。推进国家城乡融合发展试验区广东广清接合片区建设和省级城乡融合发展试点，支持梅州、惠州、江门、清远市以及佛山市三水区开展乡村振兴综合改革试点，支持佛山市南海区建设广东省城乡融合发展改革创新实验区②。

5. 营造良好的舆论氛围

一要加强涉贫舆情正向引导。发挥广东"两个重要窗口"作用，守好脱贫攻坚舆论宣传阵地，讲好脱贫攻坚故事。重点宣传党中央和广东省委关于脱贫攻坚的决策部署，宣传各地区各部门统筹推进疫情防控和脱贫攻坚工作的新举措、好办法，宣传基层扶贫干部的典型事迹和脱贫地区人民群众艰苦奋斗的感人故事③。二要加强涉贫舆情监测处置。建立高效、灵敏的涉贫舆情收集监测机制，实时监测，定期汇总，动态管理，对舆论反映脱贫攻坚领域确实存

---

① 《广东省人民政府办公厅关于印发〈农业农村部、广东省人民政府共同推进广东乡村振兴战略实施2020年度工作要点〉的通知》，2020年8月10日，http：//www.gd.gov.cn/xxts/content/post_3062291.html。

② 《广东省人民政府办公厅关于印发〈农业农村部、广东省人民政府共同推进广东乡村振兴战略实施2020年度工作要点〉的通知》，2020年8月10日，http：//www.gd.gov.cn/xxts/content/post_3062291.html。

③ 习近平：《在统筹推进新冠肺炎疫情防控和经济社会发展工作部署会议上的讲话》，新华社，2020年2月23日，http：//www.gov.cn/xinwen/2020－02/24/content_5482502.htm。

在的问题，及时处置、整改到位，把问题消除在萌芽阶段，有效预防重大涉贫舆情事件发生。三是坚决打击恶意炒作行为。对肆意歪曲事实抹黑脱贫攻坚事业的、恶意炒作个别问题影响脱贫攻坚工作大局的，要坚决按照相关法律法规严肃处理，营造良好的国际国内舆论氛围，为高质量打赢脱贫攻坚战保驾护航。

参考文献

《广东实施特色扶贫产业项目 4.2 万个，带动 98% 以上贫困劳动力就业》，《东莞日报》2020 年 8 月 19 日，https：//baijiahao. baidu. com/s？id = 1675432611491328463&wfr = spider&for = pc。

杜联藩：《广东探索建立解决相对贫困长效机制主要做法与经验》，广东扶贫网，2020 年 4 月 8 日，http：//www. nfzz. net. cn/epaper/fb/322/content/2020 – 03/30/content_ 190 664561. htm。

《广东 3.6 万个特色产业项目引领"稳脱贫"》，中国新闻网，2020 年 6 月 14 日，https：//baijiahao. baidu. com/s？id = 1669445921972844076&wfr = spider&for = pc。

《广东超额 145% 完成 2019 年新增建制村通客车任务》，广东省交通运输厅网，2019 年 12 月 12 日，http：//td. gd. gov. cn/dtxw_ n/gdjrxw/content/mpost_ 2716514. html。

《广东建设 763 个农业农村重大项目投资额达 3568 亿元》，人民网，2020 年 6 月 4 日，https：//baijiahao. baidu. com/s？id = 1668486487579518979&wfr = spider&for = pc。

《广东今年消费扶贫已达 243 亿元》，新浪新闻，2020 年 9 月 6 日，http：//k. sina. com. cn/article_ 5541011958_ 14a4521f602000tfsq. html。

《广东脱贫攻坚取得决定性进展》，南方新闻网，2018 年 10 月 18 日，https：//www. sohu. com/a/260273115_ 222493。

国务院扶贫办政策法规司、国务院扶贫办全国扶贫宣传教育中心：《脱贫攻坚前沿问题研究》，研究出版社，2019。

《坚决攻下贫困最后堡垒夺取脱贫攻坚全面胜利》，《羊城晚报》2020 年 5 月 8 日，http：//ep. ycwb. com/epaper/ycwb/h5/html5/2020 – 05/08/content_ 7_ 262536. htm。

李民梁：《乡村振兴背景下基层治理"三难"问题及破解路径》，《当代农村财经》2019 年第 11 期。

李培林、魏后凯、吴国宝：《中国扶贫开发报告（2017）》，社会科学文献出版社，2017。

吕方：《脱贫攻坚与乡村振兴衔接：知识逻辑与现实路径》，《南京农业大学学报》（社会科学版）2020 年第 4 期。

《全省还有 1.5 万建档立卡贫困人口尚未脱贫，广东脱贫攻坚取得决定性进展》，《南方农村报》2020 年 3 月 16 日，http：//static. nfapp. southcn. com/content/202003/16/c3270215. html。

《推进集中供水工程建设进度》，南方新闻网，2020 年 3 月 31 日，https：//baijiahao. baidu. com/s？ id = 1662641305821086196&wfr = spider&for = pc。

《我市以农村综合改革为抓手扎实推进精准扶贫工作》，南雄电视台，2017 年 4 月 14 日，http：//static. nfapp. southcn. com/content/201704/14/c370448. html。

习近平：《在统筹推进新冠肺炎疫情防控和经济社会发展工作部署会议上的讲话》，新华社，2020 年 2 月 23 日，http：//www. gov. cn/xinwen/2020 - 02/24/content_ 5482502. htm。

徐勇：《主要靠自己的力量走出贫困激发脱贫攻坚的内生动力》，《理论导报》2016 年第 1 期。

许悦：《解决相对贫困难题，广东有攻坚"密码"》，《羊城晚报》2020 年 9 月 29 日，https：//news. ycwb. com/2020 - 09/29/content_ 1194133. htm。

B.6
2020年广东防范化解重大
金融风险发展报告

广东省社会科学院财政金融研究所课题组*

摘　要： 防范化解重大金融风险是广东全面建成小康社会及打好三大攻
坚战的重要核心任务之一。2020年，广东金融体系总体运行平
稳，重点领域风险整治取得突破性进展，有效化解了新冠肺炎
疫情对实体经济的冲击，为推动金融高质量发展打下良好基
础。"十四五"时期，广东面临的内外部环境将发生深刻复杂
的变化，金融体系在资产质量、流动性供给、资本市场价格机
制等方面的风险压力较大。建议以打造金融风险防控监管长效
机制、推进金融开放风险治理、优化金融业营商环境、精确处
置互联网金融风险等为着力点，积极稳妥防范化解金融风险，
牢牢守住不发生系统性金融风险的底线，为"十四五"时期广
东经济社会平稳健康发展提供有力支撑。

关键词： 重大金融风险　金融监管　互联网金融

　　经济高质量发展的重要基础，在于不发生系统性的金融风险。习近平总书
记强调，金融安全是国家安全的重要组成部分。广东是经济大省、金融大省，

* 课题组成员：刘佳宁，经济学博士，广东省社会科学院财政金融研究所所长，研究员，主要
研究方向为区域经济与金融政策、产业金融；李礼，博士，广东省社会科学院财政金融研究
所副研究员，主要研究方向为区域经济、金融；李霞，广东省社会科学院财政金融研究所博
士，主要研究方向为区域经济、金融；梁德思，广东省社会科学院财政金融研究所助理研究
员，主要研究方向为区域经济、金融。

金融风险点多面广，防范金融风险压力巨大。2020年，广东以深化供给侧结构性改革为主线，在市场和机构的风险化解以及制度和政策体系建设方面均取得长足进展。但当今世界正经历百年未有之大变局，"十四五"时期内外部环境发生复杂变化，突如其来的新冠肺炎疫情，严重影响了国内国际经济正常运转，增加了许多新的金融风险和挑战。这对广东金融风险防控提出新要求、新挑战。广东不仅要提升金融服务实体经济的能力，还要为实体经济发展创造安全稳定的金融环境。为此，广东要坚决打赢防范化解金融风险攻坚战，努力推进金融治理体系和治理能力现代化，有序处置存量金融风险，及时化解新增金融风险，为经济高质量发展奠定坚实基础。

一　2020年广东防范化解重大金融风险概况与成效

2020年，广东金融体系总体运行平稳，广东积极探索创新金融监管模式，不断提高监管效能，紧抓"双区"建设机遇，推动高水平金融改革开放，在守住"不发生系统性、区域性风险"的重要底线基础之上，有效化解了新冠肺炎疫情对实体经济的冲击。广东坚决打赢防范化解重大金融风险攻坚战，多项金融指标稳居全国首位，多个金融数据创历史新高。

（一）金融体系运行稳定，金融业总量总体保持增长态势

2020年，广东金融业总量总体保持增长态势，金融规模不断扩大，结构不断优化，发展质量和效率不断提升。随着供给侧结构性改革持续深入推进，在金融机构推行结构性"去杠杆"过程中，广东货币信贷和跨境人民币结算规模继续保持平稳扩大，保障资金有效流向实体经济，多项指标继续居全国首位。从2006年起，广东金融业增加值连续15年居全国第1。2020年，广东金融业增加值从2015年的5757.08亿元增长到2020年的9906.99亿元，年均增长829.98亿元；金融业增加值占GDP的比重达8.94%，高于江苏（8.55%）和浙江（8.70%）（见图1），比2015年提高1.04个百分点。社会融资规模4.1万亿元，占全国社会融资总量的1/8，直接融资规模1.16万亿元，居全国第1。其中，年末制造业贷款余额1.78万亿元，贷款增速和增量双双创下新高；新增境内上市公司60家，累计上市公司677家，居全国第1，市值超过15万亿元；保费收入

5652.86亿元，比2015年增长1倍，总量继续居全国第1；办理跨境人民币结算金额4.12万亿元，连续11年累计业务量居全国首位，人民币超越美元成为粤港澳大湾区第一大跨境结算货币，为开放型经济的高质量发展提供了强大动力。

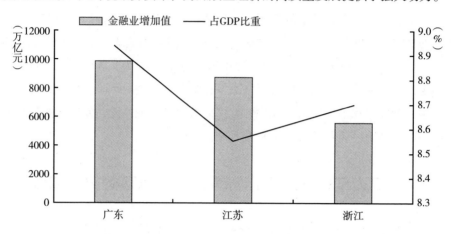

图1　2020年广东与江苏、浙江金融业增加值比较

资料来源：2020年广东、江苏和浙江国民经济和社会发展统计公报。

1. 银行业

2020年末，广东省金融机构本外币各项存款余额267638.26亿元，各项贷款余额195680.62亿元，存款、贷款余额分别比2015年增长66.9%和104.6%，年均增长13.4%和20.9%。其中投向实体经济贷款同比增长22.11%，中长期贷款同比增长21.61%，分别高于贷款平均增速3.4个和2.9个百分点，为广东经济高质量发展提供了强大动力。新增制造业中长期贷款主要集中在电子、机械、医药等先进制造业。除房地产业以外的服务业单位贷款余额同比增长20.7%，增速同比提高5.2个百分点。其中，科学研究和技术服务业贷款同比增长28.5%，教育业贷款同比增长43.6%。在全球疫情蔓延和复杂的国内外形势下，广东银行业在保持高速增长的同时加强风险管控，促使信贷质量不断改善，银行业不良贷款率比2015年下降0.38个百分点，仅为1.19%，持续低于全国平均水平。全年处置不良资产超过1300亿元，抵御风险的能力进一步增强。

2. 证券业

受疫情和国内外复杂多变形势影响，2020年第一季度广东部分上市公司经营业绩滑坡。但随着国家及省市一系列扶持政策出台，证券市场成交量和筹资额持续扩大，上市公司数量稳步增长，上市公司业绩呈持续复苏态势，为广东应对疫情冲击及防范化解风险做出重要贡献。全省上市公司数量从 2015 年的 424 家增长到 2020 年的 677 家，增长 59.67%，总市值超过 15 万亿元。全年新增境内上市公司 60 家，首发募集资金 492 亿元，超额完成《2020 年广东资本市场重点工作计划》所确定的目标任务。2020 年前三季度，广东有 564 家上市公司披露赢利，较上半年增加 15 家，赢利面达 84.94%，较上半年提高 2.59 个百分点；全省过半数上市公司（333 家）实现净利润同比正增长，其中 141 家公司净利润同比增长 50% 以上，86 家公司实现赢利翻倍，26 家公司扭亏为盈。2020 年，广东上市公司数量比江苏、浙江分别多 195 家、159 家（见图 2）。

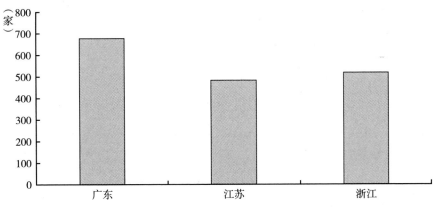

图 2　2020 年广东与江苏、浙江上市公司数量比较

资料来源：2020 年广东、江苏和浙江国民经济和社会发展统计公报。

3. 保险业

2020 年，广东保险业总体向好，功能作用有效发挥，重点领域风险得到有效控制；实现保费收入 5652.86 亿元，相比 2015 年提高 1 倍，总量居全国第 1；保费收入较江苏（4015.10 亿元）、浙江（2868.00 亿元）分别高 40.8% 和 97.1%，保险深度比江苏（3.9%）、浙江（4.4%）分别高 1.2 个和 0.7 个百分点（见表 1）；保险资金投资余额 1.1 万亿元，创历史新高。在保险体系构建方面，广东构建了省级层面的"12＋8＋3"险种体系，即 12 个中央财政补贴型险种、8 大类省级财政补贴型险种和 3 个涉农险种，大力提高了防范化解农业风险能力。此外，广东针对"车险乱象"，开展行业自查自纠和监管检查，严肃惩戒违规行为，加大力度整顿市场秩序。2020 年，广东车险市场秩

序明显好转，车险规模和效益均处于全国领先地位，以全国第 3 的汽车保有量、不到全国 9% 的车险保费，实现了全国超 30% 的承保利润。

表 1　2020 年广东与江苏、浙江保险业比较

指标	广东	江苏	浙江
保费收入（亿元）	5652.86	4015.10	2868.00
保险深度（%）	5.1	3.9	4.4
保险密度（元/人）	4907	4975	4903

资料来源：2020 年广东、江苏和浙江国民经济和社会发展统计公报；因部分省 2020 年常住人口数据未出，保险密度为估算值。

（二）创新金融监管模式，不断提高监管效能

1. 强化统筹协调，增强监管合力

为贯彻落实全国金融工作会议关于加强中央和地方金融协作的重要指示，2020 年 3 月 4 日，国家金融管理部门驻粤机构、广东省政府相关部门协商成立金融委办公室地方协调机制（广东省），接受国务院金融稳定发展委员会的领导和业务指导。这一机制建立了金融风险信息共享机制，有效地提高了各成员单位之间的监管协调与政策沟通效率，对促进辖区金融发展与稳定起到积极作用。

2. 搭建监控平台，提升精准识别风险能力

广东是中国首个搭建地方金融风险监测防控平台的省份。早在 2017 年，广东省政府依托广州商品清算中心，建设了广东省地方金融风险监测防控平台。该平台搭建了非法金融活动监测预警系统，智能识别非法集资、非法证券、非法期货等风险情况的形成路径并进行预警，创新了地方金融风险防控的模式。目前，广东已建成功能齐备、模式创新的金融风险监测防控系统——"金鹰"系统。该系统已经覆盖全省 1355 万个市场主体，对其中 24.65 万家目标企业开展了全方位、全天候的监测工作，风险企业化解率达到 80%。此外，广东金融监管部门还结合最新的区块链技术，推出中国首个地方金融非现场监管区块链系统。目前广州金融风险监测防控中心与广州民间金融街征信通过"链链联盟"的合作方式，实现数据的交叉验证、数据的共享，及时预警突出风险，维护地方金融稳定。

深圳市打造了短期整治与长期预防相结合的三大平台——金融风险监测预

警平台、地方金融监管信息系统和"灵鲲"金融安全大数据平台，实现了金融风险监测全覆盖。金融风险监测预警平台主要对深圳市内金融企业进行金融风险的预判，地方金融监管信息系统主要对P2P、小额贷款、交易场所等新兴金融业态进行非现场监控，"灵鲲"金融安全大数据平台重点在于防范新型的网络化金融犯罪。截至2020年5月13日，"灵鲲"金融安全大数据平台已收录51148家公司，累计识别出风险企业1451家，占全部收录企业数的2.84%。三大平台通过整合互联网舆情信息、政府行政资源数据和银行资金数据三大类数据，及时向相关部门预警高风险，实现对非法金融活动的"打早""打小"工作。

3. 整合纠纷化解平台资源，打造多元化解新格局

当前，金融纠纷呈现专业性、涉众性、复杂性等新特点。广东金融监管部门积极按照标准化、集约化、智能化和社会化建设标准，打造新型金融纠纷化解工作格局，实现金融纠纷多元调处、端口前移，切实在源头上提高防范化解系统性金融风险能力，打造金融纠纷多元化解"广东模式"。

一是积极推动数字金融纠纷化解"司法链"① 建设。自2018年9月挂牌成立以来，广州互联网法院以"智慧法院"建设为抓手，积极推动数字金融纠纷化解"司法链"建设各项工作。截至2020年8月，广州互联网法院共受理数字金融纠纷案件38235件，审结34438件，结案率90.07%，为数字金融持续稳定健康发展提供了良好的司法保障和服务。目前，广州互联网法院积极推动"司法链"对接"监管链"，实现全业务全流程网上运行。

二是构建地方金融"五链协同"监管与服务体系。依托金融科技手段，广州市整合政府行政部门、政府司法部门、地方金融风险监测平台、市场化征信机构、金融科技公司等优势资源，建设监管数据保存验真的"监管链"、风险监测预警的"风控链"、纠纷调处化解的"司法链"、信用数据验证的"征信链"、优化行业生态的"服务链"，有效打破"信息孤岛"，推动五链之间的协同联动，为地方金融提升监管效能、防控金融风险提供有力支撑。

4. 探索创新跨境监管模式

跨境金融隐含资金异常流动的风险。国家外汇管理局把防范跨境资本异常流动风险列为2021年外汇管理的重点工作，提出加强市场预期管理和宏观审

---

① "司法链"包括"一链两平台"，即司法区块链、可信电子证据平台、司法信用共治平台。

广东蓝皮书

慎管理，避免外汇市场无序波动。广东作为全国的外贸大省，跨境资金流动非常活跃，2020 年全年跨境资金流动规模达 1.48 万亿美元，银行结售汇规模达 6307 亿美元，继续保持国内领先水平。针对跨境金融风险防范，央行等四部门发布的《关于金融支持粤港澳大湾区建设的意见》明确提出加强粤港澳金融监管合作，建立和完善金融风险预警、防范和化解体系，加强粤港澳金融消费权益保护。目前央行广州分行正联合澳门金管局构建粤澳反洗钱监管合作机制，研究建立跨境金融创新的监管沙盒，分阶段试点开展同一金融集团内部关注名单的联动核查工作，充分评估洗钱风险因素，促进风险防控的关口前移。深圳在大湾区内地 9 市中率先制定《深圳市贯彻落实〈关于金融支持粤港澳大湾区建设的意见〉行动方案》。在防范跨境金融风险方面，深圳结合地方金融风险监测预警平台工作基础，提出了"探索建设以监管科技为支撑的国家级非法金融活动监测预警平台深圳分中心"的工作目标，聚焦风险重点环节，推动体制机制创新。广州市发布了《关于贯彻落实金融支持粤港澳大湾区建设意见的行动方案》，提出不断加强广州金融风险监测防控中心建设，打造粤港澳大湾区金融运行安全区，完善粤港澳反洗钱、反恐怖融资监管合作等机制，开展跨境创新型金融项目产品洗钱风险评估工作。

（三）抓好重点领域风险防范，化解风险成效显著

按照党中央的决策和部署，广东防范化解金融风险攻坚战取得重大成效。互联网金融风险大幅降低，农合机构历史包袱得到有序化解，标本兼治的长效机制逐步健全，服务实体经济质效明显提升，广东牢牢守住了不发生系统性风险的底线。

1. 互联网金融风险大幅降低

一是互联网风险监管政策不断完善。2016 年，中央决定在全国范围内开展互联网金融风险专项整治工作，并出台了《互联网金融风险专项整治工作实施方案》，明确了互联网金融风险整治重点。广东省委、省政府对此高度重视，根据实际情况，迅速发布了《广东省互联网金融风险专项整治工作实施方案》，并以各分领域发展需求为基础，全面部署互联网金融风险整治工作。2016 年以来，互联网金融风险监管政策得到不断完善（见表2），有力防范化解了互联网金融平台风险。2020 年，随着互联网金融风险专项整治工作取得突破，中国银保监会联合中国人民银行及时出台了《网络小额贷款业务管理

暂行办法（征求意见稿）》，主要目的是规范小额贷款公司网络小额贷款业务，防范网络小额贷款业务风险，促进网络小额贷款业务健康发展。

表2　2016年以来涉及互联网金融机构的主要政策及内容

发布时间	政策名称	出台机构	内容
2016年10月	《互联网金融风险专项整治工作实施方案》	国务院办公厅	建立和完善适应互联网金融发展特点的监管长效机制
2016年10月	《广东省互联网金融风险专项整治工作实施方案》	广东省人民政府办公厅	规范各类互联网金融业态，遏制互联网金融风险案件高发、频发势头，建立和完善适应互联网金融发展特点的监管长效机制
2017年6月	《关于进一步做好互联网金融风险专项整治清理整顿工作的通知》	央行联合17部门	提出互联网金融机构数量和业务规模双降的要求
2018年8月	《开展网贷机构合规检查工作的通知》	互联网金融风险专项整治工作领导小组办公室、P2P网贷借贷风险专项整治工作领导小组办公室	基本符合信息中介定位和各类标准的P2P将接入信息披露和产品登记系统
2019年1月	《关于做好网贷机构分类处置和风险防范工作的意见》	互联网金融风险专项整治工作领导小组办公室、P2P网贷借贷风险专项整治工作领导小组办公室	对P2P网贷机构风险图谱进行绘制，以明确任务
2019年4月	《网络借贷信息中介机构有条件备案试点工作方案》	互联网金融风险专项整治联合工作办公室、网络借贷风险专项整治联合工作办公室	对试点网点机构备案工作做出详细的规定
2019年9月	《关于加强P2P网贷领域征信体系建设的通知》	互联网金融风险专项整治工作领导小组、网贷风险专项整治工作领导小组	打击P2P网贷机构相关恶意逃废债行为，加大对网贷领域失信人员的惩戒力度
2019年11月	《关于网络借贷信息中介机构转型为小额贷款公司试点的指导意见》	互联网金融风险专项整治工作领导小组办公室、P2P网贷借贷风险专项整治工作领导小组办公室	引导符合相关条件的网贷机构转型为小额贷款公司，以对其存量业务风险进行有效处置
2020年11月	《网络小额贷款业务管理暂行办法（征求意见稿）》	中国银保监会、中国人民银行	未经中国银保监会批准，网络小额贷款机构不得跨省级行政区域开展网络小额贷款业务

资料来源：根据公开资料整理。

二是多措并举，精准化整治互联网非法金融活动。珠三角是互联网金融风险较为集中的地区，相关城市分别成立了专门的工作领导小组处置网贷平台风险。例如广州市成立了由市长任组长，政法、金融及各相关部门的领导任小组成员的"市网贷风险应对工作领导小组"，建立了"一平台一专班"的工作机制。针对头部平台，开展了"精准拆弹"工作，使平台责任被有效压实；针对重点平台，采取具有针对性的措施，由所在的辖区组织有效力量处置拆弹过程中存在的各种问题，压实平台责任。深圳组建了"全市网贷风险处置实体化工作专班"，采用"一体两翼"的模式稳步推进风险处置工作，并在国内首次搭建了"网贷机构退出投票表决系统"。经过集中整治，广东互联网金融领域乱象得到明显治理，在营的 P2P 网贷机构全部清零，风险水平显著下降。2019 年，广州成为当年全国各特大城市中唯一无平台爆雷的城市。2019 年 5 月至 2020 年底，深圳市地方金融监督管理局通报了 13 个批次自愿退出且声明网贷业务结清的网贷机构，共涉及平台 201 个。此外，粤东西北地区也加大了互联网风险整治力度。如梅州制定了《梅州市"7 +4"类机构监管联席会议制度》《梅州市交易场所清理整顿工作方案》等，严守不发生行业性风险底线，保证了类金融机构①依法依规经营；茂名加大了对非法网络炒汇平台的监测力度，推进了网络炒汇平台的清理整治工作。

2. 农合机构风险有效化解，探索形成农合机构改革的"广东模式"

广东是金融大省，也是农合机构大省，农合机构总资产占全国农合机构总资产的1/10。受历史和体制因素的影响，虽广东农合机构历经多次改革，但高风险机构占比仍然较高，整体不良贷款包袱较重。2017 年 9 月，在中国银保监会的支持和指导下，广东坚持以习近平新时代中国特色社会主义思想为指导，全面启动新一轮农合机构改革。经过 3 年多的改革，广东以全面完成农信社向农商银行转型为目标，坚持全面革新农合机构体制机制、提升农合机构服务"三农"和乡村振兴能力的发展方向，推动农合机构从"追赶者"转变为"领跑者"，形成农合机构改革的"广东模式"。

---

① 类金融机构包括小额贷款公司、融资担保公司、典当行、融资租赁公司、商业保理公司、地方资产管理公司。

广东农合机构改革的相关经验得到中国银保监会和国务院的充分肯定，为全国农信社改革积累了经验。

一是全面完成农合机构产权改革。截至2020年末，广东省（不含深圳）64家农信社完成组建农商行的艰巨任务，清退问题股东7902户及不合格资本22.79亿元，建立包含50多万名股东的数据库，完成农商行股权集中托管、整体确权比例超过90%，改制机构法人股占比由改革前（2017年9月末，下同）的46%提升至56%。

二是有效化解农合机构系统风险。结合"扫黑除恶"专项行动，广东各地市组织政府、公安、司法、金融等部门进驻农合机构现场办公，严厉打击"逃废债"行为，并采用呆账核销、批量转让和以物抵债等多种手段对不良资产进行清收。经过整治，广东累计化解农合机构风险包袱超过900亿元，补充资本超过150亿元，使25家农信社的高风险状态得到有效化解，占全省高风险农信社总数的9成以上。广东农合机构主要监管指标值由落后于全国农合机构平均水平跃升为全面优于全国农合机构平均水平。

三是探索创新改制模式，不断提升服务能力。广东农合机构改革面临"历史包袱重、资金缺口大、涉众影响范围广"的三大难题。广东通过压降不良贷款、落实捐赠资产、开展增资扩股，解决"小、散、乱"问题，完成农信社向农商银行的转型，从根本上防范化解了金融风险。改制以后，广东农合机构服务能力显著提升，农合机构存贷比由60%提升至65%，涉农贷款、小微企业贷款、农户贷款、扶贫小额信贷分别比改革前增长20%、30%、60%和219%。特别是粤东西北地区农合机构贷款年均增速达到改革前的1.3倍，小微企业贷款占各项贷款之和比例高于全省银行业小微企业贷款占各项贷款之和比例32个百分点，高于全省农合机构小微企业贷款占各项贷款之和比例11个百分点，农合机构服务"三农"的能力显著提升。

（四）积极应对疫情冲击，支持实体经济发展

面对突如其来的新冠肺炎疫情，广东金融监管系统主动作为，统筹辖区内金融资源，全力支持实体经济复工复产，助推"六稳""六保"工作落地，迈向高质量发展。

1. 银行

一是落实企业纾困政策，有效增加资金供给。2020 年，广东为 552 家抗疫重点企业提供优惠利率贷款 279.8 亿元，为疫情防控贡献金融力量。出台小微企业金融服务实施意见，打造普惠驿站，推进"百行进万企"工作。12 月末，小微企业贷款余额达 2.93 万亿元，贷款户数达 123 万户，普惠型小微企业贷款首次突破万亿元大关，全年同比增长超 4 成。推动延期还本付息、再贷款再贴现等政策落地，为 14 万户 3453 亿元中小微企业贷款本息提供延期支付政策，居全国之首；累计发放支农、支小再贷款 858.97 亿元，加权平均利率 4.70%；办理再贴现票据 119.94 亿元，加权平均利率 2.68%①。

二是全力稳住外贸基本盘，助力重点领域发展。提出金融支持稳外贸 22 条措施，设立加工贸易企业风险补偿资金池，出台稳外贸专项政策，创新推出"贸融易""出口通""跨境贷"等惠企产品。2020 年末，外贸企业贷款较年初增长 36.27%，平均利率较年初下降约 0.4 个百分点，银行业"一带一路"相关业务授信额度超 7600 亿元。2020 年，制造业贷款规模 1.4 万亿元，同比增长 29.83%，其中中长期贷款、信用贷款资金供给大幅增长，对高端制造业的支持尤为显著②。

2. 证券

一是促进提质增效，支持上市公司利用资本市场做优做强。中国证监会广东监管局积极落实资本市场支持疫情防控政策措施，加强金融服务和帮扶纾困，支持上市公司加速复工复产。2020 年上半年，辖区上市公司业绩受疫情冲击较大，实现净利润总额 908.36 亿元，同比下降 15.89%，低于全国平均 18.2% 的降幅。为支持受疫情影响的上市公司加速复工复产，中国证监会广东监管局认真贯彻落实金融支持政策措施，至 2020 年 4 月，辖区上市公司已全面复工，复产率也基本恢复，二季度克服疫情影响，业绩出现恢复性增长，净

---

① 广东银保监局：《推动"六稳""六保"落地见效，金融支持经济加快恢复正常循环、迈向高质量发展》，中国银行保险监督管理委员会网站，2021 年 1 月 13 日，http://www.cbirc.gov.cn/branch/guangdong/view/pages/common/ItemDetail.html? docId=959782&itemId=1543&generaltype=0。

② 广东银保监局：《广东银保监局召开 2020 年辖区银行业保险业监管工作会议》，中国银行保险监督管理委员会网站，2020 年 1 月 19 日，http://www.cbirc.gov.cn/branch/guangdong/view/pages/common/ItemDetail.html? docId=888892&itemId=1543& generaltype=0。

利润总额同比增长 3.12%①。

二是深化改革新三板，利用资本市场实现创新发展。中国证监会广东监管局推动辖区新三板公司在规范运作的基础上，积极利用资本市场实现创新发展；在新冠肺炎疫情期间，推行拟精选层挂牌公司线上辅导、非现场验收与现场验收相结合，有效提高申报挂牌发行效率②。

三是防范化解风险，着力解决上市公司突出问题。中国证监会广东监管局建立并更新风险台账，加强辖区上市公司股票质押、债券违约、退市等重点领域风险监测排查；与地方政府有关部门密切协作，传导监管压力，压实上市公司及其控股股东化解风险主体责任，积极稳妥应对和化解重大风险。2019 年至 2020 年 10 月，广东辖区股票质押高风险公司净减少 26 家，较 2018 年末减少了 45.61%；妥善化解了 7 家上市公司本息超过 191 亿元的债券兑付风险和 2 家上市公司退市风险③。

3. 保险

一是加大企业复工复产风险保障力度。积极向复工复产企业提供涵盖新冠病毒感染的安全生产责任、雇主责任险等产品。截至 2020 年 7 月，广东辖区安全生产责任险同比增速超过 50%，雇主责任险风险保障金额同比增速超过 30%。广东工程险保费 2020 年 6 月单月同比增速超过 60%，积极支持了工程项目建设。

二是扩大外贸企业风险保障覆盖面。广东银保监局积极引导保险机构扩大出口信用保险覆盖面，以此应对疫情对外贸企业的冲击。2020 年上半年，广东辖区出口信用保险承保企业超 2 万家，提供风险保障超 3000 亿元。同时，广东率先开展关税保证保险试点，共为 696 家企业提供关税缴纳风险保障 31 亿元。

① 中国证监会广东监管局：《全面部署贯彻落实〈国务院关于进一步提高上市公司质量的意见〉工作》，中国证券监督管理委员会网站，2020 年 10 月 16 日，http：//www.csrc. gov. cn/pub/guangdong/gzdt/202010/t20201016_384468. htm。

② 中国证监会广东监管局：《广东辖区上市公司质量持续上台阶》，中国证券监督管理委员会网站，2020 年 4 月 23 日，http：//www.csrc. gov. cn/pub/guangdong/gzdt/202004/t20200423_374299. htm。

③ 中国证监会广东监管局：《广东证监局力促新三板公司利用资本市场创新发展》，中国证券监督管理委员会网站，2020 年 9 月 2 日，http：//www.csrc. gov. cn/pub/guangdong/gzdt/202009/t20200902_382519. htm。

三是提升高新技术企业风险保障水平。进一步推进首台（套）、新材料保险等试点工作，为具有自主知识产权的首台（套）或首批次的装备、系统和核心部件提供风险保障超60亿元；科技保险为科技创新型企业提供风险保障同比增长超60%[①]。

二　广东省防范化解金融风险的形势分析

2021年是开启全面建设社会主义现代化国家新征程、向第二个百年奋斗目标进军的第一年。在"十四五"开局之年，在国际国内复杂多变的环境和严峻形势挑战下，以习近平同志为核心的党中央及时对下一阶段工作进行了部署。广东要切实增强机遇意识和风险意识，既要"稳定大局、统筹协调"，进一步提升金融服务质效，推动经济发展尽快步入正常轨道；又要"分类施策、精准拆弹"，有序处置重点领域突出风险，实现稳增长和防风险长期均衡[②]。

（一）国际经济金融形势复杂多变

当前，全球正处于百年未有之大变局。新冠肺炎疫情对全球经济造成前所未有的冲击，导致世界范围内各国经济衰退严重，国内产业链和国际供应链循环受阻。加之国际投资萎缩、大宗商品市场动荡，全球经济和贸易框架被打破并逐步建立新的平衡。一方面，全球发达经济体、新兴经济体和很多发展中国家遭遇财政失衡，出台超常规财政、货币政策及其他支持措施，对发展中国家金融、外汇市场造成直接冲击，并在一定程度上导致资本外逃、汇率贬值、经济下行和失业加剧等问题在世界范围传导。因此，应高度警惕由此引致的衍生性危机局部爆发。另一方面，受疫情影响，全球产业链供应链发生中断、重构，一些高度融入全球价值链和出口导向型的经济体受到重创，零售贸易、休闲娱乐、餐饮住宿、旅游业和交通运输服务业等行业陷入低迷，企业信用风险和金融市场风险不断累积，增加了金融体系的脆弱性。在复杂严峻的世界局势

---

① 广东银保监局：《上半年广东银保监局引领银行保险业积极支持复工复产和经济发展，推动经济恢复正常循环》，中国银行保险监督管理委员会网站，2020年7月16日，http：//www. cbirc. gov. cn/branch/guangdong/view/pages/common/ItemDetail. html？docId=917741&itemId=1543。

② http：//cn. chinadaily. com. cn/a/202011/19/WS5fb62b37a3101e7ce9730830. html。

下，全球各主要经济体面对的金融风险叠加累积，中国经济金融体系面临的外部压力明显加大。

（二）国内金融风险多重叠加

由于内外部环境因素错综复杂，当前中国处于风险易发、多发期。从金融系统看，银行不良资产反弹压力较大，金融机构内控机制有待提升，保险机构经营风险、资本市场债券违约风险和股票质押风险交织累积，相当多违法违规金融行为时有发生，由此构成的"灰犀牛"和"黑天鹅"隐患威胁着金融体系的持续稳定。2020 年 10 月，党的十九届五中全会审议通过的《中共中央关于制定国民经济和社会发展第十四个五年规划和二○三五年远景目标的建议》明确提出"建立现代财税金融体制"，并健全金融风险预防、预警、处置、问责制度体系，为下一步防范金融风险提供了重要的制度保障。在 2020 年 12 月的中央经济工作会议上，习近平总书记进一步做出指示，要处理好恢复经济和防范风险的关系，注重数据安全隐患，打击各种逃废债行为、垄断行为，维护金融安全。中央一系列政策导向，为新时期做好经济金融工作指明了路径，也为广东做好新时代金融风险防范工作提供了根本遵循。

（三）广东防范化解金融风险形势迫切

从宏观层面来看，在新发展格局下，广东正举全省之力推进"双区"建设、"双城联动"，助力高质量发展。从《关于金融支持粤港澳大湾区建设的意见》发布，到《关于贯彻落实金融支持粤港澳大湾区建设意见的实施方案》出台，一系列重大金融改革事项落地、实施，为粤港澳大湾区金融市场互联互通、金融服务改革创新提供了支持和遵循，更是对加强金融领域对外开放风险防控、提升金融"稳经济、保主体"等核心职能提出了更高的要求。广东"十四五"规划从战略层面聚焦金融风险的防范，提出要着力防范化解金融、债务领域风险，防止经济领域风险向社会、民生等领域传导。2021 年 1 月 18 日，广东省委十二届十三次全会谋划和推动 2021 年改革发展各项工作，强调要完整、准确、全面贯彻新发展理念，努力实现更高质量、更有效率、更加公平、更可持续、更为安全的发展。其中，"更为安全的发展"为新时期确保金融领域的持续安全稳定再次定调。从省级层面一系列政策导向可以看出，继续

关注金融风险防控、破解监管制度性障碍，使经济运行在合理区间，既是形势所需，也是当务之急。从实践层面来看，广东省除了面临全国范围普遍存在的债务风险、房地产行业风险、企业信用风险、金融数字化转型监管风险之外，还面临具有高度隐蔽性的各种新型金融风险。复杂多元的风险对地方金融监管提出了更高的要求。在推进发展动力转换、实现高质量发展的时代背景下，随着金融开放程度的提升、金融科技手段的更新，广东省金融风险监管和防控工作将迎来更大、更直接的严峻挑战。

三 疫情后期防范金融风险需重点关注的领域预判分析

有别于之前历次危机（包括 2008 年全球金融危机、20 世纪 30 年代大萧条和 70 年代油价冲击），本次由疫情冲击引致的金融风险具有非对称性、时间滞后性和区域差异性等特征。其中，非对称性主要体现为食品零售、电信服务、数字科技等行业从疫情中受益，而大多数与制造和服务相关的行业遭受不利影响；其中，客运、酒店、娱乐、旅游、消费品和非食品零售等行业所面临的形势最为严峻。时间滞后性主要体现为遏制经济衰退，在经济活动急剧减少时，金融活动不断增加，中国实体部门宏观杠杆率从 2019 年末的 245% 大幅升至 2020 年第三季度末的 270%，其所蕴藏的金融风险会随着实体经济的发展分化而逐步暴露。区域差异性主要体现在南方省份和北方省份在应对疫情冲击时经济增速、财政收支、实体产能复苏等方面的表现存在显著差异。在广东省层面，珠三角地区与非珠三角地区的潜在金融风险分化严重。具体领域，简述如下。

（一）金融机构不良资产成规模暴露的潜在风险

为缓解疫情对实体产业的突然冲击，金融监管部门指导银行等金融机构对受疫情影响较大的行业和企业开展定向信贷支持，对受灾地区的债券发行、股权质押、融资融券、财政补贴等做出特殊政策安排，使受困企业的资金问题暂时得到一定程度化解。而金融机构的财务反应存在时间滞后性，目前的资产分类尚未准确反映真实风险，银行即期账面利润具有较大虚增成分，不良资产风险不容忽视。2020 年，不良资产规模持续扩大，其中银行类金融机构依然是产生不良资产的主要领域，中小银行的风险将会进一步暴露；非银行金融机构中不良资产爆发领域更为集中。

在广东省层面，地方商业银行长期扎根地方，是支持地方重大重点项目建设，服务民企、小微企业和"三农"的信贷主力军。相较于国有大型银行，地方银行公司治理结构不完善、风控体系不健全等短板较为明显，是抵御潜在不良资产风险的薄弱环节，亟须予以充分重视。

（二）人民币持续升值削弱出口竞争力的风险

面对新冠肺炎疫情造成的经济衰退，欧美主要经济体的央行均采用宽松的货币政策以稳定经济，中国则采用稳健的货币政策，灵活精准、合理适度。相对于欧美主要经济体，中国疫情防控形势持续向好，复工复产加快推进，经济提前复苏，加上欧美经济体货币政策"大放水"，对人民币汇率上升形成有力支撑。2020 年，人民币兑美元汇率走势先抑后扬，从 6 月起震荡走高，截至年末，境内人民币汇率中间价和银行间市场收盘价分别为 6.5249 和 6.5398，均较 5 月底上涨 9.3%，较上年末分别上涨 6.9% 和 6.5%[①]。

人民币汇率持续上升对外贸出口具有重大影响。对广东省而言，截至 2020 年 11 月，累计出口 9143.3 亿美元，同比减少 2.1%。2020 年，中国外贸出口表现强劲，主要缘于疫情的错峰效应，与人民币汇率水平无关。然而，随着疫苗的成功上市和防疫物资生产量的增加，国际疫情将得到控制，海外产能将持续恢复，错峰效应将进一步消失。同时，跨国公司对产业链的分散布局将逐步到位，类似手机、汽车等产业链较长的产业将人为地转移到东南亚、印度等地。人民币兑美元汇率持续上升、海外产能持续恢复、跨国公司加大产业链分散布局，无疑将对作为外贸大省的广东省制造业产品出口产生影响，给对外贸易带来较大冲击。

（三）部分行业中小企业资金链断裂可能导致的债务违约风险

疫情的暴发和蔓延给实体经济增长带来明显冲击，导致企业推迟复工时

---

① 管涛：《如何看待人民币升值对我国外贸出口的影响》，首席经济学家论坛，2021 年 1 月 6 日，http：//www.yidianzixun.com/article/0SkcY1Ex？COLLCC = 2670254408&s = op398&appid = s3rd_ op398。

间，运营成本显著上升，债务违约风险加大。其中，消费服务业和劳动密集型制造业的中小企业现金流较为紧张，违约风险加大。基于上述情况，需要密切留意并防止潜在的债务违约风险向两个方面扩散。

一是谨防资金紧绷问题沿着供应链上下及横向传导，引发局部性债务危机。由于供应链具有路径依赖性，大部分产业链内部交易复杂度比较高，需要长期磨合，难以在短期内搭建完成。因此，短期疫情冲击难以给产业供应链带来实质性变化，需要重点关注具有核心地位的主导企业资金偿付问题，以此防控风险传染源头。

二是谨防企业在资本市场的公开债务违约，影响到区域内的其他发债企业，引发流动性危机。具体到广东省层面，2020年，在广东省到期债券中，994只为信用债，占总体到期债券数量的比例约为40.7%，资金占比为43.85%。未来在旅游、住宿餐饮等受疫情影响明显的行业，相关企业偿债压力将进一步加大，债务违约风险有加大可能，需要密切留意。

（四）金融数字化转型衍生的垄断风险

科技创新虽然在推动金融创新、驱动金融高质量发展、增强金融可获得性、提高金融体系效率等方面发挥了重要的积极作用，但是也暴露了诸多问题，例如互联网金融巨头容易造成市场垄断和不公平竞争。又如不同互联网金融公司的经营模式和算法趋同，容易引发"羊群效应"，增强金融风险的传染性。再如金融科技公司过度采集用户数据，侵犯用户隐私，导致数据安全也存在很大的隐患。

基于以上情况，为了给金融科技发展提供科学规划和良好的制度环境，中国人民银行等六部委联合印发了《统筹监管金融基础设施工作方案》、《金融科技创新应用测试规范》（JR/T0198－2020）、《金融科技创新安全通用规范》（JR/T0199－2020）、《金融科技创新风险监控规范》（JR/T0120－2020）等金融行业标准，但有效监管框架尚未形成，风险监测管控难度不断加大。同时以移动互联网、大数据、云计算、人工智能、区块链等技术为支撑的金融科技，正深刻影响金融服务范式、风险定价机制和风险管控模式，对监管体系提出新的要求。

（五）相关重点领域产生的新风险

一是重点关注房地产企业流动性风险。受2020年上半年宽松货币政策的影响，广东省房地产市场快速复苏，部分地市房地产贷款占新增贷款总量的比例超50%。8月下旬，住建部和央行表示将对重点房企实施融资监管，落实房地产金融审慎管理制度，通过对房企有息债务规模进行精细化管控，间接引导土地市场逐步回归。目前，广东省有A股、港股上市房地产企业近70家，多为各地市大型房地产企业。受房地产调控政策进一步收紧影响，若表外融资能力下降而表内信贷无法及时补充，极可能引发流动性风险。此外，在扩大对实体经济信贷支持的前提下，有效防止"流动性过热导致资金空转"是稳金融工作的重点和难点。广东银保监局监测数据显示，部分企业疑似将贷款资金违规挪用至房地产、证券市场等限制性领域。

二是防范重大非法集资风险隐患。当前，非法集资形势依然复杂严峻。受疫情冲击，私募投资基金风险逐步暴露，极易出现非法集资风险。截至2020年12月末，从私募基金管理人的数量来看，排名前5位的分别为上海市4648家、深圳市4472家、北京市4336家、浙江省（除宁波）2074家、广东省（除深圳）1747家，数量占比分别为18.92%、18.21%、17.65%、8.44%和7.11%。从管理基金规模来看，前5大辖区分别为上海市、北京市、深圳市、浙江省（除宁波）和广东省（除深圳）；其中，上海市37038.07亿元、北京市35854.47亿元、深圳市19686.78亿元、浙江省（除宁波）9330.97亿元、广东省（除深圳）8946.09亿元，规模占比分别为23.19%、12.32%、22.44%、5.84%和5.60%[①]。由于疫情在一定程度上制约了私募管理机构的募资行为，因此有可能出现私下以"保本保收益"等非合规方式开展资金募集行为，作为私募基金大省的广东更是需要重点加强监管。此外，还应高度关注以私募机构名义募集资金，但未向中国证券投资基金业协会登记备案的违规行为。

---

① 中国证券投资基金业协会：《私募基金管理人登记及产品备案月报（2020年12月）》，https：//www.amac.org.cn/researchstatistics/report/zgsmjjhysjbg/202101/P020210129638395227418.pdf。

四 2021年广东省金融风险防控监管思路与相关政策建议

2021年乃至之后更长时期，广东省防范化解金融风险要全面贯彻落实习近平总书记关于统筹推进疫情防控常态化和经济社会发展工作重要讲话和重要指示批示精神，以及省委、省政府"1＋1＋9"工作部署。广东省应在构建双循环新发展格局、"双区建设"、"双城联动"等战略要求下，准确把握新发展阶段的深刻内涵和目标要求、准确把握所处历史方位和发展阶段，切实增强机遇意识和风险意识，努力适应数字金融等发展新态势，以"打造金融风险防控监管长效机制、深化金融开放风险治理、优化金融业营商环境、精准处置互联网金融等重点领域风险"为抓手，提升金融服务实体经济效能，提高数字金融协同治理能力，引导金融风险防控朝着打造新发展格局的战略支点聚焦发力，实现稳增长与防风险的动态均衡，为"十四五"时期经济社会平稳健康发展提供有力金融支撑。

（一）强化监管制度建设，优化提升监管效能

一是进一步健全金融风险监管协调联动机制。继续发挥"广东省金融委办公室地方协调机制"的"协调人"职能，加强金融监管、风险处置、信息共享等方面的互联互通，深化跨行业、跨市场、跨部门金融创新活动的联合监管，分类别、分等级定期开展各类金融风险排查和专项整治，加强金融政策与财政政策、产业政策的衔接和融合，助推金融和实体经济发展形成良性循环。

二是优化提升地方金融风险防控监管效能。进一步推进省防控平台建设，围绕信息监测和资金监管，持续改进"7＋4＋1"类地方金融业态[①]风险监测预警模型，升级金融监测平台"金鹰""灵鲲"系统，继续将各类金融机构纳入非现场监管系统，提升风险闭环管理效能。通过定期开展跨机构、跨系统联

---

① "7＋4＋1"类地方金融业态中的"7＋4"是指小额贷款公司、融资担保公司、区域性股权市场、典当行、融资租赁公司、商业保理公司、地方资产管理公司、投资公司、农民专业合作社、社会众筹机构、地方各类交易所，"1"是指网络借贷信息中介机构。

动性应急处突演练，构建金融部门与其他部门快速协调和多级风险响应的制度化体系，进一步打通金融风险监测体系与公共风险防范体系的接口。

（二）防控重点领域风险，健全防控打击体系

一是做好金融机构风险防控。银行、保险机构要落实"房住不炒"的定位，抑制居民杠杆率过快增长。针对脱离发展轨迹扩张、用负债换取经营的高风险企业、产能过剩行业，加大排查监测力度，逐步引导"僵尸企业"科学退出。防范银行、保险等金融机构经营行为不规范、公司治理结构不健全带来的风险，及时发现和解决违规放贷、骗贷等方面的问题，坚决打击金融领域违法犯罪活动。

二是进一步加大力度清理整顿不规范类金融业务。进一步推进网贷平台风险出清，对于已停业的平台，进一步推动存量业务清零，推动在营业的网贷平台有序转型，稳妥推进交易场所清理整顿和遗留问题处置工作。多措并举，推进高风险中小金融机构改革和风险化解，加强城商行和高风险农合机构流动性风险防范，推动中小法人银行进一步优化公司治理结构。压实上市公司主体责任，切实降低股权质押风险和债券违约风险，做好政策疏导。注重私募基金风险处置，强化投资者教育，通过各种媒体渠道，采用以案说法等形式，宣传揭示行业风险，加强投资人风险自担等意识，为行业出清创造有利条件。

三是建立健全对非法金融活动全产业链、全生态链的防控打击体系。继续做好非法集资案件处置工作，特别要盯住增量、稳妥化解存量。加大对互联网金融的常态化监管力度，继续发挥大数据、区块链、云计算、人工智能等金融科技监管"主力军"作用。针对假资金盘、假小贷公司陷阱、校园贷暴力催收、非法集资、网游虚拟分红等诸多非法金融活动，及时发现违规行为、加大打击防范力度、遏制风险扩散传导。针对不合规机构，科学引导其良性退出，筑牢"防火墙"。

（三）加强金融监管协作，有效化解开放风险

粤港澳大湾区内金融主体多元、改革试点多样、跨境交易活跃，风险因素也相对复杂，在构建双循环新发展格局的战略背景下，金融风险防范和治理面临更大挑战。

一是建议在粤港澳大湾区试点推广跨境监管沙盒。通过创建"缩小版"的真实市场和"宽松版"的监管环境,在政策目标、流程设计、准入标准、测试工具、风控措施、评估和退出机制等方面,构建具有大湾区特色的跨境监管沙盒制度框架,重点关注中小企业融资、普惠金融、绿色金融、金融扶贫等热点,试点数字货币、人民币和港币的自由兑换等系列"主题沙盒",为大湾区金融市场的互联互通和国际金融枢纽的建设积累经验、探索路径。

二是继续推进反洗钱、反恐怖融资和反逃税"三反"一体建设。加大对自贸区金融的监管力度,扩大"金鹰""灵鲲"监测范围,建立健全跨境创新型金融产品洗钱风险评估机制,强化对可疑交易资金来源的审核和后续跟踪核查,有效遏制和打击洗钱、恐怖融资和逃税等金融犯罪活动。

三是提高跨境贸易投资自由化、便利化程度。密切监测跨境资金流动风险,持续打击地下钱庄、跨境赌博、非法网络炒汇等违法违规行为,加大对以金融创新为名掩盖金融风险、规避金融监管、进行套利的金融产品及交易模式的监管力度,维护跨境人民币结算系统等交易、结算系统安全。

四是推进粤港澳金融监管交流合作。注重金融监管合作顶层设计,建立健全三地常态化协调沟通机制,推进跨区域支付、托管、清算、统计等金融基础设施建设,共同维护大湾区金融稳定。围绕《粤澳地区金融纠纷调解合作框架协议》的贯彻落实,积极构建以调解为主体、与国际接轨的粤港澳大湾区金融纠纷跨境多元化解机制。

(四)持续优化营商环境,审慎监管数字金融

一是政府服务层面。继续优化"五链协同"监管服务体系建设,进一步推进"监管链""风控链""司法链""征信链""服务链"五链建设,通过改革创新数字金融协同治理模式,高效化解数字金融纠纷,打通数据流转壁垒,打破监管"信息孤岛"。同时,创新普惠金融监管模式,及时调整监管框架,加大对个别互联网金融平台垄断行为的监管力度,鼓励金融科技企业在遵从审慎监管原则的前提下守正创新,解决好跨界交易、交叉产品的风险防范问题。继续扩大数字普惠金融覆盖面,通过缩小数字鸿沟、降低普及壁垒,推进普惠金融服务更加方便化、精准化、个性化。

二是市场环境层面。加强信用体系建设,对各类情况下不同规模行业企业

的信用风险等级、风险额度做出全面评价，并引导银行业金融机构积极创新金融产品，加大对评价结果中信用状况良好中小微企业的信贷支持力度，建立金融债券、公司信用类债券等注册发行"绿色通道"，着力化解企业资金链断裂引发的信用风险。

三是政策环境方面。一方面积极发挥广东省金融改革试验田作用，研究制定"广东金融业先行示范改革探索清单"，特别是在构建与国际接轨的金融风险体系、促进科技与金融深度融合、提升直接融资比重、加强对小微企业的金融服务等方面大胆探索，在大湾区先行试点，并逐步复制推广。另一方面优化完善金融法治化环境。推进金融纠纷化解机制建设，落实《关于全面推进金融纠纷多元化解机制建设的实施意见》，整合纠纷化解平台资源，实现金融纠纷多元调处、端口前移，推广应用中立评估机制、特邀调解员机制等，形成有机衔接、协调联动、高效便民的金融纠纷化解工作新格局，促进群体性金融纠纷多元高效处理。

参考文献

广东省政府发展研究中心课题组：《借鉴山东做强金融经验 加快广东地方金融监管体制改革》，《广东经济》2017 年第 12 期。

广州市地方金融监督管理局：《广州金融发展形势与展望（2020）》，广州出版社，2020。

郭树清：《坚定不移打好防范化解金融风险攻坚战》，《求是》2020 年第 16 期。

何晓军：《央地协同防控金融风险的广东实践》，《中国金融》2020 年第 18 期。

沈勇、马培贵：《深圳金融监管走出独特的科技之路》，《深圳特区报》2019 年 10 月 28 日，第 1 版。

王景武：《打好防范化解重大金融风险攻坚战》，《中国金融》2020 年第 2 期。

王硕平：《改革化险、转换机制的广东农信经验》，《中国农村金融》2020 年第 1 期。

王小波、广东：《敢为天下先，破解农合机构改革难题》，《中国银行保险报》2020 年 1 月 9 日，第 3 版。

王兆星：《防范化解系统性金融风险的实践与反思》，《金融监管研究》2020 年第 6 期。

魏伟、张亚婕、郝思婧、谭诗吟：《2020 年第四季度金融监管政策报告：加大构建新发展格局的金融支持》，平安证券，2021 年 1 月 6 日。

吴非、王醒男、申么：《新冠疫情下广东金融业结构调整、转型机遇与政策路径》，《金融经济学研究》2020 年第 3 期。

吴雨伦:《7家小贷公司接入征信系统、网络金融案件批量审,全国首个金融监管试验区已获这些成效》,南方plus客户端,2020年8月12日。

辛继召:《P2P借贷余额1年下降75% 深圳地方AMC可处置网贷不良》,《21世纪经济报道》2020年5月1日,第8版。

熊润淼:《解读丨广州小贷如何力争三年炼成排头兵?从这些方面做起……》,《南方都市报》2020年5月25日。

杨劲、刘相阁:《粤港澳大湾区建设背景下广东金融风险防范化解研究》,《中国发展》2020年第5期。

中国人民银行广州分行货币政策分析小组:《广东省金融运行报告(2020)》,2020。

中国人民银行金融稳定分析小组:《中国金融稳定报告(2020)》,2020。

中国人民银行深圳市中心支行货币政策分析小组:《2020年深圳市金融运行报告》,2020。

B.7
2020~2021年广东社会治理
现代化发展报告

广东省社会科学院课题组*

摘　要： 2020年，广东社会治理现代化发展的制度体系更加完善，市域
社会治理现代化试点工作逐步推进，更高水平的平安广东建设
成绩显著，社会治安综合治理工作获得群众好评。广东在党建引
领社会治理、基层治理体制改革、多元参与格局和社会心理服务
体系建设等方面均有积极进展，社会治理的社会化、法治化、智
能化、专业化水平不断提升，共建共治共享的社会治理格局加快
形成。但社会治理现代化仍存在党建引领社会治理体制机制有待
健全、市域社会治理尚处于启动部署阶段、公众参与社会治理活
力稍显不足、人才队伍建设滞后等弱项。2021年，广东可从总体
布局、体制机制、技术创新等方面深化社会治理现代化发展。

关键词： 社会治理现代化　市域社会治理　共建共治共享　平安广东

社会治理现代化是完善和发展中国特色社会主义制度、推进国家治理体系和
治理能力现代化的重要内容。党的十九届四中全会提出，要"坚持和完善共建共
治共享的社会治理制度，保持社会稳定、维护国家安全"。党的十九届五中全会再
次明确，"十四五"期间要努力实现"社会治理特别是基层治理水平明显提高"。

＊ 课题组负责人及主笔人：左晓斯，管理学博士，广东省社会科学院社会学与人口学研究所所
长、研究员，主要研究方向为社会建设、社会治理；赵道静，广东省社会科学院社会学与人
口学研究所助理研究员，主要研究方向为人口社会学、社会治理等。

2020 年，中国社会治理体系和治理能力在新冠肺炎疫情的巨大考验下不断提高。这一年，广东省围绕"营造共建共治共享社会治理格局"重点工作部署，出台一系列政策措施和创新举措，不断完善社会治理体制机制，深入推进乡镇街道体制改革，强力推进更高水平的平安广东建设，加快构建"人人有责、人人尽责、人人享有"的社会治理共同体，不断提升社会治理的社会化、法治化、智能化、专业化水平，在社会治理现代化领域"努力在全面建设社会主义现代化国家新征程中走在全国前列、创造新的辉煌"。

一 2020 年广东社会治理现代化发展的总体形势

2020 年，立足于社会治理体制机制建设、市域社会治理现代化试点、基层治理能力提升、更高水平的平安广东建设等重点工作，广东社会治理现代化发展得到稳步推进，共建共治共享的社会治理格局加快形成。

（一）社会治理现代化发展的制度体系更加完善

2020 年，广东省出台一系列政策措施，推动社会治理体系和治理能力现代化发展，推动共建共治共享的社会治理格局走在全国前列（见表 1）。在这一系列政策措施中，既有从总体布局考虑出台的《中共广东省委关于制定广东省国民经济和社会发展第十四个五年规划和二〇三五年远景目标的建议》，也有社会治理相关部门的具体制度设计。如广东省民政厅为了更好地发挥民政部门在基层社会治理中的重要作用，于 2020 年 8 月印发了《广东省推进民政领域基层社会治理体系和治理能力现代化的若干措施》，从基层党组织的政治引领、城乡社区治理、社区社会组织、社会工作者、基本民生保障和基本社会服务、民政领域基层社会治理基础、保障措施七个方面提出 19 条具体举措。

表 1 2020 年广东省社会治理部分相关政策一览

序号	时间	政策名称	政策目标
1	1 月 13 日	《广东省人民政府关于实施健康广东行动的意见》之"实施心理健康促进行动"	促进心理健康服务体系建设
2	2 月 5 日	《广东省人民政府办公厅关于依托"数字政府"一体化在线政务服务平台便利企业群众办事减少跑动的通知》	在新冠肺炎疫情防控关键时期更好地保障企业群众在线办事，推进"网上办、指尖办、预约办、就近办"

续表

序号	时间	政策名称	政策目标
3	2月14日	《广东省数字政府改革建设2020年工作要点》之"大力提升社会治理智能化水平"	提升基层社会治理现代化水平
4	2月19日	《广东省政务服务"好差评"管理办法》	持续优化政务服务,建设人民满意的服务型政府
5	3月20日	《关于进一步规范全省村(社区)"两委"津补贴发放工作的通知》	规范广东省村(社区)"两委"津补贴发放工作
6	5月8日	《广东省建立健全城乡融合发展体制机制和政策体系的若干措施》之"建立健全有利于乡村治理的体制机制"	推动乡村治理,构建新时代基层善治体系,完善农村集体经济运行机制
7	5月19日	《广东省推动慈善事业高质量发展若干措施》	促进慈善事业高质量发展
8	5月20日	《广东省人民政府办公厅关于全面推进基层政务公开标准化规范化工作的实施意见》	加强基层行政权力监督制约,提升基层政府治理能力,进一步密切党和政府同人民群众的联系
9	6月5日	《广东省加强儿童保障体系建设的意见》	健全儿童保障体系,推动儿童福利事业健康发展
10	7月8日	《广东省推进民政领域基层社会治理体系和治理能力现代化的若干措施》	建立完善民政领域"一核四社"城乡社区治理工作机制,推进基层社会治理体系和治理能力现代化
11	7月28日	《广东省进一步加强精神卫生服务体系建设实施方案》	全面提升广东省精神卫生服务能力
12	8月7日	《广东省人民政府关于乡镇街道综合行政执法的公告》	推进基层综合行政执法改革,推进行政执法权限和力量向乡镇和街道延伸与下沉
13	9月29日	《广东省村民委员会选举办法》	规范村民委员会选举,保障村民依法行使民主权利
14	11月27日	《广东省志愿服务条例》	保障志愿者、志愿服务组织、志愿服务对象的合法权益
15	12月14日	《中共广东省委关于制定广东省国民经济和社会发展第十四个五年规划和二○三五年远景目标的建议》之"加强和创新社会治理,建设更高水平的平安广东"	确保到二○三五年治理体系和治理能力现代化基本实现
16	12月14日	《关于加强基层社会治理综合网格工作的指导意见》	加强基层综合网格管理体制机制建设

资料来源：课题组根据公开资料整理而得。

（二）市域社会治理现代化试点工作稳步推进

党的十九届四中全会审议通过的《中共中央关于坚持和完善中国特色社会主义制度、推进国家治理体系和治理能力现代化若干重大问题的决定》指出"坚持和完善共建共治共享的社会治理制度"。其中，"加快推进市域社会治理现代化"是具体行动目标之一。推进市域社会治理现代化成为 2020 年广东改革重点工作，广东省委平安广东建设领导小组社会治理专项协调组制定了 13 项社会治理重点领域改革任务。7 月，该协调组召开广东省加快推进市域社会治理现代化试点工作视频会，研究部署具体工作。

2020 年，广东推进了 13 个第一批和 8 个第二批全国市域社会治理现代化试点市启动和部署试点工作①。深圳、梅州、汕头等市入选全国首批市域社会治理现代化试点城市。其中，深圳市制定了《深圳市推进全国市域社会治理现代化试点工作三年行动方案（2020～2022 年)》，建立了与平安建设考核有机融合的市域社会治理考核机制，把推进市域社会治理现代化工作纳入各级领导班子和领导干部政绩考核指标体系。梅州市以市域治理现代化为引领，通过建设"平安之乡"推动实现各类资源下沉和向基层倾斜；通过创新社会治理项目，启动"智慧社区"建设，释放基层活力。汕头市人大常委会做出的《关于强化法治保障促进市域社会治理现代化试点工作的决定》，是全国首个市域社会治理现代化试点工作的地方人大常委会决定。

（三）党建引领社会治理效能更加凸显

一是基层党组织覆盖更加全面。截至 2020 年 10 月，广东省 26201 个村、社区实现党组织全覆盖，基层党委、党支部数量分别较 2017 年增加了 2038 个和 3016 个；党群服务中心在镇（街）层级有 1019 个、村（社区）层级有 26115 个，区域性的党群服务中心有 572 个；建成省属行业党委 9 个、市级行业党委（党总支）131 个、县级行业党委（党总支）188 个；"两新"组织集

---

① 《全力防风险、保安全、护稳定、战疫情 广东晒出 2020 年政法工作成绩单》，《南方日报》2021 年 1 月 29 日，第 A06 版。

聚的 699 个园区、217 个商圈市场、386 座商务楼宇成立了区域党组织①。截至 2020 年底，广东已有 10955 个社会组织成立了党组织②。

二是基层党组织人才队伍更加充实。2018~2020 年，广东省共培养社区党建指导员或组织员、社区党组织书记 10811 名，其中新选任的社区党组织书记 1635 名；村（社区）共发展党员 7.6 万名，培养书记后备人选 4.76 万名，居委会主任"一肩挑"比例达到 90.7%。在培养优秀基层党建人才的同时，广东还不断优化调整人才队伍。3 年来，调整撤换"四不"③ 村（社区）党组织书记 1272 名④。

三是基层党组织全面领导能力和服务群众能力持续增强。比如广州市制定了《全面提升组织力 构建"令行禁止、有呼必应"基层党建工作格局实施方案》，在"区—镇（街）—村（社区）"三级建立起"民有所呼、党有所应"的快速响应机制。又如，清远英德市连樟村探索出村级党支部工作模式，通过建立党组织网络化管理服务体系，因地制宜发展村集体经济。韶关南雄市率先在广东推行"三个在先"⑤ 决策运行机制，以此推进城乡经济社会发展。

（四）基层治理体制机制不断完善

一是乡镇街道体制改革顺利推进。为了更好地完善基层治理体系，提升基层治理效能，推进国家治理基础单元——乡镇（街道）的社会治理现代化，打通服务群众的"最后一公里"，广东省制定了《关于深化乡镇街道体制改革完善基层治理体系的意见》。随后，广东省司法厅、省财政厅和省政务服务数据管理局等相关职能部门制定了关于下放行政职权、实行综合行政执法、加强财政保障和技术支撑等的一系列政策文件。2020 年 8 月，《广东省人民政府关于乡镇街道综合行政执法的公告》发布，省司法厅印发《关于推进乡镇街道综合行政执法的工作意见（试行）》。截至 2020 年 8 月底，广东省县级深化乡镇（街道）体制

---

① 《党建强根基 发展上引擎》，《南方日报》2020 年 10 月 26 日，第 A03 版。
② 《回顾"十三五"——广东民政不断改善民生福祉 为群众幸福续航加码》，广东省民政厅网站，2021 年 1 月 4 日，http://smzt.gd.cn/mzzx/mzyw/content/post_3166122.html。
③ "四不"村（社区）是指政治上不合格、经济上不廉洁、能力上不胜任、工作上不尽职的村（社区）。
④ 《党建强根基 发展上引擎》，《南方日报》2020 年 10 月 26 日，第 A03 版。
⑤ "三个在先"是指党组织优化设置在先、党组织领导决策在先、党员作用发挥在先。

改革、完善基层治理体系实施方案已全部制定并印发，全省大部分地区已基本完成"三定"规定制定、干部任免、人员转隶、办公用房调整等改革工作。

二是基层治理机构职能设置更加合理。2020 年，广东各地在乡镇（街道）层级设立了综合治理委员会、公共服务委员会、综合行政执法委员会等统一指挥协调的工作平台，强化了乡镇（街道）党（工）委在基层治理中的领导统筹和资源管理使用功能。7 月，广东省人民代表大会常委会发布《广东省不设区的市和市辖区人民代表大会常务委员会街道工作委员会工作条例》。该条例规范了人大常委会街道工委的职责，将人大常委会街道工委工作经验提升为地方性法规。通过机构合理设置，乡镇（街道）和上级机关以及村（社区）的权责关系得到厘清，乡镇（街道）本级党政机构之间的联动机制也不断完善。

三是基层便民服务日益优化。广东省各地通过把基层管理迫切需要且能有效承接的管理权限依法依规下放，逐步实现乡镇（街道）的职能转变，优化了基层审批服务便民机制；通过推进"减证便民"行动，全面推进证明事项告知承诺制，2020 年广东已累计取消证明事项 1220 项，仅保留 36 项。广东省在粤东西北偏远乡镇和村居试点部署了政务服务一体机，同时政务服务已接入全省 1.3 万多台银行金融自助终端，居民可以通过政务服务一体机和银行自助终端实现政务事务的便捷办理①。

（五）多元参与的社会治理格局逐渐成熟

一是基层群众性自治组织建设更扎实。2020 年，广东省率先在省级层面启动了非户籍常住居民参加村（居）"两委"选举的试点工作，制定并深入应用《村（居）民委员会工作职责事项指引》《城乡社区协商工作规范》两项省级地方标准。一年来，广东省村（社区）已全部完成村规民约（居民公约）的修订，90% 以上的村达到村务公开"五化"建设标准。

此外，广东开展改进和规范基层群众性自治组织出具证明事项整治行动，明确首批取消证明事项 23 项；强化了全省 26361 个村（社区）②的办公经费

---

① 《广东大力推进乡镇街道体制改革》，《南方日报》2020 年 9 月 9 日，第 A10 版。

② 《广东民政：共建共治共享 和睦和美和谐 创新推动"大社会治理"体系建设》，广东省民政厅网站，2021 年 1 月 11 日，http：//smzt. gd. gov. cn/mzzx/mzyw/content/post _ 3169924. html。

和党建经费保障，提高了村（社区）"两委"干部待遇和村务监督委员会成员补贴标准，建立了正常离任村干部信息采集和长效保障机制；推进了村（社区）"两委"干部违规补贴专项整治工作，建立了长效规范机制。

二是城乡居民积极参与社区事务。广东省社会科学院广东省情调研网2020年问卷调查结果显示，75.82%的居民参与了最近一次的村（居）委会的选举投票，42.15%的居民曾向政府或村（居）委会反映问题或提建议，92.50%的居民"偶尔"或"经常"参加村（居）委会举行的活动，82.77%的居民"偶尔"或"经常"参加捐款、无偿献血和志愿者活动，79.20%的居民对居住地居民协商解决问题情况的评价为"较好"或"很好"（见表2、图1）。

表2　城乡居民参与社区事务情况

单位：%

	是	否	没有投票资格
参与最近一次的村(居)委选举投票	75.82	19.05	5.13
	从不	偶尔	经常
参加村(居)委活动	7.50	44.86	47.64
参加捐款、无偿献血和志愿者活动	17.23	59.10	23.67
	没提过	提过	
向政府或村居委反映问题或提意见	57.85	42.15	

资料来源：广东省社会科学院广东省情调研网2020年问卷调查数据。

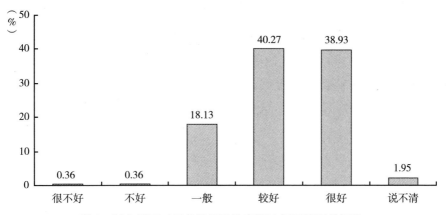

图1　城乡居民对居住地居民协商解决问题情况的评价

资料来源：广东省社会科学院广东省情调研网2020年问卷调查。

三是社会组织规模位居全国前列。2020 年，广东积极培育发展社区社会组织，已基本形成以枢纽型社区社会组织联合会、社区社会组织服务中心、社区基金会为核心的基层社会组织发展模式。截至 2020 年底，广东省各地共建立社会组织培育基地 62 个，社区社会组织总数 6.7 万个，枢纽型社区社会组织 961 个。2020 年，广东各地安排社会组织专项扶持资金超过 1 亿元①。

民政部公布的 2020 年第三季度民政统计分省份数据显示，广东省社会组织数量居全国前列，其中社会团体有 31870 个，位列全国第 2；民办非企业单位 38775 个，位列全国第 4；基金会 1267 个，位列全国第 1（见表 3）。

表 3　2020 年第三季度全国社会组织数量

	社会团体（个）	民办非企业单位（个）	基金会（个）
全　国	372868	503391	8258
广东省	31870	38775	1267
江苏省	37930	58404	757
浙江省	25648	43894	795
山东省	18278	40778	223
北京市	4534	7594	791
上海市	4235	12280	476
广东省占全国比重（%）	8.55	7.70	15.34
广东省在全国排位（位）	2	4	1

资料来源：民政部 2020 年第三季度民政统计分省份数据。

另外，广东省慈善事业发展迅速，志愿服务人员和志愿组织各项指标值均位居全国前列。截至 2020 年 12 月，广东省共有慈善组织 1361 家，居全国第1；公募慈善组织 153 家，居全国第 3；备案慈善信托 37 单，信托资金 7.1 亿元，居全国第 2。截至 2020 年底，广东共有 1300 万名注册志愿者，志愿服务时长超过 6 亿小时，有 1318 个志愿服务组织完成身份标识工作，共有超 10 万个志愿服务团体②。

---

① 《广东民政：共建共治共享　和睦和美和谐　创新推动"大社会治理"体系建设》，广东省民政厅网站，2021 年 1 月 11 日，http://smzt.gd.cn/mzzx/mzyw/content/post_3169924.html。
② 《强化五大体系　深化改革创新　奋力推动广东民政事业高质量发展走在前列》，广东省民政厅网站，2021 年 1 月 11 日，http://smzt.gd.cn/mzzx/mzyw/content/post_3152044.html。

四是社会工作专业人才队伍全国领先。截至 2020 年底，广东省共有 9.6 万人通过全国社会工作者职业水平考试，接近全国持证社工人数的 1/5。2020 年，广东开发社工岗位 4.8 万个，投入财政资金 19 亿元，建设社会工作服务站（室、中心）3406 个，均位居全国前列。在 2020 年疫情防控期间，广东社会工作人员的专业服务功能得到充分发挥。广东省共有 20657 名社会工作者参与疫情防控工作，开通了 1803 条社工服务热线，在疫情期间为独居孤寡老人、困境残障人士等困难群体提供了 813 万人次的专业服务①。

五是共建共治共享社会治理创新经验不断涌现。2020 年，广东省各市县创新探索出珠海市横琴新区"物业城市"治理模式、"广州街坊"群防共治品牌、广州市白云区三元里街融合社区模式、深圳市龙华"一核二重三每四化五强"外来务工者参与社会治理模式、东莞市"莞邑联防"队伍建设、韶关市"红袖章"志愿者队伍建设等富有成效的社会治理经验。

（六）更高水平、更大力度的平安广东建设加速推进

一是打好疫情防控阻击战，保障人民生命健康。2020 年，广东迅速高效应对新冠肺炎疫情，多项举措在全国率先出台。具体包括：率先启动突发公共卫生事件一级响应；最早召开抗疫专场新闻发布会，深圳率先在内地公布病例轨迹信息；率先发布严禁野生动物交易 1 号公告，率先将"全面禁食野生动物"明确写入地方性法规；率先发布《关于完善重大疫情防控体制机制　健全公共卫生应急管理体系的若干意见》；率先启动公共卫生建设完善补强工作，发布《关于进一步加强我省公共卫生人才队伍建设的若干措施》；率先在全国打造无缝衔接、全流程闭环管理机制，有效切断境外疫情传播途径。

二是完善矛盾化解机制，最大限度增加社会和谐因素。2020 年，广东制定了涉法涉诉信访依法终结制度，出台了做好涉法涉诉信访工作、加强和改进新时期信访工作、完善矛盾纠纷多元化解机制等一系列政策措施。通过健全矛盾预警预测预防机制，构建起维护群众权益、及时反映和满足人民群众

---

① 《广东民政：共建共治共享　和睦和美和谐　创新推动"大社会治理"体系建设》，广东省民政厅网站，2021 年 1 月 11 日，http：//smzt.gd.cn/mzzx/mzyw/content/post_ 3169924. html。

各方面各层次利益诉求的制度体系，进一步健全社会矛盾纠纷预防化解机制，开展重大决策社会稳定风险评估①。广东积极培育和发展专业化、职业化、社会化的人民调解组织。截至2020年12月，广东省有劳动争议调解委员会174个、调解室141个，全省98%以上的矛盾纠纷在基层得到及时有效化解②。

三是社会治安立体防控体系渐趋完善。2020年，广东通过实施"智慧新防控"计划，建设"智感安防区"，提升了重点区域、重点部位的社会治安稳控能力。同时，广东持续保持对突出违法犯罪的严打高压态势，强力推进"飓风"、扫黑除恶等专项行动。2020年1~10月，广东省共进行368次"飓风"集群战役，成功打掉2500多个犯罪团伙，抓获3.3万名犯罪嫌疑人，冻结26亿余元资金；破获刑事案件17.5万起，刑拘犯罪嫌疑人12.8万人，逮捕8.8万人，移送起诉犯罪嫌疑人10.5万人③。截至2020年12月10日，广东省共侦破命案积案424起，抓获命案在逃人员450名，两项数据均位居全国第1④。2020年，广东公安机关110报警服务台接到群众报警3235.56万起，同比下降1.03%。其中，刑事治安警情142.32万起，同比下降14.32%；"盗窃"47.06万起，同比下降23.78%；"两抢"3355起，同比下降49.72%⑤。

四是群众对社会治安的评价较好。根据广东省社会科学院广东省情调研网开展的问卷调查数据，2020年在深圳、江门、梅州和韶关城乡居民对居住地社会治安的评价中，评价"较好"的占比为40.99%，评价"很好"的占比为45.59%，评价"一般"的占比为11.61%，仅有0.96%的人评价为"很不好"或"不好"，另有0.85%的人表示说不清（见图2）。

---

① 《广东精搭细建共建共治共享社会治理格局》，广东政法网，2020年11月12日，http://www.gdzf.org.cn/zwgd/202011/t20201112_1059991.htm。

② 《省委政法常务副书记李华：在新起点上奋力开创政法工作新局面》，《南方日报》2020年11月24日，第A05版。

③ 《广东：打掉涉黑组织51个》，《南方法治报》2020年11月16日，第1版。

④ 《广东侦破命案积案数全国第一》，《南方法治报》2020年12月11日，第1版。

⑤ 《去年全省"两抢"警情同比降近半》，《南方日报》2021年1月6日，第A07版。

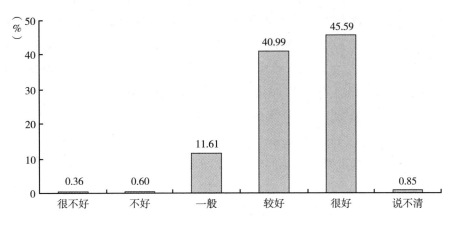

图2　城乡居民对居住地社会治安的评价情况

资料来源：广东省社会科学院广东省情调研网2020年问卷调查。

（七）社会治理智能化水平不断提升

一是"数字政府"建设取得较好成绩。2020年，广东省持续推动"数字政府"改革建设。在全国省级政府网上政务服务能力指数评估中，广东省自2019年起连续两年排名全国第1。在中国政府网发布的《2020年政府网站和政务新媒体检查情况通报》中，广东省政府门户网站和茂名市政府门户网站分别获得省级第1名和地级市第1名。截至2020年7月，广东省已基本完成全省政务数据资源统一归集存储、统一目录管理和统一数据服务，71个省级部门通过省政务大数据中心共享3785类数据，可重复利用数据约217.6亿条，日交换量4300万条。人口、法人、信用信息、空间地理等基础数据库已形成共用共享资源池，通过数据统一开放平台向各市相关主管部门开放，并支持各地结合实际开展应用创新。"粤省事"已推出1237项服务和82种个人电子证照，1031项服务实现"零跑动"①。

二是社会治理的全科网格和信息化平台建设持续加强。2020年2月，广东省制定了《广东省数字政府改革建设2020年工作要点》，明确要"大力提

———————————

① 《推进市域社会治理现代化，看他们如何出招》，广东政法网，2020年7月22日，http：//www.gdzf.org.cn/zwgd/202007/t20200722_1038157.htm。

升社会治理智能化水平"。截至 2020 年 11 月，广东省实现了"综治中心 + 网格化 + 信息化"的实体化运转全覆盖，全省市、县（区）、乡镇（街道）、村（社区）四级均建立了规范化的综治中心（工作站）。广东省实现了网格化的全覆盖，共划分 14.4 万个基础网格，配备 17.7 万名网格员①。

三是民政、公安、司法等社会治理各领域全方位应用智能化技术。2020年，广东省制定了民政信息化系列文件，完成了《广东省民政数据标准》的编制和民政数据标准管理系统的建设。广东公安通过建设"智慧型警力资源管理系统""广东公安云学院""粤警党建""粤警心理""粤警工会""老干管理""民警健康管理系统""全省辅警管理系统"等，构建起"1 + 7 + N"的"智慧新警队"，推动警力队伍的智慧化管理。广东法院推动"智慧法院"和"网上执行局"建设，提升办案效率，实现"零接触执行""不间断执行""跨地域执行"。

（八）社会治理法治化水平不断提高

一是法治政府建设成果丰硕。2020 年，广东在全省范围内开展了法治政府建设示范创建活动，全省共 5 个地区和项目入选全国法治政府建设示范创建公示名单，数量位居全国前列。广东省、市、县三级政府全部设立法律顾问室，有效保障政府行为在法律框架内运行。中国政法大学法治政府研究院发布的《法治政府蓝皮书：中国法治政府评估报告 2020》显示，广州、深圳两市的评估得分自 2013 年起连续 7 年位居全国前 10。

二是公共法律服务不断健全。在广东，公共法律服务相关事项自 2015 年以来多年被列为省政府的民生实事。通过推进公共法律服务网建设，广东逐步实现了公共法律服务的普及化、一体化，法律服务网络的智能化、精准化水平不断提升。2020 年全年，广东法律服务网服务总量超 580 万次②。

三是全民普法力度不断加大。在新冠肺炎疫情防控的不同时期，广东省普法办印发了《关于做好新型冠状病毒感染的肺炎疫情防控法治宣传教育工作

---

① 《省委政法常务副书记李水华：在新起点上奋力开创政法工作新局面》，《南方日报》2020年 11 月 24 日，第 A05 版。

② 《依法治省：法治广东建设再开新局》，《南方日报》2021 年 1 月 15 日，第 A08 版。

方案》《新型冠状病毒疫情防控行政执法普法宣传工作指引》《广东省司法厅关于加强对新冠肺炎依法防控宣传引导工作的实施方案》《关于全省开展疫情防控全民公益普法行动方案》等一系列普法宣传文件，开展了"防控疫情、法治同行"的疫情防控全民普法行动。

（九）社会心理服务体系不断健全

一是出台政策措施推进心理健康服务建设。2020年，广东省将健全社会心理服务体系和疏导机制、危机干预机制列为基层综治信访维稳中心、综治信息化建设、社会治安综合治理网格化管理和基层平安创建的重要内容，出台《广东省关于加强社会心理服务体系建设的实施意见》和《广东省进一步加强精神卫生服务体系建设实施方案》等一系列政策措施。为了推动社会心理站（室）的建设工作，广东出台《关于在全省基层综治中心建立社会心理服务站（室）的指导意见》。该意见指出，到2020年底，珠三角地市的乡镇（街道）和村（社区）社会心理服务站（室）建成率达80%以上，其他地市建成率达到50%以上，并建立有效运行机制。

二是社会心理服务体系建设试点工作有序推进。2020年，深圳、江门等国家试点城市和珠海、惠州等省级试点城市，积极推动社会心理服务体系建设，形成"区—街道—社区"社会心理服务体系、社会心理线上服务、学校心理健康检查诊疗绿色通道、"法律＋心理＋社工"相结合的"三三"维权调解工作法等创新经验[①]。比如，深圳龙华福城街道构建起"1＋N"的社会心理服务体系，通过"街道＋社区"两级服务阵地，建设"心访之家"心理服务站，提供24小时线上线下和"5＋2"全年无休的面对面谈话服务。江门市建成全国第二家、广东首家心理健康科学普及体验馆，该体验馆是包含科普展览、教育培训、资源集成的综合性科普传播基地。

二　广东社会治理现代化发展面临的问题和挑战

虽然广东社会治理现代化发展取得较好成绩，但社会治理的体制机制仍有

[①] 《广东精搭细建共建共治共享社会治理格局》，广东政法网，2020年11月12日，http：//www.gdzf.org.cn/zwgd/202011/t20201112_1059991.htm。

待健全，党建引领基层治理的能力和水平有待提升，社会协同和公众参与社会治理的活力有待进一步激发，自治、法治和德治等领域均面临不少问题和挑战。

（一）党建引领社会治理体制机制有待健全

一是社区"大党委"架构不够完善，党建工作协调机制效率有待提高。虽然广东省多地正在推行区域化治理，但目前没有看到完善的社区党建工作协调机制，乡镇（街道）、村（社区）党组织在实际工作中无法将乡镇（街道）党工委、村（社区）党支部、辖内企业单位党组织、社会组织的党组织等与村（社区）相关的基层组织纳入同一平台中，区域治理合力尚未形成。

二是基层社区服务的多元主体分工不明。当前，党群服务中心、村（居）委会、村（社区）服务站是村（社区）最主要的三个治理主体。党群服务中心的职责大而全，服务清单有待细化，党群服务中心、村（居）委会、村（社区）服务站三者之间的关系不甚清晰，不利于党群服务中心在村（社区）实地开展工作。

三是党员参与社区服务机制不顺畅。由于缺乏跨级联动体系，无法统筹县（区）、乡镇（街道）、村（社区）三级党组织的工作，很难将村（社区）党组织以外的广大基层党员和社会资源带动投入村（社区）建设中。尤其在城市社区，在职党员到社区报到服务工作配套机制体系未完全建立，组织动员、供需对接、双重管理、考核激励等方面的制度需要继续探索和完善。

四是基层党组织的作用发挥得不明显。在实践中，有的村（社区）党组织在基层治理中的作用发挥得不明显，有的村（社区）"两委"干部存在"不想做，不敢做，不会做"群众工作的官僚主义作风，以至于群众有诉求时，首先不会找基层党组织、找村（居）委。相比村股份公司、城市小区物业公司，村（社区）"两委"在群众中的存在感缺位、公信力不高等问题普遍存在。村（社区）"两委"及时发现苗头问题，促成矛盾在萌芽阶段化解的能力有待提升。

（二）市域社会治理现代化体系尚处于启动部署阶段

一是市域社会治理现代化体系尚处于探索发展期。市域社会治理是一个相对较新的概念，目前全国各地尚处于开展市域社会治理现代化试点的探索阶段。党政机关、各职能部门乃至政策和学术研究领域对市域社会治理的理解未达成共识，谁来治理、治理什么、怎样治理等问题并没有明确的答案。从体系化的角度看，无论是广东省内各市的探索，还是国内其他省市的实践，社会治理更多的是在以块的形式按照各个职能部门涉及的相关治理领域开展。由于市域层面缺乏整体性和系统性的谋划，市域社会治理体系并没有真正搭建起来。市域社会治理体系由哪些部分构成，体系内部的关系如何，体系如何运作及其评价等问题亟须解决。

二是市域社会治理的党委领导组织架构尚未搭建起来。从系统性角度来看，党委领导市域社会治理的组织架构和工作体系仍需进一步完善。目前广东省及其各地级市仍缺乏能全面统筹协调社会治理的专责机构，省级和地方原社工委机构有些被撤除，有些被归并到政法委，保留下来的政法委内设机构也存在人员缺乏、系统治理能力不足和无法适应社会治理体系现代化需求等问题。

三是市域社会治理的体制、机制还未理顺。体制上，社会治理归政法系统领导，属于党委口，但在党政部门中，社会治理方面的职能交叉很多，力量缺乏整合，从而削弱了社会治理的力度和成效。同时还存在部门与地方互联互动不足、长效化的跨域跨界协同治理机制缺乏等问题。

（三）基层治理机制不畅，公众参与活力稍显不足

一是基层社区仍然承担过多的行政职能，虽然服务和管理下沉，但资源配置没有及时跟上。乡镇（街道）职责清单和公共服务事项目录清单不够细化和具体。虽然在政府"放管服"以后，村（居）委盖章事项大幅减少，但仍要承担防控、维稳等行政事项，挂牌依然很多，去行政化依然任重道远。农村基层治理能力不强和社区建设发展水平不高也仍然是基层治理的短板。

二是公众参与社会治理的活力依然不足。当前政府在社会治理过程中仍存在"管控"和"组织恐慌"思维，公众参与的组织化程度不高，主动参与的意识不强。大数据、网格化治理、网络舆情跟踪等公众参与平台和渠道的建设处在初级阶段，存在信息不对称、信息不公开等问题，影响公众参与的积极性和主动性。

三是社会组织发展与社会治理需求间有较大差距。从数量上看，社会组织培育发展滞后于现实需求，尤其是专业化的社会组织仍有很大缺口。从质量上看，社会组织专业化程度不高，社会服务的能力不足，在心理健康、法律援

助、纠纷调处等社会治理重点领域的参与程度较低，在提供精细化服务方面也有很大的提升空间。从规范上看，部分社会组织还存在自我管理不规范、内部制度不健全、公信力不强等问题。

四是新冠肺炎疫情暴露基层治理的弱项。广东省基层社区普遍存在人力和物资与实际工作需求不匹配、基层应急管理运行机制与实践需求不匹配等问题。2015年，广东每名村（社区）"两委"工作人员服务人口数居全国首位（见图3）。2020年新冠肺炎疫情期间，广东省动员70多万名城乡社区工作者，其中15万村（社区）"两委"成员①，应对近2.6万个城乡社区，平均不到6个村（社区）"两委"成员要守住1个村（社区），每名"两委"成员服务人口数为768人。与全国平均6个"两委"成员守1个村（社区），每名"两委"成员面对350名群众相比，广东省基层应急管理压力巨大。

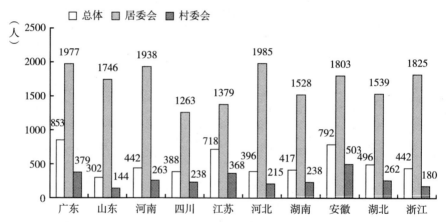

图3　2015年全国10个人口大省每名村（社区）"两委"工作人员服务人口数

（四）平安广东建设仍面临巨大的风险和挑战

一是网络社会潜藏巨大社会风险。信息技术、人工智能、区块链技术等科技迅速发展，催生了诸多新产业、新事物、新现象，许多负面现象也随之产

---

① 70多万名城乡社区工作者包含了15万多名村（社区）"两委"成员，以及社区专职工作者、村（居）民小组长、专兼职网格员。资料来源于李强《广东70万社区工作者奋战在"疫"线》，《南方日报》2020年3月25日。

生。当前广东各地，尤其是城市地区诸如电信诈骗、互联网金融借贷纠纷等新型犯罪、新型矛盾现象频发。二是常态化扫黑除恶任重道远。近几年广东扫黑除恶各项数据位居全国前列，说明广东扫黑除恶任务较为繁重。三是社会矛盾仍易发多发。随着经济体制变革和经济持续增长，社会阶层结构和利益格局日益复杂化，社会流动和人口流动加快，社区更趋多元化和社会化。复杂的社会发展变化使得社会矛盾更易发多发，使得社会治理和平安建设面临巨大挑战。

（五）社会治理法治化能力和水平有待提升

一是社会治理领域的法律体系仍不够健全。目前，广东省及其各市普遍存在社会治理法律法规缺失、规定不明确、考核指标设置不科学的问题。缺乏法治保障，就无法明确"谁来治理""怎么治理""怎么进行多元协同共治"这些基本问题，社会治理过程中出现的很多典型经验就难以形成制度化成果，很多治理风险就难以规避。在实践中，部分政府决策咨询人员仍简单将社会治理等同于"天网工程""雪亮工程"和网格管理这些事项。乡镇（街道）层面，村（社区）"两委"法定职责仍较为模糊。

二是法治思维还较为缺乏。当前，社会治理中人治思维和权力思维依然较为突出，部分领导干部思想观念、思维习惯、工作方法和工作作风仍保留原有以行政手段管理为主的模式，法治意识不强，依法办事、依法治理社会事务的能力欠缺。

三是普法力度不够大，仍然存在部分群众不依法反映利益诉求现象。基层群众对法律法规的认识仍然不足，特别是对能够有效规范日常行为和处理民间纠纷的民法典知之甚少，民主法治意识仍旧欠缺，部分群众仍然存在"信访不信法""信闹不信法""信权不信法"的观念误区。

四是基层治理法治力量较为薄弱。受人手限制，县（区）一级的法制办、司法局法治工作很难延伸至基层治理工作中，"法律服务最后一公里"问题依然无法全部解决。各村（居）委会虽多设有人民调解委员会等机构，但人员力量不足使许多矛盾纠纷无法化解在基层。

（六）信息互联互通难度大，社会治理智能化水平不高

一是数据孤岛问题突出。当前，大数据社会治理已经呈现多主体、多平台

的发展趋势，各个平台都在用自己的方式收集、整理、挖掘与分析数据，而平台间的数据交流互动显得不足，以平台为核心的数据孤岛广泛存在。由于每个平台整理与储存数据的标准不尽相同，平台间数据的互联互通阻碍较大。另外，部门间条块分割、协作阻力仍较大，信息平台各自为政、上下级重复建设、不互通不共享问题突出。二是智能化设施建设缺乏统一规划和实施。各类视频监控等设施相关的数据平台和应用程序不够统一，设备安装后信息间无法互联互通，智能化作用得不到发挥。智能化建设缺乏足够资金支持，后续管理和维护存在不可持续问题。三是过度依赖技术手段。在实践工作中，存在将社会治理等同于技术治理的"技术至上"观念，认为社会治理创新仅靠技术手段即可，运用信息通信技术、传感器、大数据、网格化等技术手段，就可以精准地发现问题、诊断问题和预测风险。

（七）人才队伍建设滞后，影响社会治理专业化水平

一是社会治理专业化人才较为缺乏。比如党建人才，具有专业学科背景或学位的党建实务工作人员队伍目前还是空白。村（社区）党群服务中心从业人员整体素质偏低，没有形成一支职业化、专业化的服务队伍，难以胜任专业性相对强的服务工作，如医疗保健、心理辅导等。又如村（社区）群防群治队伍大多数由村（居）委人员、村治保队员、出租屋管理员兼职组成，少数由村（社区）退休人员、无业人员及家庭妇女组成，其他居民群众特别是高学历、高素质人才参与率较低，人手紧缺。另外，社会工作人才规模不大，社会工作者持证人数过少。二是社会治理的职业培育体系不健全。目前在社会治理专业教育领域，仅有社会工作相关专业设置，党务工作和社会治理的专业教育缺乏。三是社会治理人才职业发展和上升机制缺乏。社会治理领域的人员职业发展空间不明确。当前从全国到省、市、县各个层面还未形成社会治理人才培养和职业提升体制机制。基层治理最需要的治理人才普遍存在工作待遇低、未来职业发展前景不清晰、上升空间小等问题，阻碍了基层治理工作的有效开展和持续提升。

（八）城乡、区域社会治理现代化发展不均衡

广东在社会治理和市域社会治理领域的探索实践基本走在全国前列。比如

中山市是全国首个制定社会建设规划的城市。但从目前全国各地发展状况来看，广东社会治理尤其是市域社会治理建设的后劲稍显不足，比如在总体布局方面，上海和杭州都建立起符合各自特色的市域社会治理架构，但广东省内各市的社会治理仍不够系统化、规范化。同时，珠三角地区和粤东西北地区间的社会治理现状存在明显差异，社会治理的区域发展不均衡问题较为突出。比如社会组织多集中于珠三角地区，粤东西北社会组织的培育和发展较为薄弱，社会治理的先进经验也多源于珠三角地区，粤东西北地区在农村治理领域仍有不少短板有待补齐。

（九）社会治理和市域社会治理的评价体系化不足

一是社会治理的专项评价指标体系缺乏。当前，社会治理的评价指标主要分散在综合指标和部门指标中，过于碎片化，缺乏专项评价指标，且社会治理指标在各类综合性评价体系中的设置合理性有待商榷。二是针对社会组织的评价机制不够合理。针对社会组织参与社会治理的评价体系过于繁杂，社会组织常常需要用过多的人力、物力和时间应对各项机构考核。三是专业化的第三方评价机构、人才和能力不足。当前广东省及其各市具有专业评估知识和能力的机构还较为缺乏，能够从事社会治理专项评价的人才队伍尚未建成，政府对社会治理评价体系建设的重视程度和深入调查研究均不够。

三 2021年广东社会治理现代化发展态势与对策建议

（一）发展态势

2021年是中国"十四五"规划开局之年，也是广东实现"在全面建设社会主义现代化国家新征程中走在全国前列、创造新的辉煌"的开局之年。2021年是中国共产党成立100周年，是《中共中央关于坚持和完善中国特色社会主义制度 推进国家治理体系和治理能力现代化若干重大问题的决定》明确的"坚持和完善中国特色社会主义制度、推进国家治理体系和治理能力现代化的总体目标"第一个阶段目标的实现之年。根据要求，2021年必须实现"到我们党成立一百年时，在各方面制度更加成熟更加定型上取得明显

成效"。

《中共中央关于制定国民经济和社会发展第十四个五年规划和二〇三五年远景目标的建议》指出，"十四五"期间要努力实现"社会治理特别是基层治理水平明显提高"。根据该建议具体内容，中国"十四五"时期社会治理领域有八大重点任务：一是完善社会治理体系，进一步健全城乡基层治理体系；二是完善基层民主协商制度；三是建设人人有责、人人尽责、人人享有的社会治理共同体；四是畅通和规范社会力量参与社会治理的途径；五是推动社会治理重心向基层下移；六是加强基层社会治理队伍建设；七是构建基层管理服务平台；八是推动市域社会治理现代化。

"十四五"时期，广东省要在"全面建设社会主义现代化国家新征程中走在全国前列、创造新的辉煌"，社会治理现代化领域必然要走在全国前列。从发展态势来看，2021年广东社会治理现代化建设的重点应主要集中在城乡基层治理、市域社会治理现代化、公共安全的常态和应急治理、社会治理网格化建设等领域。不断提升社会化、专业化、精细化、法治化和智能化水平，完善社会治理体系，营造共建共治共享社会治理格局将是广东社会治理现代化建设的重要目标。

（二）对策建议

1. 强化总体布局和政策指引，为社会治理现代化明确发展目标和发展方向

一是理清社会治理各部门职责，明确社会治理的具体内容。列出社会治理内容清单和责任部门，将交叉重叠的治理事项进行归类整合，找出治理缺位的领域和内容。二是加强对社会治理规律和市域社会治理体系状况的研究和把握。对当前社会治理中存在的问题进行摸底研究，找出重点和难点，化解体制机制障碍。三是建立社会治理总揽全局、协调各方的党委领导体制机制。明确各级党委和政府的职能，打造权责明晰、高效联动、上下贯通、运转灵活的社会治理指挥体系。在推进市域社会治理现代化过程中，建议各地级市成立市域社会治理体系建设工作领导小组，统筹本地资源，推进体系建设。四是搭建社会治理体系综合指挥系统。建议各地级市整合现有资源，设立市级社会治理综合指挥中心，并在县（区）、乡镇（街道）、村（社区）建立配套的指挥室和工作室，形成横向到边、纵向到底的指挥体系。

2. 以党的领导为根本保证，提升党建引领社会治理效能

一是建立健全"党领导一切"的工作机制，构建"大党建"格局。落实党领导社会治理工作职责，切实加强党对社会治理工作的领导，发挥政法委在平安广东建设中的牵头抓总、统筹协调、督办落实等作用。推动基层党建与基层社会治理深度融合，破解党建引领城乡基层治理中的体制、权力、利益等难题。

二是加强基层党组织书记和党建人才队伍建设。推动党校教育系统设置党建理论和实务教学课程与专业，培养优秀党建实务工作者。继续实施"头雁"培育行动，选优配强基层党组织带头人。建立健全村（社区）党委书记、"两委"班子和后备干部队伍选拔、培训、教育、使用、管理、监督和激励等机制。

三是改进党员参与社会治理服务机制。完善在职党员到社区报到和服务工作长效机制。有针对性地制定在职党员到社区报到并开展服务的组织动员、供需对接、双重管理、考核激励机制。

3. 推动基层治理体制改革，激发社会活力，构建共治同心圆

一是完善城乡基层群众自治体制机制。健全党组织领导的自治、法治、德治相结合的城乡基层治理体系，健全社区管理和服务机制，推行网格化管理和服务。制定县（区）职能部门、乡镇（街道）在城乡社区治理方面的权责清单，建立村（社区）工作事项准入制度。健全村级议事协商制度，完善党务、村务、财务"三公开"制度。完善城市社区民主选举制度，推进社区居委会事务公开和民主管理。

二是加大培育社会组织力度。构建以登记为基础、服务为关键、监管为保障的社会组织管理新体系，推动形成"统一登记、各司其职、协调配合、分级负责、依法监管"的社会组织联合监管机制。有针对性、有重点地培育、扶持枢纽型社会组织和社区社会组织。全面实施"专业社工＋专业义工＋全民义工"计划。

三是拓宽群众参与社会治理渠道，激发和培育社区共同体意识。在城乡基层治理的政策制定与执行中充分体现党的意志，广泛吸纳群团组织、社会组织、人民群众的意见和建议。完善群众依法参与城乡基层治理的制度化渠道。培育社区积极分子和社区内生性社会组织，以社区内生性社会组织充实社区基

层工作队伍。充分发挥物业服务在社区治理中的积极作用。

四是加强基层社会治理队伍建设。着力培养一支有理论素养、有实务能力的社会工作骨干人才队伍。通过建立专业资质补贴、登记管理、职业培训、继续教育、薪酬保障及表彰奖励等制度，推动社会工作专业人才队伍建设。注重吸纳社会组织领军人才作为社区共治、居民自治的成员，鼓励专业社工进社区。探索建立社区工作者职业体系，合理设置岗位等级序列，明确相应薪酬待遇，逐步实现社区工作者收入合理稳定增长。加大财政投入力度，逐步拓宽政府购买专业社会工作服务范围，提升购买服务质量。

4. 全力防范化解风险，健全公共安全体系

一是健全立体化治安防控网络建设机制。牢固树立安全发展理念，为人民安居乐业、社会安定有序、国家长治久安编织全方位、立体化的公共安全网。构建专群结合、点线面结合、人防物防技防结合的立体化治安防控体系。建立消防、交通、治安为主要内容的安全隐患专项定期排查行动机制。

二是建立健全公共安全治理应急和问责机制。坚持预防和应急并重、常态和非常态结合，建立健全"分类管理、分级负责、条块结合、属地管理"的应急管理体制，形成"统一指挥、功能齐全、反应灵敏、运转高效"的应急机制。完善公共安全治理问责机制，坚持党政同责、一岗双责，落实属地管理、部门监管、企业主体责任，建立隐患排查治理体系、安全预防控制体系以及打非治违、联合执法、责任追究制度。建立公共安全政策评估机制，建立健全公共安全形势分析制度。

三是依靠群众，建立多方参与的公共安全治理机制。借鉴枫桥等地的经验，依托城乡基层群众自治组织和社区服务平台，发挥群防群治优势，在社区层面建立社区公共安全服务队伍和志愿者队伍，织密织牢社区公共安全监测与服务网络。依托专业社工力量，推进公共安全教育和公益宣传，积极引导社会舆论和公众情绪，疏导社会公众心理，调解基层社会矛盾，维护社区的和谐安宁。

5. 强化法治思维，完善社会治理法治体系

一是建设科学完备的社会治理法律规范体系。加强社会治理领域立法，针对重点难点问题，开展社会治理领域专项执法检查和督察。鼓励各市立足地方特色和聚焦现实问题，深入总结本地成熟做法并将其上升为制度规范，确保法

规、规章务实管用、便于操作。

二是建立公正权威的社会治理法治实施和监督体系。推进法治广东和平安广东建设，在市、县、乡全面落实党委政府法律顾问、公职律师制度和三级重大决策项目依法决策机制。加大民生领域执法力度。深化司法体制综合配套改革，构建开放、动态、透明的阳光执法司法机制。

三是建设务实管用的法治保障体系。完善分业、分类、分众法治宣传教育机制，落实"谁执法，谁普法"的普法责任制，建立健全以案释法制度。完善公共法律服务体系，建成覆盖全域、便捷高效、普惠均等的市域公共法律服务网络，全面解决"法律服务最后一公里"问题。

6. 破解"数据孤岛"，建成社会治理智治体系

一是重点推进基层社会治理综合网格建设，并逐步建成全省统一的社会治理综合信息平台。统筹整合基层现有各种网格系统，加快推进基层社会治理综合网格建设。着力解决"信息孤岛"和"数据孤岛"等问题。在基层社会治理综合网格工作格局建成的基础上，在全省层面逐步建成网格合一、条块合一、终端合一、指挥合一、流程合一的社会治理综合信息平台。借鉴浙江省"网格域中化、人人网中去、资源网中合、民事网中办、成果网中享"的全科网格建设经验，拓展网格功能，将社会治理和民生服务全事项纳入网格，发挥综合性功能，实现"大事全网联动、小事一格解决"。

二是促进智能治理深度应用，推进社会治理精细化。依托数据共享平台，针对不同场景，搭建智慧辅助决策、智能监管、智能服务等应用模块并优化相应工作流程机制，对各类事件实时监测、分流处置、跟踪问效。坚持问题导向，抓住社会治理领域的突出矛盾和问题，深度开发各类便民应用。推进智慧党建、智慧法院、智慧检务、智慧公安、智慧司法等建设，建设政法机关一体化网上办案平台。

三是建立健全智能安全风险防范机制。加强对社会治理领域信息化产品开发与应用的全流程监管。加强对新技术可能带来的风险进行分析研判，研究制定智能治理有关法规政策和标准体系，提升防范应对能力，促进智治体系健康发展。

7. 调节社会心态，优化社会治理德治体系

一是大力弘扬社会主义核心价值观，加强思想教育、道德教化。以社会主

义核心价值观为统领，深入挖掘中华传统文化和具有广东特色的地方文化资源。实施公民道德建设工程，推进新时代文明实践中心建设。完善社会、学校、家庭"三位一体"的德育网络。充分发挥新媒体作用，健全媒体宣传引导机制。积极开展道德模范评选、评议工作。开展见义勇为英雄模范表彰工作，完善见义勇为人员权益保障机制。

二是强化德治约束，推进道德规范、诚信体系建设。加强村规民约、居民公约建设，建立健全村规民约、居民公约监督和奖惩机制。指导群团组织、协会商会加强团体章程、行业规章等建设。建立覆盖全社会的征信体系，完善公民和组织守法信用记录，依法追究违法失信责任。

三是加快完善社会心理服务体系。建立健全省、市、县（区）、乡镇（街道）四级社会心理服务体系，健全社会心理宣传引导、教育辅导、服务管理、志愿服务等机制。完善心理咨询网络，开通互联网咨询平台，提供免费的危机介入和群众心理救援服务。强化社会心理风险预警与处理机制。完善社会心理的志愿服务机制。充分发挥高等院校、科研院所等专业机构和工会、共青团、妇联等群团组织在社会心理救助与疏导工作中的作用。

参考文献

陈一新：《以新思路新方式开展市域社会治理现代化试点》，《法制日报》2020年1月3日，第1版。

杜熙：《人民至上视阈下社会治理现代化的基本思路》，《江苏社会科学》2020年第6期。

田玲玲、罗静：《乡镇行政区划调整的基层治理效应》，《华中师范大学学报》（人文社会科学版）2020年第6期。

温松、肖棣文：《数字技术推动社会治理现代化转型的路径探析——以广东为例》，《岭南学刊》2020年第6期。

习近平：《国家中长期经济社会发展战略若干重大问题》，《求是》2020年第21期。

薛冰、王磊、李阳阳：《党建引领基层社会治理创新：逻辑、困境与路径》，《求知》2020年第11期。

B.8
2020年广东生态环境建设报告

广东省社会科学院环境与发展研究所课题组*

摘　要： 2020年，广东生态环境建设取得良好成效，生态环境质量持
续改善，空气和水环境质量再创历史新优，绿色、低碳、循
环发展方式加快形成，公众环境意识位居全国前列。面向
"十四五"，广东生态环境建设将步入矛盾转换期，需巩固
好已有成果，坚持"三个治污"；切实解决好人民群众身边
的环境问题，建立健全生态产品价值实现机制，加快生态环
境治理体系和治理能力现代化建设。

关键词： 生态环境　污染防治攻坚战　环境治理

2020年是打好污染防治攻坚战的决胜之年。这一年，广东有效应对新冠
肺炎疫情对经济社会发展造成的不利影响，持之以恒地坚持生态环境保护理
念，坚定守住生态环境保护底线，在生态环境保护上做到了方向不变、力度不
减，有力地促进了生态环境持续改善和经济社会平稳发展，实现了以生态环境
高水平保护推进经济高质量发展。

＊ 课题组组长：曾云敏，博士，广东省社会科学院环境与发展研究所副所长、研究员，主要研究
方向为环境经济与政策。课题组主要成员：王茜，博士，广东省社会科学院财政金融研究所助
理研究员，主要研究方向为绿色金融；吴大磊，博士，广东省社会科学院环境与发展研究所副
研究员，主要研究方向为环境经济与政策；刘羽，广东省社会科学院环境与发展研究所博士，
主要研究方向为环境经济与政策；王丽娟，广东省社会科学院环境与发展研究所助理研究员，
主要研究方向为环境经济与政策；石宝雅，广东省社会科学院环境与发展研究所助理研究员，
主要研究方向为环境经济与政策。

一 广东生态环境建设总体情况

（一）环境质量持续改善

一是水环境治理取得突破性进展。2020年，广东继续坚持"保好水、治差水"的水环境治理思路，集中注意力进行水污染治理，关注居民饮用水安全，强化优良水体保护。全省地表水国考断面劣Ⅴ类水体实现阶段性清零，主要呈现两方面特征。一方面，水环境质量改善速度较快。表1显示，2019年到2020年，在全国地表水质量排名后30名的城市中，广东省从3座减少为0座①；同时，河源、肇庆、云浮3市的地表水国考断面水质始终稳定在全国前30名，其中肇庆从2019年的第26名上升至2020年的第12名。另一方面，水环境质量改善程度居全国前列。2019年，在全国地表水质量改善程度最高的前30个城市中，广东占据了1/6，比例居全国各省（区、市）首位。其中，中山和深圳分别排在第9、10位，地表水国考断面水质量分别改善34.87%和33.47%。2020年，广东黑臭水体重点治理城市——东莞、深圳的地表水质量改善程度分别排在全国第3、14位。截至2020年6月，珠三角地区地表水劣Ⅴ类水体全面消除；7月，广东全部消除地表水劣Ⅴ类水体。

表1 2019年和2020年全国地表水质量状况排名对比

排名	前30名		排名	后30名		排名	2019年质量改善程度前30名	
	2020年	2019年		2020年	2019年		城市	变化率（%）
1	柳州市	来宾市	倒1	铜川市	吕梁市	1	四平市	52.18
2	桂林市	柳州市	倒2	沧州市	营口市	2	运城市	49.36
3	张掖市	云浮市*	倒3	邢台市	沧州市	3	邢台市	47.06
4	金昌市	金昌市	倒4	东营市	深圳市*	4	吕梁市	45.86
5	吐鲁番市	河池市	倒5	滨州市	邢台市	5	长春市	36.70
6	云浮市*	林芝市	倒6	阜新市	东莞市*	6	辽源市	35.85
7	来宾市	桂林市	倒7	日照市	临汾市	7	保定市	35.60

---

① 2019年广东的3座城市为深圳、东莞和茂名。

续表

排名	前30名		排名	后30名		排名	2019年质量改善程度前30名	
	2020年	2019年		2020年	2019年		城市	变化率（%）
8	黔东南苗族侗族自治州	雅安市	倒8	商丘市	阜新市	8	七台河市	34.94
9	河源市*	梧州市	倒9	淮北市	辽源市	9	中山市*	34.87
10	崇左市	黔东南苗族侗族自治州	倒10	临汾市	廊坊市	10	深圳市*	33.47
11	河池市	吐鲁番市	倒11	沈阳市	茂名市*	11	安阳市	32.52
12	肇庆市*	贺州市	倒12	吕梁市	铜川市	12	大同市	31.54
13	攀枝花市	河源市*	倒13	潍坊市	晋中市	13	连云港市	30.74
14	永州市	张掖市	倒14	廊坊市	盘锦市	14	锦州市	27.79
15	贵港市	丽水市	倒15	辽源市	太原市	15	新乡市	27.39
16	梧州市	玉树藏族自治州	倒16	通辽市	聊城市	16	成都市	26.39
17	昌吉回族自治州	嘉峪关市	倒17	天津市	延安市	17	南通市	26.13
18	嘉峪关市	湘西土家族苗族自治州	倒18	鹤壁市	乌兰察布市	18	汕头市*	24.84
19	阿拉善盟	百色市	倒19	盘锦市	博尔塔拉蒙古自治州	19	铁岭市	24.07
20	雅安市	昌吉回族自治州	倒20	聊城市	沈阳市	20	烟台市	24.03
21	文山壮族苗族自治州	崇左市	倒21	连云港市	四平市	21	菏泽市	21.89
22	贺州市	贵港市	倒22	菏泽市	鹤壁市	22	惠州市*	21.39
23	百色市	攀枝花市	倒23	徐州市	潍坊市	23	三明市	21.04
24	喀什地区	海南藏族自治州	倒24	宿州市	庆阳市	24	鹤壁市	20.45
25	黔南布依族苗族自治州	三明市	倒25	青岛市	日照市	25	青岛市	20.39
26	邵阳市	肇庆市*	倒26	开封市	通辽市	26	鞍山市	20.35
27	恩施土家族苗族自治州	永州市	倒27	淄博市	锦州市	27	内江市	20.25
28	黄山市	张家界市	倒28	四平市	滨州市	28	太原市	19.49
29	丽水市	韶关市*	倒29	周口市	连云港市	29	林芝市	19.46

续表

排名	前30名		排名	后30名		排名	2019年质量改善程度前30名	
	2020年	2019年		2020年	2019年		城市	变化率(%)
30	吉安市	昭通市	倒30	玉溪市	东营市	30	韶关市*	19.24

注：*表示该城市属于广东省。

资料来源：生态环境部官网《生态环境部通报2020年12月和1～12月全国地表水、环境空气质量状况》和《2019年全国地表水、环境空气质量状况》。

二是大气环境质量持续改善。2020年，广东以整治"散乱污"工业企业（场所）为切入点，大力发展清洁能源、压减燃煤，科学、精准、依法治污。广东省空气质量持续改善，继续在全国领跑先行①。2020年1～10月，广东省空气质量达到"十三五"时期最优水平，$PM_{2.5}$浓度降至20微克/米^3，全国排名第3，达到世界卫生组织二级标准；在2020年全国空气质量前20名的城市中，广东省有6个，超过浙江、福建、江苏等省份，相较于2017年增加了1个城市（见表2）；2020年，深圳、惠州、珠海、中山、肇庆、东莞6市入围全国空气质量最优城市前20名。

表2　近年来全国空气质量前20名的城市对比

单位：个

排序	2020年	2018年	2017年
1	海口市	海口市	海口市
2	拉萨市	舟山市**	张家口市
3	舟山市**	福州市	福州市
4	厦门市	惠州市*	厦门市
5	黄山市	黄山市	大连市
6	深圳市*	厦门市	舟山市**

---

① 本段所用数据来自《广东省生态环境厅关于2019年度法治政府建设情况的报告》，http://gdee.gd.gov.cn/shbtwj/content/post_2853089.html；《广东省生态环境厅举行2020年第一场例行新闻发布会》，http://gdee.gd.gov.cn/xwfb4199/content/post_3242539.html；《广东进入污染防治攻坚战决胜年今年将重点治理臭氧和劣Ⅴ类国考断面》，http://www.gd.gov.cn/gdywdt/bmdt/content/post_2875231.html。

续表

排序	2020 年	2018 年	2017 年
7	丽水市 **	南宁市	拉萨市
8	福州市	深圳市 *	深圳市 *
9	惠州市 *	贵阳市	北京市
10	贵阳市	昆明市	昆明市
11	珠海市 *	丽水市 **	惠州市 *
12	雅安市	台州市 **	承德市
13	台州市 **	大连市	贵阳市
14	中山市 *	张家口市	丽水市 **
15	肇庆市 *	拉萨市	台州市 **
16	昆明市	温州市 **	东莞市 *
17	南宁市	遂宁市	温州市 **
18	遂宁市	衢州市 **	肇庆市 *
19	张家口市	中山市 *	广州市 *
20	东莞市 *	东莞市 *	上海市
广东城市数量	6	4	5
浙江城市数量	3	5	4

注: * 表示广东城市, ** 表示浙江城市; 2017 年是全国 74 个重点城市空气质量排名, 2018 年是全国 169 个重点城市空气质量排名, 2020 年是全国 168 个重点城市空气质量排名。

资料来源: 生态环境部官网《生态环境部通报 2020 年 12 月和 1 - 12 月全国地表水、环境空气质量状况》、《2018 年 12 月全国城市空气质量报告》、《京津冀、长三角、珠三角区域及直辖市、省会城市和计划单列市空气质量报告》（2017 年）。

三是土壤污染防治持续稳步推进。"源头治理"和"末端治理"两手抓，固体废弃物处理能力短板加快补齐，治理效果明显。2018 年以来，广东省新增危险废物焚烧、填埋等无害化处置能力达到 30.06 万吨/年，提前一年完成中央环保督察整改任务。同时，广东省固体废弃物增长速度相对放缓，在全国城市生活垃圾产生量排名前 10 的城市中，广东从 2015 年的 3 个减少至 2018 年的 2 个，城市生活垃圾产生量占比从 2015 年的 26.76% 下降至 2018 年的 19.31%（见表 3）。

表3 2015年和2018年全国城市生活垃圾产生量排名前10的城市

单位：万吨，%

序号	2015年		2018年	
	城市	生活垃圾产生量	城市	生活垃圾产生量
1	北京市	790.3	上海市	984.3
2	上海市	789.9	北京市	929.4
3	重庆市	626.0	广州市*	745.3
4	深圳市*	574.8	重庆市	717.0
5	成都市	467.5	成都市	623.1
6	广州市*	455.8	苏州市	550.0
7	杭州市	365.5	东莞市*	462.9
8	南京市	348.5	杭州市	420.5
9	西安市	332.3	西安市	416.8
10	佛山市*	328.0	武汉市	406.7
广东省城市生活垃圾产生量占比		26.76	广东省城市生活垃圾产生量占比	19.31

注：*表示广东城市。

资料来源：生态环境部《全国大、中城市固体废物污染环境防治年报》（2016年和2019年）。

总体数据显示，截至2020年6月，广东省有公开统计数据的污染防治攻坚战三年行动计划指标均已达到2020年目标值（见附表），交出了亮丽答卷。

（二）绿色、低碳、循环发展方式日益加速形成

一是碳交易市场发展迅猛，碳交易市场参与主体的市场灵敏度愈加高企。一方面，广东省碳市场交易量居全国首位，并且逐渐对标国际碳交易市场。2018履约年度，广东省碳市场配额交易量达到4991.05万吨，与全国各碳市场交易总量的55.81%；交易金额为8.37亿元（见图1），占全国各碳市场交易总金额的45.68%，四个指标均居全国第1。广州碳排放权交易所（简称"CEEX"）与国际社会主要碳交易平台的差距也在不断缩小。2019年上半年，CEEX在配额二级市场上的现货交易量赶超欧洲能源交易所（简称"EEX"）。另一方面，碳市场的交易活跃，碳交易的市场认可度高。2018履约年度，CEEX中的投资者（含机构和个人）交易量占总体交易量的79.48%，占市场主体交易量的大多数，远超控制企业交易量。

2018履约年度，广东碳市场交易量和交易金额排名前10的交易主体均为

机构投资者，其交易量和交易金额分别占该年度全省交易总量和交易总金额的
64.43%和63.12%。排名前10的机构投资者以广东本土机构为主，粤外投资
机构也积极参与，排名第2和第3的机构投资者均来自北京①；广东本土机构
占前10中的6席，交易量占年度交易总量的30%以上。同时，在利用碳交易
市场获取收益方面，广东水泥行业走在各行业前列。2018履约年度，该行业
使用CEER（核证自愿减排量）和PHCER（广东省级碳普惠制核证减排量）
履约，在置换配额出售获取收益方面走在电力、石化、钢铁、造纸、民航等行
业前列。

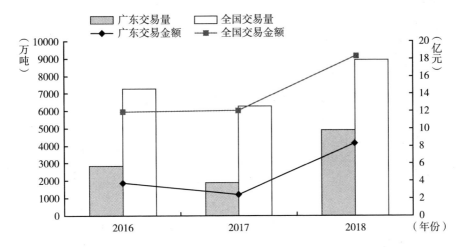

图1　2016～2018履约年度广东和全国碳市场交易量和交易金额对比

资料来源：《广东碳市场2018履约年度交易数据报告》。

　　二是绿色生产方式得到大力推广，资源消耗强度持续下降。广东作为经济
大省和制造业大省，多年坚持集约发展、绿色发展，不断提升支撑经济增长的
能源利用效率，持续降低资源消耗强度，逐渐走上工业生产全面绿色化发展道
路。从全国来看，广东GDP占全国GDP的比重达到10%左右，而资源能源消

---

① 《广东碳市场2018履约年度交易数据报告》，http：//www.cnemission.com/article/jydt/scyj/
201907/20190700001702.shtml。

耗量占比为7%左右，主要污染物排放量占3%～9%①；单位GDP能耗居于全国第二低位，万元GDP水耗（见图2）和万元工业增加值水耗均居全国低位。

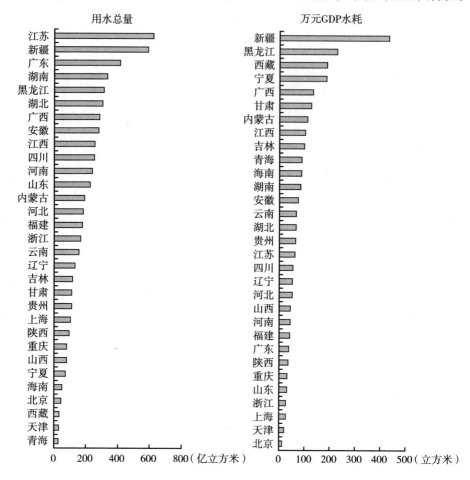

图2　2019年全国各省（区、市）用水情况

资料来源：水利部《2019年中国水资源公报》。

三是产业结构持续优化，污染密集型行业增加值占比平稳中略有下降。近年来，广东积极推进石化、钢铁、电力等重点行业节能降耗；推动电镀、印

---

① 截至2020年11月23日，全国资源消耗和污染物排放最新数据为2017年数据，因此此处的三个指标均为2017年的对比。在主要污染物排放量占比中，二氧化碳排放量占3.16%，氮氧化物排放量占6.59%，COD排放量占9.79%，氨氮排放量占9.86%。

染、电解铝等重污染行业进入园区，严格环境管理；引导传统优势产业转型升级、绿色发展；大力推进高技术产业、先进制造业和装备制造业发展；限制高耗能产业发展。通过持之以恒的产业结构调整和优化升级，广东实现自2005年有单位GDP能耗统计指标以来的该指标值连续多年下降。近年来，广东污染密集型行业增加值占比总体呈下降态势（见图3）。

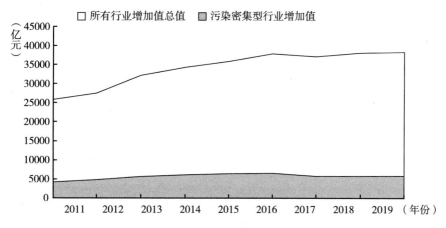

图3 2011年以来广东污染密集型行业增加值对比

资料来源：《广东统计年鉴》（2012～2020）。

（三）生态文明理念深入人心

广东省公众对环境保护的关注度位居全国前列，公众生态环境保护意识不断增强。本文以百度指数（搜索指数和资讯指数）为数据源，研究了全国各地区网民在生态环境领域的行为数据。搜索指数可以显示一个地区公众对该领域的主动关注程度，生态环境领域关键词的搜索量可以间接代表一个地区公众对该领域的主动关注程度。资讯指数是以网民阅读、评论、转发、点赞、点击不喜欢等行为的数量为基础，进行加权处理并经过复杂的数学模型计算后得出的综合指标，通常用于衡量网民对智能分发和推荐内容的被动关注程度。与搜索指数相比，资讯指数更加关注公众对信息的触达。资讯指数与搜索指数相结合，可以较为全面地诠释网民对某一话题的关注程度。

从搜索指数分析结果来看，2020年（截至2020年10月，下同），在全国各地网民对大气污染、水污染、土壤污染、节能减排、低碳经济、污水处理等

生态环境领域关键词搜索总量的排序中,广东均位居第1(见图4)。广东以上数据在2015年和2017年的排序也均位居全国前列。因此,可以看出,广东公众对生态环境保护的主动关注程度位居全国各省(区、市)前列。

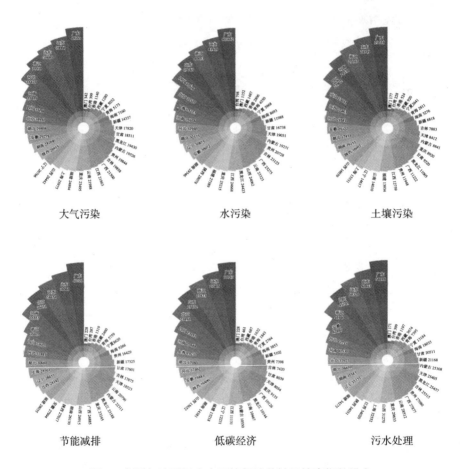

图4 全国各地网民生态环境领域关键词搜索指数排名

资料来源:百度指数。

从资讯指数分析结果来看,2020年,在全国生态环境领域关键词资讯指数排名中,广东在水污染、节能减排、低碳经济等多个领域位居第1,在土壤污染领域位居第2(见图5)。这表明广东公众对生态环境保护重点领域的被动关注程度也位居全国前列。

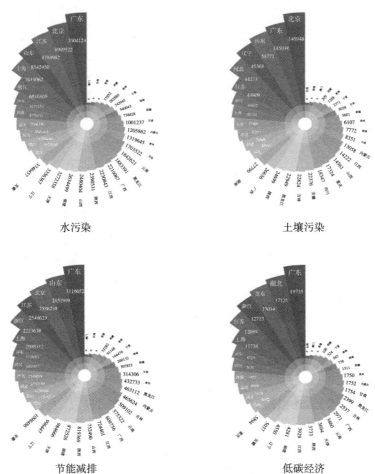

图5　全国各地网民生态环境领域关键词资讯指数排名

资料来源：百度指数。

　　此外，随着生态环境问题和矛盾的不断演变，公众对不同环境领域的关注程度也有所变化。如图6所示，与2015年相比，2020年全国各地公众对大气污染的搜索量占比由21.88%上升至23.50%，对水污染的搜索量占比由25.94%下降至24.99%，对土壤污染的搜索量占比由10.46%上升至14.02%。广东的变化趋势与全国大致相同，与2015年相比，2020年广东公众对大气污染的搜索量占比上升0.01个百分点，对水污染的搜索量占比下降0.1个百分点，对土壤污染的搜索量占比上升0.09个百分点。

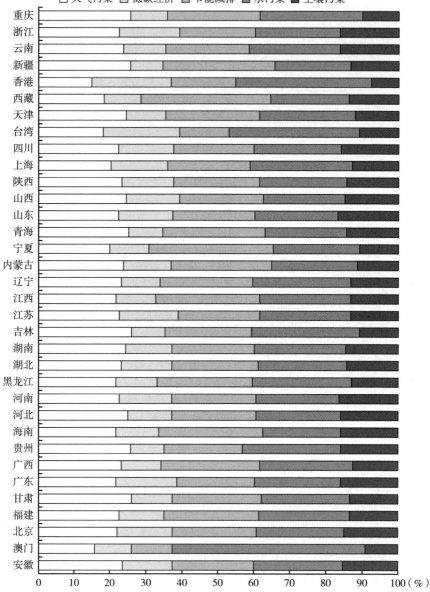

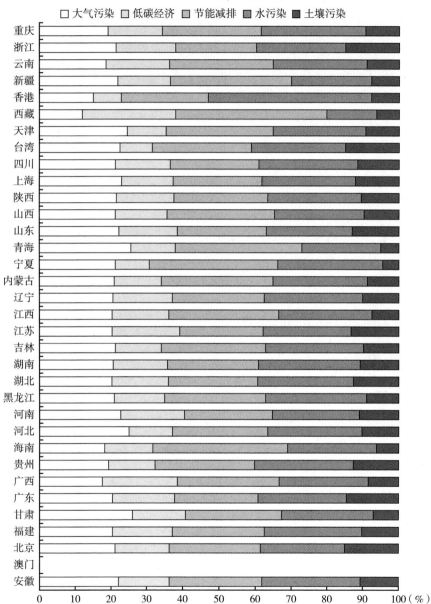

**图6　全国各省（区、市）公众对生态环境不同领域
关注程度（搜索量）的变化（2020 年和 2015 年）**

公众生态环境意识增强，一方面得益于广东经济迈向高收入阶段激发了公众环境需求的上升，另一方面得益于近年来广东在环境教育和环境宣传上的积极实践有效促进了公众生态环境素养的提升。事实上，随着生态环境质量的持续改善和突出环境问题与矛盾的不断变化，以企业为主体的生产领域环境治理行动需要向以公民（个体）为主体的生活领域环境治理行动转变，以应对日益突出的生活污染、垃圾治理等环境问题，在此背景下公众生态环境意识和素养就显得尤为重要。因此，广东公众良好的生态环境意识为新时期生态环境保护工作持续深化提供了有力保障。

二　广东生态环境建设措施

2020年，广东继续深入贯彻落实习近平生态文明思想，坚持精准、科学、依法治污，全面推动污染防治攻坚战各项工作切实落地，促使总体生态环境质量持续改善，污染防治攻坚效果全面显现。

（一）加强区域和部门联动，服务"双区"建设

生态环境建设是粤港澳大湾区和深圳中国特色社会主义先行示范区建设的重要内容。近年来，广东一方面继续加强区域联动，发挥生态环境治理的协同效应，持续推进美丽湾区建设和深圳勇当可持续发展先锋；另一方面加强部门间协作，提高治污效力。2019年6月，粤港联合启动"关爱海洋，还海滩一片清洁"净滩主题系列宣传活动；广东省生态环境厅联合省直有关单位共同举办"美丽中国，我是行动者——水美南粤聚力攻坚"广东省纪念六五环境日公益宣传活动。同年9月，广东、福建、江西、湖南、广西、海南、四川、贵州、云南9省（区）共同签订《泛珠三角9省（区）污染联防联治合作框架协议》，并积极与港澳开展核电安全合作交流。同年12月，粤港环境管理部门在广州召开粤港环保及应对气候变化合作小组第一次会议；广东省政府与南部战区海军在湛江签署关于加强核应急合作备忘录，省生态环境厅与省工商联签署《共同推进民营企业绿色发展打好污染防治攻坚战合作协议》。此外，省领导专门召开会议，防范化解深圳市涉环保项目跨界风险。

为支持中国特色社会主义先行示范区建设，深圳大力推进"无废城市"

试点建设；连续多年坚持落实《"深圳蓝"可持续行动计划》①；稳步推进环境立法，积极修订《深圳经济特区环境保护条例》，持续开展《深圳经济特区大气污染防治条例》立法前评估，动态清理不合时宜的规章制度②；继续深入推进生态文明体制改革，对全市的环境资源案件进行集中管辖；探索完善生态环境损害赔偿制度。2020年8月，深圳市生态环境局与信隆公司签订近1400万元的生态环境损害赔偿协议，创全省新高，并入选全国生态环境损害赔偿磋商典型案例③。通过多措并举、深入改革，深圳率先在全国实现全市域消除黑臭水体，成为拥有最多生态文明示范区的城市。深圳市南山区成为全国首个获批"绿水青山就是金山银山"实践创新基地的中心城区。

（二）实施以功能区为引领的区域协调发展战略，优化区域发展格局

2019年7月，广东省委和省政府印发《关于构建"一核一带一区"区域发展新格局促进全省区域协调发展的意见》，强调实施以功能区为引领的区域协调发展战略，着力增强"一核"的辐射带动能力和"一带一区"的内生发展动力④。其中，北部生态发展区是广东省的生态屏障，其主要任务是保护和修复生态环境、提供生态产品，因此需要坚持生态优先和绿色发展理念，在高水平生态环境保护中实现高质量发展。

为落实"一核一带一区"区域发展格局，广东一方面积极开展"三线一单"⑤编制，科学掌握环境保护底线。截至2019年底，初步划定综合管控单元1770个，各类管控单元1.8万个。同时，积极探索建立以国家公园为主体

---

① 为推进大气质量治理，深圳于2018年开始实施该计划，至今未中断。
② 根据机构改革、优化营商环境等工作要求，2019年深圳清理了《深圳经济特区建设项目环境保护条例》《深圳经济特区污染物排放许可证管理办法》等7部特区法规规章。
③ 《深圳市生态环境局2019年工作总结和2020年工作计划》。
④ "一核"指珠三角9市，是广东省发展的核心区和主引擎，重点是优化发展，增强其辐射带动能力。"一带"指粤东和粤西的沿海地区，粤东以汕头为核心，包括汕头、汕尾、揭阳、潮州，粤西以湛江为中心，包括湛江、茂名和阳江；强调将粤东和粤西打造成新增长极，与珠三角沿海7市串珠成链形成沿海经济带。"一区"指北部生态发展区，包括韶关、梅州、清远、河源、云浮。
⑤ "三线一单"是指生态保护红线、环境质量底线、资源利用上线和生态环境准入清单。

的自然保护地体系，在北部生态发展区的部分地区以高标准和高水平打造集中连片、规模化的生态特别保护区。韶关、梅州、清远、河源、云浮5市坚持"共抓大保护、不搞大开发"的发展理念，积极探索符合本地发展的绿色发展之路。例如，河源的生态景区和绿道建设就是5市以全域旅游带动绿色发展的缩影。另一方面，进一步完善生态补偿机制。加大财政支持生态补偿的力度，2007~2020年补偿规模年均增长40%。结合奖补手段奖优罚劣，在财政资金分配中坚持"谁保护、谁得益，谁改善多、谁得益多"的原则，加大对生态环境建设成效较好地区的支持力度①，扣减环境质量变差或治污不力地区的转移支付资金②，引导和倒逼各市县加强生态环境保护③。

（三）补短板强弱项，打赢碧水蓝天净土保卫战

针对劣质水顽疾，深化科学、系统、前瞻性治水。建立"一市一策一专班"机制，组织专家技术团队下沉服务帮扶；实施"一图一表一方案"，对18个重点国考断面精准制定干支流水质目标、控制单元重点工程。针对臭氧痼疾，继续扩充完善挥发性有机物（VOCs）总量指标管理整治清单，将4700多家重点企业纳入其中。扎实开展土壤污染防治基础工作，完成农用地土壤污染状况的详细调查，并通过国家审查。持续推进农村生态环境保护，完成1060个村庄的环境综合整治，超额完成"水十条"国家考核任务。2020年，广东发布了《广东万里碧道总体规划（2020－2035年）》，按照"三年见雏形、六年显成效、十年新跨越"的总体目标，着力构建"湾区引领、区域联动、十廊串珠"的覆盖全省21个地级以上市的万里复合型碧道。

多措并举、多维度推动，取得了有记录以来最好的污染防治成效，为打赢碧水蓝天净土保卫战奠定了良好基础。在地表水环境方面，Ⅰ~Ⅱ类水质占比波动上升，劣Ⅴ类水质占比波动下降（见表4）。在大气环境方面，平均灰霾天气数波动减少；在六项大气指标中，除臭氧年平均浓度波动持平以外，其他五项指标年平均浓度均波动下降。污水日处理能力波动增强，城市生活垃圾无害化处理率不断提高。

---

① 生态保护成效排名前10的地区，平均每县补助达1.8亿元，是全省平均水平的1.2倍。
② 2020年对涉及环保督察责任追究的生态发展区县，预计每县扣减500万元转移支付资金。
③ 李刚：《广东进一步加大生态补偿力度》，《人民日报》2020年9月8日，第14版。

表4　"十三五"各年份广东生态环境指标表现和变化情况

指标		绝对量					2020年相对于其他年份变化值			
		2016年	2017年	2018年	2019年	2020年	2016年	2017年	2018年	2019年
地表水省考监测断面占比（%）	Ⅰ~Ⅱ类	50.0	53.9	48.2	55.4	58.9	8.9	5.0	10.7	3.5
	Ⅲ类	28.2	26.7	30.4	25.0	27.4	-0.8	0.7	-3.0	2.4
	Ⅳ类	8.9	6.1	6.5	10.7	10.1	1.2	4.0	3.6	-0.6
	Ⅴ类	4.0	3.6	2.4	3.0	2.4	-1.6	-1.2	0	-0.6
	劣Ⅴ类	8.9	9.7	12.5	6.0	1.2	-7.7	-8.5	-11.3	-4.8
近岸海域海水质量占比（%）	一类	70.6	56.8	73.9	48.1	72.5	1.9	15.7	-1.4	24.4
	二类	14.6	16.3	12.4	39.1	17.0	2.4	0.7	4.6	-22.1
	三类	4.8	9.2	2.7	4.9	2.6	-2.2	-6.6	-0.1	-2.3
	四类	10.0	5.2	4.1	1.6	2.2	-2.1	-3.0	-1.9	0.6
	劣四类		12.5	6.9	6.3	5.7		-6.8	-1.2	-0.6
平均灰霾天气数（天）		29.0	30.5	27.6	22.0	13.3	-15.7	-17.2	-14.3	-8.7
六项大气指标年平均浓度[①]	二氧化硫（SO₂）	12	11	10	9	8	-4	-3	-2	-1
	二氧化氮（NO₂）	27	29	28	26	21	-6	-8	-7	-5
	可吸入颗粒物（PM₁₀）	48	51	49	46	38	-10	-13	-11	-8
	细颗粒物（PM₂.₅）	32	33	31	27	22	-10	-11	-9	-5
	臭氧（O₃）	138	153	154	158	138	0	-15	-16	-20
	一氧化碳（CO）	1.3	1.2	1.1	1.2	1.0	-0.3	-0.2	-0.1	-0.2
优良天气占比（AQI）（%）		92.7	89.4	88.8	89.7	95.5	2.8	6.1	6.6	5.8
污水日处理能力（万吨）[②]		2400.00	2199.63	2385.60	2525.29	2798.00	398.00	598.37	412.40	272.71
城市生活垃圾无害化处理率（%）		92.0	96.5	98.0	99.0	99.0	7.0	2.5	1.0	0
森林覆盖率（%）		58.98	59.08	58.59	58.61	58.66	-0.32	-0.42	0.07	0.05

注：①臭氧年平均浓度是指日最大8小时均值第90百分位数，一氧化碳年平均浓度是指日均值第95百分位数，一氧化碳年平均浓度的单位为毫克/米³，其他大气指标年平均浓度的单位均为微克/米³。
②《2018年广东国民经济和社会发展统计公报》显示广东2017年污水日处理能力只有159.2万吨，但是《2019年广东国民经济和社会发展统计公报》显示广东2018年污水日处理能力增长率为5.9%，再结合2016年、2017年数据，我们分析认为2017年污水日处理能力原始数据有误，因此本报告中该指标使用勘误后的数据。此外，《广东国民经济和社会发展统计公报》和《广东省环境状况公报》对近岸海域海水质量的报告也不相同，考虑到前者的影响力更大，本报告优先使用前者的数据，即除六项大气指标年平均浓度数据以外，其他指标的数据均来自《广东国民经济和社会发展统计公报》。

资料来源：《广东国民经济和社会发展统计公报》（2016~2020）、《2016广东省环境状况公报》。

（四）加大财政支持力度，发展绿色金融，推动绿色发展

2019 年，广东节能环保财政支出高达 746.19 亿元，较上年增长 31.51%，占一般公共财政支出的比例也上升至 4.31%（见表 5），为污染治理和绿色发展提供了强大的资金保障。同时，广东还大力推动绿色发展，降低生产能耗，积极发展碳市场。2019 年，广东碳市场配额成交量达到 4538 万吨，较上年增长 85.7%；成交金额达到 8.54 亿元，较上年增长 207.2%；碳市场累计成交碳排放配额 1.39 亿吨，成交额 27.15 亿元，均位居全国第 1①。2016 年以来，广东单位 GDP 能耗增长率和单位 GDP 电耗增长率持续降低，2019 年分别较上年降低 3.52% 和 4.30%；2019 年规模以上工业企业单位工业增加值能耗增长率降低幅度更大，达到 5.21%。

表5 2015~2019 年广东节能环保财政支出和能耗指标情况

单位：亿元，%

指标	2015 年	2016 年	2017 年	2018 年	2019 年
节能环保财政支出	322.33	297.45	433.23	567.41	746.19
节能环保财政支出占一般公共财政支出比例	2.51	2.21	2.88	3.61	4.31
节能环保财政支出增长率	24.43	-7.72	45.65	30.97	31.51
单位 GDP 能耗增长率	-5.71	-3.62	-3.74	-3.38	-3.52
单位 GDP 电耗增长率	-6.10	-1.73	-1.19	-0.64	-0.24
规模以上工业企业单位工业增加值能耗增长率	-10.47	-3.75	-0.01	-2.35	-5.21

资料来源：《广东统计年鉴》（2018 年和 2020 年）。

（五）深化体制机制创新，推动生态环境治理体系现代化

一方面，继续完善生态环境法律体系建设。2019 年，《广东省大气污染防

---

① 《我省公布 2019 年生态环境状况 碳市场累计成交额居全国第一》，广东省人民政府网，http://www.gd.gov.cn/gdywdt/bmdt/content/post_3008466.html；《2019 年广东省生态环境状况公报》，广东省生态环境厅公众网，http://gdee.gd.gov.cn/attachment/0/393/393736/3007132.pdf；《2018 年广东省生态环境状况公报》，广东省生态环境厅公众网，http://gdee.gd.gov.cn/attachment/0/374/374083/2466184.pdf。

治条例》和《广东实施〈中华人民共和国土壤污染防治法〉办法》正式实施；《广东省水污染防治条例（草案）》通过省人大常委会一审，《广东省环境保护条例》经省人大常委会修改通过。同时，印发实施一系列环境管理规范性文件①，深入推进体制建设，狠抓生态环境队伍建设。省政府办公厅陆续印发实施《广东省生态环境机构监测监察执法垂直管理制度改革实施方案》和《广东省深化生态环境保护综合行政执法改革实施方案》，从省级层面统筹推进生态环境领域各项机构改革。另一方面，弥补历史短板，持续优化生态环境标准体系。发布农村生活污水处理排放标准、小东江流域水污染物排放标准，以及锅炉、玻璃工业、陶瓷工业大气污染物排放标准，实施轻型汽车国六排放标准。

（六）夯实基础设施建设，推动生态环境治理能力现代化

一方面，强化生态环境监测网络建设。2019 年，回收 121 个县（区）空气质量监测站点的监测事权，在全国率先建设颗粒物组分网、挥发性有机物（VOCs）成分网，建成华南区域空气质量预测预报中心，新建 70 个地表水省考断面水质自动监测站，7 个水站获评首批国家"最美水站"②，完成全省土壤环境监测网 7826 个点位布设，试运行华南区域土壤样品制备与流转中心，建成 12 个海洋环境在线监测浮标站。另一方面，推进生态环境治理数字化改革建设。编制生态环境信息化建设三年规划；实现申请类事项全部网上可办；深入推进"互联网＋监管"试点工作，数据合格率、事项覆盖率均达 100%。

三　广东生态环境建设面临的形势

"十三五"时期，广东生态环境质量持续改善，"广东蓝"享誉全国。虽然这一时期基本解决了生态环境治理"欠新账"的问题，但过去几十年积累

---

① 包括《广东省建设项目环境影响评价文件分级审批办法》《广东省生态环境机构监测监察执法垂直管理制度改革实施方案》《进一步加强工业园区环境保护工作的意见》《广东区域空间生态环境评价工作方案》《广东省深化生态环境保护综合行政执法改革实施方案》《广东省生态环境厅建设项目环境影响评价区域限批工作程序规定》等。
② 分别为江城、龙川铁路桥、大麻、鸦岗、中山港码头、博罗城下和共和村水质自动监测站。

的生态环境"旧账"依然很多。面向"十四五",广东生态环境建设将步入转换期,即在治理对象上,由生产领域为主向生产、生活领域并重转换;在治理思路上,由过于注重环境治理向经济发展和环境治理协同方向转换;在治理路径上,由末端为主向全过程转换、由单纯的环境治理向治理与修复并重转换;在治理手段上,由行政手段向法律、市场手段转换,向多元、协同、综合治理转变。总体来看,广东生态环境建设仍处于机遇期,主要面临以下形势。

首先,经济发展迈向高收入阶段,所产生的收入效应为生态环境建设提供红利。一方面,根据环境库兹涅茨曲线假说,当一国或一个地区人均收入超过1万美元时,多数污染物排放总量处于"峰值期",在这一时期,多数污染物排放总量将先后迈向峰值,并逐步进入下降通道。经济发展方式将逐步由粗放转向集约,由灰色转向绿色,产业高端化、智能化、绿色化发展趋势将更加明显,为生态环境建设提供坚实的技术支持和物质保障。同时,较高的收入水平使广东有更多的资源、技术和财力实施更大规模的产业结构和能源结构改革,将更多资源配置到效率更高的产业,在各领域较大规模使用清洁能源。当前,工业废气排放总量和固体废弃物产生量以外的大多数污染物排放量进入下行通道,为下一步生态环境质量改善奠定良好基础。另一方面,随着人均收入水平的提升,人民对美好生活的需求不断增加,人们的基本诉求从"生存"转向"生活""生态",对美好生态环境的需求不断增长,进入环保意识觉醒阶段。图7显示,2011年以来,广东以"生态文明"和"环境保护"为关键词的百

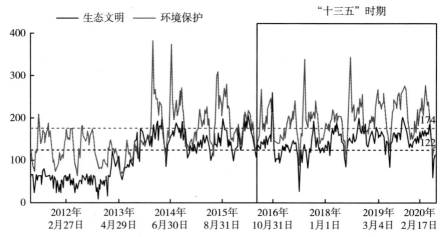

图7 2011年以来广东以"生态文明"和"环境保护"为关键词的百度搜索指数趋势

度搜索指数逐步高涨，并在"十三五"期间处于高位。公众环境意识的觉醒，以及对环境问题的关注，将为政府开展生态环境建设奠定强大的民意基础。

其次，作为一个经济、人口、污染排放和资源能源消费大省，广东要实现绿色转型仍需要付出持续努力。尽管近年来广东大力推广使用清洁能源，能源消费结构有所优化，但是能源消费总量尤其是化石能源消费量仍然持续增加。表6显示，广东一次能源消费量从2010年的2.19亿吨标准煤持续增加至2019年的3.11亿吨标准煤。同时，废水排放量和工业废气排放量也在不断增加。尽管一次能源消费中原煤的消费量在波动中略有下降，但原油和天然气消费量依旧呈显著增加态势（见图8）。从与其他省份对比来看，广东污染排放总量常年居第1位（见表6和表7），能源消费和污染排放大省的挑战未从根本上改变。

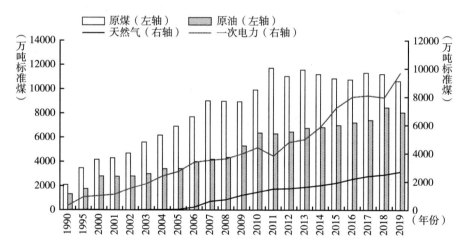

图8 1990～2019年广东各类型能源消费量

资料来源：《广东统计年鉴2020》。

表6 2010～2019年广东、浙江和山东能源消费量和污染排放量对比

年份	一次能源消费量（亿吨标准煤）			废水排放量（亿吨）			工业废气排放量（亿标立方米）	
	广东	浙江	山东	广东	浙江	山东	广东	浙江
2010	2.19	1.69	3.02	72.30	39.48	43.64	24092	20434
2011	2.33	1.78	3.12	78.56	42.01	44.33	31463	24940

续表

年份	一次能源消费量 （亿吨标准煤）			废水排放量 （亿吨）			工业废气排放量 （亿标立方米）	
	广东	浙江	山东	广东	浙江	山东	广东	浙江
2012	2.38	1.81	3.27	83.86	42.10	47.91	27078	23967
2013	2.49	1.86	3.42	86.25	41.91	49.46	28434	24565
2014	2.56	1.88	3.54	90.51	41.83	51.44	29793	26958
2015	2.70	1.96	3.79	91.15	43.38	55.02	30923	26841
2016	2.82	2.03	3.87	93.83	43.09	50.76	38846	22185
2017	2.93	2.10	3.87	88.20	45.39	49.99	41268	31310
2018	3.02	2.17	—	90.40	46.39	—	45023	28498
2019	3.11	—	—	—	—	—	—	—

注："—"表示没有确切统计数据。

资料来源：国家统计局网站、《广东统计年鉴》（2012~2020）、《浙江统计年鉴》（2012~2019）、《山东统计年鉴》（2019）。

表7　2010~2018年广东、浙江和山东废水排放中的污染物排放量对比

单位：万吨

年份	化学需氧量排放量			氨氮排放量		
	广东	浙江	山东	广东	浙江	山东
2010	85.80	48.70	62.10	10.70	3.97	6.65
2011	188.45	81.83	198.25	23.09	11.54	17.29
2012	180.29	78.62	192.12	22.41	11.23	16.86
2013	173.39	75.51	184.57	21.64	10.75	16.15
2014	167.06	72.54	178.04	20.82	10.32	15.50
2015	160.69	68.32	175.76	19.97	9.85	15.22
2016	96.42	46.15	53.05	14.39	7.30	7.80
2017	100.09	41.86	52.08	13.75	6.67	7.99
2018	97.17	—	—	13.65	—	—

注："—"表示没有确切统计数据。

资料来源：国家统计局网站、《广东统计年鉴》（2011~2019）。

再次，广东生态环境领域仍存在短板，生态环境改善的基础仍不牢固。一是农村环境治理较为滞后。长期以来，化肥、农药滥施现象严重，2018年地均农药、化肥等污染物使用量排在全国前列（见图9）。短时间内的大力投入难以还清农业农村污染治理的历史欠账。二是环境质量改善的基础仍不牢固。

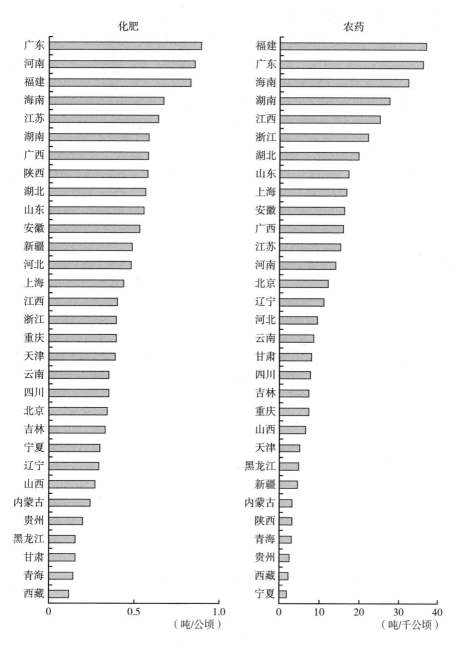

图9 2018年全国各省（区、市）化肥和农药地均使用量排名

资料来源：《2019中国农村统计年鉴》。

与兄弟省份相比，环境质量改善步伐有所放缓。表8显示，空气质量六项指标中除臭氧以外，其他五项指标均有所改善，但改善幅度不及其他兄弟省份，全省优良天气比例这一指标甚至有所下降。地表水劣V类水质占比下降幅度不及其他省份，近岸海域劣四类水质占比有所上升。

表8 2016年和2019年广东与其他省份环境质量指标对比

指标		2016年				2019年			
		广东	江苏	浙江	山东	广东	江苏	浙江	山东
地表水省考监测断面占比（%）	I～III类	88.2	62.9	77.4	50.5	80.4	84.3	91.4	50.8
	IV类	8.9	0	15.8	18.9	10.7	—	7.7	38.5
	V类	4.0	32.6	4.1	21.6	3.0	—	0.9	9.2
	劣V类	8.9	4.5	2.7	9.0	6.0	0	0	1.5
近岸海域海水质量占比（%）	一、二类	85.2	61.3	37.7	95.4	88.2	89.7	41.1	94.4
	三类	4.8	22.6	11.2	3.1	4.9	8.3	1.9	1.6
	四类	10.0	12.9	51.1	1.5	1.6	1.2	56.7	1.4
	劣四类	0	3.2	0	0	6.3	0.8		2.6
六项大气指标年平均浓度[①]	二氧化硫（SO_2）	12	21	13	35	9	9	7	14
	二氧化氮（NO_2）	27	37	34	38	26	34	31	35
	可吸入颗粒物（PM_{10}）	48	86	63	66	46	70	53	94
	细颗粒物（$PM_{2.5}$）	32	51	41	120	27	43	31	50
	臭氧（O_3）	138	165	153	—	158	173	154	185
	一氧化碳（CO）	1.3	1.7	1.2	—	1.2	1.2	1.0	1.5
优良天气占比（AQI）（%）		92.7	70.2	83.1		89.7	71.4	88.6	59.7
城市生活垃圾无害化处理率（%）		92.00		99.97		99.00		100.00	
森林覆盖率（%）		58.98		60.96		58.61		61.15	18.25

注：①一氧化碳年平均浓度的单位为毫克/米³，其他大气指标年平均浓度的单位均为微克/米³。②"—"表示没有确切的统计数据。

资料来源：《广东国民经济和社会发展统计公报》《2016广东省环境状况公报》《2019广东省生态环境状况公报》《2019年江苏省生态环境状况公报》《江苏省环境状况公报（2016）》《2019年浙江省生态环境状况公报》《浙江省环境状况公报（2016年）》《2019年山东省生态环境状况公报》《2016年山东省环境状况公报》。

最后，生态环境治理体系和治理能力与高水平生态环境治理的需求仍不匹配。当前，人民群众对生态环境产品的需求已经从"有没有"向"好不好"

转变，而在新的发展阶段，生态环境治理面临边际成本提升的压力。这给政府生态环境治理能力带来了挑战，要求政府在生态环境治理问题上，更加注重治理手段的多元化，更加平衡好生态环境治理带来的收益和投入的成本，更好地把握发展和保护的关系，着力解决尚存在的污染治理城乡不平衡、污染领域不平衡、污染治理区域不平衡的问题（见图10），提升环境治理收益，减缓边际成本上升和边际收益递减的速度，推进生态环境治理、生态基础设施和生态公共服务均等化。但目前，广东环境治理能力和治理体系现代化进程仍不足以满足环境治理高质量的要求，"文件式""运动式"治理仍是当前生态环境治理的主要方式，制度治理和法律治理仍待完善；固废、污水等处理能力仍不足；部分基层环保管理、技术人员专业能力仍有待加强；农业农村环境治理的体制机制仍不顺畅，部门之间"依法打架"的情况仍然存在，部门之间的行动仍未形成合力，现代化的治理体系和治理能力尚未形成。

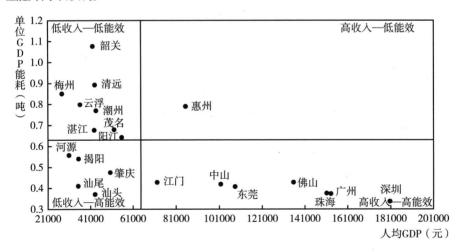

图10 广东各市人均GDP和单位GDP能耗散点图

四 "十四五"时期广东生态环境建设的对策建议

"十四五"时期是实现美丽中国宏伟目标的关键阶段。在这一时期，中国社会主要矛盾已发生转变，良好的生态环境供给已成为人民日益增长的美好生活需要的重要内容。随着人均收入的提升，人民群众对优质生态环境的需求更

加高品化和多元化，优良的生态环境将成为提升地区综合竞争力的关键所在。"十四五"时期，广东需要坚定绿色发展定力，坚持"三个治污"，巩固和加强已有的生态环境治理成果，重点解决突出领域生态环境问题，以碳达峰、碳中和牵引产业绿色、低碳、循环发展，大力推广绿色生活和消费方式，实施更加多元化、精准化、经济化的生态环境治理手段，建立促使环境成本内化的制度体系，促进生态环境治理能力和治理体系现代化，为美丽中国建设提供切实可行的"广东方案"。

（一）坚持"三个治污"，持续推动生态环境质量改善

一是坚持精准治污，提高污染治理的针对性。重点做好生态环境治理在问题、时间、区域、对象和手段上的精准性。坚持环境治理的问题导向，抓住主要矛盾和矛盾的主要方面，采取"一口一策"整治措施，推进入河排污口分类整治；做到逐步偿还环境污染的"旧账"，同时不添"新账"。在有限的财力和人力约束下，分时序、分梯次解决重点领域环境治理和生态修复问题。统筹做好全省范围的生产力空间布局，优化资源能源利用结构，合理布局绿色产业，推动重点发展区加快形成绿色生产生活方式，促进重点生态功能区厚植生态环境本底、扩大生态环境容量，更好地服务粤港澳大湾区、深圳中国特色社会主义先行示范区和"一核一带一区"建设。针对不同行业、不同污染源，采取差异化的监管方式，科学设置抽查比例和频次，探索分类监管、分行业监管的新模式，提高污染监管的精准化程度。在治理手段上，坚决摒弃"一刀切"式的环境治理思维，更加积极运用市场激励型政策工具，积极运用公众参与型环境政策工具，采取更加灵活多元的环境治理手段。

二是坚持科学治污，强化污染治理的有效性。坚定绿色发展战略定力，统筹考虑新冠肺炎疫情对经济社会发展的不利影响，提高污染治理的科学性和有效性，更好地推动经济下行压力加大形势下的生态环境治理。在目标导向上，要实现由"数字达标"向"感受改善"的转变，把人民群众的切实感受作为检验生态环境建设和绿色发展成效的最重要标尺。积极探索更加科学的生态环境考核体系，根据区域发展功能定位、人口资源与环境容量等综合情况确定差异化的考核指标和指标权重。特别是加快建立重点生态功能区的考核指标体系，把握好经济发展"显绩"和生态环境保护"隐绩"之间的关系，增强生

态功能区领导干部干事创业的内生动力。构建生态修复和环境污染防治技术研发和服务平台，建设一批环保产业集群和技术创新基地，培育若干环保科技成果转化示范基地，为科学治污提供技术支撑。创新环境污染治理的监管方式，充分运用卫星遥感、无人机、在线监控、大数据分析等信息化、智能化手段，推广使用非现场和无感知监管执法方式。

三是坚持依法治污，增强污染治理的合法性。更加突出底线管控，树立"红线思维、底线思维"，逐步建立和完善生态保护红线、环境质量安全底线、自然资源利用上线、城镇开发边界线，全方位、全地域、全过程开展生态建设与环境保护。强化地方性法规、部门规范性文件、技术标准规范建设，为污染防治提供充分的法治保障；清理或完善生态环境"土政策"，促进科学有效的"土政策""土办法"向规范性法规转变。对与现行法律法规相左的规范性文件、技术标准、技术导则等，以及不符合当前国家政策精神或环保意义不大且给企业增加负担的文件，予以废除或修改完善。大力推进生态环境保护综合执法，推进生态环境保护执法与"公检法"统筹协调配合，进一步规范生态环境保护行政处罚自由裁量权。加大生态环境帮扶力度，持续开展企业服务日活动，进一步拓展服务范围、创新服务方式。

（二）抓好重点领域环境治理，解决人民群众身边的环境问题

一是加强多污染物的协同控制。加强 $PM_{2.5}$ 和臭氧污染治理的协同，温室气体和大气污染物排放控制的协同。一方面，协同推进 $PM_{2.5}$ 和臭氧控制。坚持问题导向和目标导向，制定"一县（区）一策"大气污染控制方案，紧盯重点区域、重点污染物、重点时段、重点领域，实行"一地一策""一企一策"；推进重点领域、重点行业挥发性有机物（VOCs）减排，加大氮氧化物减排；采取季节性、差异化的管控措施；大力推进重点区域农村清洁取暖、散煤清零，巩固提升"散乱污"企业污染整治成效；对臭氧污染较严重的区域，推进建设高效的 VOCs 治理设施，升级改造效率低下的治理设施。另一方面，推进治污和减碳相结合。加强应对气候变化工作，推动能源结构的绿色化和低碳化，落实煤炭消费减量替代，持续推进工业生产和居民生活电气化进程，加快构建绿色、低碳、循环发展的经济体系；坚持市场导向，更大力度推进节能低碳技术的研发、推广和应用，统筹考虑"十四五"时期即将

投产的重大项目布局，以及不同发展阶段、不同地区的达峰时序，稳步有序推进各地市、各行业碳排放总量梯次达峰；将应对气候变化融入生态环境保护工作各方面，推进应对气候变化与环境污染治理、生态保护修复等工作协同增效。

二是推进区域生态环境的协同治理。强化重点区域联防联控，建立健全相关部门间工作统筹协调机制，强化市、县（区）跨部门多领域生态环境治理会商分析。建立宏观经济、能源消费、产业、污染排放和气象等数据信息的共享机制，深化大数据挖掘分析和综合研判。完善粤港澳大湾区生态环境建设的合作机制，探索将现有粤港、粤澳"环保合作小组"升级为"生态文明建设合作小组"；推动建立由企业、行业、机构（智库、高校、科研院所）、政府等多元主体参与的大湾区生态环境立体化治理网络，搭建多元主体合作交流平台、沟通对话网络；稳步推进粤港澳大湾区节能环保低碳标准统一、信息共享，绿色技术、环境监测等体系统一，环保相关从业人员资质、环保设备和环境产品标志等互认；加强对粤港澳大湾区生态环境承载力的监测、评价和预警，建立大湾区生态环境信息共享平台，完善大湾区生态环境信息公开制度，共同发布年度生态环境质量公报。

三是着力解决农业农村环境污染问题。进一步总结世界银行贷款广东农业面源污染治理项目取得的成果和经验，将相关经验和治理模式在全省复制推广。在种植业方面，建议根据各地实际，继续推广测土配方肥、缓控释肥、有机肥等环境友好型肥料，从全省层面制定出台环境友好型肥料和环境友好型农药指导目录，在环境友好型肥料和农药的销售和施用等关键环节提供适当激励，从生产、销售和终端市场等各环节降低环境友好型肥料和农药的使用成本。在养殖业方面，建立适合广东本土的绿色养殖系列模式，将各类区域细分为不同绿色养殖模式（如高床发酵模式、能源环保模式和能源生态模式等），并制定出台不同模式的推荐技术标准和实施流程，以此作为地方政府和养殖企业选择的依据。充分调动农民群众这一治理主体的积极性和主动性，逐步改变以往"政府大包揽、农民靠边站"的现象，让农民群体广泛参与农村垃圾治理、废弃物资源化利用、环境友好型种植和养殖，创造条件让农民参与环境基础设施规划、建设和维护，依托农业基层技术服务队伍指导农业面源污染防治等。

（三）促进"两山转化"，构建和完善生态产品价值实现机制

一是核算绿水青山，健全自然资源产权保障与价值评估应用机制。重点清晰界定生态发展区森林、矿产、土地、水域等资源的所有权、使用权、经营权等权利及主体，对全民所有自然资源资产所有权探索委托代理改革，对集体所有的山水林田湖草等各类生态要素制定产权界定办法，加快推进生态要素的确权、登记和颁证工作。推进土地承包权和经营权分离模式向林权、水权等领域延伸，适度扩大使用权（经营权）的出让、转让、出租、担保、入股等权能。开展系统、全面的自然资源普查，完善指标体系、技术规范和核算流程，建立生态资源目录清单乃至台账，摸清各类资源"家底"并动态评估潜在价值量，依据资源存量及价值量将生态发展区划分为红保区（核心区）、绿保区（缓冲区）和蓝保区（试验区）三大圈层，分类制定保护与利用措施。

二是补偿绿水青山，完善分区域差别化的纵横双向生态补偿机制。完善以主体功能为引领的省级生态补偿转移支付办法，在建立持续稳定增长机制的基础上探索开展生态综合补偿试点。借鉴浙江"绿色发展财政奖补机制"整合各类补偿资金的做法，探索制定生态发展区综合性补偿政策，克服当前补偿资金多以专项形式在各部门分散使用而带来的补偿标准低、统筹难度大、资金效率低等问题。通过整合资金使用方式，加大对重点生态功能区、重大生态工程建设及生态产业项目的投入，更好发挥补偿资金的杠杆作用。探索发行重点生态功能区生态环保建设专项债券，动员社会零散资金，形成特定资金渠道，用于重点生态功能区生态保护补偿。适当提高禁止开发区域、重点生态功能区、生态红线区等区域的政府负债率，提取一定比例的土地出让金，用于生态保护补偿。鼓励生态受益地区与生态保护地区之间、流域上下游之间自愿协商，利用资金补偿、对口帮扶、产业合作、共建园区、技术和智力支持、实物补偿等多样化方式开展生态补偿活动，实现由"输血式"补偿向"造血式"补偿转变。

三是盘活绿水青山，开展生态产品质量认证与品牌建设。探索创设环境权益区域"虚拟"市场，建立不同主体功能区间生态产品成本共担、效益共享机制。探索建立统一的生态产品信息平台，在为供需各方提供产品信息的同时

加大宣传推广。探索建立"财政资金＋保险金融＋生态项目＋生产农户"的生态价值挖掘机制。以绿色品牌发展战略增加优质生态产品供给，打造统领生态价值转化的区域性公共品牌，不断提高地区影响力和知名度。实施"产品品牌＋生态农业＋互联网"的生态价值协调挖掘转化机制。

（四）加快生态环境治理体系和治理能力现代化建设

一方面要构建促进环境成本内化的生态环境治理制度体系。首先，建设完善的政府监管制度。坚定实施最严格的环境保护制度，重点建立和完善自然资源用途管制制度、生态红线制度、生态修复制度，注重"留白留绿"，为可持续发展预留足够空间；加快建立自然资源资产产权制度；进一步细化和完善绿色生产和绿色生活导向的法律制度和政策体系；完善生态环境保护法律体系和执法司法制度。其次，完善市场参与制度。建立健全市场化制度，以应对"市场失灵"，更加注重用市场手段来参与生态环境治理，加快完善有利于绿色、低碳、循环发展的价格、财税、金融等经济政策，健全"污染者付费＋第三方治理"机制；促进碳排放权交易、排污权交易和用能权交易等协同增效。最后，健全公众参与制度。推进环境信息公开化和透明化，建立健全企业环境信用体系，完善社会组织和公众参与的制度化渠道。

另一方面要以"六大能力"为重点，实现生态环境治理能力现代化。一是协调发展能力。调动和协调社会多元主体参与生态环境治理，妥善处理各种矛盾和冲突，在城乡之间、区域之间和不同领域之间对经济发展和环境保护的关系进行再平衡。二是综合决策能力。综合决策能力包括制度创新能力、政策设计能力。根据当地生态治理的实际状况，进行大胆而不"违法"的制度创新，开展环境政策的第三方评估和费用效益评估。三是管理创新能力。积极促进现有的单一行政命令政策工具向基于市场、公众的政策工具转变；注重大数据、信息技术、人工智能等新技术在环境治理中的应用，提升科学化和精细化管理水平。四是风险管控能力。优化生态环境风险的应急机制，改革生态环境风险的处理程序，构建有效行动系统，以应对可能突发的各类环境风险问题。五是企业行动能力。明确企业污染治理的主体责任，给企业明确、稳定的政策预期，让企业自觉将治理成本内化到生产经营成本中去，通过大力发展节能环保产业提升企业环境治理效能。六是基础保障能力，加快补齐环保基础设施不足短板，提升城镇污水处理能力，促进污水管网数量和质量同步提升；完善固体废物处理设施；建设一支政治强、本领高、作风硬、敢担当的生态环境保护铁军。推动环保投融资主体多元化，开发多样性绿色金融产品，进一步增强生态环境治理的资金保障能力。

参考文献

李妍辉：《论环境治理的金融工具》，博士学位论文，武汉大学，2012。

朱小会、陆远权：《环境财税政策与金融支持的碳减排治理效应——基于财政与金融相结合的视角》，《科技管理研究》2017 年第 3 期。

附表 广东省污染防治攻坚战三年行动计划完成情况

项目类别	总体目标	具体指标	2020年目标值	达成情况	备注
总体	到2020年,完成国家下达的总量减排任务,大幅减少主要污染物排放总量,总体改善生态环境质量,实现环境质量状况、绿色发展水平、生态环境治理能力走在全国前列				
大气环境质量	保持全国领先优势,全省空气质量优良天数占比达到92.5%,PM$_{2.5}$浓度控制在33微克/米^{3}以下,基本消除重污染天气,各地级以上市空气质量达到国家二级标准(PM$_{2.5}$浓度小于35微克/米^3),加快实现空气质量改善第二阶段目标(世界卫生组织第二阶段标准PM$_{2.5}$浓度小于25微克/米^3)	非化石能源消费比重	≥26.0%	31.2%	2019年
		煤炭消费总量	<1.65亿吨	1.06亿吨	2019年
		珠三角地区煤炭消费量	<7006万吨		2019年全省空气质量优良天数占比为89.7%,PM$_{2.5}$浓度均值为27微克/米^3
		珠三角地区各地级以上市公交电动化比例	100%		
		珠三角以外地区各地级以上市公交电动化比例	80%		
		柴油货车颗粒物和氮氧化物排放量	比2017年下降10%		
		挥发性有机物排放量	比2015年下降18%		
		重点工程减排量	不低于207万吨		
水环境质量	优良水体占比明显上升,地表水国考断面水质优良比例达到84.5%以上;劣V类水体和地级以上市建成区黑臭水体基本消除,重污染河流水质明显好转	地级以上市集中式饮用水水源和县级集中式饮用水水源水质	全部达到或优于Ⅲ类	100%	
		优良水质比例	84.5%	85.9%	2019年国考断面
		国考断面水质达到优良个数	60	61	
		东江干流水质优良比例(Ⅰ~Ⅲ类)	100%		
		珠三角地区劣V类	消除	消除	2020年6月
		全省劣V类	基本消除	基本消除	2020年6月
		地级以上市建成区	基本消除黑臭水体	基本消除黑臭水体	2020年6月
		城市污水处理率	95%	95%	2019年广东全省①
		县城污水处理率	90%		
土壤环境质量	基本摸清土壤环境质量状况,有效防控土壤环境风险,保障农产品质量及人居环境安全,受污染耕地安全利用率达到87%左右,污染地块安全利用率不低于90%	土壤环境质量状况	基本摸清		
		受污染耕地安全利用率	87%		
		污染地块安全利用率	90%		

续表

项目类别	总体目标	具体指标	2020年目标值	达成情况	备注
污染物减排	化学需氧量、氨氮、二氧化硫和氮氧化物排放量分别相对于2015年下降10.4%、11.3%、5.4%和3.0%。挥发性有机物排放量相对于2015年下降18%			2018年已下降39.63%、31.65%、66.83%和23.75%	2018年挥发性有机物无确切数据
农业农村治理	到2020年,农村无害化卫生户厕普及率达到100%;全面普及乡村旅游区公共厕所;测土配方施肥技术覆盖率达90%以上,主要农作物化肥、农药利用率达到40%以上,实现化肥、农药使用量零增长	农村无害化卫生户厕普及率	100%		
		畜禽粪污资源化利用率	75%		
		规模化养殖场粪污处理设施装备配套率	95%		
		测土配方施肥技术覆盖率	90%		
固体废物治理	2019年底前,大幅减少固体废物进口种类和数量,停止进口国内资源可以替代的固体废物。到2020年,全面落实国家关于禁止"洋垃圾"入境各项改革举措;坚决遏制固体废物非法转移倾倒高发态势	工业危险废物安全处置率	99%		
		医疗废物安全处置率	99%		
		工业固体废物资源化利用率	75%	85.18%[2]	2019年
		城市生活垃圾无害化处理率	98%	99%以上	2019年
		村庄保洁覆盖面	100%		
		新增污垢处理处置设施数	17座		
		新增污泥日处置能力(80%含水率计)	5801吨		
		城市生活污水处理厂污泥无害化处置率	90%		
调整优化产业结构	利用综合标准,促使一批落后产能依法依规关停退出;绿色、低碳、循环发展水平大幅提升;尽快形成一批具有竞争力的节能环保品牌和龙头企业;2019年底前,基本完成"散乱污"工业企业(场所)综合整治工作				

注:①该数据来源于前瞻产业研究院报告;②该指标=工业固体废物综合利用量/工业固体废物产生量×100%;③本表数据统计时间截至2020年11月15日,空白表示无确切统计数据,备注代表实现目标值的时间。

资料来源:《广东省国民经济社会发展报告(2019)》《2019年广东国民经济和社会发展统计公报》《2019广东省生态环境状况公报》《广东统计年鉴2020》。

专题篇

Special Topics

B.9
2020年广东法治发展报告

广东省社会科学院法学研究所法治发展研究课题组*

摘　要： 2020年是新中国历史上极不平凡的一年。广东坚持以习近平新时代中国特色社会主义思想为指导，完善疫情防控等相关领域地方立法，深入推进法治政府建设，狠抓司法改革各项任务落地见效，推进多层次、多领域依法治理，全面依法治省工作不断深化。2021年是实施"十四五"规划、开启全面建设社会主义现代化国家新征程的第一年。广东必须进一步强化党委对依法治省工作的领导，持续推进科学立法、严格执法、公正司法、全民守法，为在全面建设社会主义现代化国家新征程上走在全国前列、创造新的辉煌提供有力的法治保障。

---

* 课题组负责人：骆梅芬，广东省社会科学院法学研究所所长、研究员，主要从事地方立法学、刑事政策学、刑法学研究。课题组成员：黄晓慧，广东省社会科学院法学研究所研究员，主要从事经济法学、环境与资源保护法学研究；李继霞，广东省社会科学院法学研究所研究员，主要从事经济法学、劳动法学、社会保障法学研究；李娟，广东省社会科学院法学研究所研究员，主要从事刑事政策学、犯罪学研究。执笔人：骆梅芬、黄晓慧、李继霞、李娟。

关键词： 地方立法　法治政府　依法行政　司法体制改革　法治社会建设

2020 年是新中国历史上极不平凡的一年。广东坚持以习近平新时代中国特色社会主义思想为指导，围绕"1＋1＋9"工作部署①，扎实推进法治建设，有效地维护了国家政治安全，确保了社会大局稳定，促进了社会公平正义，保障了人民安居乐业，为各项事业发展提供了坚实的法治保障②。

一　广东地方立法工作成效显著

2020 年，广东省有立法权的人大及其常委会紧紧围绕省、市中心工作和改革发展需要，积极回应人民群众的期待，扎实推进各项立法工作。广东省人大常委会全年审议通过地方性法规、决定 22 件，其中制定 10 件，修改 11 件（涉及地方性法规 34 项），废止 1 件（涉及地方性法规 2 项）；对民法典涉及的 193 项省的地方性法规开展专项清理，修改和废止 18 项③。设区的市制定地方性法规

---

① 第一个 "1" 是指以推进党的建设新的伟大工程为政治保证。第二个 "1" 是指以全面深化改革开放为发展主动力。"9" 是指 9 个方面重点工作：一是以粤港澳大湾区建设为重点，加快形成全面开放新格局；二是以深入实施创新驱动发展战略为重点，加快建设科技创新强省；三是以提高发展质量和效益为重点，加快构建推动经济高质量发展的体制机制；四是以构建现代产业体系为重点，加快建设现代化经济体系；五是以大力实施乡村振兴战略为重点，加快改变农村落后面貌；六是以构建 "一核一带一区" 区域发展新格局为重点，加快推动区域协调发展；七是以深入推进精神文明建设为重点，加快建设文化强省；八是以把广东建设成为全国最安全稳定、最公平公正、法治环境最好的地区之一为重点，加快营造共建共治共享的社会治理格局；九是以打好三大攻坚战为重点，加快补齐全面建成小康社会、跨越高质量发展重大关口的短板。参见戎明迈等《广东省委十二届四次全会部署的 "1＋1＋9" 重点任务是什么？》，南方 plus_ 南方＋，2018 年 11 月 17 日，http：//static. nfapp. southcn. com/content/201811/17/c1671131. html？group_id＝1，最后访问日期：2021 年 3 月 8 日。

② 本课题研究得到中共广东省委全面依法治省委员会办公室、省推进粤港澳大湾区建设领导小组办公室、广东省发展和改革委员会、广东省司法厅、广东省人民代表大会法制委员会、广东省人民代表大会常务委员会法制工作委员会、广东省人民检察院、汕头市人民代表大会常务委员会法制工作委员会等单位的大力协助，谨致谢意！

③ 李玉妹：《广东省人民代表大会常务委员会工作报告——2021 年 1 月 25 日在广东省第十三届人民代表大会第四次会议上》，广东人大网，2021 年 1 月 29 日，http：//www. gdrd. cn/pub/gdrd2020/rdzt/gdrdhy20210114/xwzx20210114/wj20210114/index. html，最后访问日期：2021 年 3 月 8 日。

34件，修改7件（涉及地方性法规57项），废止2件（涉及地方性法规3项）。连山壮族瑶族自治县制定自治条例和单行条例1件。广东地方立法取得新进展、新成效。

（一）完善疫情防控法制建设

2020年初暴发的新冠肺炎疫情，是百年来全球发生的最严重的传染病大流行，是中华人民共和国成立以来遭遇的传播速度最快、感染范围最广、防控难度最大的重大突发公共卫生事件[①]。针对这次疫情暴露出来的法制建设的短板和不足，为加快建立和完善与国家公共卫生法律体系相配套、具有广东特色的公共卫生法规制度，广东省人大常委会根据全国人大常委会相关立法决策部署，组织编制强化公共卫生法治保障立法修法专项计划。纳入该立法修法专项计划的法规有30项，其中拟在2020~2022年安排制定修改16项，适时制定修改14项[②]。与此同时，为依法应对突发重大公共卫生事件，提高公共卫生法治保障水平，广东省人大常委会适时调整立法计划，及时审议《广东省人民代表大会常务委员会关于依法防控新型冠状病毒肺炎疫情切实保障人民群众生命健康安全的决定》，为政府实施最严格的疫情防控措施提供了及时、有效的法制支撑；及时审议修改《广东省野生动物保护管理条例》，率先以地方性法规的形式，坚决取缔和严厉打击非法野生动物市场和贸易、坚决革除滥食野生动物陋习，从源头上防范重大公共卫生风险，保障人民群众生命健康安全。广州、深圳、珠海等市的人大常委会亦先后出台疫情防控工作决定[③]。广州市制定《广州市禁止滥食野生动物条例》，深圳市制定《深圳经济特区突发公共

---

① 习近平：《在全国抗击新冠肺炎疫情表彰大会上的讲话》，中共中央党校网站，2020年9月8日，https：//www.ccps.gov.cn/xxsxk/zyls/202009/t20200911_143334.shtml，最后访问日期：2020年11月1日。

② 骆骁骅：《广东启动公卫专项立法修法工作涉及30部法规》，搜狐网，2020年6月19日，https：//www.sohu.com/a/402835817_114731？_f＝index_pagerecom_20，最后访问日期：2020年12月9日。

③ 如《广州市人民代表大会常务委员会关于依法全力做好新冠肺炎疫情防控工作的决定》《深圳市人民代表大会常务委员会关于依法全力做好当前新型冠状病毒肺炎疫情防控工作切实保障人民群众生命健康安全的决定》《珠海市人民代表大会常务委员会关于依法全力做好新型冠状病毒肺炎疫情防控工作的决定》。

卫生事件应急条例》《深圳经济特区全面禁止食用野生动物条例》,珠海市制定《珠海经济特区禁止食用野生动物条例》。所有这些都有力地保障了防疫工作的依法开展,有效地部分弥补了与疫情防控相关的制度建设的不足。

(二)推进重点领域立法

广东省人大常委会坚持以人民为中心的发展思想,坚持立法决策与改革决策相衔接,坚持立法主动适应改革和经济社会发展需要,加强重点领域立法,不断提高立法质量和效率。一是加强高质量发展立法。制定《广东省标准化条例》,以标准促进经济转型升级,以标准推进营商环境建设;制定《广东省促进民族地区发展条例》,加快民族地区高质量发展,保障民族地区群众共享改革发展成果;制定《广东省绿色建筑条例》,贯彻绿色发展理念,全面推行绿色建筑等级管理制度,打造粤港澳大湾区绿色建筑高质量发展高地。二是加强民生领域立法。制定《广东省学校安全条例》,为加强学校安全、维护教育教学秩序提供法治保障;制定《广东省实施〈中华人民共和国反家庭暴力法〉办法》,建立首接责任制和重大案件联合办理制度,加强对家庭暴力受害人的救助;修改《广东省志愿服务条例》,充分发挥志愿服务在全面建成小康社会中的重要作用;做出《广东省人民代表大会常务委员会关于制止餐饮浪费的决定》,建立长效机制,坚决制止餐饮浪费行为。三是加强生态环境领域立法。制定《广东省水污染防治条例》,落实打赢碧水保卫战部署,系统全面强化水污染防治措施;修改《广东省城乡生活垃圾管理条例》,落实细化生活垃圾分类;修改《广东省湿地保护条例》,坚持问题导向,增加专章保护红树林。四是加强社会治理领域立法。修改《广东省村民委员会选举办法》,加强党对村民委员会选举工作的全面领导;修改《广东省规章设定罚款限额规定》,更好地发挥政府规章在维护社会秩序中的重要作用。五是推动人大工作与时俱进。制定《广东省不设区的市和市辖区人民代表大会常务委员会街道工作委员会工作条例》,加强基层人大建设制度化、规范化、法治化;修改《广东省各级人民代表大会代表建议、批评和意见办理规定》,推动提高代表建议、批评和意见办理工作质量。

(三)用足用好经济特区立法权

2020年是深圳、珠海、汕头等经济特区建立40周年的重要年份,各经济特区继续围绕自身改革发展实际,先行先试,制定符合自身发展需要的法规。深圳市根据《中共中央 国务院关于支持深圳建设中国特色社会主义先行示范区的意见》,聚焦中共中央办公厅、国务院办公厅印发的《深圳建设中国特色社会主义先行示范区综合改革试点实施方案（2020～2025年)》提出的重点改革任务和综合授权事项清单,梳理涉及中央和省事权以及需要立法变通的事项,提出重点立法项目,制定《深圳经济特区优化营商环境条例》《深圳经济特区绿色金融条例》《深圳经济特区个人破产条例》《深圳经济特区前海蛇口自由贸易试验片区条例》《深圳经济特区生态环境公益诉讼规定》等法规14项,修改《深圳经济特区知识产权保护条例》《深圳经济特区商事登记若干规定》《深圳经济特区前海深港现代服务业合作区条例》等法规8项（其中《深圳经济特区文明行为条例》修改两次),废止《深圳经济特区查处无照经营行为的规定》《深圳经济特区实施〈中华人民共和国消费者权益保护法〉办法》《深圳经济特区心理卫生条例》等法规3项。珠海市立足深度参与粤港澳大湾区建设,充分发挥经济特区立法权在解决经济社会深层次矛盾、突破改革发展瓶颈方面的优势,制定《珠海经济特区生活垃圾分类管理条例》《珠海经济特区港澳旅游从业人员在横琴新区执业规定》等法规5项,修改《珠海经济特区安全生产条例》《珠海经济特区前山河流域管理条例》《珠海经济特区土地管理条例》《珠海经济特区生态文明建设促进条例》等法规8项。汕头市人大常委会围绕建设创新型特区、创建全国文明城市、补齐公共卫生和文化服务立法短板、加强生态环境保护,制定《汕头经济特区文明行为促进条例》,修改《汕头经济特区城市绿化条例》《汕头经济特区出租汽车客运条例》,废止《汕头经济特区建设工程施工招标投标管理条例》。三个经济特区的立法数量情况如表1所示。

表1 2020年三个经济特区的立法情况

单位：项

	制定	修改	废止
深圳市	14	8	3
珠海市	5	8	0
汕头市	1	2	1

（四）稳步推进设区的市立法

2020年，广东省设区的市人大及其常委会根据各自具体情况和实际需要，就城乡建设与管理、环境保护、历史文化保护等方面的事项，扎实推进地方立法工作。一是加强城乡建设与管理立法。这方面的立法占比最大，涉及的事项多，体现了社会治理的复杂性和多样性。立法规范的事项主要包括六个方面。其一，养犬管理，如制定《佛山市养犬管理条例》《东莞市养犬管理条例》。其二，市容和环境卫生管理，如制定《中山市市容和环境卫生管理条例》《揭阳市市容管理条例》《阳江市公园绿地管理条例》，修改《汕尾市城市市容和环境卫生管理条例》《广州市市容环境卫生管理规定》等。其三，垃圾分类管理，如制定《深圳市生活垃圾分类管理条例》。其四，烟花爆竹管理，如制定《广州市烟花爆竹安全管理规定》《茂名市烟花爆竹安全管理条例》。其五，道路交通、房屋租赁等管理，如制定《湛江市电动自行车管理条例》《茂名市危险化学品道路运输管理条例》《广州市房屋租赁管理规定》《广州市物业管理条例》《汕尾市居住出租房屋安全管理条例》，修改《深圳市安全管理条例》等。其六，村庄规划建设管理，如制定《清远市村庄规划建设管理条例》《韶关市农村住房建设管理条例》《茂名市村庄规划建设管理条例》。二是加强环境保护立法。这方面的立法数量不多，但比较有特色。如汕尾市的扬尘污染并不严重，甚至其环境空气综合质量指数近年在广东省的排名中一直位居前列，但该城市因处于快速城市化时期而未雨绸缪，研究制定《汕尾市扬尘污染防治条例》。这一改先污染后治理的惯性思维，体现了预防优先、保护优先的先进理念。《潮州市凤凰山区域生态环境保护条例》和《肇庆市星湖风景名胜区七星岩景区保护管理条例》的制定，则都是基于平衡环境保护和经济发展的需要，贯彻了环境优先、在可持续中发展当地经济的理念。三是加强历史文化保护立法。这方面的立法不多，以红色历史文化资源保护和特色文化资源保护为主，前者如《梅州市红色资源保护条例》《河源市革命旧址保护条例》的制定，后者如《江门市新会陈皮保护条例》的制定等。此外，江门市制定了《江门市历史文化街区和历史建筑保护条例》。四是加强社会主义核心价值观方面的立法。这方面的立法事项较为集中，主要为引导、促进行为文明和遏制餐饮浪费，而且都是新制定的，前者如《广州市文明行为促进条例》《韶关市

文明行为促进条例》《清远市文明行为促进条例》，后者如《广州市反餐饮浪费条例》。五是其他，包括广州市人大常委会制定的《广州市优化营商环境条例》、汕头市人大常委会修订的《汕头市人民代表大会常务委员会讨论决定重大事项规定》等。

2020年广东省设区的市的立法有如下特点。一是加强立法的计划性。如汕头市人大常委会编制完成《汕头市三年立法规划（2020~2022年）》，重点围绕重大经济发展平台建设、建设创新型特区、创建全国文明城市、补齐公共卫生和文化服务立法短板、加强生态环境保护、推进市域治理能力现代化试点工作等方面规划了58件立法项目，其中正式项目30件、预备项目28件。二是把法规修改摆在与制定同等重要的地位，通过"打包"修改的方式高效实现立法决策与改革决策的对接。据不完全统计，2020年设区的市制定地方性法规34项，修改57项次，废止3项；它们在不同领域的分布情况见表2。其中，广州修改35项次，深圳修改14项次，珠海修改2项次，佛山修改3项次，汕尾修改3项次。在这些修改中，大量是因机构改革后相关地方性法规中有关部门的名称需要做出相应变更而启动相关程序的，《深圳市人民代表大会常务委员会关于修改〈深圳市安全管理条例〉等十三项法规的决定》《广州市人民代表大会常务委员会关于修改〈广州经济技术开发区条例〉等三十二件地方性法规的决定》都存在这种情况。三是适时清理内容已滞后或已明显不适应形势需要的地方性法规。如《汕头市人民代表大会常务委员会关于废止〈汕头市文化市场管理条例〉和〈汕头市惩治生产销售伪劣商品违法行为条例〉的决定》《深圳市人民代表大会常务委员会关于废止〈深圳市查处无证无照经营行为条例〉的决定》。

表2 2020年广东省设区的市不同领域地方性法规立改废情况

单位：项次

立法领域与立法方式	城乡建设与管理			环境保护			历史文化保护			其他（包括疫情防控、文明行为促进、人大组织制度等）		
	制定	修改	废止	制定	修改	废止	制定	修改	废止	制定	修改	废止
数量	16	42	3	7	9	0	4	4	0	7	2	0

（五）加强规范性文件备案审查工作

备案审查是宪法和法律赋予人大常委会的一项重要职权。广东省人大常委会的备案审查工作有三个特点。一是加强规范性文件备案审查的信息平台建设。2016年9月启动建设、当年11月初步建成、2017年12月基本完成建设的广东省统一的规范性文件备案审查信息平台，纵向联通全国人大和省、市、县三级人大及各专门委员会、常委会工作机构，横向联通省、市、县三级政府及其有关部门，率先实现了对规范性文件的全流程电子化备案审查，极大地提高了备案审查工作的规范化、数字化、智能化水平。2018年7月，广东省率先完成与全国人大法规备案审查信息平台的对接工作，成为第一个成功对接的省份①。二是加强规范性文件备案审查的制度建设。2018年11月29日，广东省十三届人大常委会第七次会议通过《广东省各级人民代表大会常务委员会规范性文件备案审查条例》，规范全省各级人大常委会的规范性文件备案审查工作。三是加强规范性文件备案审查的机制建设。2018年5月，广东省十三届人大常委会第三次会议首次听取和审议省十二届人大以来备案审查工作情况报告；2018年底，广东省21个地级以上市人大常委会均已听取和审议了本地备案审查工作情况报告。广东省人大常委会还针对规范性文件备案审查，建立了第三方有序参与审查机制、与全国人大及其常委会及本省有关机关之间的备案审查衔接联动机制以及党内规范性文件联动审查机制②。2020年，广东省人大常委会继续依法推动备案审查工作制度化、常态化开展。全年备案规范性文件233件；向全国人大常委会、国务院报备广东省地方性法规123件；收到公民和组织对有关规范性文件提出的审查建议807件，办理反馈公民审查建议10件，向有权机关移送研究处理793件；加大主动审查力度，对139件规范性文件提出初步审查研究意见，向制定机关发出审查纠正函10件；完成信息平

---

① 《广东省率先实现规范性文件全流程电子化备案审查 所有规范性文件全程跟踪一追到底》，广东人大网，2018年8月8日，http://www.rd.gd.cn/pub/gdrd2012/xwdt/201808/t20180808_165480.html，最后访问日期：2020年12月9日。

② 骆骁骅、任宣：《省十三届人大常委会第三次会议召开》，《南方日报》2018年5月30日，第A01版；吴璇等：《出台文件不能"任性"！广东省人大常委会加强备案审查力度》，搜狐网，2019年7月9日，https://www.sohu.com/a/325765363_161795? scm = 1002.46005d.16b016 c016f. PC_ARTICLE_REC_OPT，最后访问日期：2020年12月9日。

台升级建设，优化业务功能和流程，拓展立法服务功能，将信息平台的使用扩展至全省所有的县和镇人大；建立全省法规、规章、规范性文件数据库，向社会公开并免费使用①。

（六）创新与完善立法工作机制和方式

2020 年，广东省、市两级人大常委会根据形势的变化和要求，不断完善立法工作机制，创新立法工作方式方法。一是根据疫情防控形势需要，创新立法座谈会、论证会等的召开方式。截至 2020 年 10 月底，广东省人大常委会共组织设区的市法规专家网络论证会 18 场，以视频会议形式举办全省设区的市立法工作座谈会，指导各市做好公共卫生领域立法修法以及与民法典相关的制度建设和法规清理工作，推动完成年度立法工作计划。二是加强人大及其常委会在法规草案起草阶段的提前介入，并就一些时间要求高、协调难度大的重点立法项目，组织工作专班，开展起草工作。为贯彻落实加快文明行为促进立法的有关精神，2020年 8 月，广东省人大常委会成立了由省人大社会建设委员会、省人大教育科学文化卫生委员会、省人大常委会法制工作委员会、省精神文明建设委员会办公室、省社会科学院、广州市交通委员会参加的起草专班，开展《广东省文明行为促进条例（草案）》的起草工作。这是落实《中共中央关于全面推进依法治国若干重大问题的决定》精神和《中华人民共和国立法法》规定，强化人大及其常委会对立法工作的主导，提高立法质量和效率的又一探索。三是充分发挥基层立法联系点在民主立法中的重要作用。广东省人大常委会和各设区的市人大常委会继续依托基层立法联系点，开展立法调研，收集对法律法规草案和立法工作的意见和建议。2020 年 7月 17 日，江门市江海区人大常委会被确定为全国人大常委会法制工作委员会基层立法联系点，它是全国少有的 9 个国家级基层立法联系点之一。同年 8 月 18 日，全国人大常委会法制工作委员会到江海区授牌启动基层立法联系点工作。在此后的4 个多月里，江海区基层立法联系点完成了《中华人民共和国全国人民代表大会和地方各级人民代表大会选举法（修订草案）》《中华人民共和国乡村振兴促进法

---

① 侯梦菲、任宣：《广东省人大常委会去年制定 22 件地方性法规》，新华网，2021 年 1 月 18日，http：//www. gd. xinhuanet. com/newscenter/2021 - 01/18/c_1126992910. htm，最后访问日期：2021 年 3 月 8 日。

（草案）》等 11 部法律和地方性法规草案的意见征集工作，上报全国人大常委会法制工作委员会意见建议 85 条，上报省人大常委会法制工作委员会意见建议 40 条①，在立法的公众参与上取得了实实在在的成效。

二　广东法治政府建设加速推进

2020 年，广东省法治政府建设继续强化和加速，重点是以法治思维、法治方式谋划推动改革，推进制度创新，着力提升法治政府建设水平。

（一）强化疫情防控法治保障

新冠肺炎疫情暴发后，中共广东省委全面依法治省委员会办公室在全国率先印发《关于做好新型冠状病毒感染的肺炎疫情防控应急行政执法工作的指导意见》，明确了疫情防控执法原则、应急执法措施、重点执法领域、协同执法机制和执法风险防控等事项。广东省司法厅印发《关于做好依法防控新型冠状病毒感染肺炎疫情有关行政复议工作的指导意见》，保障疫情防控期间行政复议工作正常开展和更好维护行政复议申请人的合法权益；出台《关于在常态化疫情防控条件下强化复工复产复商复市法治服务保障的若干工作措施》，涵盖 4 个方面 19 项法治服务保障内容；向社会发布《关于遵守疫情防控有关法律规定的通告》，帮助有关单位和市民知晓并遵守疫情防控有关法律规定，助力疫情防控；组织开展涉及野生动物保护的法规、规章、规范性文件专项清理工作，加强疫情防控决策合法性审查，为出台相关规范性文件和做出相关重大决策提供法律意见 39 件、合法性审查 40 余件②。这些都为依法防控疫情、恢复生产、维护社会秩序提供了重要法治保障。

（二）持续推进行政立法工作

一是加快推进重点领域立法。习近平总书记在中央全面依法治国工作会议

---

① 侯梦菲、任宣：《广东省人大常委会去年制定 22 件地方性法规》，新华网，2021 年 1 月 18 日，http：//www.gd.xinhuanet.com/newscenter/2021-01/18/c_1126992910.htm，最后访问日期：2021 年 3 月 8 日。

② 《2020 年广东司法行政工作亮点回顾》，搜狐网，2021 年 1 月 28 日，https：//www.sohu.com/a/447240288_120214184，最后访问日期：2021 年 3 月 9 日。

上强调，"全面依法治国是一个系统工程"，"法治政府建设是重点任务和主体工程，要率先突破，用法治给行政权力定规矩、划界限，规范行政决策程序，加快转变政府职能"①。必须"坚持顶层设计和法治实践相结合"，以高质量的立法"提升法治促进国家治理体系和治理能力现代化的效能"②。为发挥立法的引领、推动和规范作用，夯实依法行政的制度基础，广东省人民政府继续加大行政立法步伐。2020 年，广东省司法厅向省人大常委会提请审议《广东省高危险性体育项目经营活动管理规定》等地方性法规草案 11 件，审议通过并公布《广东省安全生产责任保险实施办法》等省政府规章 8 件。

二是构建"4 + X"政府立法工作制度体系。为完善政府立法工作机制和制度，明确职责分工，优化工作流程，创新工作机制，统一操作标准，广东省人民政府办公厅于 2020 年 6 月印发修订后的《广东省人民政府规章立项工作规定》《广东省人民政府法规规章起草工作规定》《广东省人民政府法规规章审查工作规定》《广东省人民政府法规规章起草审查听取意见工作规定》4 项政府立法工作制度，为立法工作提供规范与指引。在前述立项、起草、审查、听取意见工作规定的框架下，广东省司法厅着力推进立法协商、立法专家咨询论证、立法基层联系点等系列立法工作机制的建设。以立法专家咨询论证为例，2020 年 11 月 10 日，广东省司法厅印发《广东省人民政府立法咨询专家工作规定》，启动省政府立法咨询专家选聘推荐工作。

三是统筹推进法规、规章、规范性文件清理和备案审查工作。加强法规、规章、规范性文件清理和备案审查是制度建设与时俱进的重要一环。2020 年，广东省人民政府共提请广东省人大常委会废止地方性法规 2 项，修改 25 项；修改省政府规章 17 项。全面完成涉及机构改革的法规、规章清理工作，累计修改、废止法规、规章 98 项。配合广东省人大常委会推进民法典相关地方性

---

① 《习近平在中央全面依法治国工作会议上强调 坚定不移走中国特色社会主义法治道路 为全面建设社会主义现代化国家提供有力法治保障》，《人民日报》2020 年 11 月 18 日，第 1 版。
② 《〈求是〉杂志发表习近平总书记重要文章 推进全面依法治国，发挥法治在国家治理体系和治理能力现代化中的积极作用》，《人民日报》2020 年 11 月 16 日，第 1 版。

法规清理工作，提请修改首批涉及民法典的地方性法规9项；做好民法典相关规章、行政规范性文件清理工作，共查找出与民法典不一致的规章、行政规范性文件105件。修订《广东省行政规范性文件管理规定》，率先确立规范性文件出台前"双审"和"七统一"等管理机制，审核审查省政府、部门规范性文件276件①。按照司法部的部署，开展地方政府规章备案审查层级监督试点工作，对《佛山市停车场管理办法》等14件设区的市政府规章进行备案审查并向司法部提交备案审查报告。

（三）深入推进法治政府建设

一是深化行政审批制度改革，依法推进政府职能转变。贯彻落实《中共中央关于坚持和完善中国特色社会主义制度推进国家治理体系和治理能力现代化若干重大问题的决定》精神，以优化营商环境为指向，深化"放管服"改革，创新行政方式，提高行政效能，建设人民满意的服务型政府。围绕政府职能转变和"放管服"改革，及时推动废止、修改不符合改革决策和上位法规定的法规、规章、规范性文件。持续推进减证便民工作，完善证明事项动态清理机制，全面推行证明事项告知承诺制，大力加强政务诚信制度建设。2020年，出台《广东省人民政府关于取消和调整实施一批省级权责清单事项的决定》，取消或调整993项省级权责清单事项，其中取消206项，实行重心下移、改由市县就近实施787项②。"十三五"时期，广东省将省级权责清单事项从5567项压减到1069项，率先开展"证照分离"改革全覆盖试点，大幅压缩工程建设项目审批、不动产登记和企业开办时间，净增各类市场主体600万户（总量达1385万户）③。

二是加快"数字政府"改革建设，以信息化推动治理体系和治理能力的

① 《2020年广东司法行政工作亮点回顾》，搜狐网，2021年1月28日，https：//www.sohu.com/a/447240288_120214184，最后访问日期：2021年3月9日。

② 《广东省人民政府关于调整实施一批省级权责清单事项的决定》，广东省人民政府门户网站，2020年1月15日，http：//www.gd.gov.cn/zwgk/wjk/zcfgk/content/post_2931985.html，最后访问日期：2021年3月9日。

③ 马兴瑞：《政府工作报告——2021年1月24日在广东省第十三届人民代表大会第四次会议上》，广东省人民政府门户网站，2021年1月28日，http：//www.gd.gov.cn/gdywdt/gdyw/content/post_3185688.html，最后访问日期：2021年2月1日。

现代化。广东省高度重视"数字政府"改革建设，并把它作为优化营商环境、以信息化推动治理体系和治理能力现代化的重要抓手。建设全省一体化的在线政务服务平台"广东政务服务网"和统一的政务云平台，基本形成"全省一张网""全省一片云"的总体架构，省级政府网上政务服务能力在2018年、2019年连续两年位居全国第1。着力打造"粤系列"政务服务品牌，上线全国第一个适老化设计移动端老年人服务专区；签发全国第一张出生医学证明的电子证照；在全国率先推出居民身份电子凭证，并与江西省、北京市实现互认；通过"粤康码"与澳门健康码互转互认，"粤省事"成为全国首个实现跨境转码互认的健康码平台①。截至2020年11月，"粤省事"实名用户超过8700万，占广东人口总数的75%；累计上线1632项服务、87种电子证照，其中1113项服务实现群众办事"零跑动"，成为全国服务最全、用户最多、活跃度最高的省级移动政务服务平台。"粤商通"平台市场主体注册用户突破400万，占全省1200万市场主体的1/3。"粤政易"移动协同办公平台注册用户150万，覆盖了全省范围的公职人员②。2020年11月30日，广东省"数字政府"改革建设工作领导小组会议召开，审议通过《广东省公共数据资源开发利用试点实施方案》，并对下一年以更大力度提升政务数字化服务能力进行了研究部署③。

三是稳妥推进行政复议体制改革，促进行政复议规范化建设。按照中央全面依法治国委员会印发的《行政复议体制改革方案》和行政复议职责整合的要求，优化行政复议资源配置，整合行政复议工作力量，加强基层行政复议能力建设，推进行政复议工作进一步下沉。优化省政府本级行政复议与应诉案件处理程序，推动行政复议与人民调解等多元化解矛盾纠纷机制的有机衔接和联动。探索推进行政复议文书公开的常态化、制度化。强化行政复议层级监督，完善案件通报、提示、约谈等机制，加大对违法或者不当行政行为的监督纠错

---

① 肖文舸：《"粤省事"注册用户破亿 1113项服务实现"零跑动"》，新浪网，2021年2月4日，http：//K. sina. com. cn/article_ 1886674350_ 70745dae02000xu1u. html，最后访问日期：2021年2月4日。
② 黄庆：《"粤省事"实名用户超8700万》，大洋网，2020年11月23日，https：//news. dayoo. com/guangdong/202011/23/139996_ 53662404. htm，最后访问日期：2021年2月4日。
③ 吴哲、符信：《马兴瑞主持召开省"数字政府"改革建设工作领导小组会议》，《南方日报》2020年12月1日，第1版。

力度。在全国率先建立行政机关负责人出庭应诉报告及败诉案件报告制度[1]，推进行政机关负责人出庭应诉制度化、常态化，探索推动建立行政应诉责任追究制度。完善公职律师、政府法律顾问参与行政复议应诉工作制度。加强行政复议应诉规范化、专业化、信息化建设，开展规范化建设示范单位创建活动。2020年，广东全省共办理行政复议案件28932件，办理一审行政应诉案件19608件，引导全省约8成行政争议进入行政复议程序，其中约8成在复议环节得到有效化解。行政裁决示范创建工作在知识产权、自然资源和政府采购三个领域打造出广东样本，走在全国前列[2]。

四是推进综合行政执法改革，促进严格规范公正文明执法。推进综合行政执法改革，继续探索实行跨领域、跨部门综合行政执法，做好文化等五大领域综合行政执法相关法律衔接工作。出台关于推进乡镇（街道）综合行政执法工作的通知、公告和工作意见，有序推进乡镇（街道）综合行政执法工作，着力推动形成镇街权责统一、权威高效的行政执法体系和职责明确、依法行政的政府治理体系。根据《开展"最大限度减少不必要执法事项"工作指引》，生态环境、交通运输、农业农村、文化旅游和市场监管5个部门全面梳理行政执法中的不必要执法事项，为全省探索可复制、可推广经验。完善行政执法程序，在全国率先出台《广东省行政检查办法》，首发加强行政执法风险防范工作的指导意见，全面规范行政检查行为，防止过度执法。推进行政执法信息化，加快建设并推广应用全省统一的"行政执法信息平台"和"行政执法监督网络平台"，开发上线"粤执法"移动办案系统，实现执法业务协同。广东省人民政府与广东省人民检察院联合在全国率先出台规定，加强行政监察与行政执法监督工作的衔接。印发《广东省行政执法流程和执法文书范本（2020年版）》，进一步规范行政处罚、行政检查、行政强制三类事项执法流程和执法文书；加强行政执法案例指导，梳理印发15件行政执法典型案例。

---

[1] 《2020年广东司法行政工作亮点回顾》，搜狐网，2021年1月28日，https://www.sohu.com/a/447240288_120214184，最后访问日期：2021年3月9日。

[2] 《2020年广东司法行政工作亮点回顾》，搜狐网，2021年1月28日，https://www.sohu.com/a/447240288_120214184，最后访问日期：2021年3月9日。

三 广东司法领域法治建设稳步推进

2020 年，广东省各级司法机关以把广东建设成为全国最安全稳定、最公平公正、法治环境最好的地区之一为目标，坚持司法为民、公正司法，狠抓各项任务落地见效，在司法领域法治建设方面取得新进展。

（一）司法精准施策，服务"六稳""六保"①

一是服务疫情防控大局。广东省高级人民法院于 2020 年 2 月连续出台《关于依法审理新冠肺炎疫情防控期间民事行政案件的通告》《关于依法保障受疫情影响企业复工复产的意见》等规范性文件，并与广东省人民检察院联合发布《关于依法严厉打击新型冠状病毒感染的肺炎疫情防控期间刑事犯罪的通告》《关于依法惩治妨害新型冠状病毒感染肺炎疫情违法犯罪意见的实施细则》，为打击涉疫情犯罪和推动企业复工复产提供了有力的制度保障。2020 年 3 月，广东省高级人民法院发布《关于审理涉新冠肺炎疫情商事案件若干问题的指引》，对全省各级人民法院审理因疫情影响发生的纠纷进行指导。截至 2020 年 5 月 20 日，全省各级人民法院共审结涉疫刑事案件 477 件，平均审理周期 14.5 天②。广东省人民检察院对涉疫案件快速反应、提前介入、快捕快诉，依法严厉打击涉疫情刑事犯罪。广东省人民检察院提供的资料显示，2020 年 1～10 月，广东省人民检察院共批捕涉疫情犯罪嫌疑人 1693 人、起诉 1619 人，发布 2 批打击涉疫情犯罪典型案例，其中 5 个案例成为最高人民检察院妨害疫情防控犯罪典型案件。

二是深化扫黑除恶专项斗争。2020 年，全省各级人民法院共审结涉黑恶案件 1357 件 9623 人，涉黑案件重刑率 57.5%；审结涉"保护伞"案件 75 件92 人；共执结涉黑恶案件财产 87 亿元，执行到位率 97.8%；共发出扫黑除恶

---

① "六稳"是指稳就业、稳金融、稳外贸、稳外资、稳投资、稳预期工作。"六保"是指保居民就业、保基本民生、保市场主体、保粮食能源安全、保产业链供应链稳定、保基层运转。

② 佚名：《龚稼立接受媒体采访》，广东法院网，2020 年 5 月 27 日，http：//www. gdcourts. gov. cn/index. php？v＝show&cid＝244&id＝55356，最后访问日期：2020 年 11 月 8 日。

司法建议 3038 件①。严惩陈志辉等黑恶犯罪团伙，依法巩固基层政权。广东省人民检察院坚持"一个不放过、一个不凑数"原则，对涉黑及重大涉恶案件 100% 提前介入，已连续两年被全国扫黑除恶专项斗争领导小组办公室评为扫黑除恶专项斗争先进集体。2020 年，全省检察机关批捕涉黑涉恶犯罪嫌疑人 1912 人，起诉 4239 人；发现并移送涉黑恶及"保护伞"线索 321 条，起诉认定已估值黑财黑产约 31.2 亿元②。

三是服务保障国家重大战略实施。广东省高级人民法院先后出台《推进粤港澳大湾区建设三年行动方案》和《支持深圳建设中国特色社会主义先行示范区三年行动方案》，支持粤港澳大湾区、深圳中国特色社会主义先行示范区建设。落实《最高人民法院关于支持和保障深圳建设中国特色社会主义先行示范区的意见》，发布粤港澳大湾区跨境纠纷典型案例，指导全省各级人民法院审理相关案件。2020 年，广东省人民检察院认真贯彻落实最高人民检察院制定的服务保障粤港澳大湾区建设"21 条意见"，着力服务保障"双区"建设。发布全国首宗涉 5G 技术侵犯知识产权案例。推动在珠海横琴筹备设立"中国与葡萄牙语国家检察交流合作基地"，拓宽内地与港澳之间司法合作交流的途径。

四是服务打好三大攻坚战。广东省高级人民法院、中国人民银行广州分行、广东银保监局、广东省地方金融监管局联合出台《关于全面推进金融纠纷多元化解机制建设的实施意见》，整合纠纷化解平台资源，规范多元化解工作流程，完善"投诉＋调解＋裁决"一站式纠纷解决服务，打造多元化解新格局。2020 年，全省各级人民法院共成功调解各类金融纠纷 3 万件，金额约 50 亿元③。广东检察机关把服务打好三大攻坚战作为 2020 年工作的重中之重，

---

① 龚稼立：《广东省高级人民法院工作报告——2021 年 1 月 25 日在广东省第十三届人民代表大会第四次会议上》，广东人大网，2021 年 1 月 29 日，http：//www. gdrd. cn/pub/gdrd2020/rdzt/gdrdhy20210114/xwzx20210114/wj20210114/index. html，最后访问日期：2021 年 3 月 5 日。

② 林贻影：《广东省人民检察院工作报告——2021 年 1 月 25 日在广东省第十三届人民代表大会第四次会议上》，广东人大网，2021 年 1 月 29 日，http：//www. gdrd. cn/pub/gdrd2020/rdzt/gdrdhy20210114/xwzx20210114/wj20210114/index. html，最后访问日期：2021 年 3 月 5 日。

③ 利玥漾：《广东四部门联合出台金融纠纷多元化解 20 条实施意见》，广东法院网，2021 年 1 月 14 日，http：//www. gdcourts. gov. cn/index. php？v = show&cid = 62&id = 55927，最后访问日期：2021 年 1 月 15 日。

会同有关部门健全扶贫领域涉案财物快速返还机制，把国家司法救助融入精准脱贫工程，依法给予因案致贫返贫的 1736 人司法救助金 3131 万元①。

（二）践行司法为民宗旨，满足多元司法需求

广东各级人民法院坚持以人民为中心，切实保障人民群众合法诉求。一是适应疫情防控需要，为人民群众提供 24 小时"不打烊"诉讼服务。全省各级人民法院充分运用智慧法院建设成果，大力推动网上立案、远程开庭、线上调解、电子送达、线上查控、司法网拍等网上办案工作，为人民群众提供 24 小时"不打烊"诉讼服务。截至 2020 年 7 月 20 日，全省各级人民法院网上立案 74.1 万件，网上调解 26.7 万件，同比分别上升 42% 和 121%②。二是注重增进民生福祉，强化民生权益司法保护。及时回应教育、健康、住房、社保、养老等领域民生诉求，审结民生领域案件 38.8 万件，为务工人员追回拖欠工资款 15.4 亿元③。三是推动建立综合治理执行长效机制，及时兑现胜诉权益。全省各级人民法院继续巩固"基本解决执行难"成果，将建立健全执行工作长效机制、推动突出问题切实解决作为重点，向"切实解决执行难"的更高目标迈进。开展"南粤执行风暴 2020"专项活动，执结案件 102.8 万件，结案时间平均缩短 11.9%。为经济困难群众减免诉讼费 500 万元，发放救助金 5002.6 万元④。四是推进完善家事审判社会化工作格局，加强妇女、儿童权益保障。2020 年，全省各级人民法院共审结婚姻家庭纠纷 6.5 万件，签发人身安全保护令 265 份。积极参与"防治校园欺凌""护苗""预青"等专项行动，加强

① 林贻影：《广东省人民检察院工作报告——2021 年 1 月 25 日在广东省第十三届人民代表大会第四次会议上》，广东人大网，2021 年 1 月 29 日，http：//www. gdrd. cn/pub/gdrd2020/rdzt/gdrdhy20210114/xwzx20210114/wj20210114/index. html，最后访问日期：2021 年 3 月 5 日。
② 严俊伟、吁青：《广东法院网上立案网上调解总量超百万件》，搜狐网，2020 年 7 月 21 日，https：//www. sohu. com/a/408775516_ 162758，最后访问日期：2021 年 1 月 14 日。
③ 龚稼立：《广东省高级人民法院工作报告——2021 年 1 月 25 日在广东省第十三届人民代表大会第四次会议上》，广东人大网，2021 年 1 月 29 日，http：//www. gdrd. cn/pub/gdrd2020/rdzt/gdrdhy20210114/xwzx20210114/wj20210114/index. html，最后访问日期：2021 年 3 月 5 日。
④ 龚稼立：《广东省高级人民法院工作报告——2021 年 1 月 25 日在广东省第十三届人民代表大会第四次会议上》，广东人大网，2021 年 1 月 29 日，http：//www. gdrd. cn/pub/gdrd2020/rdzt/gdrdhy20210114/xwzx20210114/wj20210114/index. html，最后访问日期：2021 年 3 月 5 日。

未成年人权益保护。2020 年 2 月，广东省高级人民法院、广东省妇女联合会联合下发《关于从妇联干部中聘请特邀陪审员的通知》，规定今后对涉及妇女、儿童权益且需要组成合议庭审理的案件，法院应当主动邀请女性陪审员参加审理；对有较大或重大影响的涉及妇女、儿童权益的案件，法院必须邀请女性陪审员参加审理。截至 2020 年 10 月底，已有 705 名女性陪审员参与办案 1426 宗①。

广东全省检察机关持之以恒办好检察为民实事，让人民群众从检察工作中有更多获得感。一是依法严惩涉民生犯罪。开展食品药品安全"四个最严"专项行动，起诉危害食品药品安全犯罪嫌疑人 436 人；起诉非法集资、电信网络诈骗、侵犯公民个人信息犯罪嫌疑人 7794 人；加强对疫情影响下弱势群体合法权益的司法保护，起诉拒不支付劳动报酬犯罪嫌疑人 246 人，办理支持起诉案件 325 件②。二是深化群众来信件件回复工作。认真落实最高检关于群众来信"7 日内程序回复、3 个月内办理过程或结果答复"的要求。广东全省三级检察院同步举行"民有所呼，我有所应——群众信访件有回复"检察宣传周活动，清理信访积案。三是打造未成年人全面综合司法保护格局。督促落实最高检"一号检察建议"，探索建立侵害未成年人案件强制报告制度，加强侵害未成年人犯罪信息库建设。从重从快惩处故意伤害、猥亵儿童等侵害未成年人犯罪。依法起诉侵害未成年人权益犯罪嫌疑人 6462 人，其中性侵害未成年人犯罪嫌疑人 2814 人③。推行对未成年被害人"一站式"询问、救助机制。对未成年犯罪嫌疑人以教育为主、惩戒为辅。对涉嫌轻微犯罪并有悔罪表现的未成年人不批捕 1641 人，不起诉 1105 人④。四是突出办好人民群众反映强烈

① 卢冬红、陈秋鹏：《广东出新规：妇女儿童权益大案必须请女性陪审员》，《南方都市报》，转引自搜狐网，2020 年 11 月 10 日，http://news.sohu.com/02/56/news204235602.shtml，最后访问日期：2020 年 12 月 17 日。

② 林贻影：《广东省人民检察院工作报告——2021 年 1 月 25 日在广东省第十三届人民代表大会第四次会议上》，广东人大网，2021 年 1 月 29 日，http://www.gdrd.cn/pub/gdrd2020/rdzt/gdrdhy20210114/xwzx20210114/wj20210114/index.html，最后访问日期：2021 年 3 月 5 日。

③ 林贻影：《广东省人民检察院工作报告——2021 年 1 月 25 日在广东省第十三届人民代表大会第四次会议上》，广东人大网，2021 年 1 月 29 日，http://www.gdrd.cn/pub/gdrd2020/rdzt/gdrdhy20210114/xwzx20210114/wj20210114/index.html，最后访问日期：2021 年 3 月 5 日。

④ 林贻影：《广东省人民检察院工作报告——2021 年 1 月 25 日在广东省第十三届人民代表大会第四次会议上》，广东人大网，2021 年 1 月 29 日，http://www.gdrd.cn/pub/gdrd2020/rdzt/gdrdhy20210114/xwzx20210114/wj20210114/index.html，最后访问日期：2021 年 3 月 5 日。

的公益诉讼案件。在生态环境和资源保护、食品药品安全等重点领域，全面开展"公益诉讼守护美好生活"专项监督活动。办理诉前程序案件4932件，提起诉讼511件，督促恢复被污染、破坏的耕地、林地、水源地等24.8万亩，督促清理固体废物1.8万吨，挽回公益损失约4亿元①。

（三）深入推进司法体制综合配套改革，不断提升司法质效

2020年，广东各级人民法院深入推进综合配套改革措施，探索出一些司法改革新经验。一是深化法官员额制改革。广东各级人民法院专门出台法官遴选工作方案，并探索形成了遴选员额法官的"六统一"模式，即"全省统一部署、统一标准、统一程序、统一笔试、统一评审、统一提名"。"六统一"模式打通了法官助理、中基层法院法官的任职通道，为深化司法责任制改革注入了新的活力。2020年，广东全省各级人民法院共选拔法官294名，确认50名法官递补人选，264名法官退出员额②。二是全面落实司法责任制。广东省高级人民法院印发《关于进一步落实领导干部干预司法活动、插手具体案件处理的记录、通报和责任追究规定的实施细则》和《关于进一步落实司法机关内部人员过问案件的记录和责任追究规定的实施细则》，在明确过问情形、记录流程、报告程序、履职保护和责任追究等方面，筑起干预、过问案件"防火墙"。三是优化审判资源配置。2020年，广东各级人民法院继续精减内设机构，加强法官团队建设，增加一线审判力量。院庭长直接办理大案难案新案82.4万件，法官年人均办案358件③。深化审判辅助工作社会化改革，提高

---

① 林贻影：《广东省人民检察院工作报告——2021年1月25日在广东省第十三届人民代表大会第四次会议上》，广东人大网，2021年1月29日，http://www.gdrd.cn/pub/gdrd2020/rdzt/gdrdhy20210114/xwzx20210114/wj20210114/index.html，最后访问日期：2021年3月5日。

② 龚稼立：《广东省高级人民法院工作报告——2021年1月25日在广东省第十三届人民代表大会第四次会议上》，广东人大网，2021年1月29日，http://www.gdrd.cn/pub/gdrd2020/rdzt/gdrdhy20210114/xwzx20210114/wj20210114/index.html，最后访问日期：2021年3月5日。

③ 龚稼立：《广东省高级人民法院工作报告——2021年1月25日在广东省第十三届人民代表大会第四次会议上》，广东人大网，2021年1月29日，http://www.gdrd.cn/pub/gdrd2020/rdzt/gdrdhy20210114/xwzx20210114/wj20210114/index.html，最后访问日期：2021年3月5日。

聘任制法官助理、书记员的保障水平，为法官减负、为审判提速。四是加快智慧法院建设。广东省高级人民法院建成最高人民法院智慧法院（广东）实验室，全面提升审判工作和诉讼服务智能化水平；深圳市中级人民法院上线全国首个行政诉讼网络服务平台"法智云端"，行政非诉审查案件从立案到办案全部网上完成，最快不到5分钟；深圳市福田区人民法院上线"巨鲸智平台"，在全国率先实现金融类案件从立案、审判到执行全流程在线办理。广东涌现的不同模式智慧法院样本经验获得最高人民法院推广。

广东省检察机关全面落实中央、省委和最高人民检察院关于推进司法改革工作部署，司法改革亮点纷呈。一是广州市白云区人民检察院推行生效法律文书反向公开机制。2018年以来，广州市白云区人民检察院率先实施生效法律文书反向公开机制，确保生效法律文书公开率达到100%，自觉接受群众监督。这一机制已在全市检察机关推广应用。二是广州市南沙区人民检察院建立关联案件和类案强制检索机制。2019年，广州市南沙区人民检察院出台《关联案件和类案强制检索机制实施办法》，率先在全省建立关联案件和类案强制检索机制。该机制的运用，一方面有效防止了司法尺度不统一的问题，增强了司法文书的说理性；另一方面通过关联案件和类案强制检索，倒逼检察官全方位、多角度熟悉有关争议焦点的裁判要旨、学术观点和司法实践，进一步提升检察官队伍法律素养。三是深圳市检察机关探索构建检察权运行内部监督管理新机制。深圳市检察机关抓住"管案"和"管人"两个核心要素，探索形成加强检察权运行监督管理的新机制。建立轮案机制，采取随机分案为主、指定分案为辅的分案模式，从源头上预防人情案、关系案、金钱案；建立司法办案全程留痕机制，将流程监控指标嵌入司法办案各环节；完善案件考评机制，对所有类型案件实行评查全覆盖；完善内部纠错机制，发挥检委会对重大、疑难、复杂案件的指导、决策和把关作用。

（四）以政治建设为统领，建设"四化"①司法队伍

一是全面加强党的领导。坚持党对司法工作的绝对领导，坚定不移走中国特色社会主义法治道路，贯彻落实习近平法治思想，认真执行政法工作条例。

---

① "四化"是指革命化、正规化、专业化、职业化。

广东省司法系统开展新一轮"大学习、深调研、真落实"工作，巩固深化"不忘初心、牢记使命"主题教育成果。广东省高级人民法院注重加强法官队伍政治素质、职业道德和群众工作能力培训。大力推进模范机关创建活动，深圳市罗湖区人民法院等 4 个集体、肖海棠等 18 人获全国性荣誉表彰。广东省检察机关把政治过硬摆在队伍建设首位，突出依政治标准选人用人。严格落实政治建设要融入业务培训的指示要求，积极探索检察人员政治素能与业务素能融合培养模式。深入实施检察人才"六项重点工程"，出台《中长期人才发展规划》及相关配套制度，初步形成传承有序、逐级培养的选人用人工作格局。

二是持续改进工作作风。2020 年 6 月，广东省高级人民法院印发《关于在全省法院开展作风纪律教育整顿活动的意见》，在全省法院广泛开展了一次作风纪律教育整顿活动。出台防止领导干部干预案件、防止内部人员过问案件和审判回避实施细则，定期通报违纪违法典型案例。部署开展"减刑、假释、暂予监外执行"案件专项排查整治工作，坚决纠正"纸面服刑"问题。强化监督执纪问责，严肃查处违纪违法干警 166 人①。广东全省检察机关扎实推进检察队伍突出问题整治工作。制定印发《关于以高度的政治自觉法治自觉检察自觉着力解决检察队伍突出问题的通知》，坚持从严的主基调，锲而不舍落实中央八项规定及实施细则精神。严格执行防止过问干预司法办案"三个规定"要求，加强节假日外出报备、因私出国（境）管理等八小时外监督。查处违纪违法检察人员 73 人②。

三是不断加强基层基础工作。广东省法院系统注重夯实基层基础工作，加快推进梅州、韶关、河源等地中基层法院 15 个基础设施建设，立项新建扩建 43 个基层人民法庭③。广东省人民检察院根据《新时代"五好"基层院建设

① 龚稼立：《广东省高级人民法院工作报告——2021 年 1 月 25 日在广东省第十三届人民代表大会第四次会议上》，广东人大网，2021 年 1 月 29 日，http：//www.gdrd.cn/pub/gdrd2020/rdzt/gdrdhy20210114/xwzx20210114/wj20210114/index.html，最后访问日期：2021 年 3 月 5 日。
② 林贻影：《广东省人民检察院工作报告——2021 年 1 月 25 日在广东省第十三届人民代表大会第四次会议上》，广东人大网，2021 年 1 月 29 日，http：//www.gdrd.cn/pub/gdrd2020/rdzt/gdrdhy20210114/xwzx20210114/wj20210114/index.html，最后访问日期：2021 年 3 月 5 日。
③ 龚稼立：《广东省高级人民法院工作报告——2021 年 1 月 25 日在广东省第十三届人民代表大会第四次会议上》，广东人大网，2021 年 1 月 29 日，http：//www.gdrd.cn/pub/gdrd2020/rdzt/gdrdhy20210114/xwzx20210114/wj20210114/index.html，最后访问日期：2021 年 3 月 5 日。

工作方案》，制定实施《基层院"结对帮扶"工作实施意见》，持续深入打造新时代"五好"基层检察院，积极开展"结对共建""一院两品"工作。强化经费保障、基础设施和科技装备建设，认真开展统一业务应用系统2.0试点运行工作，促进信息技术与检察业务深度融合。

四 广东法治社会建设全面推进

习近平总书记强调："坚持法治国家、法治政府、法治社会一体建设，不断开创依法治国新局面。"① 法治社会是法治国家、法治政府建设的基础，只有筑牢法治社会这一根基，才能全力推进法治国家、法治政府建设。2020年，广东各级司法行政部门紧紧围绕法制建设实践开展普法宣传，加强社会主义法治文化建设，推进基层社会治理创新，强化公共法律服务体系建设，健全矛盾纠纷预防化解机制，全面推进法治社会建设。

（一）深化法制宣传主题教育活动

一是推动民法典普法宣传工作落到实处。加强宣传教育是实施好民法典的关键。广东省把民法典的宣传普及作为2020年普法工作的重点，持续加大全民普法力度。广东省普法办公室出台《关于在全省广泛开展民法典普法宣传的实施方案》，并联合广东省委宣传部等7部门印发加强民法典学习宣传的通知，全面开展民法典学习宣传。广东省司法厅、广东省普法办公室会同广东省委宣传部、广东广播电视台，围绕让民法典"走到群众身边，走进群众心里"，共同制作"民法典与你同行"系列宣传挂图、动漫、微视频并在全省各地区各单位的公共场所连续展示或播放；制作《民法典点亮城市地标》宣传片，点亮全省21个地级以上市地标建筑；建设全国首个民法公园。在全国率先成立由资深律师组成的广东律师行业民法典宣讲团，组建省、市两级民法典普法宣讲团、普法志愿者、公益媒体联盟三支队伍。截至2020年9月，参与省、市两级宣讲团和民营企业分团、村（社区）分团的资深律师达到2000余名，开展线上、线下宣讲活

---

① 习近平：《依法治国、依法执政、依法行政共同推进》，中央人民政府门户网站，2013年2月24日，http：//www.gov.cn/ldhd/2013 - 02/24/content_ 2338937.htm，最后访问日期：2020年12月10日。

动近 9000 场，其中线下宣讲 3700 余场，现场受众人数达 10 余万人次①。组织开展 2020 年全省国家机关民法典学习宣传暨"谁执法谁普法"履职报告评议活动、全省领导干部和国家工作人员旁听民事案件庭审专题活动，印发《省直和中直驻粤国家机关民法典普法责任清单》，发挥国家机关在学习、宣传、实施民法典中的示范引领作用。印发《关于贯彻实施民法典提升司法行政工作水平的通知》，推动民法典在司法行政工作中的贯彻实施。开展"万场民法教育进校园"活动，打造"民法教育大课堂"精品课程。

二是结合疫情防控，开展"卫生法治大课堂"活动。配合新冠肺炎疫情防控，不断加强公共卫生安全和传染病防控等卫生法治普法教育。围绕《中华人民共和国基本医疗卫生与健康促进法》《中华人民共和国传染病防治法》等卫生健康领域的法律法规，在全省中小学生和大学生中开展卫生法治普法教育。广东省司法厅联合广东省教育厅、广东省法学会制作了 7 批依法防控普法视频，积极开展"防控疫情、法治同行"专项法治宣传行动；在"广东普法"微信公众号累计发布防疫文章 400 余篇。截至 2020 年 10 月，广东省司法厅各新媒体宣传平台累计发布内容数千条，总浏览量超 4800 万次，广东省司法厅南方号"广东司法行政"荣获"南方号战疫力量奖"②。

三是组织开展全省"七五"普法总结验收工作。2020 年是"七五"普法收官之年。广东在强化党委组织保障、建立普法考评机制和抓手、创新"谁执法谁普法"履职报告评议活动、建立全方位的学法平台、打造青少年"宪法教育大课堂"、创新举办法治文化节等方面大胆创新，整体工作走在全国前列。在全国"七五"普法中期检查考评中，广东获得全国第 1③。自"七五"普法规划实施以来，广东省不断创新普法形式，多项举措成为全国首创。2017年，广东成立全国首个省级"法治宣传专家顾问团"，借力专家顾问团的专业

① 王楠：《广东已开展近 9000 场民法典普法宣讲活动》，金羊网，2020 年 9 月 30 日，http：// news. ycwb. com/2020 - 09/30/content_ 1196600. htm，最后访问日期：2020 年 11 月 30 日。
② 《喜报！省司法厅南方号获颁"南方号战疫力量奖"》，广东省司法厅网站，2020 年 10 月 23 日，http：//sft. gd. gov. cn/sfw/news/workSt/content/post_ 3114458. html，最后访问日期：2020 年 11 月 30 日。
③ 《广东普法依法治理工作全面纵深发展，"七五"普法中期检查考评全国第一》，南方网，2019 年 9 月 20 日，http：//news. southcn. com/gd/content/2019 - 09/20/content_ 189045167. htm，最后访问日期：2020 年 12 月 10 日。

知识，形成合力推动普法工作创新发展。2017 年，广东在全国首创国家机关"谁执法谁普法"履职报告评议活动，其实践经验和做法在全国推广，并被写入司法部《全国司法行政深化改革纲要（2018～2022 年）》，被推荐为中央政法委"十三五"规划实施典型案例。2017～2020 年，全省 21 个地级以上市 122 个县（市、区）全覆盖开展"谁执法谁普法"履职报告评议活动，省、市、县三级共评议国家机关 1500 多个①。2019 年，广东在全国率先制定《关于建立领导干部旁听案件庭审学法用法机制的意见》，开展旁听庭审、以案释法、警示教育等学法活动，推动领导干部学法经常化、体验化、实践化。2017 年，广东在全国率先部署开展"法治文化建设示范企业"创建活动，广东省司法厅、广东省普法办联合建立了法治文化建设示范企业创建标准体系，并建立了法治文化建设示范企业创建网上申报审核系统②。2020 年，"广东普法"微信公众号获全国第二届"四个一百"优秀政法新媒体称号。

（二）开展社会主义法治文化建设

一是积极弘扬社会主义核心价值观。落实中共中央办公厅、国务院办公厅印发的《关于加强社会主义法治文化建设的意见》要求，把法治文化建设纳入现代公共文化服务体系，深入开展社会主义核心价值观宣传教育。深化市、县、镇、村"四级文明联创"工作，推动新时代文明实践中心试点建设，大力实施公民道德建设工程。推进媒体融合向纵深发展，建立全媒体传播体系，建设全国一流的新型主流媒体群。

二是加强法治文化公共服务体系建设。发挥公共文化机构作用，高水平推进"三馆合一"项目③等标志性文化工程建设。推动市县图书馆、文化馆、博

---

① 广东省司法厅、广东省普法办：《广东 6 家单位评议结果公布！2020 "谁执法谁普法"履职报告评议会召开》，澎湃网，2020 年 11 月 19 日，https：//www. thepaper. cn/newsDetail_ forward_ 10066822，最后访问日期：2020 年 12 月 25 日。

② 陈雨昀：《广东普法依法治理工作全面纵深发展，"七五"普法中期检查考评全国第一》，南方网，2019 年 9 月 20 日，http：//news. southcn. com/gd/content/2019－09/20/content_ 189045167. htm，最后访问日期：2020 年 12 月 20 日。

③ 2020 年 12 月 27 日，广东美术馆、广东非物质文化遗产展示中心、广东文学馆"三馆合一"项目建设奠基活动在广州举行，项目选址为广州市荔湾区白鹅潭。三个重点文化项目合并建设成一个彰显广东特色、具有国际水平的重大标志性公共文化设施。

物馆及基层综合性文化服务中心全覆盖。大力培育法治文化建设示范基地。广东省司法厅、省普法办等6部门启动了"青少年法治教育实践基地""法治文化建设示范企业""法治文化主题公园"等创建活动。据广东省司法厅统计，截至2020年5月，广东省共建成命名省级法治文化主题公园104个、青少年法治教育实践基地73个、法治文化建设示范企业1172个。此外，全省各地依托图书馆、博物馆、文化馆、文化活动中心、廉政教育基地等公共场所，广泛开展形式多样的法治宣传教育。

三是促进法治文化作品创作和推广。打造群众性文化活动和艺术惠民品牌，推动"七个一百"精品项目①下基层。该项目活动在2019年首次启动，受益群众超过100万人②。2020年11月，广东再次启动"七个一百"精品项目下基层活动。该项目活动成为广东新时代文明实践的响亮品牌。"广东省法治文化节"也是广东2019年普法工作的创新之举，直接参与人数超过4000万人次③。2020年，第二届"广东省法治文化节"以"民法典让生活更美好"为主题，由"四赛""四展"活动和两个现场主题活动组成④，也是具有广东特色的法治文化品牌。

（三）推进基层社会治理创新实践

一是开展多层次、多领域的法治创建活动。广东坚持法治宣传教育与法治

① "七个一百"精品项目包括组织编写百篇精品教案、创作征集百部精品剧目、遴选赠送百部精品图书、设计制作百幅精品挂图、遴选培训百名基层宣讲能人、培育宣传百佳志愿服务团队、结对安排百名挂点记者。该项目自2019年5月在广州市从化区首次启动，活动行程1万多公里，覆盖全省21个地级以上市，开展文艺展演、医疗科普、宣讲慰问、主题实践等各类活动300多场次。"七个一百"精品项目下基层活动是广东在新时代文明实践中心试点建设中整合全省优质资源，为基层群众提供优质文化产品和面对面实践服务的创新举措。
② 佚名：《2020年新时代文明实践广东"七个一百"精品项目下基层启动仪式举行》，广州市人民政府网站，2020年11月26日，http：//www.gz.gov.cn/xw/jrgz/content/post_6933915.html，最后访问日期：2020年12月10日。
③ 欧阳胜勇：《广东首届法治文化节圆满闭幕：产生1.6万件法治文化作品》，南方号，2019年12月21日，http：//static.Nfapp.southcn.com/content/201912/21/c2915551.html？group_id＝1，最后访问日期：2020年11月2日。
④ 2020年第二届"广东省法治文化节"的"四赛""四展"包括青年演讲比赛、法治小记者评选比赛、法治微视频大赛、"民法典故事会"征文比赛、法治诗词展览、法治漫画展览、法治摄影展览、民法典书法展览。

实践相结合，深入开展多层次、多领域的法治创建活动，着力提升各行业、基层依法治理水平。法治城市、法治县（市、区）、法治乡镇（街道）、民主法治村（社区）"四级同创"工作全面铺开。截至2020年，全省70%以上县（市、区）、90%以上乡镇（街道）、50%以上村（社区）达到省级法治创建标准，基层普法和治理法治化水平进一步提升。

二是推动法治创建与基层治理相结合。坚持普治并举、普调结合，推动基层依法治理，提高基层社会治理水平。以"走进基层，服务民生"为核心，深入开展"法律服务六个一"活动①。截至2020年，全省共有5个城市、77个县（市、区）被全国普法办评为全国法治城市、法治县（市、区）创建活动先进单位，136个村（社区）被司法部、民政部授予"全国民主法治示范村（社区）"称号②。据广东省司法厅统计，截至2020年，广东省已有25763个村（社区）完成省"民主法治村（社区）"创建工作。

（四）加强公共法律服务体系建设

一是深化公共法律服务体系建设。扎实做好广东法律服务网的建设运营工作，推动广东省公共法律服务体系建设继续走在全国前列。制定《关于加快推进公共法律服务体系建设的实施意见》，发布《广东法律服务网服务事项清单》（2020年版），建立全省公共法律服务平台建设等定期汇报制度。开通广

---

① "法律服务六个一"活动：一是举办一次乡（镇）干部、农村"两委"干部、乡村教师法律培训。采取以案释法形式，选择涉农典型案件，宣传相关法律。二是开展一次乡村集市法律宣传活动。以乡村为单位确定固定地点，举办法律服务大集，赠发法制宣传资料，发放法律服务卡、法律援助卡，开展法律咨询，调解矛盾纠纷。三是建立完善一个乡、镇（办）司法所法律服务站或法律援助工作站。法律服务站要配备法制宣传员，法律援助工作站要配备农村法律援助工作信息员。要将工作站工作职责、工作事项、工作流程，以及信息员、宣传员姓名、电话全部上墙。四是举办一次乡村学校法制课。通过法制故事、典型案例等生动活泼的形式普及法律常识，增强学生法律意识。五是建立一个村法制宣传栏或法律图书角。法制宣传栏设在村委会临街墙上，法律图书角设在村委会党员活动室，配备一些与农民生产生活密切相关的法律图书，定期对农民开放。六是开展一次法律服务进重点企业活动。组织法律工作者走进产业聚集区，围绕企业发展中出现的法律服务需求，及时提供法律咨询、代理诉讼和法律援助等服务。

② 广东省司法厅：《全国"七五"普法总结验收组来粤开展专项抽查验收》，广东省司法厅网站，2020年10月23日，http://sft.gd.gov.cn/newspic/content/post_3113995.html，最后访问日期：2020年11月10日。

东省公共法律服务网上服务大厅，形成法律服务"全省一站式"的广东法律服务网①，面向群众提供 16 类 172 项"公共法律服务产品"，在全国率先实现公共法律服务的普及化、一体化。2020 年 1 ~ 10 月，广东法律服务网服务总量超过 483 万次。2020 年，广东法律服务网运营中心被评为"全国公共法律服务工作先进集体"。

二是重视涉疫情公共法律服务。广东省司法厅进一步强化公共法律服务线上服务和远程办公，在"粤省事"微信小程序的疫情防控服务专区增加"防疫便民法律服务"栏目。发挥律师专业法律服务作用，组织全省 8100 余名村（社区）法律顾问，积极参与全省 26100 多个村（社区）的疫情防控工作，共提供涉疫情法律服务 30 余万件（次）。印发《关于在常态化疫情防控条件下强化复工复产复商复市法治服务保障的若干工作措施》，细化 19 条举措服务"六稳""六保"；制定疫情期间公共法律服务指引，依托广东法律服务网为群众提供涉疫情公共法律服务 10.11 万宗；组建省、市两级共 24 个疫情防控律师法律服务团，共有 2000 余名资深律师参加，涵盖劳动、医疗等 26 个业务领域，开展免费法律服务共 17.2 万宗；组织开展民营企业"法治体检"活动，共覆盖全省民营企业 71000 余家，有效助力复工、复产、复商、复市提速扩面。广东省依法防控工作经验被中央指导组归纳为广东抗疫"主要经验"之一②。

（五）健全矛盾纠纷预防化解机制

一是全面深化律师制度改革。推动建立律师接受委托代理时告知当事人选择非诉讼方式解决纠纷机制。广东省司法厅联合省高级人民法院修订在民事诉讼中实行律师调查令的规定。2020 年 7 月，广东省司法厅、广东省工业和信息化厅联合制定《关于开展律师进工业园区工作的指导意见》，探索建立律师服务工业园区开展工作的制度机制。在全国首创线下"面对面"与线上直播

---

① 广东法律服务网横向集实体平台、语音平台、网络平台、移动客户端、微信公众号于一体，纵向覆盖省、市、县、镇、村五级服务架构，拓展搭建语音平台、网络平台、实体平台、自助服务终端、公共法律服务＋智能电视、法律服务大篷车等六条渠道。
② 邓新建、章宁旦：《广东司法行政系统守正创新为夺取双胜利提供法治保障》，《法治日报》2020 年 9 月 11 日，第 1 版。

相结合的"法治体检"活动，网络直播观看人数近 270 万人次。完善律师收费告知制度，制定印发《律师服务收费告知书（参考模板）》。在律师队伍中深入开展违规兼职等行为专项清理活动，研究制定加强律师事务所管理、落实律师事务所管理责任的若干意见。

二是推动仲裁工作创新发展。中共广东省委全面深化改革委员会印发《广东省关于完善仲裁制度提高仲裁公信力的实施意见》，规范仲裁委员会换届和登记工作，指导仲裁委员会深化法定机构改革、开展仲裁案例编写。"国际商事仲裁案件跨国远程庭审"入选广东自贸区第四批制度创新案例。广东省司法厅向司法部成功推荐广州仲裁委员会参与亚太经济合作组织（APEC）在线争议解决机制建设。全省仲裁委员会发展至 17 个。

三是着力加强人民调解工作。坚持和发展新时代"枫桥经验"，广东省人大常委会对全省 21 个地级以上市人民调解工作开展"一法一办法"执法检查。组织评选推荐 13 个调解委员会、51 名调解员参评全国模范人民调解委员会、人民调解员。广东省司法厅、广东省高级人民法院等 4 家单位深入推进道路交通纠纷一体化处理改革工作。据广东省司法厅统计，2020 年前三季度，全省人民调解委员会化解纠纷 31.9 万件，调解成功率为 97.8%，调解协议涉及金额超 168 亿元。

四是加大法律援助等工作力度。2020 年，广东省司法厅、广东省财政厅联合印发《关于制定法律援助补贴标准的通知》，出台广东省刑事法律援助服务规范、民事法律援助服务规范、行政法律援助服务规范、劳动争议法律援助服务规范四个法律援助服务规范。深入开展刑事案件律师辩护全覆盖试点。据广东省司法厅统计，截至 2020 年 9 月，全省共组织办理审判阶段通知辩护类法律援助案件超 3.7 万宗，通知法律帮助案件近 2.1 万宗。开展"法援惠民生扶贫奔小康""法援惠民生助力农民工"品牌建设活动。启动第四期支持欠发达地区法律援助青年志愿者行动。截至 2020 年 9 月，广东全省共组织办理法律援助案件 13.8 万宗。

五 2021年广东法治发展展望

2021 年是实施"十四五"规划、开启全面建设社会主义现代化国家新征

程的第一年。广东将进一步强化党委对依法治省工作的领导，持续推进科学立法、严格执法、公正司法、全民守法，为在全面建设社会主义现代化国家新征程上走在全国前列、创造新的辉煌提供有力的法治保障。

继续完善立法体制机制，不断提高立法质量和效率。根据《法治社会建设实施纲要（2020－2025年）》要求，围绕广东省十三届人大常委会立法规划和广东省人大常委会强化公共卫生法治保障立法修法专项工作计划，扎实推进相关立法项目，加强重点领域和新兴领域立法，补齐社会重要领域立法短板。继续完善党委领导、人大主导、政府依托、各方参与的立法工作格局，不断提高立法质量和效率，为广东全方位的发展提供坚实的法制保障。适应广东改革开放再出发的新形势、新要求，加强粤港澳大湾区立法研究，积极推进立法进程，充分发挥立法在粤港澳大湾区建设中的引领、推动和保障作用。以贯彻落实《中共中央 国务院关于支持深圳建设中国特色社会主义先行示范区的意见》《深圳建设中国特色社会主义先行示范区综合改革试点实施方案（2020—2025年）》为契机，继续用足、用好经济特区立法权，在遵循宪法、法律和行政法规基本原则前提下，立足改革创新实践需要，在人工智能、生物医药等领域进行立法探索。

继续加快法治政府建设，不断促进政府治理体系建立和完善。以《广东省法治政府建设实施纲要（2016－2020年）》的制定实施为契机，完善行政决策、行政执行、行政组织、行政监督体制机制，建立健全重大行政决策程序规范，推进政府立法，严格、规范、公正、文明执法。持续推进"放管服"改革，完善省、市、县三级政府权责清单。深化营商环境综合改革，强化知识产权法治保护，完善社会信用体系。深入推进"数字政府"建设。全面开展法治政府建设示范创建活动，推动广东省法治政府建设水平走在全国前列。

继续深化司法体制综合配套改革，不断确保司法公正、高效、权威。推进扫黑除恶长效机制建设，推动扫黑除恶常态化；加大风险排查化解力度，防范个人极端暴力事件；准确贯彻实施民法典，加强重点领域民事审判和监督指导工作；聚焦违规违法办理减刑、假释、暂予监外执行等执法司法问题，深入开展专项整治；紧扣忠诚、纯洁、可靠的根本要求，狠抓违纪违法问题查纠，加强司法队伍建设。

继续推进法治社会建设，不断提高社会治理法治化水平。加强领导，完善机制，做好"八五"普法规划，推进普法与执法有机融合，进一步落实媒体公益普法责任，加快"智慧普法"建设，探索建立社会组织等第三方绩效评估机制。拓展阵地，创新品牌，全面推进法治文化建设，着力打造广东法治文化品牌，推动法治文化精品创作。普治结合，以评促建，推进社会治理的现代化，深入推进区域依法治理，深化法治城市、法治县（市、区）创建活动，有序推动行业依法治理，开展依法治理专项行动。围绕中心，服务大局，健全公共法律服务体系，推动各类平台融合互联，推动形成"政府＋市场＋公益"的法律服务资源供给格局，促进法律服务资源均衡配置，到2025年底前建设形成覆盖城乡、便捷高效、均等普惠的现代公共法律服务体系。

B.10
2020年广东文化强省建设发展报告

广东省社会科学院文化产业研究所课题组*

摘　要：　2019～2020年，广东文化强省建设交出亮眼成绩单。持续深化精神文明建设，公共文化服务体系建设珠三角地区继续走在全国前列，文艺建设成效显著，文化产业继续保持全国龙头地位，文化"走出去"步伐日益加大，粤港澳大湾区文化圈建设亮点多，多措施多层次扶助文旅企业发展。2021年，广东将全力以赴应对新冠肺炎疫情带来的损失与影响，把握新时代文化消费领域的需求变化，把握新一轮科技革命与跨界融合的新动能，抓住粤港澳大湾区和深圳先行示范区"双区驱动效应"，推进文化高质量发展，扎实推进文化强省建设。

关键词：　文化强省　双区驱动效应　文化科技

一　广东文化强省建设的主要举措与成效

2020年，面对突如其来的新冠肺炎疫情，广东克服种种困难，扎实推进

* 课题组组长：詹双晖，博士，广东省社会科学院文化产业所副所长，研究员，主要研究方向为文化产业、岭南文化和传统戏曲。执行组长：揭英丽，博士，广东省社会科学院文化产业所助理研究员，主要研究方向为文化产业、非物质文化遗产和岭南文化。课题组成员：王洪琛，博士，广东省社会科学院文化产业所副研究员，主要研究方向为文化理论与批评。谢开来，博士，广东省社会科学院文化产业所助理研究员，主要研究方向为民间文艺、奇幻文学和内容产业。吴爱萍，广东省社会科学院文化产业所助理研究员，主要研究方向为中国现当代文学、海外华文文学和文化产业。程丹阳，博士，广东省社会科学院文化产业所助理研究员，主要研究方向为马克思主义文艺理论与批评。马硕，博士，广东省社会科学院文化产业所助理研究员，主要研究方向为文学人类学和中国现当代文学研究。

广东文化强省建设，坚持价值引领与实践养成相结合，深化精神文明建设，珠三角地区的公共文化服务体系建设继续走在全国前列，积极打造文艺新高峰，大力建构现代公共文化服务体系，推动文化产业高质量发展，推进"粤港澳大湾区文化圈"建设，努力交出物质文明和精神文明两份好的答卷，成果显著。

（一）坚持价值引领与实践养成相结合，持续深化精神文明建设

广东省将精神文明建设上升为各级党委和政府的"一把手"工程，出台专项法规为保障，聚焦重大主题，重点围绕疫情防控正面宣传、复工复产成效、全面建成小康社会、经济特区建立 40 周年和"1＋1＋9"工作部署等开展工作，推动全省精神文明建设开创新局面。

1. 以"融入"为抓手，推动核心价值观建设落细落小落实

广东各地市推进核心价值观"一城市一品牌""一行业一重点""一公园一主题"建设，将核心价值观元素融入城市品牌、商品生产、地名文化、历史文化建筑、主题公园建设中，推动核心价值观内化于心外化于行。

"灯塔工程"逐步被打造成广东青少年学习实践习近平新时代中国特色社会主义思想的重要项目。把"灯塔学习会"制成青年学生的"青马公开课"视频，纳入全省"省—校—院"三级"青马"班课程体系；依托广东"i 志愿"系统和注册志愿者证，推动高校成立约 1 万支志愿服务队；通过"南粤青年说"引导青年大学生关注时政热点，等等。"灯塔工程"的系列精品项目把思想政治引领贯穿团学队工作中，不断提升着青少年思想工作的理论性、时代性和针对性，政治引领从虚功转化为实做，在南粤大地落地开花。

2. 以新时代文明实践中心为平台，打造文明实践广东样板

抓好队伍建设。从新时代文明实践中心建设试点工作启动以来，广东试点范围日益扩大，截至 2020 年底，全省打造了 2.3 万个以理论宣讲、教育服务、文化服务、科技科普和体育健身为基本要素，各具特色的新时代文明实践中心（所、站），其中，"22 个全国试点地区实现了县镇村三级阵地全覆盖，44 个省级试点地区实践所在乡镇（街道）覆盖率达到 96.5%；成立文明实践志愿服务队伍

4.07 万支,招募到志愿者近 541 万人,开展了文明实践活动 37 万余场次"①。

重视内容建设。2019 年 5 月,新时代文明实践广东"七个一百"精品项目下基层活动启动,内容包括一场百姓宣讲、一次文艺展演、一批惠民志愿服务、一次"种文化"培训、一次走访慰问、一批电影下乡、一次主题教育实践等,活动覆盖了广东全部地级以上市的 21 个首批全国和省级新时代文明实践中心建设试点县(市、区),受益群众超过 100 万人。

大胆创新实践,涌现不少先进样式。比如博罗县以新时代文明实践中心为新平台,打造文明实践的"12345"工程;仁化县以"唱响红色主旋律、打造绚美大丹霞"这一主线,聚焦实施乡村振兴战略,推动习近平新时代中国特色社会主义思想入脑入心;丰顺县实施"一二三八"工作举措,努力打通宣传群众、教育群众、关心群众、服务群众的"最后一公里";广州荔湾区创新文明创建形式,在 2020 年 5 月打造出首部垃圾分类城市爵士音乐短剧《舞动分类新时尚》,炫酷的舞步 + 朗朗上口的歌词 + 垃圾分类知识,并邀请环卫工人与志愿者一起参演。这个视频登上了"学习强国"全国总平台。广东的这些探索突出了"三个导向",即内容导向、需求导向、效果导向。

3. 在常态和基层方面下功夫,全国文明城市建设不断推进

通过精神文明创建九大行动推动工作日常化。广东在全省开展出租车文明服务拓展行动、高速公路沿线环境优化行动、餐饮行业文明诚信服务行动、农贸市场综合治理行动、文明村镇创建提质行动、乡村文明实践志愿服务提升行动、基层公共文化服务提升行动、传承弘扬好家教好家风行动和网络文明促进行动等精神文明创建九大行动,推动精神文明工作日常化。

扎根基层推动精神文明工作常态化。中山优化专业志愿服务队伍,下沉到基层文明实践阵地,围绕群众需求,开展常态化项目下基层,在新冠肺炎疫情防控中,打通服务群众的"最后一米"。深圳以基层党风政风、社区民风、家规家风和文化新风的"四风"建设,推动基层文明创建提质增效。

在 2019 年全国学雷锋志愿服务最美志愿者、最美志愿服务项目、最佳志愿服务组织、最美志愿服务社区"四个 100"先进典型评选活动中,广东有 22

---

① 胡良光:《广东省委宣传部常务副部长刘红兵:牢记使命不负重托让文明之花开遍广东大地》,《南方日报》2020 年 12 月 1 日。

个单位和个人获选。

在 2020 年全国精神文明建设表彰中，广东有 3 个市县获得"全国文明城市"称号、71 个村镇被评为"全国文明村镇"、88 个单位被评为"全国文明单位"、22 户家庭被评为"全国文明家庭"、37 所学校被评为"全国文明校园"，肇庆被评为全国未成年人思想道德建设工作先进城市，6 家单位被评为全国未成年人思想道德建设工作先进单位，5 位个人被评为全国未成年人思想道德建设工作先进工作者。深圳连续六年荣获"全国文明城市"称号。

4. 盘活优秀传统文化资源，在乡村振兴中探索文化立村

构建"祠堂＋文化"新载体，打造乡村基层善治阵地、文化集散阵地、新时代先进文化传播阵地。祠堂是岭南文化最为鲜明的符号之一。广东多地方活用祠堂载体，通过传统的祠堂与公共文化服务相结合打造群众精神乐园。比如佛山白坭镇结合传统岭南祠堂文化与现代精神文明，使祠堂成为名副其实的"乡村大舞台"，不仅破解了农村公益文体事业资源不足的难题，还让祠堂成为群众的活动阵地，成为外来人口融入社区的重要平台。

文化立村、仁善紫南经验向全国推广。2020 年 5 月，紫南村综合文化服务中心被列入国家级文化旅游公共服务机构功能融合试点单位名单。紫南村在获得了"全国文明村""中国十佳小康村""全国民主法治示范村""广东省先进基层党组织"等荣誉后，再次出发，坚定文化立村、文化兴村、文化强村的发展思路，制订《紫南村精神文明建设三年行动计划》，打造"仁善紫南"文化品牌，开启了一系列"文化＋产业"的布局，通过文化建设来推动紫南村第二轮经济发展。

5. 以选树好人、先进典型为着力点，不断推进公民道德教育

发挥典型和榜样作用，展现了奋进新时代的精神力量。广东通过对"南粤楷模""新时代奋斗者""广东好人"的宣传，实现了典型引领，榜样启迪。各地市亦根据各自情况，开展形式多样的评选表彰活动。韶关以"新时代好少年""最美乡村教师""南粤最美少年"为活动载体，选树优秀师生楷模和优秀集体榜样。深圳大力选树街道、社区的道德模范，最美人物和身边好人，推进公民道德建设工程。

特别是面对疫情这场没有硝烟的战争，广东涌现不少感动全国的典型。在2020 年 9 月全国抗击新冠肺炎疫情表彰大会上，广东有 45 人获评"全国抗击

新冠肺炎疫情先进个人"称号，15 个组织荣获"全国抗击新冠肺炎疫情先进集体"称号，4 个广东基层党组织被评为"全国先进基层党组织"，6 名广东党员被评为"全国优秀共产党员"。

6. "一起来，粤有爱"，志愿服务事业继续领跑全国

作为中国现代志愿服务主要策源地，广东注册志愿者、志愿服务组织规模以及服务时长等主要指标保持位居全国前列。到 2020 年 12 月，广东全省实名登记注册志愿者达 1311 万人，各类志愿服务组织及团体达 12.6 万个，累计提供服务时长超 6 亿小时。平均每 10 个广东人就有 1 个实名注册的志愿者。

广东在全国最早起步"互联网＋"志愿服务，最先在国内打造全省志愿服务"i 志愿"系统。2020 年 12 月，广东"i 志愿"系统志愿服务发展指数正式发布。广东省志愿者联合会根据广东"i 志愿"系统和广东志愿服务交互系统的数据，开发了志愿服务发展指数和测量标准，推动了志愿服务高质量发展。

借鉴广东经验，澳门志愿者总会委托广东省志愿者联合会于 2020 年起在 3 年内，逐步开发建设一个功能齐全、用户体验优良的澳门志愿者信息管理系统，积极打造全天候在线的澳门志愿者网上家园，以此推动新时代澳门志愿服务事业发展。

（二）公共文化服务体系建设珠三角地区继续走在全国前列，粤东西北补短板效果明显

2019 年以来，广东加大投入，在公共文化服务建设方面的成效可圈可点。

1. 公共文化基础设施攻坚做强工程推动有力，形成较为完备的公共文化设施网络

广东加大公共文化服务建设投入。2019 年，广东公共预算文化旅游体育与传媒支出 350.33 亿元，占全国地方一般公共预算文化体育与传媒支出的 9.27%，居全国首位①。"十三五"期间，广东省和广州市两级财政投入 50 亿元建设广东美术馆、广东非物质文化遗产展示中心、广东文学馆"三馆合一"项目建设。

公共文化设施网络进一步完备。2019 年，广东文化艺术、文物事业硬件

---

① 资料来源：《中国统计年鉴 2020》。

指标稳步增长。全省拥有电影放映单位 2666 个，比上一年增加 176 个，增长率为 7.06%；艺术表演团体 72 个，减少 2 个；文化馆 145 个，与上一年持平；公共图书馆 146 个，增加 3 个；博物馆 259 个，增加 60 个，增长率 30.15%；博物馆（美术馆）藏品数 131.12 万件，年度增长 18.67%；人均藏品数 0.01 件，年度增长 18.67%；档案馆 189 个，年度增加 1 个；每万人拥有公共文化设施面积 1460.50 平方米，年度增长 10.15%；人均拥有公共体育设施面积 2.46 平方米，增长 1.65%①。到 2020 年底，"广东建成县级以上公共图书馆 146 个、文化馆 145 个、博物馆 343 个、美术馆 136 个，乡镇（街道）综合文化站 1614 个，行政村（社区）综合性文化服务中心从 2015 年底的 218 个试点单位，增长至 2020 年底的 25921 个，实现省市县镇村五级全覆盖，公共图书馆总藏量位居全国首位"②。

文化事业和文物队伍日益壮大。2019 年，广东拥有艺术事业机构 612 个，年度增加 40.37%；艺术事业人员 16746 人，年度增加 35.76%。图书馆事业人员 4729 人，年度增加 4.12%。群众文化事业机构 1759 个，年度增加 0.23%；群众文化事业人员 206977，年度减少 2.05%。文物机构 358 个，年度增长 29.71%；从业人员 6073 人，年度增长 28.77%。其中博物馆 241 个，年度增长 30.98%；从业人数 4472 人，年度增长 21.85%。其他文物机构 80 个，年度增长 50.94%；从业人员 1074 人，年度增长 100.37%③。

2. 不断创新文化体制机制，公共文化服务标准化、均等化建设得到强化

广东积极推动公共文化示范性建设，到 2020 年底共建成 3 个国家级、12 个省级公共文化服务体系示范区和一大批示范项目。

积极探索创新总分馆管理经营模式，大力促进优质公共文化资源向基层延伸。全省 104 个县（市、区）和 109 个县（市、区）分别建立图书馆和文化馆总分馆体系。全省涌现"粤书吧"、深圳盐田智慧书房、佛山南海读书驿站、韶关风度书房和佛山"邻里图书馆"等 1900 多家新型阅读空间或文化空间。2020 年，佛山市图书馆推出的"千家万户"阅暖工程——"邻里图书

① 资料来源：《广东统计年鉴 2020》。
② 资料来源于 2021 年 2 月 24 日"2021 年广东省文化和旅游工作会议"。
③ 资料来源：《广东统计年鉴 2020》。

馆"项目荣获国际图书馆协会联合会（IFLA）国际营销奖第一名。

广东是移民大省，公共图书馆逐渐成为其最温暖的底色。2020 年 6 月，湖北农民工吴桂春给东莞图书馆的一则留言火爆网络。受疫情影响，他准备离开东莞，24 日退卡时，他恋恋不舍写道："来莞 17 年，想起这些年的生活，最好的地方就是图书馆了。"

公共文化事业机构与队伍建设的地区均等化建设颇见成效。由于近年来的补偿性投入，粤北山区的公共文化覆盖已显成效。如粤北山区常住人口与西翼常住人口基本持平，但文化、文物事业机构及人员数量比西翼更高，文化馆的机构数与从业人员数，图书馆和博物馆的机构数量都是西翼的 2 倍以上（见表 1）。

表 1　珠三角与粤东西北地区部分公共文化指标数量对比（2019 年）

数量比	地区	珠三角	东翼	西翼	粤北山区
艺术表演团体	人均机构数比	1.00	3.70	3.31	3.40
	人均从业人数比	1.00	2.08	1.28	1.29
文化馆	人均机构数比	1.00	1.58	1.50	2.95
	人均从业人数比	1.00	0.99	0.73	1.88
公共图书馆	人均机构数比	1.00	1.50	1.48	2.98
	人均从业人数比	1.00	0.39	0.39	0.65
博物馆(含美术馆)	人均机构数比	1.00	0.57	0.52	1.14
	人均从业人数比	1.00	0.35	0.42	0.60
档案馆	人均机构数比	1.00	1.85	2.00	3.48
	人均从业人数比	1.00	0.79	1.01	1.58

资料来源：《广东统计年鉴 2020》。

3. 通过微改造和文化保育，探索在全国可推广的广东历史文化街区更新活化经验

广东摒弃了"推倒重建"的模式，根据"修旧如旧，新旧融合"的微改造理念，用"绣花"功夫更新活化历史文化街区，让历史文化街区"活"起来，涌现广州市荔湾区永庆片区微改造、潮州古城、汕头小公园等历史文化街区保育的典型案例。2020 年，永庆坊顺利通过国家 4A 级旅游景区创建验收，广州文脉基本显现并融入现代生活。

广东还探索由政府、企业、居民等多方参与的历史文化街区文化保育模

式。在 2019 年，广州新河浦历史文化街区复兴工程荣膺"亚洲都市景观奖"。这种模式中，政府尊重并发挥了民间保育的积极性，通过自下而上式的微更新方式让街区重生，印证了"共建共治共享"社会治理理念的可行性。文化保育既构成广东历史文化街区保护的特色，也为街区走向世界积累了先进经验。

4. 非遗保护成效显著，传承活力大幅提高

2020 年 10 月，习近平总书记赴广东考察，考察了潮州市广济桥、广济楼、牌坊街和汕头市的小公园开埠区等，重点察看文物修复保护、非遗文化传承、文旅资源开发等情况，提出"加强非物质文化遗产保护和传承，积极培养传承人，让非物质文化遗产绽放出更加迷人的光彩"。广东牢记嘱托，进一步推动岭南文化的保护与传承，成效显著。

多领域多层次政策接续出台，构建完善非遗保护政策体系。2020 年 8 月 1 日，《广东省文化和旅游厅关于广东省省级文化生态保护区的管理办法》正式施行；《广东省省级非物质文化遗产代表性传承人认定和管理办法》已经完成第二轮征求意见；《广东省非物质文化遗产代表性项目保护单位评估指标（试行）》开始实施；《广东省振兴传统工艺工作站管理办法》《非遗进校园指引》《广东省"十四五"时期非物质文化遗产传承发展实施方案（2021～2025年）》等制定工作正在进行。此外，广州市出台《广州市发展振兴非物质文化遗产三年行动方案》《广州市市级非物质文化遗产代表性传承人认定与管理办法》，梅州市出台《梅州市非物质文化遗产代表性项目管理办法》，汕尾市起草《汕尾市稀有剧种传承保护方法》。

非遗代表性项目在全国前列。截至 2020 年 6 月，"广东共有联合国教科文组织公布的人类非遗代表作名录项目 4 项（粤剧、古琴艺术、中国剪纸、中国皮影戏），国家级非物质文化遗产代表性项目名录 147 项、省级代表性项目 701 项，国家级非物质文化遗产代表性传承人 132 人、省级非物质文化遗产代表性传承人 837 人，国家级文化生态保护实验区 1 个，省级文化生态保护实验区 9 个，国家级非遗生产性保护示范基地 4 个、省级 45 个，省级非遗传承基地 143 个，研究基地 24 个"①。

---

① 广东省文化和旅游厅：《活化非遗显特色　文旅融合促传承》，https：//www.mct.gov.cn/whzx/qgwhxxlb/gd/202010/t20201026_876966.htm2020-10-26。

坚持创造性转化、创新性发展。广东探索着岭南传统文化与科技的融合创新。2019 年，广东推出国内首部 4K 全景声粤剧电影《白蛇传·情》，第一次把粤剧电影 4K 高清画面呈现和杜比全景声技术进行融合，这个创举赢得了众多海内外观众的青睐，获得多项奖项。广州歌舞剧院创作的大型民族舞剧《醒·狮》，把岭南舞蹈与武术的融合一体，抒发民族豪情，摘得第十一届中国舞蹈"荷花奖"。

（三）文艺建设成效显著

2019 年以来，广东文艺创作勇攀高峰，精品展演日益繁荣，文艺理论评论五彩纷呈，粤港澳文艺合作不断推进。

1. 文学创作表现抢眼

文学精品迭出。2019 年，曾平标长篇报告文学《中国桥——港珠澳大桥圆梦之路》获中宣部第十五届精神文明建设"五个一工程"特别奖；陈继明获第十七届华语文学传媒盛典"年度小说家"称号；郭金牛获《诗歌周刊》"2018 年度诗人"称号；陈启文散文《无家可归的故乡》获第二届"孙犁散文奖"双年奖（2017~2018）；郝周长篇小说《白禾》获第二届曹文轩儿童文学奖"长篇佳作奖"；张欣《黎曼猜想》、熊育群《双族之城》分获第十八届百花文学奖中篇小说奖、散文奖；王威廉获"第三届中华文学基金会茅盾文学新人奖"，短篇小说《行星与记忆》获第二届华语科幻文学大赛金奖；陈麒凌电影剧本《猪肠碌你吃过没有》获 2019 年夏衍杯优秀剧本奖；郭爽获第十七届华语文学传媒大奖年度潜力新人提名；杨黎光报告文学《人民英雄麦贤得》入选中国作协"时代楷模"创作征集活动第二批扶持选题名单，冯娜诗歌集《天雨流芳——纳西长调》入选 2019 年中国作协少数民族重点作品扶持篇目①。

打工文学依然活跃。打工文学是拥有广东特色、原汁原味的一种文学形态。2019 年，东莞打工诗人郑小琼获首届女性诗歌奖"优秀青年女诗人奖"。到 2020 年，深圳已经举办四届全国打工文学大赛，其中，陈武的小说《朱拉睡过的床》、李江波的散文《玩具厂：悲欢和荣辱》、刘郎的散文《有的风》

---

① 资料来源：《广东统计年鉴 2020》。

获得第四届金奖。

网络文学势头强劲。2019 年广东网络作家高级研修班加大了对网络文学人才队伍的建设培养。推荐网络作家参加中华文学基金会第二届茅盾文学新人奖·网络文学新人奖评选，阿菩的《大清首富》获奖。大力构建建构网络文学评价体系，《网络文学评论》2019 年出版 6 期，在岭南文学空间中举办多部网络文学作品及改编电影的推荐分享会和研讨会。

非虚构文学备受重视。2020 年 8 月，首届"庄重文中国非虚构文学奖"在广州正式启动，面向海内外华人非虚构文学作家、评论家征集优秀作品。新冠肺炎疫情期间，《千里驰援》（张培忠、许锋著）、《守护苍生》（熊育群著）和《那一颗星辰灼烁》（刘迪生著）等一部部具有广东气派、广东风格的优秀作品，为广东文学画廊增添了无限光彩。

2. 艺术发展精彩纷呈

2019 年，广东省戏剧家协会推荐的广东潮剧院一团的林燕云获第二十九届中国戏剧梅花奖，广东戏曲电影《白门柳》和《柳毅奇缘》获第二届中国戏曲电影展"优秀戏曲电影"奖。粤剧电影《白蛇传·情》获第三十二届中国电影金鸡奖最佳戏曲片提名、第二届海南岛国际电影节"最佳技术奖"、第三届平遥国际电影展类型之窗单元"最受欢迎影片"、第四届加拿大金枫叶国际电影节"最佳戏曲歌舞影片"等多项荣誉。在第十二届中国音乐金钟奖声乐比赛中，广东省音乐家协会推荐的选手蔡静雯获美声组第二名，曹健获美声组决赛入围奖。作曲家、广东省音乐家协会名誉主席郑秋枫被中国文联、中国音乐家协会授予"终身成就音乐艺术家"荣誉称号。漆画作品《折山入梦》（李小军）获"第十三届全国美术作品展览铜奖"。潮绣作品《岁朝清供》（佘可燕、康惠芳、佘远彧）、核雕作品《深圳之春》（胡堂山、钟秀琴）获"第十四届中国民间文艺山花奖·优秀民间工艺美术作品"奖，棉塑作品《草原牧歌》（丁维桂、罗晓琳）获第十六届中国人口文化奖民间艺术品类二等奖①。

2020 年，广东主动担当作为，吹响文艺战"疫"集结号。广东省音协在全国率先推出抗疫主题歌曲，《有一种力量》、《你街头的热干面》和《保重》等60 多首歌曲入选全国优秀战"疫"公益歌曲展播曲目，并且在"学习强国"平

---

① 资料来源：《广东统计年鉴 2020》。

台播出，是全国入选歌曲最多的省份之一。广东快速推出全国首部抗疫主题文献剧场《致勇气》和话剧《战"疫"2020》等来鼓舞斗志。广东省文联主席、省美协主席李劲堃的宣传画《中国加油》，广州雕塑院院长许鸿飞的雕塑《山高人为峰》，省美协副主席、广东画院院长林蓝的国画《梅坚如铁·武汉 2020》，漫画家叶正华的作品《战"疫"必胜》等作品被《中国艺术报》发布为抗疫公益广告。并且，小林漫画系列进入武汉方舱医院和前线医务工作者驻地，让"战地"的抗疫人士感到暖心。广东各地的民间文艺家也发挥特长，用剪纸、泥塑、刺绣等方式创作了大量的抗疫主题民间工艺作品。

3. 岭南文艺评论建设不断拓展

确立较为完备的文艺评论工作机制。稳步推进"广东文艺评论奖""签约文艺评论家"等制度建设。文艺理论评论活动五彩纷呈，"粤派批评"传统得到发掘与重视，网络文艺评论萌发。2020 年，《"疏野"之境与国产动画古典美学的意境呈现——以〈山水情〉〈白蛇：缘起〉为例》、《当代文学研究史学化趋势之我见》和《新中国诗歌的七十年》入选第五届"啄木鸟杯"中国文艺评论年度优秀作品（文章类）。

（四）文化产业保持全国龙头地位

广东文化产业总体规模保持领先，现代文化产业结构不断优化，现代文化体系不断完善，文化科技的优势越来越强，文化与其他产业的融合文化成为带动地方经济社会发展的主要引擎。

1. 综合实力持续增强，主要指标保持全国前列

广东文化产业规模总量连续 17 年居全国各省区市首位。"2013～2018 年，广东文化产业年均增长 12% 以上，远高于全省 GDP 增速；文化产业对全省 GDP 贡献率从 5.66% 提升到 9.61%；文化产业规模总量连续 17 年居各省区市首位；2018 年，广东文化产业增加值达 5787.81 亿元，比 2013 年增长 1.92 倍，占全省 GDP 比重为 5.79%，已成为全省国民经济支柱性产业。""2018 年，广东省文化产业法人单位有 29.7 万家，其中规模以上文化企业有 9072 家，从业人员有 336.6 万，均居全国第一。"①

---

① 夏凡：《广东创新驱动文化产业高质量发展》，《南方日报》2020 年 11 月 16 日。

2. 文化产业体系不断优化健全

文化产业结构进一步优化。目前，广东省文化产业九大类 146 个行业门类齐全、产业链条完整。文化制造业依旧强势。"2019 年广东省文化制造业营业收入为 9098 亿元，居全国第一。"① "其中七大门类增加值全国占比超过 10%，新闻信息服务、创意设计服务、文化传播渠道、文化装备生产和文化消费终端生产等规模领军全国。"② 2018 年，广东文化及相关产业核心层增加值占总体的 48.48%。科技与设计创新能力较强，全省文化及相关产业专利授权 49849 件，占全国总量的 34.88%，居全国首位。新兴产业已具较大规模，互联网搜索服务，互联网其他信息服务，互联网游戏服务，应用软件开发，珠宝首饰及有关物品制造，其他广告服务，工程设计活动，专业设计服务等小类增加值皆超过百亿元，其中以互联网其他信息服务、应用软件开发和工程设计活动三小类体量最大，增加值分别为 636.95 亿元、391.27 亿元和 337.10 亿元。文化产业相关层占总体比重的 51.52%，首饰、工艺品及收藏品批发，包装装潢及其他印刷，塑胶玩具制造，电视机制造，音响设备制造等小类增加值超过百亿元，其中包装装潢及其他印刷，塑料玩具制造和音响设备制造增加值最高，分别为 420.30 亿元、269.89 亿元和 193.03 亿元。

3. 数字文化产业创新引领态势明显，规模效益同步提升

广东加快构建文化科技创新体系，大力培育数字创意产业集群。"2019 年，广东数字出版产值超过 1800 亿元，动漫产值约 610 亿元，网络游戏业收入 1754 亿元，均居全国第一。"③ 市场主体方面，腾讯、网易、酷狗音乐等标杆企业涌现。深圳南山区，广州励丰公司、华强方特公司等因为文化 + 科技的创新结合被评为 2019 年度国家级文化和科技融合示范基地。2020 年，全省有文化产业相关高新技术企业 800 家左右。此外，4K/8K 超高清视频产业全国领先，广东开通全国首个省级 4K 频道，有 500 多家上下游企业落地广东，正逐渐集聚形成穗、深、惠等 3 个 4K 产业集群。

2020 年以来，"广东网络游戏、网络社交平台、短视频平台、网络视频、

① 《2019 年中国文化制造业发展现状分析 广东始终保持全国文化产业发展龙头地位》，中国产业信息网，https://www.chyxx.com/industry/202011/909040.html。

② 夏凡：《广东创新驱动文化产业高质量发展》，《南方日报》2020 年 11 月 16 日。

③ 夏凡：《广东创新驱动文化产业高质量发展》，《南方日报》2020 年 11 月 16 日。

网络音乐、文化云平台逆市上扬。其中广东游戏产业上半年营收超过1000亿元，同比增长20%以上；海外收入超过140亿元，同比增长超过30%"①。根据《2019年广东网络视听产业发展"祥云"指数报告》，2019年广东省网络视听产值规模达1790亿元，约占全国产值规模的40%，年增长率达36.37%。

4. 文化产业与国民经济各行业加速融合

文旅融合呈现蓬勃发展态势。2019年的广东旅博会吸引了50多个国家和地区、50多万人次参加，参展的规模和人数显示了强劲的影响力。到了2020年，广东旅博会吸引40多个国家和地区、20多个省区市、省内21个地市文旅代表团、18家旅行社及多家大型景区景点、文旅集团参展参会。在疫情防控常态化阶段，广东首场重大国际文旅盛会就有数量众多的国内外旅游目的地积极组团参展，展现了广东旅博会的强大的影响力和吸引力。此外，面对文化遗产旅游、红色旅游、博物馆和美术馆旅游、工业商贸旅游等成为市场热点的新形势，广东及时推出64条历史文化游径、100条乡村旅游精品线路、100个文化和旅游特色村和20个广东省旅游风情小镇。

文化金融体系逐步健全。广东省媒体融合发展和文化产业转型升级先行一步，广东省新媒体产业基金和广东南方媒体融合发展投资基金组，助推文化产业转型升级和媒体融合发展迈出实质性步伐。接着，2019年，"文旅产业投资基金"正式成立，规模达100亿元。各有关地区和单位也组建了不同层次的文化产业投资基金，促成金融机构累计对文化企业授信超过2000亿元，推动文化金融合作对接，进一步建立可持续发展的文旅产融长效机制。

（五）文化"走出去"步伐日益加大

2019年以来，广东文化贸易、文化交流和文化传播并进，开创了文化"走出去"的新格局。

1. 文化"走出去"继续领跑全国

"2018年，广东文化产品和服务出口520亿美元，同比增长超过20%，约占全国2/5，依然占据全国榜首。"② 2019年，广东文化产品和服务出口额占

---

① 夏凡：《广东创新驱动文化产业高质量发展》，《南方日报》2020年11月16日。
② 韩文嘉、林洲璐：《广东文化产业交出高质量成绩单》，《深圳特区报》2019年5月18日。

到全国一半。2019年，文化、体育和娱乐业对外直接投资额10650万美元，占全省对外直接投资额的1.03%。文化、体育和娱乐业外商投资项目182个，合同利用金额105442万元，实际利用金额54273万元。2020年，受新冠肺炎疫情影响，第一、第二季度的文化贸易有所下降。

2. 动漫游戏等新业态是文化"走出去"主力军

广东的游戏电竞业占据了全国92%的市场规模。广东自主研发游戏覆盖的海外市场继续扩大，漫游产品出口正迎来黄金时代。在网络游戏和数字内容出口方面，根据数据网站Newzoo和伽马数据2020年12月联合发布《2020全球移动游戏竞争力报告》，腾讯、网易列中国20强前二。

不断强化会展交易平台的效能。主要有中国（深圳）国际文化产业博览交易会、广东国际旅游产业博览会、中国（东莞）国际动漫版权保护与贸易博览会、中国（中山）国际动漫游戏游艺博览交易会、广东21世纪海上丝绸之路国际博览会等。其中，中国（深圳）国际文化产业博览交易会已成功举办16届，参观、参展、采购数量逐年增长，成交额从2015年第11届的1535.36亿元增至2019年第15届的2340.12亿元，增长52.42%，分会场从61家增长到66家。2020年11月，第十六届中国（深圳）国际文化产业博览交易会在线上开幕，法国、土耳其、巴西、日本等30个国家和地区的企业和产品参加展示；近万名完成注册的境外采购商（主要集中在亚洲、欧洲、南美洲，"一带一路"沿线国家和地区）参与采购。在2020广东国际旅游产业博览会上，40多个国家和地区的驻华机构参展，国内20多个省区市组团展示。

3. 积极推动地方文化、城市形象对外传播项目

广东省侨办主办海外华媒看广东活动，每年都主动邀请海外华文媒体来广东考察。2019年春节期间，广东共组派38批文艺团组分赴18个国家及中国港澳台地区，传递岭南佳音，向世界人民传达中国的祝福。广州倾力打造"广州文化周"。2016年底至今，广州粤剧院、广州芭蕾舞团、广东音乐曲艺团等奔赴海外几十个国家和地区进行演出。深圳市近年来在德国、瑞士等国家举办深圳国际文化周活动，参与举办国际博物馆高级别论坛、粤港澳大湾区文化艺术节等重大文化交流活动。

（六）切实推进粤港澳大湾区文化圈建设

广东落实国家战略部署，凝心聚力，全面建设人文湾区。

1. 粤港澳大湾区文化圈建设全面启动

为了推动"共建人文湾区"建设，2019 年 8 月，广东推出《广东省推进"粤港澳大湾区文化圈"建设三年行动计划（2019 ~ 2021 年）》，以岭南文化为纽带，全方位开展文化交流合作，促进粤港澳三地传承发展中华优秀传统文化。

2. 多个领域共建共享的格局初步形成

"2019 首届粤港澳大湾区媒体峰会"，以"一流湾区媒体担当"为主题，凝聚粤港澳媒体共同探讨协同发展之策。2019 年 6 月，由广东省人民政府、文化和旅游部、香港特别行政区政府、澳门特别行政区政府共同主办的"湾区花正开——首届粤港澳大湾区文化艺术节"开幕仪式和开幕式晚会在广州举行。

2019 年以来，粤港澳大湾区在文化、文学、艺术、产业等领域，陆续成立了粤港澳大湾区文化产业联盟、粤港澳大湾区工艺美术行业联盟、粤港澳音乐艺术联盟、粤港澳大湾区美术家联盟、粤港澳文化创意产业促进会、粤港澳文学联盟和粤港澳大湾区广电联盟等各种联盟。

粤港澳大湾区文艺融合发展较快。2019 年 7 月 6 ~ 9 日，广东省作家协会主办首届粤港澳大湾区文化艺术节"粤港澳大湾区文学周"活动。10 月，由广东省出版集团、广东省作家协会、南方出版传媒股份有限公司、粤港澳大湾区文学联盟主办，花城出版社、花城杂志社承办的"粤港澳大湾区文学笔会启动仪式暨《花城》创刊 40 周年座谈会"在北京举行；由广东省出版集团、广东省作家协会、南方出版传媒股份有限公司、粤港澳大湾区文学联盟主办，花城出版社、花城杂志社承办的 2019 粤港澳大湾区文学笔会在深圳开展。2020 年 8 月，《粤港澳大湾区文学评论》创刊，这是第一份粤港澳综合性文学评论杂志，内容立足粤港澳大湾区放眼全国乃至全世界。

3. 粤港澳文化产业协同发展

深圳加强深港、深澳在创意设计等领域合作，"深港设计双城展""深澳创意周"等品牌的国际影响不断提升。珠海着力打造"澳门资源 + 全球技术＋创新人才＋横琴载体"合作模式，协同发展文化创意、休闲旅游等。佛山、惠州、东莞、中山、江门和肇庆等市依托特色优势，协同港澳，从影视、游戏游艺、4K产业、中医药文化等方面发力。目前，具有世界竞争力的文化新业态集群逐步成形，松山湖粤港澳创意文化产业实验园区、粤港澳青年文化创意创新创业中心等加快发展。

4. 打造粤港澳大湾区文化遗产游径

在2020年"文化和自然遗产日"广东主会场发布了首批广东省粤港澳大湾区文化遗产游径，包含五大主题，即孙中山文化遗产游径、海上丝绸之路文化遗产游径、华侨华人文化遗产游径、古驿道文化遗产游径和海防史迹文化遗产游径。这些游径联通了广州、深圳、佛山、珠海、东莞、惠州、中山、肇庆、江门等城市，串起了粤港澳大湾区共同记忆和文化情感的历史文化资源。

（七）多措施扶助文旅企业度疫情稳发展

1. 扶持文旅企业复工复产

2020年3月，广东迅速出台了扶持文旅企业的"12条措施"，专门安排4亿元专项资金帮助文旅企业应对疫情、缓解困难。3月，广州印发了《关于支持文化旅游企业复工复产专项金融服务的措施》，提供50亿元专项贷款额度重点支持《广州市文化广电旅游局及相关协会推荐企业名单》名单内企业。6月，深圳发布《关于应对新冠肺炎疫情影响支持文化企业健康平稳发展的若干措施》，帮扶文化企业渡过难关。

2. 谋划恢复和培育文旅消费市场

为适应疫情下消费需求和市场环境变化，广东着力培育新业态新模式，大力提倡线上线下融合创新，推广新型文化和旅游消费金融服务模式。广东新推各类网红打卡点、旅游线路、消费券。2020年广东旅博会上，广东省文化和旅游厅发放了1000万元文旅消费惠民补贴。"2020年国庆中秋假期，广东全省共接待游客4998万人次，同比恢复81.2%，旅游总收入356.7亿元，同比恢复68.6%。"①

---

① 罗磊：《广东接待游客4998万人次》，《广州日报》2020年10月9日。

二 文化强省建设存在的主要问题与挑战

广东文化强省建设在稳步推进、取得显著成效的同时，文化发展仍落后于经济社会发展的总体水平，文化不平衡不充分比较突出，加上 2020 年新冠肺炎疫情的影响，直接制约了文化强省建设工作推进的力度和进度，暴露出一些问题和挑战，主要表现在以下几个方面。

（一）社会文明建设与文化强省目标还有较大距离，培育大国国民素质任重道远

国家希望广东在全面建设社会主义现代化国家新征程中走在全国前列，赋予了广东更重要的使命、更重大的责任。抓好精神文明建设，是广东建设文化强省的必然要求。

广东地处改革开放和意识形态斗争"两个前沿"，即改革开放的"实验田"和意识形态领域斗争的"最前沿"，在意识形态安全上责任重大。尽管广东宣传思想战线在这方面走在了前列，但是社会主义核心价值观建设教育引导、舆论宣传、文化熏陶、实践养成、制度保障的聚合功能有待进一步挖掘，社会主义核心价值观建设日常化、具体化、形象化、生活化的系统工程有待进一步拓展，社会主义核心价值观建设在落细落小落实方面的工作有待进一步加强。培育和践行社会主义核心价值观是一项循序渐进的长期工程，广东任重道远。

新时代新要求对广东社会文明建设和公民素质提出更高的要求。珠三角文明城市群的建设还未完成，粤东西北的文明城市还寥寥无几。全省 21 个地级市、57 个县（市、区），仅创成 9 个全国文明城市、5 个全国文明县城，覆盖率分别为 42.9%、8.8%。而全国第一、第二的江苏、浙江地级市创全国文明城市已实现全覆盖，全国文明县城覆盖率分别达到 40%、0.8%，广东全国文明城市数量排名全国第七，落后于山东、河南、安徽等省。

而且，在国际形势深刻变化、中国经济社会深刻变革的背景下，广东群众受不良思想文化侵蚀和网络有害信息影响，拜金主义、享乐主义、极端个人主义比较突出，国民心态上存在盲目自大和妄自菲薄两种极端现象。

（二）公共文化发展区域不平衡现象仍然比较明显

公共文化建设仍存在区域发展不平衡、部分地区基层公共文化服务低于全国平均水平。粤东西北地区经济发展水平与历史欠账制约了公共文化服务，粤东西北地区在文化建设上与珠三角相比还存在较大差距。粤东西北基层综合性公共文化设施覆盖率只有 24.46%，仅为珠三角的 1/3。全省共创成全国文明村镇 211 个，在全国排名第 12 位。在农村人居环境、基础公共文化设施、文明创建水平等方面，与浙江、江苏、山东甚至福建、江西等省相比还有较大差距。

（三）文艺发展存在有数量缺质量、有"高原"缺"高峰"的现象

首先，广东文艺作品数量虽多，但思想精深、艺术精湛、制作精良的高质量文艺精品较少，有广泛社会影响力和全国知名度的文艺作品更是欠缺；文艺创作生产总体水平偏低，在国家重要奖项评定中获奖作品较少，与广东在全国领先的经济地位不相匹配。

其次，具有全国影响力乃至国际影响力的重大文艺活动较少。由于活动本身创新点闪光点少，举办城市规模不一，组织协调关系复杂，媒体宣传不到位，广东重大文艺活动投入甚多，但有品牌知名度和国际影响力的重要文艺活动较少，同质化问题突出，文艺资源浪费严重，得到群众认可的文艺活动较少。

再次，院团改制有待完善，院团和剧场的对接不畅，都市文艺剧场数量与规模不足，政府对文艺的投入结构性缺失，对于文艺轻骑兵的投入尤其不足；部分岭南曲艺种类濒危；文艺活动与群众精神文化实际需求相脱节。

最后，广东的文艺名家数量偏少，影响力偏低，本地人才严重匮乏，对外来人才吸引力较弱，文艺人才外流现象严重。

（四）文化产业不平衡、不充分特征比较明显

广东文化产业区域发展不平衡、不协调问题比较突出。深圳、广州、东莞、佛山等中心城市充满活力，但粤东西北地区以及部分珠三角地区文化产业发展迟缓且缺少规划。经济欠发达地区由于起步较晚、起点较低，对本地丰富的文化资源开发不够，文化企业数量少、规模小，缺乏市场竞争力，在文化产

业发展政策、发展理念、发展模式、发展结构、发展规模、市场培育、投融资渠道、产业链打造等方面与珠三角地区存在较大差距。由于宏观整合优化文化资源的力度不够、缺乏对发展文化的宏观指导，尤其是一些地区没能及时转变文化发展方式，不同地区之间出现文化的同质化、文化发展规划雷同、文化园区基地重复建设等现象，文化缺乏地方特色和个性。

产业结构不尽合理，传统业态继续转型升级，广播、电视、报刊和出版等受到冲击较大，需要继续探索在新的数字时代如何创新。文化制造业比重较高，文化产品的制造生产如何通过创意提升附加值。核心内容产业不够强。特别是作为标志性的影视产业，有待进一步做大。

市场主体培育不充分，头部企业、领军企业不够多。2020年，第十二届"全国文化企业30强"中，广东企业才3家，所占份额与文化产业大省的地位不匹配。领军企业中文化国企较少，出版、报刊、广电、演艺等主要由事业单位改制主导的传统文化产业门类以及产业园区，整体市场化不深、运转机制不灵活。

文化与产业融合的总体水平仍落后于全省经济社会发展的步伐，文化融合的广度和深度，以及资源整合的深度，离上海、北京等文化产业发达省市有距离。文化与网络、旅游、体育、科技、金融、商业、传统产业等融合还有很大的空间。

（五）广东文化"走出去"的传播效益不高，国际影响力偏低

广东对外文化贸易总体顺差与结构性逆差并存。近年来，广东对外文化贸易虽然在总体上呈现顺差状态，但出口文化产品主要是以加工贸易为主的玩具、乐器、时尚、视听等硬件产品，属于文化制造业的范畴，展会、版权、设计服务等服务型产品所占的比重较低，特别是核心文化产品和服务出口渠道狭窄，输出的文化产品价格远低于引进的同类产品。近年来，广东省文化出口重点企业数量在全国各省（区、市）中排名第四，是对外文化贸易的大省；但文化出口重点项目数量在全国各省（区、市）中排名第十一，缺乏文化出口精品项目。此外，广东开展国际文化贸易的海外文化市场主要集中在美国、欧盟和中国香港等成熟市场，而它们的文化产业链成熟庞大，文化市场趋于饱和，这无疑增大了广东进驻成熟文化市场的难度，并压缩广东文化辐射空间。

在对外文化输出中，广东缺乏整体形象设计。文化IP缺少系统统筹设计，不利于形成整体形象。而且，广东更偏重于表演、展览和举办活动等"动态"展现方式，诸如出版、媒介合作等"静态"的传播手段尚未未引起足够重视。政府派出文艺团体去国外表演和组织文化展览，经费由政府承担，但表演和展览后带来的文化贸易商机甚微，业已成为广东文化吸引力提升的制约。

（六）粤港澳大湾区"人文湾区"建设任重道远

利用文化资源凝聚文化共识不足。到目前为止，真正推动粤港澳大湾区发展的相关政策还不充分，缺少抓手与平台，特别是没有充分利用厚实的文化资源来凝聚文化共识、指引实践。这导致有关大湾区的信息零碎分散，"湾区意识"还没有深入大湾区民众人心。

三地交流合作存在较大的制度障碍。粤港澳社会制度不同，法律制度不同，且分属于不同关税区。目前的体制壁垒不利于文化要素流动，文化市场互联互通现状与共建人文湾区目标有差距，文化生产要素高效便捷流动的局面尚未形成，与媒介融合、产业融合相适应的管理和服务方式还没有形成，亟须建立强有力的统筹管理工作机制。

区域文化发展不平衡、深度融合不够。粤港澳大湾区区域文化发展不均衡，珠三角城市内部之间没有形成区域文化发展联动机制，城乡之间和区域之间文化发展不平衡，文化产业结构不合理，同质化竞争比较突出，文化项目重复建设较为普遍。珠三角与港澳之间的文化产业深度融合不够，没有形成互惠共生、竞争协同、资源互补的湾区文化产业空间格局，这种区域文化发展不平衡直接影响湾区文化建设的整体推进。

青少年交流合作形式单一，交心交融深度不够。目前粤港澳青少年交流的层次和类型不够丰富，特别是缺少交心交融、参与性和体验性强的项目和活动，亟须广泛发动政府、学校、社会力量和公益机构，打通线上线下渠道，构建定期性、常规化、广泛化的湾区青少年交流活动机制和平台。

三　2021年推进文化强省建设的发展态势与政策建议

2021年是"十四五"时期的开局之年。面对新冠肺炎疫情影响下的复杂

国际形势，在以国内大循环为主体、国内国际双循环相互促进的新发展格局下，广东文化发展将出现系列新态势。

第一，把握新时代文化消费领域的需求变化。疫情后的文化消费新形态，由基于实物消费、服务消费转化和催生的新型消费、升级消费构成，大众文化消费回暖倒逼市场扩容，线上线下消费双轨并行进入常态化。广东应该持续改善文化消费的社会环境，以内需扩大政策助推文化消费潜力释放，迎接新一轮文化消费高潮的到来。高质量文化需求增长，各圈层的文化消费群体的品质化付费意愿日益提高，呈现出从娱乐性消费向知识性文化消费的升级转变。

文化建设将以高品质内容为核心，降低低端和无效供给，加强高端和有效供给，刺激消费、扩大内需将成为经济社会发展的战略基点。

第二，"文化＋科技"双轮驱动，推动文化生产面向更加广阔的全球市场，文化发展空间不断增长。在双循环战略背景下，文化与科技的融合将重点面向场景创新、民生应用，以VR游戏、在线逛展、沉浸展览、特效电影、智慧旅游、在线教育、直播带货等业态为代表出现在人们日常生活场景中。"文化＋科技"的双轮驱动效应，将进一步体现在与文化发展相适应的产业配套、金融服务体系、现代文化治理体系以及相关制度的创新中。

第三，文化产业和公共文化服务的数字化应用进程将全面提速。疫情期间，各地公共文化服务单位、场馆积极顺应5G、互联网、大数据等技术进步趋势，紧跟公众实际文化需求的发展变化，工作重心迅速转移至线上。2021年广东加快数字化建设，将有更多文化企业和资本加大数字化文化产品的项目研发和市场供给，不断整合资源、创新提升服务质量，丰富文化产品与服务供给，优化文化服务的安全性、便捷性和针对性，推动文化市场供给端重大技术革命，构建面向新时期广东文化生态体系。

第四，不断优化完善文化产业结构。在保持现有文化制造业优势的基础上，推动文化服务、文化贸易与文化制造协调发展，文化及相关产业核心层与相关层协调发展，实体经济稳定增长。文化业态顺应数字产业化和产业数字化发展趋势加快发展，文化及相关战略性支柱产业集群和战略性新兴产业集群高度发达，在未来文化产业发展趋势中占据先机。以文塑旅、以旅彰文，文化和旅游融合发展，推动区域文化产业形成新格局。

第五，下沉市场引领文化普惠，推进乡村文化振兴。面向文化需求，整合市场要素与优质乡村文化资源，引领地方文化的创新性发展，多元化提升乡村文化的传播和传承效益，推动乡村文化普惠"最后一公里"建设，并进一步推进乡村文化振兴，巩固文化扶贫成果。

第六，抓住粤港澳大湾区和深圳先行示范区"双区驱动效应"，敢为人先推动文化领域国家治理体系和治理能力现代化建设，开创文化体制改革的新局面，增强文化影响力，走向文化高质量发展的新阶段。

2021年，广东肩负新的时代使命，文化高质量发展，奋力在开启全面建设社会主义现代化国家新征程中走在全国前列、创造新的辉煌。

（一）聚焦重点持续用力，在"两个一百年"奋斗目标历史交汇点上推动广东精神文明建设工作开创新局面

第一，深入推动习近平新时代中国特色社会主义思想深入人心，持续抓好学习教育，深化宣传阐释，拓展宣传渠道，创新方式手段，扩大有效覆盖，推动广东建成面向世界展示习近平新时代中国特色社会主义思想的重要"窗口"和"示范区"，使习近平新时代中国特色社会主义思想成为时代最强音。

第二，从以先进典型引领为主向全民参与同步进行转变，深入推动社会主义核心价值观深度融进人们的日常工作和生活，广泛开展理想信念教育，深化中国特色社会主义和中国梦宣传教育，加强爱国主义、集体主义、社会主义教育，培育担当民族复兴大任的时代新人。

第三，完善意识形态工作机制，强化意识形态阵地建设和管理，加强对意识形态领域重大问题的研究和处置，加强媒体导向管理制度建设，扎实落实"三个绝不允许"的决定，加强网络舆论引导，建立网络综合治理长效机制，旗帜鲜明反对和抵制西方宪政民主、新自由主义、历史虚无主义等错误思潮，全方位筑牢广东意识形态安全"护城河"。

（二）构建高水平现代公共文化服务体系

第一，公共文化设施优化升级。进一步推进图书馆总分制、"邻里图书馆"的推广，坚持重心下移，面向基层，全面推进街道（乡镇）、社区（乡村）综合性文化服务中心（文化综合体）建设，打造老百姓家门口的公共文体娱乐空间。鼓励有条件社区与乡村积极建设文化广场、文化艺术体育中心、

文化主题公园、中华优秀传统文化长廊、足球场、家训馆、好人馆和村史村志馆等文化场所。推动发达地区图书馆、博物馆、体育馆、歌剧院和文化馆等重大公共文体设施的优化升级，打造一批国家级、省级等文化标志性工程项目，经济发达地区可对标建设世界一流公共文体设施。

第二，公共文化服务提质增效。推动公共文化数字服务平台建设，构建互联互通与资源共享的公共文化网络服务体系，实现"一站式""订单式""互动式"公共文化服务。支持公共图书馆接入相关数据库资源，将重要数字文化资源供应纳入公共文化服务网络。有条件的博物馆、图书馆和文化馆，可充分运用数字文化科技，创新服务方式，打造文化体验厅、文化体验馆，为群众提供全新的线上和线下一体化的体验服务。创新"政府资源补给＋企业自主运营＋社会力量参与"建设模式，推动传统的"三馆一站"向文化综合体转型，鼓励街道（乡镇）、社区（乡村）综合性文化服务中心创建文体组织，举办文体活动。探索公共文化服务的专业化市场化发展，通过市场效益发挥出最大效益。

第三，充分发挥珠江三角洲文化建设的引领带动作用，促进粤东西北地区文化事业实现跨越式发展，进一步缩小区域文化发展差距。珠江三角洲地区广州、深圳市要继续发挥中心城市在文化建设发展中的辐射和带动作用，打造具有国际一流水准的标志性文化设施和文化服务平台，努力建设成为引领创新现代文化、传承传播岭南传统文化、包容并蓄外来优秀文化的文化自主中心、区域文化枢纽和国际文化名城。粤东地区要深入挖掘弘扬潮汕文化资源，建设跨行政区域的潮汕文化聚集区、文化生态保护实验区，加快建立潮汕特色文化数据库。汕头、潮州市要积极做好海上丝绸之路重点史迹列入中国"海上丝绸之路"世界文化遗产预备名单。汕头市要发挥华侨经济文化合作试验区的独特政策优势，打造海外华侨华人文化研究展示、交流传播中心。潮州市要立足深厚的潮汕文脉，大力振兴繁荣潮汕传统艺术，发展特色文化旅游，成为有重要影响力的历史文化名城。

（三）着力实施文艺精品，不断提高广东文化的影响力

第一，调动省级文化单位和地方文化单位、国有文化企业与民营文化企业的积极性，突出挖掘弘扬民族精神和国家情怀的广东本土题材，加强重点题材

规划，集中优秀团队打造精品，推动艺术形式的跨界融合，努力创作生产更多传播当代中国价值观念、反映中国人审美追求、具有广东特色的优秀文艺作品。

第二，大力实施文艺精品创作"百部（台）"工程，重点打造100部（台）左右在全省乃至全国有影响力的文艺作品。充分发挥文艺精品创作专项资金示范导向作用，创新文艺精品工程立项、招标、签约、运作和激励制度，打破以行政区划为单位组织进行文化产品生产的传统模式，积极探索以同质文化圈联合创作生产文化精品的新模式。

第三，积极推进都市剧场建设，注重底层社区文艺的演出，引入专业院团、演出团体等文化资源，把"音乐厅""剧场"搬到社区，"小剧场""社区剧场"让社区居民在家门口享受丰富多彩的艺术表演。

第四，重视地方特色文艺的传承发展。把握民间文艺历久弥新的规律，在新的时代条件下和新的文化生态中，用旧形式和新形式讲好中华文化故事，特别是红色文化和改革开放故事。

（四）构建具有强大国际竞争力的现代文化产业体系

第一，创新驱动，融合发展。抓住互联网数字革命带来的机遇，将文化优势、科技优势转化为产业实力，推动文化科技深度融合，围绕产业链部署创新链，围绕创新链布局产业链。深强化创新驱动，大力发展文化新业态，大力推动文化产业跨界融合，实现文化＋网络、文化＋旅游、文化＋体育、文化＋科技、文化＋金融、文化＋商业、文化＋传统产业等融合发展，集中打造广东区域文产品牌，做强做优内容产业，提升文化产业核心竞争力。

第二，优化文化产业发展环境，完善现代文化市场体系。完善文化产品和要素市场建设，大力发展基于互联网的新型文化市场业态，构建统一的市场准入退出制度，促进文化要素在健康有序的市场环境中高效流转，加强人才、技术、信息、产权和中介服务市场建设，支持版权代理、文化经纪、评估鉴定、担保、推介等文化中介机构发展。加强知识产权的保护和转化，规范市场秩序，构建统一开放、竞争有序、诚信守法、监管有力的现代文化市场体系。

第三，打造文化企业梯队体系，增强国有文化企业实力。围绕广东文化产业的战略布局，着力发展"大而强"，积极培育"小而优"，构建文化企业发

展战略梯队。强化现有文化产业优势，大力实施文化产业发展的"百企""百区"工程，重点打造100家左右在全省乃至全国有影响力的文化企业、100个左右的文化产业园区。重点打造一批引领性、平台型和国际化的国有文化旗舰企业，实施国有文化企业振兴工程，培育一批主业突出、竞争力强的龙头企业，完善国有文化资产管理制度体系，推动国有文化资本向文化主业和经济高质量增长领域集中。

第四，打造文化产业数字化高地。贯彻落实中央文化产业数字化战略，夯实广东数字文化产业发展基础，培育数字文化产业新型业态，完善数字文化产业生态。深入实施广东卫视、珠影集团的振兴计划，培育打造一批文艺高新技术企业。加强全省数字文化产业的统筹，避免重复建设。

第五，文旅扶贫助力攻坚，乡村消费促产业升级。积极探索文化扶贫、艺术扶贫与消费扶贫的结合模式，继续刺激和推动以乡村文旅为代表的乡村消费，以乡村历史文化资源、创意生产要素为基础，引导"一村一品"的乡村文化品牌塑造，促使乡村一二三产业融合发展，引导乡村产业延长价值链条，激发乡村文化产业发展的内生动力，从而推动乡村整体产业升级。

（五）加强国际传播能力建设，走向世界舞台中央当好排头兵

第一，提升广东对外形象。通过品牌树立和品牌运营，对广东对内对外文化形象进行整体打造。抓住广东在历史上产生全国影响和世界影响的重要节点、重要人物、重要地点和重要事件，重点打造一批博物馆文创产品、短视频、宣传片，形成品牌影响。将广东对外形象品牌资产纳入国有资产管理，探索长效运营机制，持之以恒，久久为功，以高度的战略打造广东对外形象优质品牌。

第二，构建立体、长效、多维的新时代岭南文化国际传播机制。由省外宣办、省社科联、省社科院牵头，组建粤港澳文化国际会客厅或宣传普及基地，开展立体、长效、多维的岭南文化的传播和普及活动，改变国内外对广东重经济、轻文化的传统印象；注重新时代岭南文化宣传品的制作，例如，拍摄多语种新时代岭南文化宣传片（至少包含联合国5种官方语言），作为广东省对外交流的赠品和宣传品，构建岭南文化宣传的多语种、多题材的门户网站；利用粤港澳文化会客厅或宣传普及基地，培训一批优质的具有较好英语交流能力的

新时代岭南文化国际传播交流队伍，培养"知粤、友粤、爱粤"的国际人才。

第三，推动粤港澳大湾区成为中华传统优秀文化和新时代岭南文化的输出窗口。深化粤港澳文化圈合作，深化"一带一路"国际文化交流，举办"21世纪海上丝绸之路"国际传播论坛。在国际新媒体推出广东外宣系列微视频；配合推进中国当代作品翻译工程、中国图书对外推广计划、中国文化著作翻译出版、对外影视合作、边境之窗建设。

第四，提升新时代岭南文化国际传播的效果、层级和水平。加强与欧美、"一带一路"沿线国家及南太平洋岛国主流媒体和相关机构的合作，与五大洲40多家重点华文媒体签订深化国际传播矩阵合作协议，完善"广东声音"联动推送机制，面向海外华人华侨推送岭南资讯。加强中外媒体、智库、国际汉学交流合作，开展合作传播能力建设，积极配合打造"一带一路"智库联盟、粤港澳智库联盟和媒体合作，推动对外文化传播网络和新媒体平台建设。

第五，打造多层次、多元化、多领域的对外文化贸易平台，支持广东文化企业参加国内外重要国际性展会，推动已经走出去的大项目的发展。建立版权输出奖励制度、文化产品翻译资助制度，完善文化产品和服务出口指导目录。

（六）共塑湾区人文精神，增强湾区文化软实力

第一，出台"人文湾区"振兴发展规划，推进形成并彰显湾区意识。推动形成湾区文化发展协调机制，配合《粤港澳大湾区发展规划纲要》，出台"人文湾区"振兴发展规划。开展"我是湾区人"湾区人文精神的提炼、宣传、培育，推动形成粤港澳"文化共生"和"文化融合"的广泛共识，提升大湾区发展的参与感和归属感。加强大湾区传媒交流合作，积极利用网络平台，运用新媒体工具，塑造"共建人文湾区"的和谐友好文化生态和舆论环境，推进全社会在精神价值层面形成"湾区人""湾区意识""湾区认同感"。

第二，共建国家级粤港澳大湾区文化创新发展实验区。探索推动由国家部委与粤港澳三地共建"国家级粤港澳大湾区文化创新发展实验区"，在保障国家文化安全的前提下，充分赋权，先行先试。实验区拟突破不同体制以及行政区域壁垒，以一区多点（园区、基地、中心）模式创建，并探索粤港澳三地跨区域创建模式，鼓励香港探索在珠三角创建飞地模式，探索建设湾区文化小镇。

第三，加快建设国际一流的人文湾区和休闲湾区。落实《粤港澳大湾区发展规划纲要》，建设粤港澳大湾区文化圈，深度挖掘多元文化、主题公园、美食之都、购物天堂等优势资源，举办粤港澳大湾区文化艺术节、艺术精品巡演等品牌活动，构建连通三地的滨海旅游线和连通美丽乡村及绿道、碧道的生态旅游线。

第四，推进粤港澳大湾区青少年交往交流、交心交融。开展"走出去""请进来"推广活动，办好粤港澳青年文化之旅、青少年艺术夏令营、青年实习计划等活动。

2020年广东推进粤港澳大湾区建设报告

刘 伟 杨海深 陈梓睿 李任远*

摘 要： 2020年广东成功抵御了新冠肺炎疫情冲击，克服内外困难、凝聚民族伟力，携手港澳同心推进大湾区建设取得新进展：大湾区世界级城市群的空间张力不断显现，科技创新能力不断增强，现代化基础设施互联互通格局取得新突破，具有国际竞争力的现代产业体系正逐步完善，宜居宜业宜游的优质生活圈正加速形成，全面开放迈向更高水平。但是，广东在推进大湾区建设过程中也面临一些困难与挑战。未来，广东应在深化科技创新赋能、强化基础设施的先行作用、增强产业发展新动能、强化共建共治共享和法制规则对接等领域，积极探索新思路和新方法，不断推动大湾区朝世界级城市群和国际一流湾区目标迈进。

关键词： 世界级城市群 国际科技创新中心 基础设施互联互通 现代产业体系 优质生活圈

作为国家重大区域发展战略——粤港澳大湾区的重要责任主体，广东正举全省之力建设粤港澳大湾区，将粤港澳大湾区建设纳入广东省"1＋1＋9"重

---

* 刘伟，广东省社会科学院国际问题研究所所长、研究员，主要研究方向为人文湾区建设和乡村振兴；杨海深，广东省社会科学院国际问题研究所助理研究员、博士，主要研究方向为大湾区物流和供应链管理；陈梓睿，广东省社会科学院国际问题研究所助理研究员、博士，主要研究方向为低碳经济与绿色经济；李任远，广东省社会科学院国际问题研究所助理研究员、博士，主要研究方向为国际法与南海问题。

点工作之首，主动推动和出台有利于港澳融入国家发展大局和丰富"一国两制"事业发展新实践的政策举措。2020年，广东以建设世界级城市群为目标，以科技创新协同为动力，以基础设施互联互通建设为突破口，以共建高质量现代产业体系为抓手，以南沙、前海和横琴三个粤港澳合作示范区为开放政策先行地，着力推进宜居宜业宜游的优质生活圈建设，推进粤港澳大湾区建设取得新的成效，开启具有中国特色的大湾区建设进程。

本文依据国家2019年2月出台的《粤港澳大湾区发展规划纲要》、广东省出台的《中共广东省委广东省人民政府关于贯彻落实〈粤港澳大湾区发展规划纲要〉的实施意见》《广东省推进粤港澳大湾区建设三年行动计划（2018~2020）》及广东推进粤港澳大湾区建设2020年工作要点，全面系统地分析2020年广东在推动粤港澳大湾区世界级城市群建设、科技创新协同、基础设施互联互通、产业高质量发展、优质生活圈建设和高水平开放等六大领域（见图1）的建设进展、成效、特征及存在问题，提出相应的应对政策措施，并对未来大湾区建设进行展望。

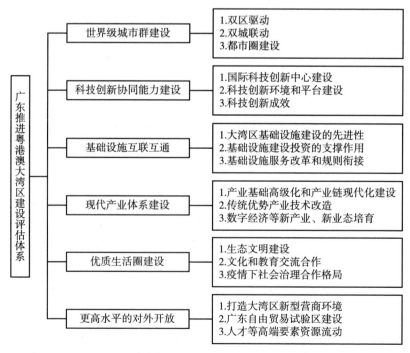

图1 广东推进大湾区建设进展评估体系

一 广东推进粤港澳大湾区建设取得新进展

（一）粤港澳大湾区世界级城市群的联动辐射效应不断增强

来自大湾区和深圳先行示范区"双区驱动"效应、广深双城联动效应和都市圈的辐射带动效应成为激发大湾区城市群联动发展的内在驱动力，促使大湾区城市群协同发展不断走向深入。

1.粤港澳大湾区和深圳先行示范区"双区驱动"效应不断释放

2020年是粤港澳大湾区和深圳先行示范区全面铺开推进的关键之年，"双区"利好叠加、"双区"驱动推动粤港澳大湾区建设迈向新征程。粤港澳大湾区赋予深圳建成现代化国际化城市、全球海洋中心城市和具有世界影响力的创新创意之都的重要使命定位，支持深圳建设国际影响力的航空枢纽、"一带一路"生命科技促进联盟、保险创新发展试验区、国际邮轮港等重要开放平台，不断完善"深港通"和深澳金融合作，高度重视深圳在广深港澳科技创新走廊和综合性国家科学中心的优势地位，以及以深圳为核心联合打造具有全球影响力和竞争力的先进制造业产业集群。同时，党中央和国务院对深圳建设中国特色社会主义先行示范区的意见中，明确要求深圳要助推粤港澳大湾区建设，在粤港澳大湾区国际科技创新中心建设中发挥关键作用，支持深圳建设粤港澳大湾区数据中心，以前海深港现代服务业合作区为抓手提升对港澳开放水平，以深港科技合作区建设探索大湾区要素高效便捷流动的体制机制对接，推进深莞惠联动发展和深汕特别合作区建设。2020年10月11日，中共中央办公厅、国务院办公厅印发《深圳建设中国特色社会主义先行示范区综合改革试点实施方案（2020～2025年）》，推出27条改革举措和40条首批授权事项，支持深圳在更高起点、更高层次、更高目标上推进改革开放。2020年10月14日，在深圳经济特区建立40周年庆祝大会上，习近平总书记回顾了经济特区建立以来所取得的五大历史性跨越，总结了深圳40年改革开放、创新发展积累的十条宝贵经验，要求深圳承担起建设好中国特色社会主义先行示范区、创建社会主义现代化强国城市范例和推进粤港澳大湾区建设的历史使命。

2. 广深双城联动发展效应显著增强

广州和深圳同为粤港澳大湾区区域发展的核心引擎和带动区域发展的极点城市，2020年两个城市的经济规模接近广东的48%和大湾区的45%，经济地位愈发重要。近年来，广东为推动双创高质量联动，出台支持深圳建设先行示范区若干重大措施，以支持深圳同等力度支持广州实现老城市新活力和"四个出新出彩"，建立了特事特办的工作机制，赋予广深两市更大改革发展自主权，进一步增强大湾区中心城市的核心引擎作用。2019年9月，广深两市签署深化战略合作框架协议，谋划在共建国际科技创新中心、打造国际性综合交通枢纽、共建具有国际竞争力的现代产业体系、共同引领"一核一带一区"建设等领域合作，强化广深双核驱动引领作用。2020年10月22日，双方共同举办"广深双城联动"论坛，签署科技创新、智能网联汽车产业、智能装备产业、生物医药产业、基础设施、营商环境、自贸区等合作协议①。广深双城深化联动发展、携手比翼双飞，共同构建新发展格局的重大平台，携手港澳加快建设国际科技创新中心和创新走廊，联手打造广东十大战略性支柱产业集群和十大战略性新兴产业集群的主阵地，共同引领和示范带动全省在关键环节与重要领域深化改革，共同为粤港澳大湾区加快推动高质量发展提供双核主引擎动力，进而为中国加快构建新发展格局贡献战略性支点的核心力量。

3. 以都市圈建设强化大湾区辐射带动作用

粤港澳大湾区要实现高质量发展典范，必须切实解决区域发展腹地问题，而都市圈建设能够有效适应珠三角核心区功能拓展和满足大湾区空间拓展的需求。2020年6月，广东省发改委、省科技厅等六部门联合出台的《广东省开发区总体发展规划（2020～2035年）》提出重点推动广州都市圈（包括广州、佛山、肇庆、清远、云浮和韶关）、深圳都市圈（包括深圳、东莞、惠州、河源和汕尾）、珠江口西岸都市圈深度融合②，开启了以都市圈推动大湾区建设

---

① 《广深"双城联动"论坛召开 两地签署七项深化合作专项协议》，南方网，2020年10月23日，http://www.zc.gov.cn/zx/ztjj/gaqnlsfzxdjh/content/post_6880552.html，最后访问日期：2021年2月1日。

② 《广东省开发区总体发展规划（2020～2035年）发布 按"一核一带一区"建开发区新局》，《南方日报》网络版，2020年6月8日，http://www.gd.gov.cn/gdywdt/bmdt/content/post_3011094.html，最后访问日期：2021年2月1日。

的新阶段。2020年8月，广东省委十二届十次全会进一步部署高质量加快构建"一核一带一区"区域发展格局，要求广深联手发挥核心引擎和中心城市的带动效应、辐射效应、示范效应，以广州都市圈、深圳都市圈建设为动力，率先带动都市圈内相邻各市，进一步引领珠三角核心区其他城市，辐射带动沿海经济带和北部生态区整体发展①。通过都市圈建设，可以对包括河流治理、生态保护、旅游开发、产业规划、农产品销售等进行统筹，通过化解核心城市的结构性矛盾，变"大城市病"为"大都市圈利"，进而塑造大湾区新的经济空间形态，为大湾区增加发展新动能。

（二）粤港澳大湾区科技创新能力和实力不断增强

科技创新是引领大湾区发展的动力引擎，是提高大湾区供给体系质量和创造新需求的重要发力点，是保障大湾区产业链完整、供应链稳定和畅通国内国际双循环发展的基础支撑。这在《中共中央关于制定国民经济和社会发展第十四个五年规划和二〇三五年远景目标的建议》中得到重要体现，再次强调支持粤港澳大湾区形成国际科技创新中心。

1. 粤港澳大湾区国际科技创新中心建设扎实推进

首先，出台实施广东省推进大湾区科创中心建设方案。编制实施大湾区综合性国家科学中心先行启动区建设方案，推动广州南沙科学城与先行启动区联动协同发展，布局建设一批高新区、科学城、高水平研究院、新型研发机构等高端创新载体。加快推进重大科技基础设施建设，以深圳为主阵地创建综合性国家科学中心，东莞散裂中子源正式投入运行并提前一年半达到设计指标，启动惠州"强流重离子加速装置"开工建设、未来网络试验设施、合成生物研究、脑解析与脑模拟装置等项目。推动高超声速风洞、冷泉生态系统观测与模拟、极端海洋科考设施、南方先进光源、E级超级计算机、精准医学影像等一批项目抓紧开展预研和前期工作，打造一流重大科技基础设施集群。

其次，广深港澳科技创新走廊已初具规模。一直以来，广东省将广深港澳科技创新走廊作为大湾区国际科技创新中心建设的核心平台和引领性工程，不

---

① 徐林：《中共广东省委十二届十次全会在广州召开　李希代表省委常委会作报告》，《南方日报》2020年8月26日。

断深化大湾区科技创新开放合作。《广东省推进"广州—深圳—香港—澳门"科技创新走廊建设行动方案（2020~2022年)》正在研究编制，未来必将赋予科技创造走廊丰富的内涵和"串珠成链"的重大功能。广深港澳科技创新走廊聚焦科技创新的重点领域、重要产业和重大平台，聚合大湾区甚至全国最强的科技创新企业、研究机构、产业园区等平台和载体，是大湾区国际科技创新中心建设的关键支撑。截至2020年6月，广深港澳科技创新走廊内已经累计建设的30家国家重点实验室以及香港的16家和澳门的4家国家重点实验室。据《2020年全球创新指数：谁为创新出资?》报告显示，全球前100科技集群中我国占据17位，深圳—香港—广州科技集群位居全球第二。深圳—香港（2019年排名第二）与广州（2019年排名第二十一）两个集群的合并进一步巩固了大湾区在全球科技集群中的地位，并不断缩小与排名第一的东京—横滨间的差距，依然领先于排名第三至第五的首尔、北京和圣何塞—旧金山①。

再次，全方位加强国际和区域科技创新合作。积极主动融入全球科技创新网络，积极与创新型国家、"一带一路"沿线国家合作共建国际科技合作基地、创新中心等平台，与加拿大、英国、荷兰、奥地利、以色列等国家的合作伙伴设立重点合作研发联合资助计划。广东省2020年开展的"银龄专项"试点工作，支持省内高校、科研机构、企业等聘用已退休或即将退休的国（境）外高端专家来粤工作，搭建了国际科技人才合作桥梁。

2. 科技创新环境和平台建设稳步提升

第一，科技创新环境进一步优化。广东省率先开展"钱过境、人往来、税平衡"等政策探索，推动重大科学基础设施、实验动物平台、科普基地向港澳开放，启动建设首批10家粤港澳联合实验室，依托50多个面向港澳的科技企业孵化器支持港澳青年来粤创新创业，率先支持港澳机构牵头申报地方财政科技计划项目。此外，广东省印发了《关于进一步促进科技创新若干政策措施的通知》，鼓励港澳高校和科研机构承担广东省科技计划项目。全省实现财政资金过境拨付港澳项目总额累计超亿元。广州市"科创十二条"进一步

---

① 凯瑟琳·朱厄尔：《2020年全球创新指数：谁为创新出资?》，世界知识产权组织，2020年9月，https://www.wipo.int/wipo_magazine/zh/2020/03/article_0002.html，最后访问日期：2021年1月30日。

深化细化科技创新政策，提出包括减轻境外人才税负、向港澳开放科技计划、建设保障型人才住房、提升服务科技企业能力、加强科研用地保障、财政科研资金跨境使用机制等措施，改善科技创新环境。

第二，高端创新平台建设稳步推进。面向产业高端化发展需要，引进中科院空天信息创新研究院、国家纳米中心等17家高水平创新研究院，加快建设粤港澳大湾区新兴产业国家技术创新中心等3个国家技术创新中心。截至2020年6月，全国已有100多所知名高校，近100所中科院、央企的科研院所与大湾区内企业合作开展产学研活动。大力推进新型研发机构建设，集聚产学研创新要素，推进技术创新和成果转移转化。

第三，重大科技创新产业园发展迅猛。探索"双创"升级版新路径，打造粤港澳大湾区创新创业新样板。广州大湾区科技创新服务中心打造一体系（粤港澳大湾区的一站式科技创新服务平台）、两大联盟（粤港澳大湾区科技金融联盟和广州市科创板上市促进联盟）、三大数据库（企业数据库、机构数据库、科技成果库）、四平台（创新创业服务平台、成果转化撮合平台、投融资对接服务平台、上市并购平台）的运营模式。深圳光明科学城建设初见成效。深圳市制定了多份重磅规划、文件，如《关于支持光明科学城打造世界一流科学城的若干意见》《光明科学城空间规划纲要》《光明区现代产业体系中长期发展规划（2020～2035年）》等，为光明科学城的快速推进铺平了道路。

第四，知识产权服务体系初步建成。广州科学城成为大湾区知识产权服务和监管中心，一批知识产权机构在此地相继投入运营，如中国（广东）知识产权保护中心、国家知识产权局专利局专利审查协作广东中心、广州"一带一路"版权产业服务中心等开展湾区业务；广州知识产权法院的设立和广州知识产权仲裁院的引进，以及他们与广东省知识产权维权援助中心的合作有力保障了知识产权的授权、确权和维权；有关知识产权研究机构和社团组织，如北京大学知识产权研究院、粤港澳大湾区知识产权联盟的引进，进一步增强了大湾区知识产权的支撑作用。

3. 科技创新成效显著

首先，以科技助力打赢疫情防控阻击战。由钟南山院士领衔的粤港澳呼吸系统传染病联合实验室，以及由汕头大学医学院和香港大学建设的粤港新发传

染病联合实验室等 5 家联合实验室在 2020 年新冠肺炎疫情病毒溯源、药物研发、快速检测等科技攻关中起到重要作用①。粤港澳大湾区雄厚的科创科研实力和制造业基础，为抗疫防疫共享科技力量。例如，广州研制全国首个测温巡逻机器人，极大地提高了检测和巡逻效率，有效避免人与人接触；广州极飞科技通过 R80 无人车和无人机空地联合作业，进行全面立体无死角的防疫消杀。广州海格通信研发的海格北斗智慧防疫手环，能够提供车辆、人员的精准定位、轨迹跟踪；广州推出 5G + AI 送餐机器人，有效降低人员接触频次。深圳云天励飞推出"口罩佩戴检测"和"AI 人体测温"两大疫情防控功能模块产品，准确率超过 98%，实现全天候持续无感测温。深圳华大基因研发的新型冠状病毒 2019 – nCoV 核酸检测试剂盒，是首批正式获准上市疫情检测产品之一。大湾区抗击疫情的科技硬实力，是广东不断投入科技创新的厚积薄发。正是得益于雄厚的科技抗疫实力支撑，粤港澳大湾区能够做到精准防控，粤港、粤澳之间的联合防控机制完善有效，外防输入，内防反弹，在全国率先复工复产，率先实现经济止跌企稳步入反弹正增长的轨道。

其次，核心技术攻关取得重大进展。围绕产业发展和"卡脖子"瓶颈，实施重点领域研发计划，组织实施六批重大重点项目，省级财政资金累计投入 63.8 亿元，社会总投入 202.3 亿元。部分技术打破国外垄断，如南方科大集成调试成功第一套 30KV 电子束曝光系统，广东工大、广州海格通信联合研发的嵌入式高性能数字信号处理器（DSP）芯片已在中芯国际完成流片等。与科技部联合组织的"宽带通信和新型网络"国家重点专项，广东省承担了一半的科研攻关和应用示范任务。为应对中美经贸斗争对科技产业的影响，组织省实验室与华为等重点高技术企业开展现场的技术（鲲鹏 + 昇腾系统）对接，从供应链、产品链、技术链支撑高科技产业渡过难关。

再次，发明专利总量领先世界各大湾区。表 1 显示，2020 年 1 ~ 11 月，粤港澳大湾区内地 9 市专利总量为 575506 件，比 2019 全年增长超过 9.1%，其中实用新型专利比 2019 全年增长 14.0%。2020 年 11 月，由广州日报数据和

---

① 徐弘毅：《粤港澳探索推进协同创新为科技湾区建设加添动力》，新华社，2020 年 7 月 23 日，http://www.chinanews.com/gn/2020/07 – 23/9246361.shtml，最后访问日期：2021 年 1 月 29 日。

数字化研究院发布的《粤港澳大湾区协同创新发展报告（2020）》显示，2015～2019年5年间，粤港澳大湾区发明专利总量达128.76万件；2019年粤港澳大湾区的发明专利数量分别是东京湾区的2.38倍、旧金山湾区的5.72倍、纽约湾区的8.16倍，位列世界各大湾区之首①。2019年，PCT专利总量在四大湾区中位居第二，仅次于东京湾区。2019年，大湾区PCT专利总量达到2.78万件，约占全国的47.2%（见图2）。

表1　2019～2020年珠三角9市专利统计

单位：件

地区	2019年				2020年1～11月			
	发明	实用新型	外观设计	合计	发明	实用新型	外观设计	合计
广州	12221	54745	37845	104811	13281	76027	51689	140997
深圳	26051	87433	53125	166609	27328	110697	64174	202199
佛山	4582	35480	18690	58752	5010	38326	23799	67135
东莞	8006	37931	14484	60421	7971	41722	18202	67895
珠海	3327	12917	2723	18967	3830	15077	3288	22195
中山	1476	15565	16354	33395	899	16673	18919	36491
惠州	1592	9405	3580	14577	1517	11866	4046	17429
江门	647	7224	5411	13282	564	7967	6981	15512
肇庆	309	3088	1127	4524	334	3854	1465	5653
合计	59742	282740	184907	527389	60734	322209	192563	575506

资料来源：广东省知识产权局《广东省2020年1～11月底各市有效发明专利量（知识产权）》。

（三）现代化基础设施互联互通格局取得新突破

现代化基础设施在粤港澳大湾区建设中发挥基础性、先导性、战略性、服务性作用。2020年，广东以重大基建项目为抓手加快推进基础设施"硬联通"，以"湾区通"工程为抓手有序推进基础设施"软联通"，构建内通外联、高效便捷的大湾区基础设施网络，促使各项基础设施建设工作不断取得实质性进展。

---

① 广州日报数据和数字化研究院（GDI智库）：《粤港澳大湾区协同创新发展报告（2020）》，https：//mp.weixin.qq.com/s/O1qyIbqeMOyF70I2lCdB3A，最后访问日期：2021年1月15日。

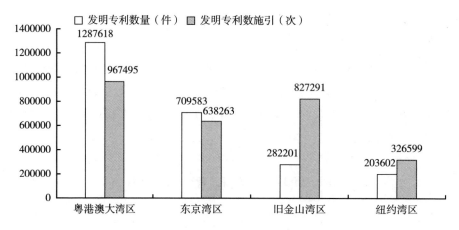

图 2　国际四大湾区发明专利数与施引对比

资料来源：广州日报数据和数字化研究院于 2020 年 11 月 17 日发布的《粤港澳大湾区协同创新发展报告（2020）》。

1. 粤港澳大湾区基础设施互联互通取得新成效

第一，大湾区交通基础设施建设达到世界先进水平。截至 2019 年 12 月，粤港澳大湾区内地 9 市高速公路通车里程达 4500 公里，核心区密度约 8.2 公里/百平方公里，超过纽约、东京等世界级城市群，形成以广州枢纽为中心，连通珠三角和粤东西北、辐射华东中南西南地区的放射性路网格局；珠三角港口群完成货物吞吐量约 15.2 亿吨，其中集装箱吞吐量约 7500 万标准箱，深圳港、广州港集装箱吞吐量位列全球第四和第五，国际集装箱班轮航线覆盖全球主要贸易港口[1]。

第二，重要基础设施项目落成或稳步推进。2020 年 8 月 18 日，新的横琴口岸正式开通使用，成为继拱北口岸之后大湾区西部的又一"超级通道"，必将更大程度促进粤澳深度融合相通。2020 年 8 月 26 日，莲塘/香园围口岸正式开通启用，是大湾区框架下深港首个建成投入使用的大型互联互通基础设施，为大湾区再添一条新的物流大通道。一批重大工程项目正稳步推进。深中通道沉管隧道完成 4 节沉管对接，广湛高铁湛江湾海底隧道始发井取得关键节点胜利，黄茅海通道、南中高速、从埔高速、广清城际北延线开建，广州港深水航

---

① 袁佩如：《构筑粤港澳大湾区快速交通网络》，《南方日报》2020 年 11 月 6 日。

道拓宽工程建成投产。大湾区轨道网建设正加速推进。2020年8月，国家批复大湾区城际铁路建设规划，通过有序建设一批城际铁路项目，加快形成"轴带支撑、极轴放射"的多层次城际轨道网络格局。该规划对大湾区轨道交通时效给出明确的目标，即1小时通达大湾区主要城市，2小时通达大湾区主要城市到广东省内其他城市，3小时通达泛珠三角地区省会城市。

第三，新型基础设施建设正成为大湾区新的发展引擎。2020年，深圳首批新基建项目共计95个，总投资4119亿元，包括算力设施、5G网络、工业互联网、智能交通等多个领域，其中深圳超算中心进入E级机研制阶段，深圳5G基站累计建设数量超过4.6万个，已实现全市区域5G独立组网全覆盖①；深圳超算中心二期工程加速推进，将拥有比现在强千倍的计算能力，有力支撑新兴产业发展。广州首批73个新基建重大项目集中签约，总投资规模约1800亿元。此外，广州港正依托南沙港区四期工程建设5G智慧港口，横琴先进智能计算平台项目正加速推进。

2. 大湾区持续增大的基础设施建设投资成为"稳就业、保增长"的重要支撑

2019年，广东交通基础设施建设完成投资超1750亿元，创历史新高。进入2020年1月以来，广东交通基础设施投资持续保持在高位增长运行，全年共完成公路水路交通投资超2000亿元，创历史新高。显而易见，交通基础设施建设投资成为应对疫情冲击下稳定就业和拉动经济增长的重要支撑力。在广东和各地市建立交通建设联动机制的基础上，通过严格落实项目目标时限，合力解决交通项目用地、征地、资金、地材等问题，加快推进建设一批基础性、全局性、战略性交通基础设施项目，短期内不断增强交通投资"稳就业、稳增长"作用，中长期形成"十四五"交通项目阶段化梯次建设格局，满足经济社会发展需要②。

3. 大湾区基础设施服务改革和规则衔接持续深入开展

习近平总书记在深圳经济特区建立40周年庆祝大会上发表重要讲话提出，

---

① 《新基建夯实粤港澳大湾区高质量发展基础》，新华网，2020年9月8日，http://www.gd.gov.cn/gdywdt/zwzt/ygadwq/mtjj/content/post_3080533.html，最后访问日期：2021年1月20日。

② 广东省交通运输厅：《传达学习贯彻习近平总书记出席深圳经济特区建立40周年庆祝大会和视察广东重要讲话、重要指示精神》，http://www.gdsjx.org.cn/news/1108.html，2021年1月11日。

要推动粤港澳三地经济运行的规则衔接、机制对接，促进人员、货物等各类要素高效便捷流动，提升市场一体化水平①。这为大湾区深入实施基础设施服务改革、加强基础设施"软联通"指明了重要方向。交通运输部等牵头印发《关于推进海事服务粤港澳大湾区发展的意见》《关于珠江水运助力粤港澳大湾区建设的实施意见》，从海事协同合作机制建设，包括粤港澳海事管理和技术标准协同互认，以及从提升水运服务品质，促进大湾区运输服务高质量发展等方面深化服务改革。广东以实施"湾区通"工程为抓手，主动加强与港澳的对接协商，探索促进在交通通信、通关物流等领域的标准互认和政策互通，不断提升大湾区的交通运输服务水平。推动移动支付拓展到港珠澳大桥、广深港高铁、横琴莲花大桥穿梭巴士等大湾区重点民生交通领域应用场景；着力完善交通客运枢纽和设施网络，推动全省联网售票平台支持港澳居民证件购票；推进大湾区智能交通系统建设，加快城际公交化捷运、城际铁路建设和线路互联互通，着力构建大湾区城市"一小时交通圈"。

（四）大湾区具有国际竞争力的现代产业体系正逐步完善

大湾区作为国内国际双循环相互促进的新发展格局中的重要一环，应充分利用国内市场存量大、广东制造业基础良好、港澳国际联系强的优势，推动以制造业为主体的实体经济发展，大力推动产业优化升级。

1. 以创新驱动为核心，推进产业基础高级化和产业链现代化

第一，着力提升产业创新能力。广东编制起草了《粤港澳大湾区现代产业发展规划》，推动创建"粤港澳大湾区新兴产业技术创新中心"等国家级技术创新中心，加快构建以科技创新为支撑、先进制造业为主体，现代金融、人力资源相配套的现代产业体系。截至2019年底，珠三角地区先进制造业、高技术制造业占规模以上工业增加值的比重分别达到59.2%、36.2%，研究与试验经费占GDP的比重达3.2%，初步形成以战略性新兴产业为先导、先进制造业和现代服务业为主体的产业结构和以企业为主体的产业创新体系。

第二，推进战略性新兴和支柱产业创新培育。广东出台培育发展战略性产

---

① 习近平：《在深圳经济特区建立40周年庆祝大会上的讲话》，新华网，http://www.xinhuanet.com/politics/2020−10/14/c_1210840649.htm，2021年1月15日。

业集群的意见，启动战略性新兴产业和战略性支柱产业"双十"产业集群行动计划，加快推动"生物医药与健康""前沿新材料"等产业集群培育发展，促进产业由集聚发展向集群发展全面跃升，打造具有国际竞争力的现代产业体系。广东还制定了《广东省未来产业培育发展实施方案（2020~2025）》，分批培育引领型未来产业与强基型未来产业。在5G、6G、人工智能、医疗健康、智能制造等"新基建"领域部署一批科技攻关及应用场景项目，积极引导消费和投资方向，引领构建产业发展新格局。推进5G垂直领域示范应用，筹备成立5G行业应用产业技术创新联盟。围绕智慧医疗、智慧园区、智能工厂、智能电网、燃气、石化等20余个典型行业，开展5G应用技术方案的研究。承接"固废资源化"等国家重点研发计划项目到广东转化，生物医药产业、环保产业、海洋产业等产业获得高质量发展。

第三，深入发展智能制造。截至2020年10月，广东培育25个国家级、378个省级智能制造试点示范项目，大力推动机器人产业发展和应用，全省共有机器人骨干企业86家；2020年1~10月，广东工业机器人产量5.35万台（套），占全国总产量的29.1%。

第四，推进区块链产业探索发展。广东研究制定区块链产业发展实施方案，广州黄埔出台"区块链10条"、加快创建以区块链为特色的中国软件名城示范区，深圳已初步形成以南山为代表的区块链产业集聚区。

2. 以技术改造为动力，加快传统优势产业提质增效步伐

首先，大力推进工业企业技术改造。广东新修订工业企业技术改造三年行动计划，进一步加大技改资金奖励力度，扩大政策普惠面和提高扶持比例，2019年安排使用技改资金37.28亿元，共支持1385家企业1417个技术改造项目。推动8894家工业企业开展技术改造，广东工业技术改造投资增长12.9%，较2018年同期提高13.6个百分点，对工业投资增长贡献率达84%。惠州、东莞市工业投资增速超20%；广州市超40%。深圳成功获评全国"2018年度工业稳增长成效明显市（州）"，并得到国务院通报表扬。

其次，加快发展工业互联网。广东累计推动了6000家工业企业运用工业互联网数字化转型、50万家中小企业"上云用云"。华为、富士康、树根互联等3家企业入选国家级工业互联网跨行业、跨领域平台。扩大完善省工业互联网产业生态供给资源池，汇聚超过300家优秀工业互联网平台商、服务商。选

取广佛定制家具等 10 个集群，开展第一批产业集群工业互联数字化转型试点，培育建设 8 个省 "5G + 工业互联网" 应用示范园区。

再次，推动工业绿色发展。深入推进绿色制造体系建设，创建国家级绿色工厂 57 家、绿色设计产品 62 种、绿色园区 2 家、绿色供应链 4 个，广佛跨界河流域 "散乱污" 工业企业（场所）清理整治任务全部完成。此外，提升制造业和生产服务业融合发展水平。举办中国工业电子商务大会，组织工业电子商务平台与先进制造业产业集群开展 5 场对接活动。扎实推进服务型制造发展，培育 20 家珠三角地区服务型制造示范企业（平台）。加快培育发展工业旅游业态新载体，评审认定工业旅游精品线路 20 条。

3. 以数字经济为引领，加快培育新产业、新业态

第一，建设国家数字经济创新发展试验区。广东制定数字经济创新发展工作方案，明确推进国家数字经济创新发展试验区在大湾区落地建设。围绕构建一体化网络的目标，推进 5G 网络、光纤网络、物联网等信息基础设施建设，探索建立数据要素高效配置机制，培育建立数据要素市场，推动制造业、服务业、农业农村等经济社会重点领域数字化、智能化转型。2020 年上半年，以 5G、数据中心为代表的新基建带动信息投资和消费快速增长，广东电信广播电视和卫星传播服务投资增长 18.6%，移动互联网接入流量增长 31.2%，4K 机顶盒用户数累计超过 2200 万户。

第二，增强数字经济核心技术。制定实施加快半导体及集成电路产业发展的意见，牵头起草培育半导体及集成电路产业集群行动计划，推动省级财政出资 100 亿元设立省半导体及集成电路产业投资基金，协调推进广州粤芯、珠海英诺赛科等一批集成电路重大项目建设，着力解决关键核心技术受制于人、制造能力较弱、人才紧缺等问题。

第三，推动融合基础设施建设。谋划推进智慧能源、智慧交通、智慧物流、智慧城市、智慧医疗、智慧教育、智慧农业、智慧水利、智慧环保、智慧应急等十大工程，全面提升新一代信息技术对经济社会各领域的赋能作用。初步统计，2020 年广东在建和新开工建设的融合基础设施项目约 300 个，预计完成年度投资超 180 亿元。广东智慧公共事业、智能交通和车联网、智能制造终端用户数分别为 7775.3 万户、2511.1 万户、1642.6 万户，合计占比超过全国 3/4。

第四，支持新业态新模式健康发展。大力发展互联网医疗服务，制定并落实促进和规范健康医疗大数据应用发展的实施意见、"互联网＋医疗健康"发展行动计划、建设"互联网＋医疗健康"示范省行动方案等系列政策措施。截至2020年9月，广东已有113家医院建设互联网医院，疫情发生以来，互联网医院网上问诊达58.4万人次。搭建"保供稳价安心"农产品数字平台，截至2020年6月底，入驻平台农业企业达2400多家，直播140余场，吸引280余万采购商线上集聚，实现产销对接合计8900多次，累计销售额超30亿元。

（五）大湾区宜居宜业宜游的优质生活圈加速形成

1. 生态文明建设推向新的高度

粤港澳三地环保合作将以建设粤港澳大湾区优质生态环境为指导方向，继续深化合作机制，提升大湾区生态文明建设水平。一是积极推进环境保护领域的"放管服"改革。2020年1月1日起实施的《广东省生态环境厅建设项目环境影响评价文件审批程序规定》，进一步缩短环评审批时限。广东就环境影响报告书和环境影响报告书做出批准决定的期限分别缩短为15天和7天。二是深化环保制度和服务改革。广东通过建立完善环保信用评估和强制性信息公开制度，对大湾区长期稳定排放达标的企业给予"绿色通道"和便利评估措施；持续开展"送技术服务进企业"活动，助力大湾区企业改善生产环境；同时，加强推进环境综合执法体制改革，在大湾区建立生态环境监测机构。三是持续深化与港澳的环保合作。广东探索推动在大湾区建立符合国际标准的生态环境管理制度体系和绿色发展评价体系，推动粤港澳大湾区建设生态文明示范区，并积极探索适应区域主体环境功能特点的发展模式，强化在"一核"产业引领带动作用、"一带"执行最严格的环保要求和"一区"中保障生态屏障功能[①]。

2. 文化和教育交流合作力度持续加大

第一，文化和旅游受到高度重视。2020年10月，习近平总书记到广东考察时，重点对文化建设和文化保护做出一系列重要讲话和重要指示，为广东文

---

① 严俊伟：《空气质量优良率力争90%以上》，《深圳特区报》2019年1月23日。

化和旅游发展赋予了新的使命，提供了强大精神动力。截至 2019 年底，广东省有世界文化遗产 1 处（开平碉楼与村落），国家历史文化名城 8 座，全国重点文物保护单位 131 处，省级文物保护单位 755 处[①]。

第二，深化大湾区青少年交流合作。粤港澳三地克服疫情冲击与香港修例风波影响，继续办好粤港澳青年文化之旅。2020 年度粤港澳青年文化之旅在韶关举行，粤港澳三地 60 名青年共同探寻岭南文脉、相互交流增进了解，活动取得丰硕成果。组织参选文化和旅游部 2020 年度"港澳青少年内地游学产品"，江门开平仓东文化遗产游学营最终入选并在港澳青少年内地游学联盟大会上进行推介。在广东省文化和旅游厅指导下，广东舞蹈戏剧职业学院于 8 月份举办了粤港澳青少年粤剧艺术夏令营，来自粤澳两地 90 余名师生进行了粤剧学习交流。

第三，发布了一系列重大文旅项目和工程。2020 年 6 月，广东发布首批粤港澳大湾区文化遗产游径，包括孙中山文化遗产游径、古驿道文化遗产游径、海上丝绸之路文化遗产游径、海防史迹文化遗产游径、华侨华人文化遗产游径等 5 个主题游径线路；该游径以历史为纽带，将承载着粤港澳大湾区共同记忆和文化情感的历史文化资源整合，共同展示大湾区文化交融性和岭南文化特质[②]。《粤港澳大湾区文化和旅游发展规划》由国家文化和旅游部、粤港澳大湾区建设领导小组办公室和广东省人民政府于 2020 年 12 月 24 日联合印发实施。该规划描绘了粤港澳大湾区文化和旅游发展蓝图，明确了粤港澳大湾区文化和旅游建设的目标、思路和主要任务[③]，规划了 11 个项目专栏 36 类重点项目，有利于推进粤港澳大湾区文化和旅游协调发展，将大湾区建设成为具有国际影响力的人文湾区和休闲湾区。

第四，深化粤港澳大湾区旅游监管合作。为加强粤港澳旅游市场监管信息

---

① 伍策、楠雪：《广东：保护历史文化遗产　转化岭南文化资源》，中国网，2020 年 5 月 14 日，http://travel.china.com.cn/txt/2020 – 05/14/content_ 76042658. html，最后访问日期：2021 年 1 月 15 日。

② 李明：《粤港澳大湾区文化遗产游径发布》，《深圳特区报》2020 年 6 月 14 日。

③ 刘淼：《共建具有国际影响力的人文湾区和休闲湾区——文化和旅游部港澳台办有关负责人就〈粤港澳大湾区文化和旅游发展规划〉答记者问》，《中国文化报》2021 年 1 月 6 日，http://m. ce. cn/lc/gd/202101/06/t20210106_ 36193066. shtml，最后访问日期：2021 年 1 月 7 日。

沟通和执法协作，广东省文化和旅游厅推动大湾区"9+2城市"旅游市场监管部门于2020年9月11日成立了旅游市场监管协作体，签署了《粤港澳大湾区"9+2"城市旅游市场联合监管协议书》，共同构建信息通报、联合检查、联动处置、应急处突等工作机制。

第五，大湾区教育合作发展有新突破。广东省与港澳携手合作，以互联互通、互学互鉴、共建共享共赢为重点，促进教育体制创新和治理能力建设。东莞加快筹建大湾区大学，力争2020年完成大湾区大学一期校园土地整备工作。香港科技大学（广州）正在如火如荼地建设，2022年9月1日，香港科技大学（广州）将正式投入使用。此外，2020年11月14日，正式成立粤港澳大湾区中小学校长联合会，借此平台促进粤港澳教育信息资源的互融互通，以及大湾区基础教育高质量发展。

3. 疫情下社会治理合作格局加速形成

第一，粤港澳大湾区开启"联手抗疫"模式。2020年面对新冠肺炎疫情暴发，粤港澳三地通过每日疫情多轮通报、及时共享疫情信息、共商防控重大决策等形式，建立疫情联防联控机制，同时借助数字化的大潮，探索新型互联网诊疗，利用新技术加快推进电子病历的科研和应用，在粤港澳大湾区率先实现电子病历互联互通，搭建数字化医疗资源合作共享平台，实现医院之间各诊疗环节数据共享、检查结果互认，探索大湾区内跨境转诊，促进"健康湾区"建设；此外，还开展"健康广东行动"。推动珠三角9市高水平医院与港澳医疗机构组建医疗联合体，积极引进港澳专业医学人才、先进医疗技术、成熟管理经验和优秀经营模式，支持港澳医师、护士、药剂师等在大湾区内开展执业活动等[1]。

第二，推动公共服务和社会治理的互联互通。广东在2020年7月28日印发《关于因地制宜发展共有产权住房的指导意见》，将在粤工作和生活的港澳居民纳入共有产权住房的供应范围。此外，大湾区内地9市教育部门采用积分入学等方式，力所能及地为符合条件的港澳子弟提供教育公共服务。其中，肇庆规定港澳子弟与本地户籍子女享受同等待遇。

---

① 汪灵犀：《"健康湾区"粤港澳携手谋篇布局》，《人民日报海外版》2020年5月1日。

（六）推进大湾区全面开放迈向更高水平

2020年，广东在深化营商环境改革、广东自由贸易试验区建设、专业人员资格互认等多方面推进粤港澳大湾区建设，均取得了亮眼成绩，有力推动了全面开放新格局的形成。

1. 多项创新政策助力全面打造湾区新型营商环境

国务院发布于2020年1月1日实施的《优化营商环境条例》，从市场主体保护、市场环境、政务服务、监管执法、法治保障等五个主要方面进行营商环境优化改革，是中国优化营商环境的重要行政法规，对提升大湾区营商环境提供了基本制度。广州市印发的《广州市营商环境综合改革试点实施方案》重点强调深化知识产权运用和保护，对服务业重点领域加大对外开放力度[①]。国家出台的《深圳建设中国特色社会主义先行示范区综合改革试点实施方案（2020～2025年）》，提出深圳要打造市场化法治化国际化营商环境，并将进一步完善公平开放的市场环境、打造保护知识产权标杆城市、完善行政管理体制和经济特区立法作为打造市场化法治化国际化营商环境的三个重要目标[②]。大湾区内地其他城市也均颁布实施了营商环境改革政策措施。

2. 广东自由贸易试验区建设取得重要成果

第一，南沙自贸区释放了在大湾区建设中的创新引领带动效能。南沙自贸区始终坚持以制度创新为核心，在投资便利化、贸易便利化、"放管服"改革、金融开放创新、深化粤港澳合作、法治环境建设、科技和创新型产业体系建设等领域全面发力[③]。南沙自贸区挂牌5年来，累计形成658项制度创新成

① 广州市发展和改革委员会：《广州市对标国际先进水平全面优化营商环境的若干措施》，广州市发展和改革委员会网站，2020年2月4日，http：//fgw. gz. gov. cn/fzgg/tzgg/content/post_ 5650254. html，最后访问日期：2020年10月19日。

② 中华人民共和国中央人民政府：《中共中央办公厅、国务院办公厅印发〈深圳建设中国特色社会主义先行示范区综合改革试点实施方案（2020～2025年）〉》，中华人民共和国中央人民政府网站，2020年10月11日，http：//www. gov. cn/zhengce/2020 - 10/11/content_ 5550408. htm，最后访问日期：2020年10月19日。

③ 王宇鹏：《广州南沙自贸区：以开放倒逼改革 打造大湾区现代产业新高地》，人民网 - 财经频道，http：//finance. people. com. cn/GB/n1/2020/0905/c1004 - 31850425. html，最后访问日期：2021年1月30日。

果。在推进大湾区建设过程中，南沙加强与港澳产业合作，打造大湾区现代产业新高地。截至 2020 年 7 月，累计落户港澳企业 3770 多家，累计投资总额超 1250 亿美元；与暨南大学合作共建全国首个常态化粤港澳规则对接平台。

第二，前海蛇口自贸区加大了投资开放力度。2020 年 8 月 25 日通过的《深圳经济特区前海蛇口自由贸易试验片区条例》，要求前海蛇口片区实行外商投资准入前国民待遇、负面清单管理和非违规不干预的管理模式，探索实行外商投资试验性政策措施①；逐步放宽或者取消境外投资者在服务业领域的资质要求、股权比例、经营范围等准入限制措施②。经过 5 年发展，2020 年上半年，前海累计注册港资企业 1.17 万家，注册资本 1.31 万亿元，累计实际利用港资 203 亿美元③。前海陆续推出 100 余项惠港利港政策，率先构建起全方位对港开放政策体系④。

第三，横琴新区片以改革促开放取得明显进展。横琴在营造优良投资环境、提升贸易便利化水平、推动金融创新服务实体经济、打造粤港澳深度合作示范区等方面先行先试，努力构建与自身发展定位相匹配、与港澳自由港政策相适应、与国际规则相衔接的创新机制⑤。截至 2020 年 8 月 25 日，横琴注册澳资企业已突破 3000 家，成为内地澳资企业聚集最集中区域⑥。

3. 人才开放政策推动高端要素资源流动

第一，建立开放型多渠道人才引进机制。通过建立合理完善的"引育用流"人才机制，重点完善有关海外人才尤其是海外高层次人才引进的政策法

① 《深圳经济特区前海蛇口自由贸易试验片区条例》第 16 条。
② 《深圳经济特区前海蛇口自由贸易试验片区条例》第 16 条第 2 款。
③ 卓泳：《前海 10 年：累计注册港资企业 1.17 万家，注册资本 1.3 万亿元》，《证券时报》2020 年 8 月 27 日，http://news.stcn.com/news/202008/t20200827_ 2290711.html，最后访问日期：2021 年 1 月 30 日。
④ 王宇鹏：《深圳前海蛇口自贸区：深化港澳合作 再创新时代"深圳速度"》，人民网－财经频道，http://finance.people.com.cn/n1/2020/0905/c1004－31850430.html，最后访问日期：2021 年 1 月 30 日。
⑤ 王宇鹏：《珠海横琴自贸区：深化职能转变 营造高水平自由化投资环境》，人民网－财经频道，http://m2.people.cn/r/MV8xXzMxODUwNDAxXzEwMDRfMTU5OTI2NjQ5Mg==，最后访问日期：2021 年 1 月 30 日。
⑥ 宋雅静：《五年筑造多元空间 横琴成为内地澳资企业聚集"热土"》，《经济日报》2020 年 8 月 31 日。

规，同时注重人才服务与保障①。

第二，积极推进港澳青年创新创业基地"1 + 12 + N"体系建设。重点打造分布在大湾区内地 9 市 13 个平台载体建设。截至 2020 年 6 月底，13 家重点建设载体中已有 11 家投入运营，累计引进 666 个港澳项目入驻。同时，不断扩大粤港澳科技企业孵化载体规模。截至 2019 年底，在全省建设粤港澳科技企业孵化载体 134 家，共孵化港澳创业团队和企业 1046 个②。

第三，职称评价和专业资格认可改革稳步推进。2019 年 12 月，广东印发了《关于推进粤港澳大湾区职称评价和职业资格认可的实施方案》，提出构建全面开放的粤港澳大湾区职称评价体系，推进粤港澳大湾区各领域职业资格认可，促进人才要素在大湾区顺畅流动；该方案还明确，到 2020 年构建开放的粤港澳职称评价机制，逐步实现粤港澳三地职称评价对接③。专业技术资格互认主要从工程与法律两个方面率先入手。2020 年 7 月 11 日，粤港澳大湾区工程技术人才专业资格互认协议签约仪式在广东召开，标志着三地开始探索构建粤港澳大湾区人才资源开发和利用的合作机制。2020 年 8 月 11 日，全国人民代表大会常务委员会通过了《关于授权国务院在粤港澳大湾区内地九市开展香港法律执业者和澳门执业律师取得内地执业资质和从事律师职业试点工作的决定》，明确指出符合条件的香港法律执业者和澳门执业律师通过粤港澳大湾区律师执业考试，取得内地执业资质的，可以从事一定范围内的内地法律事务④。该决定的实施将是中国司法体制建设的一个重要创举，引起粤港澳大湾区法律界人士的热烈讨论，受到法律界各行各业的热烈欢迎。

---

① 黄玉蓉、武智：《文化流动视域中的粤港澳大湾区文化创新路径》，《深圳特区报》2020 年 10 月 13 日。

② 《广东省人力资源和社会保障厅关于省十三届人大三次会议第 1347 号代表建议答复的函》，粤人社案〔2020〕288 号，2020 年 5 月 31 日，http://hrss. gd. gov. cn/zwgk/jytabl/jybl/content/post_ 3011907. html，最后访问日期：2021 年 1 月 30 日。

③ 周聪：《广东省推进粤港澳大湾区职称评价和职业资格认可》，金羊网，2019 年 12 月 6 日，https://news. ycwb. com/2019 – 12/06/content_ 30404621. htm，最后访问日期：2020 年 10 月 19 日。

④ 全国人民代表大会：《全国人民代表大会常务委员会关于授权国务院在粤港澳大湾区内地九市开展香港法律执业者和澳门执业律师取得内地执业资质和从事律师职业试点工作的决定》，全国人民代表大会网站，2020 年 8 月 11 日，http://www. npc. gov. cn/npc/c30834/202008/2ab218efc1b14d79bb7ea9301bbfb3ea. shtml，最后访问日期：2020 年 10 月 19 日。

二 粤港澳大湾区建设推进中存在的问题

（一）科技创新面临迫切需要克服的"痛点"

近年来，中美贸易摩擦持续升温，美国频繁对大湾区高科技企业如华为、中兴、大疆等实行芯片断供、产业链上游技术严密封锁等"霸凌措施"。大湾区内地城市产业层次低、产业价值链条短、关键核心技术受制于人、过度依赖国外市场等深层次问题日益凸显。

1. 高科技领域关键核心技术受制于人，产业安全面临巨大挑战

电子信息"缺核少芯"明显，90%以上的高端芯片依赖进口，国产工业机器人配套减速器、伺服电机等进口比例为90%，驱动器进口比例为80%①。据对2018年广东省高新技术企业和入库培育高新技术企业的调查显示，对外贸易往来密切的高新技术企业有6000余家。其中，由国外供应商提供主要零部件和原材料企业有2500多家，5G芯片、电子元器件、基础工业软件等产业领域成为美国实施"霸凌措施"的高危地带，"断供"风险极大，部分标杆企业面临较大经营风险。美国全面禁止华为使用任何美国技术制造的芯片，对5G、人工智能等新一代信息产业造成严重冲击，使产业链的完整性、安全性、先进性遭受到前所未有的考验。因此，推进国内科技、经济大循环变得尤为迫切。

2. 科技创新自身存在结构性问题，科技支撑能力滞后于产业发展需求

总体上，大湾区内地城市科技创新领先优势不明显、基础还不牢固，特别是在原始创新能力、自有核心技术、创新主体载体质量、创新政策落地以及创新环境营造等方面仍存在问题和不足。例如，原始创新、基础研究经费占GDP比重仍然偏低；高端科研平台缺乏，虽拥有30家国家重点实验室、23家国家工程研究中心，但仅为北京的1/4和1/3；高层次创新人才、高技能人才

① 刘幸、刘春林：《广东推动制造业高质量发展大会召开 去年广东规模以上工业收入全国第一》，大洋网，http://news. sznews. com/content/mb/2019 - 11/22/content_ 22650606. htm，最后访问日期：2020 年 10 月 19 日。

总量仍偏少，入选世界一流大学、一流学科建设数量远低于北京、上海、江苏等地区。

3. 科技创新资源分布不均衡，流通共享机制尚未建立

大湾区科技创新资源分布特点大致呈现出四种类型：一是广州和深圳既有创新资源又有产业基础，并已经成为大湾区甚至是国际上重要的技术创新中心；二是香港和澳门拥有开放性创新资源，在吸引外资和国际先进技术方面能够为科技创新产业化运作提供金融资本支持；三是佛山、东莞、珠海、中山科技创新资源不足，但拥有较为强大的制造业体系，能够为科技创新产业落地提供支撑；四是惠州、江门、肇庆科技创新资源丰富程度和产业基础都有待提高①。因此，这些特点就决定大湾区科技创新资源分布不均衡情况在短时间内是难以改变的。此外，这种不均衡也会导致创新资源的流通共享存在障碍，也会产生核心城市的虹吸效应，进一步加剧资源分布的不平衡。因此有必要建立长效的创新资源流通共享机制和激励措施，促进科技研发分工、金融资本和科技人才要素的流动，实现大湾区科技创新协同发展。

（二）基础设施互联互通建设存在迫切需要解决的"堵点"

1. 运输结构不平衡导致物流成本居高不下

"重路轻水"和"港强航弱"交通发展结构，造成流通费用下降空间狭小。2019 年，广东社会物流总费用达 1.52 万亿元，相当于 GDP 的 14.1%，高于世界平均水平近 3 个百分点。造成这一问题的突出原因，是运输结构严重失衡。广东公路货运量占全社会货运量的 71.6%，铁路货运量占比不到 2%，沿海集装箱干线港海铁联运占比仅为 0.16%，甚至低于全国 0.3% 的平均水平，内河、近海航运发展缓慢。就成本而言，内河航运单位吨公里的运输成本约为铁路的 1/2、公路的 1/5。在内河航运开发上，广东明显落后于兄弟省份。广东虽拥有大小河流 2000 余条，总长 36000 多公里，是名副其实的第一内河大省，但近年在内河方面的投入与湖北 390 亿元、安徽 380 亿元、浙江 320 亿元的投入相比有较大差距。近 5 年，广东内河水运投资仅 120 亿元，有效投资严

---

① 陈非、蒲惠荧、陈阁芝：《粤港澳大湾区科技金融创新协同发展路径分析》，《城市观察》2019 年第 4 期。

重不足。因此，有必要通过提高内河航运比重，降低数字经济企业物流成本和全社会物流总费用。

2. 交通的整体协调性和一体化程度仍然较低

从各交通方式的联合运输方面来看，虽然大湾区高速公路网和轨道交通网络相对发达，但相互间的串联及转换离"交通一体化"的程度还有相当的距离。大湾区高铁、城际、地铁等轨道交通建设多网并存，虽然大都能够实现便利顺畅换乘①，但是由于行业技术标准和行政区划的限制，仍然存在着客运多式联运和跨区域连通的运输问题。尤其是城际线网与地铁线网不能互联互通，无法实现公交化运营服务，对湾区轨道交通一体化发展造成障碍，不利于实现"一票式"联程和"一卡通"服务。

3. 联通内外的物流通道和方式还不够完善

粤港澳大湾区还缺少一条与西南腹地联通的货运铁路通道，铁路专运线、疏港铁路等最后一公里还没有完全打通。广东省公路货运量占全社会货运量的71.6%，铁路货运量占比不到2%；沿海集装箱干线港海铁联运量比重仅0.16%，低于全国0.35%的平均水平；珠三角与粤东和粤西之间的高速铁路通道尚未全面建成（现有通道标准为200公里/小时）；粤东西北地区高速公路路网密度3.91公里/百平方公里，约为珠三角水平的46%，处于全国中下水平；每千万人拥有运输机场约0.69个，远低于全国平均水平（1.7个）。

（三）产业链和产业高质量发展面临难以持续的"断点"

1. 贯穿产业链各环节协同发展的生态体系尚未建立，严重削弱了粤港澳大湾区产业整体竞争优势

近年来，全球保护主义、单边主义抬头，叠加当前国际疫情持续蔓延，大湾区相关行业、企业可能面临重要设备、核心零部件、关键材料等供应紧张甚至断供的风险，同时面临相关设备、产品、材料价格上涨，生产经营压力加大。目前，大湾区既缺乏像谷歌、IBM和英特尔等能够高效整合高新技术产业

---

① 钟丽婷：《全国人大代表张志良建议：加快粤港澳大湾区轨道交通融合发展》，《南方都市报》2020 年 5 月 22 日，https：//static.nfapp.southcn.com/content/202005/22/c3561645.html，最后访问日期：2021 年 1 月 15 日。

链的核心跨国企业，又缺乏与之配套的"专精特新"型中小企业。因此，大湾区尚未形成以大企业为引领、中小企业及平台为核心的较为完善的产业生态体系①。大湾区较多关键器件和基础软件的核心专利的关键节点已被国外企业布局，造成国内企业在同类产品无法实现国产替代，或因专利壁垒而无法对外销售。知识产权壁垒成为企业开展对外贸易和技术创新的主要障碍。如桌面端微软 Windows 一家独大，手机端的主流是谷歌的安卓和苹果的 iOS，其中安卓全球市场占比超过 80%，国内 OPPO、vivo 等手机厂商基本采用安卓系统，对美国依赖严重。

2. 新兴产业成长快但不强，传统优势产业转型升级较慢

广东先进制造业和高技术制造业加快发展。2019 年，广东先进制造业、高技术制造业占规上工业比重分别达到 56.3% 和 32%。工业新产品产量保持快速增长；新能源汽车产量增长 17.5%，4K 电视产量增长 34.7%，工业机器人增长 28.3%；但战略性新兴产业增加值占规上工业比重尚未超过 20%，还难以起到支柱作用。传统产业削减较快，纺织服装、食品饮料对工业增长贡献率分别比 2012 年下降 4.1 个、4.3 个百分点。2019 年，在制造业 31 个大类行业中，有 12 个行业增加值负增长，主要集中在汽车和传统行业。传统优势产业技术改造力度有待加大，企业"不想改、不会改、不敢改"问题较为普遍。工业发展平台整体水平不高。珠三角村镇工业集聚区发展质量低。据不完全统计，珠三角村镇工业集聚区约 1.1 万个，用地总面积占珠三角地区现有工业用地面积的 24%，但仅贡献了珠三角地区不到 10% 的工业产值②，而 70% 的安全生产事故和环境污染事件发生在村镇工业集聚区。

3. 高端产品供给不足，产业链竞争力亟待提升

大湾区工业产品缺乏在国际市场上具有显著竞争力和影响力的知名品牌。在 2019 年世界品牌 500 强中，美国占据了 208 个，中国品牌只有 40 个，广东仅腾讯和华为 2 家企业入选。相关领域高端产品依赖进口。在电子信息领域，

---

① 陈杰英：《粤港澳大湾区科技金融创新的逻辑——基于产业生态圈协同发展的思考》，《科技管理研究》2020 年第 24 期。

② 刘幸、刘春林：《2018 年广东规模以上工业收入居全国第一》，广州日报-大洋网，https://news.dayoo.com/gzrbrmt/201911/22/158551_52934590.htm，最后访问日期：2021年 1 月 20 日。

广东手机企业核心芯片（基带芯片、存储芯片、CPU、GPU 等）大部分依赖进口；大量应用于家电的 MLCC（片式多层陶瓷电容器）虽基本实现了国产化，但更高端的薄介质高容、高容高压产品被日本、韩国企业垄断。在工业机器人领域，粤产工业机器人占全省机器人保有量的比例仅为 30% 左右，而高端机器人和高端设备 80% 的市场被国外产品占据。在医疗器械行业，高端生产装备、精密仪器、高端医疗器械依赖进口。在超高清显示行业，广东普通平板玻璃原片生产能满足近 80% 的需求，但用于高端电子信息显示的超薄触控玻璃基板、蓝宝石、高铝等高强度前后盖板玻璃、高世代 TFT – LCD 玻璃、OLED 显示面板玻璃主要依赖从美国、日本进口。

（四）大湾区优质生活圈建设存在的"困点"

1. 环境治理还未实现全部对接、联合治理

党的十九届五中全会提出了"十四五"时期我国发展目标任务和 2035 年远景目标。粤港澳大湾区建设和碳排放都是其中重要的内容，需要进一步探索大湾区在碳排放方面的引领性作用。

2. 基本公共服务还有待完善

一方面，广东高校的体量并不小，整体数量在中国居于前列，但"高水平大学的数量"难以与它的经济地位相称。此外，粤港澳大湾区的高等教育发展水平很不平衡，具有较高发展水平的高等教育机构集中在香港和广州两地。与内地加强合作方面，香港高校在大湾区内仍具有明显优势，融入大湾区高等教育发展显然是很好的出路。但是，港澳高校曾面临难以承接内地科研项目等问题。另一方面，大湾区通过探索跨境转诊来克服了粤港澳三地体制差异所带来的挑战。

（五）全面开放新格局建设中存在隐形门槛

1. 营商环境法律政策的协调问题难以协调

依据《中华人民共和国宪法》《中华人民共和国香港特别行政区基本法》《中华人民共和国澳门特别行政区基本法》的规定，粤港澳大湾区分属于三个法域，适用不同的法律制度。三地法律规则的协调是粤港澳大湾区制度有效运行的重要保障，也是建设大湾区优质营商环境中的重要问题。

2. 广东自由贸易试验区建设的同质化和联动性问题凸显

其一，一定程度同质化的问题。广东自由贸易试验区三个片区均属于广府地区，三地文化同源，过去一年所出台的政策以及落地的项目存在一定的相似性，如何避免自贸区建设方面的同质化是一个重要问题。其二，联动性有待进一步加强。广东自由贸易试验区三个片区均出台了大量的政策，大力推动自贸区的高速发展，但这些政策多侧重自贸区自身的发展，与大湾区其他地区、国内外其他地区的联动较少。

3. 专业技术人员资格互认工作方兴未艾、任重道远

以法律执业人员资格互认为例，粤港澳大湾区三个法域法律专业资格的互认是全世界司法制度创新建设的创举。相关政策颁布以来，受到法律界各行业从业人士的热烈欢迎。但三地法律内容差异较大，加之内地 2021 年《中华人民共和国民法典》开始施行，重要领域的法律规则出现一定的变化，因此未来大湾区以何种标准实现法律执业资格互认，是 2021 年需要全面研究、妥善解决的问题。

三 推进粤港澳大湾区建设的对策建议

（一）深化科技创新赋能，持续提升国际影响力

当前，全球科技创新高度活跃，深刻改变着产业演进的速度和生命周期，孕育带动了一批新兴产业和未来产业崛起。粤港澳大湾区建设正处于转型发展的关键阶段，产业总体上处于全球产业价值链中低端，经济对外依存度较高。在当前全球需求低迷，单边主义、保护主义上升的背景下，经济发展动力不足的问题日益凸显。在中长期尤其是"十四五"期间，广东应紧抓科技革命和产业变革机遇，促进科技创新与实体经济的深度融合，以科技创新赋能"双循环"发展，引领消费升级和产业转型升级。

1. 加快推进关键核心技术攻关，提高产业稳定性和竞争力

持续强化基础与应用基础研究，补齐原始创新短板。建立和完善国家联合基金、省市联合基金和企业联合资金等多元化投入体系，在重要前沿领域部署一批基础研究重大项目。广东实施的国家级、省级自然科学基金项目要面向世

界科技前沿和大湾区重大战略需求，培养出一批基础研究人才。深化大湾区与科技部、中国科学院、中国工程院的产学研合作，推动中科院等机构在粤建设高水平创新研究院，全面提升大湾区自主创新能力。积极对接国家重大科技项目，聚焦前沿引领技术、颠覆性技术、卡脖子技术等硬科技，继续实施重点领域研发计划，形成一批具有国际竞争优势的重大科技产品和装备。实施产学研合作计划和国产技术替代计划，结合新基建发展机遇，推动新技术、新工艺实际应用和产业化。

2. 构建内外融通的科技创新网络，集聚产业高端要素

要持续深化对外合作，积极保持与国际接轨，畅通国内、国际两个循环，增强利用国际国内两个市场、两种资源的能力。充分发挥粤港澳大湾区的窗口和平台作用，紧密团结港澳地区，推动科技设施向港澳开放，推动科研人员往来交流等，继续建设完善一批面向港澳的创业孵化基地，吸引港澳青年来粤创新创业。加强与"一带一路"沿线国家科技合作，开拓与联合国 UNCSTD 及相关国际组织重点合作工作，鼓励支持国外创新人才团队参与大湾区重大科技项目，支持大湾区内科研人员深度参与欧盟"地平线"计划、国际大科学计划和大科学工程。

3. 深化科技体制机制改革，优化产业发展环境

推动《广东省自主创新促进条例》等已有政策的贯彻落实，谋划制定前瞻性创新政策，加强政策综合协调，避免政策冲突和利益分化。抓好新一轮全面创新改革的重大改革事项，完善财政科技项目和科研经费管理，提高科研资金使用效率，激发创新主体活力。推进科技创新要素市场化配置，实现人才、资本、技术、信息等要素的自由流动。实施"三评"改革，清理"四唯"行动，构建遵循科研规律的科研管理体系。深化改革科技成果使用权、处置权和收益权，完善和畅通科技成果转化渠道，提升科研人员的获得感和满足感。完善军民科技协同创新体制机制，提升科技对强军兴军和经济的双向拉动、支撑作用。

（二）强化基础设施的先行作用，推进互联互通迈上新台阶

以建设畅通粤港澳大湾区内外快速交通网络为重点，推动大湾区交通运输高质量发展，高站位、高标准推进交通强国建设先行，全面加快大湾区现代综

合交通运输体系建设，推进大湾区高质量发展。

1. 抓住机遇，打造交通强国建设先行示范区

要抓好《深圳建设中国特色社会主义先行示范区综合改革试点实施方案（2020～2025年）》所涉及交通运输任务的落实，支持深圳全面打造交通强国的先锋城市。要紧抓交通强国、粤港澳大湾区建设和"一核一带一区"等战略发展机遇，加快深中通道等跨海重点项目建设和城际铁路建设，打造内通外联、高效便捷、衔接顺畅和支撑有力的大湾区交通基础设施网络，科学编制完善广东省综合交通体系"十四五"规划及专项规划，充分发挥交通运输基础性、先导性、战略性、服务性作用，更好支撑服务大湾区经济社会高质量发展。

2. 把握重点，打造"轨道上的大湾区"

一是构建多元融合的轨道服务网络。以优化大湾区时空关系为核心目标，按照综合交通运输理念，从城际铁路、城市轨道快线、城市地铁等多个层面着手，以城际轨道为依托，实现大湾区内部重要城市之间的快速直达联系，以市域快轨为依托，保障都市圈近郊地区与核心区之间的时空可达性，构建起支撑湾区空间紧凑发展、集约化满足交通需求的复合轨道层级体系①。二是强化大湾区内各种运输方式的衔接与多式联运。利用广深港高速铁路高效通关便利，加快香港与珠三角快速轨道网衔接，促进大湾区人员流动。尽快推动大湾区建立"城际铁路+地铁"的一票制和公交化运营服务，实现大湾区轨道设施资源和服务共享。

3. 全面推进，建成现代化的综合交通运输体系

首先，推进大湾区高速公路网络互联互通。加强珠江两岸交通网络连接，加快建设深中通道和黄茅海通道交通工程，重点推进莲花山通道、狮子洋通道等跨江通道前期研究和筹划工作，最终建成具有充分运输能力和高效集约的跨江跨海通道群。其次，建设世界一流的港口群和机场群。港口群建设要加大港口供给侧结构性调整力度，统筹"存量"和"增量"资源，提升湾区港口设施集约化、深水化、专业化建设水平；机场群建设要侧重在互联互通体系、协

---

① 邵源、黄启翔：《深圳视角下的粤港澳大湾区交通战略规划思考》，《交通与港航》2019年第1期。

同发展机制、机场规划布局、空港经济总体规划等方面，促进大湾区机场之间航空资源共享，提升机场群互补发展能力。再次，提升现代化运输服务水平。用好管好港珠澳大桥，利用广深港高速铁路高效的通关便利，加快香港与珠三角快速轨道网衔接。尽快推动建立大湾区建立"城际铁路＋地铁"的一票制和公交化运营服务，实现大湾区轨道设施资源和服务共享。推动广州—深圳国际性综合交通枢纽建设，打造一批开放式、立体化综合客运枢纽。此外，加快高速公路和轨道交通与内河高等级航道网连接建设，建立相互高效衔接、相互支撑有力的现代化、智能化内河航运体系。重点提升客运服务效率，降低货运运输服务成本，推动大湾区客货运服务一体化和智能化，持续提升大湾区交通网络的联通效率和服务水平。

（三）增强产业发展新动能，提升产业国际竞争力

发挥"双区驱动"优势，在构建"一核一带一区"区域发展新格局下，推动大湾区制造业高质量发展，建立完善的现代产业体系，不断开创湾区产业建设新局面，推动湾区内地城市产业转型升级，以持续创新发掘培育新的消费热点，抢占未来增量市场的先机，力争在新发展格局中展现大湾区作为和担当。

1. 增强新兴产业发展势能，加快传统产业转型升级

一是强化粤港澳大湾区现代产业体系融合发展。促进大湾区产业与创新的融合，紧抓关键环节技术突破，提前布局前沿领域和未来产业，培育产业发展新动能。推动大湾区工业化与信息化的融合，推进制造业数字化、网络化、智能化转型，大力发展工业互联网、5G＋等信息赋能产业，推广应用先进制造模式。提升大湾区服务业与制造业的融合深度，加快制造业服务化转型，开拓实体经济发展新领域、新业态。大力鼓励企业发展与产业链发展的融合，在大湾区重点落实省"双十"产业集群方案，聚焦重点产业补链强链，打造超五千亿级的战略性先导产业集群，加快培育地标性先进制造业集群。二是深入实施新一轮技术改造。落实研发费用加计扣除和固定资产加速折旧优惠政策，支持企业开展技术改造。在保持政策稳定性基础上，进一步加大技术改造支持力度，大力推动工业企业开展数字化、网络化、智能化和绿色化技术改造，在5G、先进制造业集群及产业链、安全生产等重点领域，支持企业加大设备更

新和技术改造投入，提高各集群产业技术水平和质量效益。三是支持大湾区内地工业园区高质量发展。推动以工业园区为平台集约集聚发展，破解资源瓶颈。坚决打赢珠三角村镇工业集聚区改造升级攻坚战，引导村镇工业集聚区向现代化工业园区转型升级，打造高端产业集聚区和产业创新策源地；推动20个产业集群落地到工业园区，规划建设一批特色产业园区，并设计好、培育好、管理好；持续推动工业园区扩容增效，加大对园区的基础设施投入，优化园区配套的软硬环境。

2. 提升产业基础高级化和产业链现代化水平

以提升产业链协作水平为主线，部署创新链、人才链和教育链，深度推进产业、科技和教育融合，提升科技自主能力和解决产业基础问题。一是强芯强链。围绕关键原材料、集成电路制造、高端元器件、电子化学品等产业薄弱环节，积极推动国产化替代进程。抓实"广东强芯"行动，支持电子信息重点领域生产企业工程研发及产业化项目。二是发展自主软件。积极发展具备自主核心技术的基础软件、工业软件等产品，引导支持软件企业基于自主底层信息技术开展适配攻关和迭代升级，加大重点领域重点行业应用推广力度。三是推进重大短板装备创新发展。落实国家重大短板装备实施方案，聚焦装备制造业龙头企业以及关键核心技术"卡脖子"难题，推动重大技术装备首台（套）技术攻关和产业转化。四是培育产业生态。支持华为、中兴等构建核心技术自主可控的全产业链生态，支持广州高云、风华高科、珠海越亚等一批具有国产化替代潜力的产业链"主导型"企业做大做强。加快鲲鹏生态创新中心建设，打造鲲鹏产业生态示范。五是积极融入产业链内循环。抓住中国部分重点产品进口替代的机遇，支持中间产品、原材料等出口企业融入国内产业链供应链，增强配套服务能力。

3. 持续深化制造业供给侧结构性改革

着力优化供给结构，提高供给体系质量，创造适应新需求的有效供给。一是提升大湾区制造质量品牌。通过调整现有供给结构、提高产品质量，积极促进实物消费提档升级，开展产业集群区域品牌建设和企业品牌培育管理体系标准宣贯活动，加强质量品牌提升培训，落实好消费品工业"三品"专项行动。建立对具有较长历史的品牌企业保护和扶持机制，大力培育"百年老店"。继续支持"粤贸全球"行动，推动广东制造的品牌效应深入人心。二是打造先进装备制造业产业带。按照"一核一带一区"区域发展新格局，培育打造珠江口东岸高端电子信息产业带、珠江西岸先进装备制造产业带等。支持打造20个产业集群发展，重点打造提升以广东龙头企业为核心的上下游供应链，增强产业链发展韧性。三是打造大湾区数字经济发展高地。以国家数字经济创新发展试验区建设为抓手，建设大湾区全球大数据硅谷和国际数字经济创新中心，推动数字产业集聚发展，推进区块链产业创新发展，引领在线经济、共享经济、无人经济、平台经济等数字经济新业态和新模式发展。

（四）加快补齐短板，实现更高标准的优质生活圈共建共治共享

1. 建立生态环境联防联治机制

为支撑粤港澳大湾区实现对标世界一流湾区生态环境质量，需要进一步加强科技引领，建立以臭氧为核心的多污染物协同控制技术体系及路线图，制定臭氧分阶段改善目标和多污染物协同控制方案；不断优化完善多领域的综合精细化治理和监管模式；推动空气质量标准更新，并加强空气质量与人体健康关系的科学研究；加强大湾区污染治理合作与协调，创新大气污染区域联防联控的体制机制。

2. 率先在全国探索绿色低碳发展之路

广东有能力、有条件在大气污染和气候变化联合应对方面发挥先行先试的作用。下一步应结合粤港澳大湾区尤其珠三角的实际，对标世界级空气质量标准，统筹做好空气质量达标和温室气体达峰"协同双达"规划；以率先实现双达为抓手，推动结构性的低碳转型，发展先进低碳技术，建立低碳的经济体系，在能源、产业、交通、建筑方面进行更深度的减排。通过"双达"目标，倒逼"双控"（大气污染和应对气候变化协同控制）工作迈出实质性步伐，为探索绿色低碳发展的中国道路做出应有贡献。

（五）强化法制规则对接，构建高水平开放的法制环境

1. 推动粤港澳三地法律规则的协调

广东应当加强与港澳法律制度协调方面的沟通，既重视实体法与程序法方面的协调，也应重视法律协调的路径与方式，以适当的方式推动粤港澳大湾区内法律制度的协调。此外，要做好大湾区内地9市相关管理规则的协调工作。

2020 年，广东各地出台了大量的社会管理规则，以制度促进粤港澳大湾区加快形成全面开放新格局。这些相关的管理规则属于不同类型的规范性文件，不同的规范性文件在适用范围上存在一定的交叉，可能造成适用上的问题，因此在适用相关的规范性文件时如何进行规则的协调是未来需要进一步研究与解决的问题。

2. 加强广东自贸区差异化开放发展

从广东自由贸易试验区三个片区的情况分析，三个片区各有优势：前海蛇口自由贸易试验片区在科创方面具有较好基础；广州南沙新区面积较大，空间优势明显；珠海横琴新区片区毗邻澳门，区位优势明显。未来，广东自由贸易试验区三个片区应当发挥各自的优势，加强差异化发展。此外，要加强与不同地区的联动。广东自贸区的未来应当加强与广东省内其他城市、香港、澳门的联动，并逐步辐射全国，走向世界，成为中国未来面向世界的新窗口。

3. 有效解决专业技术人员资格互认和深化人才服务问题

广东应联合香港和澳门相关部门全面开展相关研究，不仅要做到粤港澳大湾区专业人员资格互认，更要做好专业技术人员资格互认以后专业人员执业方面的衔接。要以"一盘棋"思维，推进大湾区人才服务共建共享、互认互通，提升人才服务的一体化水平。携手港澳共同制定和优化社保、医疗、教育、养老等公共服务流动对接措施，深入"人才通""社保通"工程，推动三地规则衔接不断取得新突破，使在大湾区内地城市工作和生活的港澳人才全面享有"市民待遇"。建立社保和医保基金分担机制，以"谁使用、谁受益、谁支出、谁保障"为原则，协商分配粤港澳、珠三角九市社保缴交和医保支付义务，推行三地通用的社保卡和电子医保卡。

B.12
2020年广东区域发展报告

广东省社会科学院经济研究所区域协调发展课题组*

摘　要：　面对2020年疫情冲击，广深两个中心城市经济增速2.7%和3.1%，均超过了2.3%的全省和全国平均增速，增长引擎功能突出。沿海经济带东西两翼和北部生态发展区一批城市增速亮眼，汕尾全年同比增长4.6%位居全省第一，阳江增长4.4%，清远增长3.8%，韶关同比增长3.0%。全省经济总量最小的云浮市实现了4.1%增长，国民生产总值首次突破千亿元。至此，广东全部城市地区生产总值均已突破千亿元，并在珠三角拥有了三个地区生产总值过万亿元城市。从总体格局来看，广东珠三角核心区引擎带动有力，有望在2021年增加第四个地区生产总值过万亿元城市。沿海经济带东西两翼和北部生态发展区发展实力有了显著提升，区域差距扩大势头得到有效遏制，自2018年以来开始谋划的"一核一带一区"的区域发展格局初步确立。展望未来，广东还将在"双区"建设、"双城联动"、都市圈和城市群建设、基础设施建设、要素自由流动等领域下大力气，尽快建立起"核""带""区"三大功能区相互支撑、优势互补的高质量区域发展格局。

关键词：　区域协调　功能区　"一核一带一区"　双城联动

---

* 课题组成员：万陆，博士，广东省社会科学院经济研究所副研究员，研究方向为产业经济与区域经济；杨志云，广东省社会科学院经济研究所副研究员，研究方向为区域经济；李震，广东省社会科学院经济研究所副研究员，研究方向为城市与区域发展、人力资本与经济增长；曹佳斌，博士，广东省社会科学院经济研究所副研究员，研究方向为城市与区域经济、数字经济；范西斌，广东省社会科学院经济研究所研究人员，研究方向为区域经济、产业发展。

区域发展不平衡是广东经济面临的长期挑战。珠三角是全国经济最发达的地区之一，用全省30%的土地集聚了55%的人口，创造了全省80%的地区生产总值，2017年人均地区生产总值分别是东翼的3.4倍、西翼的2.89倍、北部生态发展区的3.76倍。2018年3月，习近平总书记在参加十三届全国人大一次会议广东代表团审议时发表重要讲话，指出广东发展不平衡不充分问题依然存在，粤东粤西粤北地区经济基础薄弱，内生发展动力不强；缩小粤东粤西粤北地区与珠三角发展差距，是广东区域协调发展的紧迫任务。

2018年6月，广东省以新发展理念为指引，改变传统思维，转变固有思路，推出了以功能区为引领的区域发展新战略，着力构建"一核一带一区"区域发展新格局。新战略提出至今两年多来，区域软硬联通水平和基本公共服务均等化程度大幅度提升，区域差距扩大势头初步得到遏止，珠三角核心区发展能级不断提升、沿海经济带东西两翼新增长极快速构建、北部生态发展区绿色屏障功能不断强化，绿色产业体系逐步成形，"一核一带一区"的区域发展格局已初步确立。

一 广东全域：区域发展平衡性和协调性稳步提升

（一）珠三角核心区主引擎带动有力，区域经济差距逐步收窄

1. 珠三角核心区生产总值占全省比重继续攀升，粤东西北地区一批城市增速亮眼

2020年，珠三角核心区实现地区生产总值89523.93亿元，占全省比重80.83%，比上一年提高0.12个百分点，比2017年提高0.46个百分点（见图1）。广州和深圳两个中心城市引擎作用突出，2020年经济增速达到2.7%和3.1%，均超过2.3%的全省和全国平均增速。另一个地区生产总值过万亿元城市佛山也实现了1.6%的正增长。东莞完成生产总值9650.19亿元，同比增速1.1%，有望在2021年为珠三角增添第四个地区生产总值过万亿元城市。东翼、西翼、北部生态发展区2020年分别实现地区生产总值7053.51亿元、7739.97亿元和6443.54亿元，占全省比重6.37%、6.99%和5.82%，分别比上一年降低0.09个百分点、降低0.08个百分点

和提高 0.05 个百分点。东西两翼和北部生态发展区涌现出一批增长亮眼的城市，其中汕尾增长 4.6%（位居全省第一），韶关增长 3%，阳江增长 4.4%，清远增长 3.8%。全省经济总量最小的云浮市增长 4.1%，地区生产总值首次超过千亿元。至此，广东所有城市地区生产总值均超过千亿元，沿海经济带东西两翼和北部生态发展区发展实力显著提升。

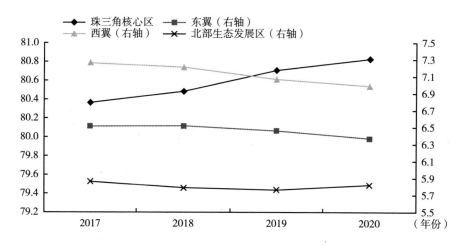

图 1　近年来广东四大区域生产总值占全省比重

2. 粤东西北地区人均地区生产总值增速超过珠三角核心区，区域经济差距逐步收窄

2019 年，珠三角核心区人均地区生产总值 136335 元，增长 3.9%，约合 19763 美元，达到世界银行制定的高收入国家或地区标准（见表1）。东翼、西翼和北部生态发展区人均地区生产总值分别为 39957 元、46764 元和 36697 元，分别增长 4.7%、4.0% 和 5.1%，增速分别比珠三角核心区高 0.8 个、0.1 个和 1.2 个百分点，形成了粤东西北人均地区生产总值增速均高于珠三角核心区的新格局。受人均地区生产总值增速新格局影响，2019 年东翼和北部生态发展区人均地区生产总值与珠三角核心区的比值分别为 29.3%、26.9%，分别比上一年增加 0.2 个和 0.3 个百分点，与珠三角核心区的差距进一步缩小；西翼人均地区生产总值与珠三角核心区的比值为 34.3%，比上一年下降 0.3 个百分点。四大区域人均地区生产总值的变异系数为 0.736，比 2018 年下降 0.003，已连续两年处于下降态势。

表1 近年来广东四大区域人均地区生产总值及增速

区域	2017年		2018年		2019年	
	总量（元）	增速（%）	总量（元）	增速（%）	总量（元）	增速（%）
珠三角核心区	123319	5.4	129206	4.2	136335	3.9
东翼	35113	6.8	37547	5.9	39957	4.7
西翼	42333	6.3	44693	4.5	46764	4.0
北部生态发展区	32608	5.2	34338	3.5	36697	5.1

3. 区域居民收入差距仍在扩大，但扩大势头有所减缓

2019年，四大区域居民人均可支配收入的变异系数为0.471，比2018年增加0.003，但比2018年相对于2017年0.007的增加幅度减小了0.004，四大区域之间居民收入差距扩大的幅度有所收窄。具体而言，2019年珠三角核心区居民人均可支配收入52214元，粤东西北居民人均可支配收入23384元，粤东西北与珠三角核心区之比为44.8%，比2018年低0.2个百分点，但比2018年相对于2017年0.5个百分点的降低幅度减小0.3个百分点（见图2）。东翼、西翼和北部生态发展区居民人均可支配收入分别为23484元、23551元和23120元，与珠三角核心区之比分别为45.0%、45.1%和44.3%，分别比2018年降低0.4个、0.2个和0.1个百分点，但比2018年相对于2017年的降低幅度（0.6个、0.4个和0.4个百分点）减小0.2个、0.2个和0.3个百分点，表明无论是东翼、西翼还是北部生态发展区，与珠三角核心区居民收入差距扩大的幅度均有所减缓。

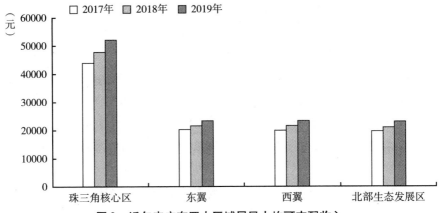

图2 近年来广东四大区域居民人均可支配收入

（二）综合交通运输网络进一步完善，基础设施通达程度趋于均衡

1. 交通固定资产投资保持稳定增长，综合交通运输网络逐步完善

2020 年，全省完成公路水路交通投资超 2000 亿元，创历史新高。年底高速公路通车总里程在全国率先突破 1 万公里。全省铁路运营里程达 4869 公里，实现了全省 20 个地级以上市通高速铁路。深中通道沉管隧道已完成 4 节沉管对接，黄茅海通道、南中高速、从埔高速、广清城际北延线陆续开建，兴汕高速一期、玉湛高速顺利建成通车，珠机城际铁路珠海至珠海长隆段开通运营，广清城际广州北至清远段、新白广城际花都至白云机场北段联调联试进入冲刺阶段，徐闻港正式启用，广州港深水航道拓宽工程建成投产，全省综合交通运输网络逐步完善，交通承载容量不断提升。

2. 珠三角核心区交通基础设施建设高质量推进，国际综合交通枢纽地位持续提升

截至 2019 年底，珠三角核心区高速公路通车里程达 4500 公里，初步形成以广州枢纽为中心，连通珠三角和粤东西北、辐射华东中南西南地区的放射性路网格局。珠三角港口群完成集装箱吞吐量约 6500 万标准箱，深圳港、广州港集装箱吞吐量分别位列全球第四和第五，国际集装箱班轮航线覆盖全球主要贸易港口。珠三角城际和市域（郊）铁路建设加快推进，广州、深圳主导建设的都市圈城际铁路发展全面提速。2020 年广州白云国际机场旅客吞吐量超越亚特兰大，这是中国机场吞吐量首次问鼎全球第一，实现了历史性突破。

3. 粤东西北地区加快交通基础设施建设补短板，一批重要指标与珠三角核心区差距收窄

2019 年，粤东西北地区总公路通车里程达到 158793 公里，比上一年增加 2.4%，结束了 2016 年以来年增速低于 1% 的态势。四大区域每万人公共汽（电）车运营线路长度的变异系数为 0.629，比 2018 年下降 0.014。具体而言，东翼、西翼和北部生态发展区每万人公共汽（电）车运营线路长度分别为 4.96 公里、3.47 公里和 8.28 公里，与珠三角核心区之比分别为 34.1%、23.9% 和 57.0%，分别比 2018 年增加 1.1 个、1.0 个和 1.1 个百分点（见表2）。四大区域每万人民用汽车拥有量的变异系数为 0.441，比 2018 年下降 0.05 个百

分点。具体而言，东翼、西翼和北部生态发展区每万人民用汽车拥有量分别为1173 辆、1117 辆和 1462 辆，与珠三角核心区之比分别为 44.7%、42.6% 和55.7%，分别比 2018 年增加 2.9 个、3.8 个、4.2 个百分点。四大区域每万人货物周转量的变异系数为 1.248，比 2018 年降低 0.03，已连续两年处于下降态势。东翼、西翼和北部生态发展区每万人货物周转量分别为 3597 万、5998万和 6643 万吨公里，与珠三角核心区之比分别为 8.8%、14.6% 和 16.2%，分别比 2018 年增加 0.7 个、0.3 个和 1.3 个百分点。

表2 近年来广东四大区域每万人公共汽电车、民用汽车和货物周转量

区域	每万人公共汽电车运营线路长度（公里）			每万人民用汽车拥有量(辆)			每万人货物周转量（万吨公里）		
	2017 年	2018 年	2019 年	2017 年	2018 年	2019 年	2017 年	2018 年	2019 年
珠三角核心区	13.69	14.57	14.53	2326	2483	2625	41988	41357	41101
东翼	3.41	4.81	4.96	885	1039	1173	3066	3369	3597
西翼	3.43	3.33	3.47	804	964	1117	5412	5907	5998
北部生态发展区	6.13	8.47	8.28	1081	1278	1462	5755	6183	6643

（三）医疗和社会保障财政支出差距缩小，基本公共服务均等化稳步推进

1. 财政统筹力度加大，医疗和社会保障财政支出差距缩小

近年来，广东省对粤东西北地区的财政转移支付力度逐年加大，2016～2019 年对粤东西北地区安排补助 9719 亿元，年均增速达到 12.4%。不断增加的财政统筹力度有效改善了广东区域基本公共服务财力不平衡情况。2019 年，珠三角核心区、东翼、西翼和北部生态发展区人均社会保障和就业财政支出分别为 1425 元、975 元、1179 元和 1534 元，变异系数为 0.196，比 2018 年下降0.023（见表3）。四大区域人均医疗卫生与计划生育财政支出分别为 1502 元、926 元、986 元和 1246 元，变异系数为 0.227，比 2018 年减小 0.011。四大区域人均教育财政支出分别为 3163 元、1538 元、1682 元和 2039 元，变异系数为 0.350，比 2018 年增加 0.038。

表3 近年来广东四大区域人均基本公共服务财政支出

区域	教育		社会保障和就业		医疗卫生与计划生育	
	2018 年	2019 年	2018 年	2019 年	2018 年	2019 年
珠三角核心区	2739	3163	1360	1425	1362	1502
东翼	1402	1538	815	975	835	926
西翼	1595	1682	1036	1179	889	986
北部生态发展区	1841	2039	1272	1534	1226	1246

2. 多措并举，区域教育服务质量均衡提升

近年来，广东努力优化教育资源的区域布局。在幼儿教育以及小学中学教育方面，通过积极探索跨区域集团化办学模式，推动以珠三角优质中小学、幼儿园为核心校组建教育集团，带动提升粤东西北基础教育水平。在高等教育方面，2021 年全省将有 11 所高校（校区）建成招生，其中 9 所落户粤东西北地区，填补部分地市没有本科高校或高职院校的空白，实现地级以上市本科高校（校区）、高职院校全覆盖。

3. 区域医疗卫生合作稳步推进，医疗卫生服务体系逐步完善

县域医共体建设全面推进，截至 2020 年 6 月底全省实行紧密型县域医共体建设的 15 个地市的 70 个县（市、区），共构建 105 个县域医共体，实现县域全面覆盖。实施医疗卫生"组团式"紧密型帮扶，2018 年开展了第一批医疗卫生人才"组团式"帮扶工作，选择 14 家三甲公立医院作为支援医院，从粤东西北 14 个地级市中各选择一个水平相对较弱的县人民医院作为受援医院，双方结对展开"组团式"帮扶；2019 年继续扩大帮扶医院数量，组织全省 54 家三甲公立医院帮扶 78 家县级公立医院，覆盖了粤东西北所有县（市、区）。"县强、镇活、村稳"的基层医疗服务体系建设成效显著，2016～2019 年升级建设 47 家中心卫生院为县级医院水平，改造建设 191 家县级医院、标准化建设 488 家乡镇卫生院，规范化建设 10000 间村卫生站。

4. 就业和社会保障工作力度加大，区域民生保障格局持续优化

稳步提高粤东西北地区低保标准，粤东西北地区的低保最低标准从 2016 年的 4020 元/人年提高到 2020 年的 6384 元/人年。鼓励高校毕业生去粤东西北就业，对毕业两年内的高校毕业生到粤东粤西粤北地区就业，签订 1 年以上劳动合同并参加社会保险 6 个月以上，每人提供 5000 元补贴；毕业 5 年内的

高校毕业生也可享受不同程度的补贴。推进劳动人事争议调解基本公共服务均等化，2019年10月成立广东省劳动人事争议调解中心，面向全省用人单位和劳动者跨地域提供劳动人事争议在线调解服务，在全国尚属首例。

（四）以体制机制创新为动力，区域合作进入发展快车道

1. 突破传统飞地经济模式，深汕合作全面加速

2011年2月深汕特别合作区正式设立。2017年9月，广东省委、省政府进一步创新深汕特别合作区体制机制，将经济建设和社会事务管理权划归飞出地深圳主导，要求深圳市不折不扣地落实好全面主导合作区经济社会事务的责任。这种新合作体制克服了我国传统合作区飞入地和飞出地共管（或飞入地统管）模式存在的缺陷，开创出由飞出地全面统管的区域合作新模式。2020年，作为深圳第"10+1"区，深汕合作区明确了深圳都市圈副中心定位，从规划引领到交通设施，从产业布局到民生福祉，与深圳的一体化全面加速。在产业发展规划方面，深汕合作区强力推进科教走廊，超前做好智慧城市新型基础设施建设，以"总部+基地，研发+生产，智慧+运用"，加快建立以先进制造业、战略性新兴产业和未来产业为主导的现代产业体系，以电子设备及电子产品制造业、新一代信息技术、新材料、装备制造、机器人等为主的产业集聚已初步形成。区域合作帮扶范围不断扩大、机制不断创新，全国首个"飞地"检察院——深圳深汕特别合作区人民检察院、全国首个"飞地"法院——深圳深汕特别合作区人民法院在2020年相继成立并履职。

2. 探索产业一体化新模式，广清共同打造全产业链集群

广州清远两市继续深化区域合作，从早期单向度的产业帮扶，全面转换为以产业共建、融合发展的区域产业一体化新模式。围绕"湾区所向，广州所需，清远所能"，广州与清远大力实施"广州总部+清远基地""广州总装+清远配套""广州研发+清远制造"产业一体化合作模式，共同打造具有强大竞争力的全产业链集群。2020年5月，由"三园一城"，即广清产业园、广佛（佛冈）产业园、广德（英德）产业园，以及广清空港现代物流产业新城构成的广清经济特别合作区正式启动建设。随着"三园一城"规划建设的推进，广清产业一体化迅速步入合作高潮：腾讯华南云计算基地、万方大数据产业园等70个重点产业项目纷纷落地，截至2020年10月底，广清产业园已累计签

约项目 219 个，计划总投资约 730 亿元，累计投试产项目 56 个，在（筹）建项目 63 个；广佛产业园引进 66 家企业，预计总投资 152.55 亿元，预计年产值 263.47 亿元；广德产业园累计签约项目 115 个，总投资约 363 亿元。2020 年 11 月 30 日，作为广清一体化的标志性工程，广清城际正式开通运营，广清两地市民进一步享受到广清一体化发展红利。

3. 打造高质量发展融合试验区，广佛同城持续深入

广州、佛山两市携手推进同城化十一年来，在交通互联、环境共治、民生共享等领域取得丰硕成果，催生了全国首个也是唯一一个"双万亿"同城化城市组合。截至 2020 年底，生活在佛山的"广佛候鸟"群体已超百万人。随着这一群体的不断壮大，广佛两市公共服务的一体化需求也随之快速提升。目前，广佛两市跨城通办的政务服务事项已达 1426 项。在高端高质产业集群共建方面，两市大力推动汽车、医药、机械制造等多领域的对接交流，产业协作项目达 31 个，互相投资企业数达 4291 家，企业"总部—分支"联系数量 2500 余家。在 2020 年 8 月广佛两市携手编制的《广佛高质量发展融合试验区建设总体规划》中，规划在广佛 197 公里长的边界两侧，选取 629 平方公里极具发展潜力的区域，合力建设包括"1 个先导区和 4 个片区"的高质量发展融合试验区，推动两市在各个领域实现全面互联和深度融合，逐步实现广佛全域同城化。

（五）多策共举，建立更加有效的区域协调发展新机制

1. 以功能区为引领，走出差异化特色化的产业发展路径

广东按照"一核一带一区"功能布局，以功能区为引领，优化产业空间布局，走差异化的产业发展道路。珠三角核心区着力推进产业高端化、培育世界级先进制造业集群。紧紧围绕 20 个战略性产业集群发展路线图，深入实施制造业高质量发展"六大工程"，坚定不移地推动制造业高质量发展，不断巩固壮大实体经济根基。沿海经济带着力加快重大产业项目布局，高水平推进临海产业集群建设，大力发展海上风电、核电、绿色石化、海工装备等产业，引进巴斯夫、埃克森美孚、中海壳牌等百亿美元重大项目。随着 660 多个投资超 10 亿元的产业项目密集落地，石化、钢铁等沿海重化产业带和核电、海上风电等清洁能源产业集群逐步形成。北部生态发展区立足守好

绿色这片底色和最大优势，通过抓好现代农业产业园、特色工业园区等平台载体建设，加快构建生态产业体系。比如，韶关得益于实施新一轮工业技改和百家优质企业倍增计划，加快传统优势企业转型升级步伐，全力推动韶关高新区创建国家高新区。此外，北部地区积极探索"农业＋""旅游＋""生态＋"等发展模式，乡村振兴成效明显，对接湾区的"大农场""后花园""康养地"广受欢迎。

2. 以"促均衡"为目标，建立转移支付制度促振兴

近年来，广东以"促均衡"为目标的财政转移力度不断加大。2016～2019年，广东省财政对市县补助 15058 亿元，年均增长 10.6%，高于全省一般公共预算收入年均增幅 3.8 个百分点。其中，安排"一带一区"补助 9719亿元，年均增长 12.4%，高于全省一般公共预算收入年均增幅 5.6 个百分点。2019 年安排"一带一区"税收返还和转移支付资金 2848.5 亿元，占其一般公共预算支出比重达 67%。省级转移支付有效缩小区域财力差距，2016～2019年"一带一区"人均一般公共预算支出年均增幅达 8.8%，高于珠三角核心区年均增幅 3.5 个百分点。

此外，广东还继续推进基本公共服务财政事权和支出责任划分改革，从2019 年起将城乡居民基本医疗保险、基本公共卫生服务等 7 项事权调整为统一分档和比例，按照"一核一带一区"功能定位将市县精细划分为四档，总体比原政策平均提高约 10 个百分点。在基础养老金补助方面，原中央苏区、海陆丰革命老区困难县、少数民族县由省财政统筹中央和省级资金承担100% 支出责任，除此之外的粤东西北市县由省财政统筹中央和省级资金分担 85% 支出责任。在缴费补贴方面，粤东西北地区 12 市由省财政与市级和县级财政按 1∶1∶1 的比例分担支出责任。财政分担支出责任的调整，增强了省级财政对粤东西北等欠发达地区的支持力度，缓解了这些地区的养老金支付压力。

3. 以"差异化"为手段，构建精准扶持新机制

针对区域发展的不同情况，广东差异化构建精准扶持新机制，全面推动区域协调发展。粤港澳大湾区建设方面，2020 年出台了 7 个重点领域 28 项财政措施，通过"人才集聚、资金过境、债券联动、平台互通、民生共享"等"五个支持"举措积极推动大湾区要素自由流动。全力支持深圳建设中国特色

社会主义先行示范区、广州推动"四个出新出彩"行动，制定支持深圳先行示范、广州"四个出新出彩"特事特办工作机制，2016～2019年安排705.9亿元实施广州体制结算补助，给予南沙、中新广州知识城、广州临空经济示范区和珠海横琴专项补助，促进重点平台加快发展。沿海经济带东西两翼发展方面，累计安排94亿元落实"一带一区"地级市新区基础设施建设补助政策，支持东西两翼产业集聚和重点产业平台建设。支持汕头、湛江省域副中心城市建设，广湛高铁、广汕高铁涉及"一带一区"地区的省方出资全额由省级承担。北部生态发展区方面，支持北部生态区绿色发展，将财政补偿与高质量发展综合绩效评价结果和生态保护成效挂钩，实施范围从26个重点生态功能区县扩大至48个生态发展区县全覆盖，筑牢北部生态区绿色生态屏障。2018～2020年广东省财政还投入722亿元，支持打好污染防治攻坚战，资金分配向生态环境保护任务较重的生态发展区倾斜。加大对"老少边穷"地区支持力度，出台老区苏区和民族地区若干财政支持政策，2019～2020年，广东省财政新增安排老区苏区振兴发展财政补助资金291亿元，大力扶持老区苏区振兴，补齐区域发展短板。

二　珠三角核心区：综合实力再上新台阶，为全省打造新发展格局战略支点发挥关键支撑作用

（一）核心区发展能级不断提升，广深联动强化核心引擎功能

2020年珠三角核心区实现地区生产总值89523.93亿元，占全省比重80.83%，比2019年提升0.12个百分点，比2017年提升0.46个百分点。从增长速度看，珠三角核心区同比增长约2.4%，比全省平均水平快0.1个百分点。珠三角是全国唯一拥有两个一线城市的地区。在疫情冲击面前，广州深圳双城增长引擎功能进一步凸显。2020年全年广州地区生产总值同比增长2.7%，深圳地区生产总值同比增长3.1%，分别比全省平均水平快0.4个和0.8个百分点。广深双城地区生产总值占全省比重分别为22.59%和24.98%，合计达47.57%，相比2019年进一步提升。根据全球化与世界城市研究网络

（Globalization and World Cities Research Network，GaWC）编制的《世界城市名册2020》①，广州、深圳同属世界一线城市（Alpha-），其中广州排名第34；深圳比2018年前进9位，排名46位。此外，佛山在2019年地区生产总值首次破万亿元，是广东省第三个进入"万亿俱乐部"的城市，2020年地区生产总值总量达到10816亿元。东莞2020年地区生产总值达到9650亿元，有望在2021年进入万亿元城市行列。

（二）区域创新能力持续领跑，一批重大科技创新平台加快落地

由中国科技发展战略研究小组联合中国科学院大学中国创新创业管理研究中心编写的《中国区域创新能力评价报告2020》显示，广东区域创新能力从2017年开始已连续四年排名全国第一。广东致力于实现科技自立自强，不断完善以企业为主体、市场为导向、产学研相结合的区域创新体系。2019年珠三角地区R&D经费支出为2962.36亿元，占全省R&D经费的95.6%；6个R&D经费支出超过百亿元的地市全部为珠三角城市，较上一年增加2个，依次为深圳（1328.28亿元）、广州（677.74亿元）、东莞（289.96亿元）、佛山（287.41亿元）、惠州（109.356亿元）和珠海（108.31亿元）。深圳创新活力一直走在全国前列，2019年深圳R&D经费投入强度高达4.93%，高于发达国家平均水平。广州着力发挥高校科研院所集聚优势，积极探索"科学发现、技术发明、产业发展、人才支撑、生态优化"的全链条创新发展路径。2019年广州高新技术企业突破1.2万家，新认定国家级科技企业孵化器10家，居全国第一。在2019~2020年两批共20家粤港澳联合实验室中，珠三角占19家，其中广州占10家，深圳占5家。世界知识产权组织（WIPO）发布的2020年《全球创新指数报告》显示，在以PCT国际专利申请量和科学出版物为核心评价指标评选出的世界顶尖科技集群中，深圳—香港—广州科技集群位居全球第二。

近年来，广东针对原始创新能力不足与关键技术"卡脖子"的问题，持续加大基础与应用基础研究投入，东莞散裂中子源、江门中微子实验站、惠州

---

① 《世界城市名册2020》通过量化世界城市在金融（银行、保险）、广告、法律、会计、管理咨询五大行业的全球连通性，GaWC将城市划分成Alpha、Beta、Gamma、Sufficiency四大类（即全球一二三四线），下设特强（＋＋）、强（＋）、中（/）、弱（－）子类，以衡量城市在全球高端生产服务网络中的地位及其融入度。

强流重离子加速器等世界一流重大科技基础设施和原始创新重大重点项目快速推进。围绕新一代信息技术、高端装备等战略性新兴产业，广东布局建设了20家省级制造业创新中心，为粤港澳大湾区深入开展产学研合作提供平台支撑；启动建设了首批10家粤港澳联合实验室以及服务大湾区的应用研究及转化平台。国际科技创新中心建设进展顺利，广深港澳科技创新走廊加快形成，光明科学城、松山湖科学城综合性国家科学中心先行启动区建设稳步推进。

（三）发展新动能加速壮大，先进制造业和现代服务业增长有力

制造业是珠三角最大的产业底色和核心竞争力。2019年珠三角核心区规模以上工业增加值28817.72亿元，占全省比重84.5%，比上一年提高0.8个百分点；从增长速度看，珠三角核心区增长5.0%，增速高于全省平均水平0.3个百分点；从规模以上工业企业情况看，珠三角核心区集中了全省81.9%的工业企业，贡献全省85.9%的利润总额，平均用工人数占全省比重达86.1%。高端制造产业发展态势良好。2019年，珠三角核心区先进制造业和高技术制造业增加值分别同比增长5.7%、8.6%，增速高于全省平均水平0.6个、0.7个百分点，分别占其规模以上工业增加值59.2%和36.2%，占比高于全省平均水平2.9个和4.2个百分点。目前珠三角核心区形成电子信息、绿色石化、智能家电、汽车产业、先进材料等7个万亿元级产业集群，2020年进入世界500强企业从7家增加到14家①。

伴随着制造业向高端转型和居民收入水平上升，以现代服务业为主体的第三产业部门成为拉动珠三角经济增长的主引擎。2020年前三季度服务业增加值为37075.52亿元，占全省83.35%，比2019年提高0.35个百分点，比2018年提高0.85个百分点。从增长速度看，珠三角核心区服务业增加值增长7.6%，增速比上年提高1.2个百分点，快于全省平均水平0.1个百分点。从规模以上企业情况看，珠三角核心区共有规模以上服务业企业22558家，占全

---

① 《财富》公布的2020年世界500强企业名单中，广东一共有14家企业上榜，数量创下历年来最高，分别为：中国平安（世界排名第21位）、华为（49）、正威国际（91）、南方电网（105）、碧桂园（147）、中国恒大集团（152）、招行（189）、QQ音乐（197）、广汽集团（206）、万科（208）、雪松控股（296）、美的集团（307）、格力（436）、深圳投资控股（442）。

省比重（91.9%）比上年提高 0.2 个百分点，实现营业收入增长 12.0%，增速快于全省平均水平 0.2 个百分点。

三 沿海经济带东西两翼：现代产业集群和都市圈集聚功能显著增强，主战场地位日益凸显

（一）东西两翼临港产业带渐次成型，内生发展动能显著提升

作为沿海经济带重要的产业支撑，茂湛石化基地、广州石化基地、大亚湾石化基地、汕潮揭石化基地等自西而东连点成片，一个世界级石化产业带正在广东沿海串珠成链。具体到东西两翼，包括汕头南区化工区、汕头海洋集团聚苯乙烯基地和潮州三百门、揭阳中委广东石化炼化一体化项目在内的汕潮揭石化基地，与茂名石化区和湛江石化工业、中科炼化一体化项目等在内的湛茂石化基地，共同形成支撑沿海经济带工业崛起的主战场。比如，揭阳发挥中委广东石化炼化一体化项目的龙头带动作用，着力抓好大南海石化工业区配套设施和配套产业建设，推动石化产业上下游企业发展壮大，撬动万亿级超级产业集群。茂名以东华能源为龙头的世界级绿色化工和氢能产业园顺利推进，引领茂名逐步打造全球最大、成本最低、品种齐全、有定价权的聚丙烯生产基地，并布局烯烃产业和新材料产业链，全面提升产业链竞争力。

汕尾依托海上风电资源优势，加快海上风电开发建设步伐，重点推进明阳智能汕尾海上大型风机叶片、中广核汕尾后湖等海上风电项目建设，清洁能源产业支撑功能加快强化。阳江将能源产业作为支柱产业之一，风电产业发展已按下"快进键"，世界级风电产业集聚效益初步显现。三峡沙扒、中广核南鹏岛、中节能等海上风电项目建设快速推进，海上风电实验室进入全面建设阶段；金风阳江风电产业基地建设步伐加快。在核电能源产业领域，由于广东持续优化核电清洁能源在沿海经济带的空间布局，除了深圳的大亚湾核电站和岭澳核电站、江门的台山核电站、惠州太平岭核电站（在建）位于珠三角核心区外，阳江核电站 6 台机组全部投入商运，年发电量可达 480 亿千瓦时，成为全球最大的在运轻水压水堆核电基地。此外，汕尾的陆丰核电站和湛江的廉江核电站正在加快开工建设。

（二）汕头和湛江省域副中心城市建设提速，加快打造东西两翼增长极

汕头是最早成立的老牌经济特区之一，近年来对标先进，积极做好"侨"文章，加快探索对外开放新路径，实现奋力赶超。2016～2019年汕头地区生产总值实现年均增长7.7%，增速高于全国和全省平均水平。当前，汕头正蹄疾步稳地融入"双区"建设和"双城"联动。一是加快构建"承湾启西、北联腹地"高水平全国性综合交通枢纽。沈海、汕昆、潮惠、揭惠、汕湛、潮环等高速已建成通车；广汕铁路建设加快推进；推动漳汕铁路尽快启动建设，形成"广汕漳＋厦深"沿海高铁双通道。二是加快培育壮大具有地方特色和优势的现代产业集群。发挥华侨试验区、国家高新区、综合保税区等重大平台作用，海上风电和海工装备为主的先进装备制造、5G、临港等产业扎实推进。三是加快提升区域创新能力。依托汕头大学、广东以色列理工学院的科教资源优势，引入外部创新资源开展协同创新，升级创新平台。汕头高新区升格国家高新区，5G产业园区入选广东省首批创建名单，广东智能化超声成像技术装备创新中心等大批创新平台加快落地。在对外开放探索领域，汕头保税区获批升级为综合保税区，成为全省第五个、粤东首个综合保税区。汕头入选"国家电子商务示范城市"，获批设立跨境电子商务综合试验区。2020年汕头出口524.5亿元，增速达到16.9%，高出全省平均水平16.7个百分点。

湛江是广东唯一联动粤港澳大湾区、深圳先行示范区、海南自贸区（港）、西部陆海新通道四大国家战略的沿海港口，在国家和广东对外开放格局中的战略地位凸显。广湛、合湛、湛海、深湛、张海高铁建设进程加速，湛江国际机场、湛江港40万吨级航道工程等重点工程加紧推进，以大高铁、大机场、大港口为主骨架的立体式交通网络体系全面完善。近几年，湛江以"稳投资"作为壮大实体经济的"定盘星""压舱石"，临港产业集群发展驶入快车道。随着宝钢股份湛江钢铁、中科炼化、巴斯夫一体化基地（广东）3个投资分别超100亿美元的重大临港产业项目建成投产或落户建设，湛江先进制造业的主体架构基本搭建完成。宝钢股份湛江钢铁主要生产工序产能持续突破，铁钢界面等效率指标达到行业领先，成为国内现代化全流程绿色钢铁企业的标杆。中科炼化项目是中国石化在新时代建设的标志性炼化工程，目前化工

产品已入市。作为湛江首个产值超千亿元产业，中科炼化将对湛江培育壮大安全可控的石油化工优势产业链具有不可替代的引领示范效应。巴斯夫一体化基地（广东）作为巴斯夫迄今为止最大的海外投资项目，将极大助推湛江打造成为世界级产业集群的基石。由于龙头企业的"磁场效应"不断发酵，逐渐发展壮大以钢铁、石化、造纸、生物医药、机械电器、海洋高新技术等产业为主导的现代产业发展版图。

（三）汕尾阳江在疫情冲击下增势亮眼，支点功能充分展现

在"一核一带一区"区域发展格局中，汕尾和阳江是衔接东西两翼和珠三角的战略支点。面对新冠肺炎疫情冲击的严峻形势，汕尾和阳江产业发展新动能加快转换，迸发了强劲的增长韧性，2020年经济增速位居全省前二位。汕尾2020年实现地区生产总值1123.81亿元，同比增长4.6%，领跑全省。近年来，汕尾加强与大湾区的产业对接，在电子信息、新能源汽车等制造业领域实现强链补链，加速产业能级提升和集聚发展。在比亚迪、信利TFT5代线、天贸新能源、宝丽华甲湖湾电厂等重大项目的牵引下，汕尾2020年规模以上工业增加值211.17亿元，增长2.6%；固定资产投资831.92亿元，增长14%。先进制造业、高技术制造业增加值占规上工业增加值比重分别提高到41.7%、31.1%，现代服务业增加值占服务业增加值比重提高到53%。此外，汕尾海上风电项目正加快推进，明阳智能正式投产，后湖海上风电场接入系统工程顺利投运。围绕"明珠数谷"大数据产业园布局定位，汕尾加快推动工业园区打造"5G＋智慧园区"。

阳江延续了2019年以来经济持续向好的态势，2020年地区生产总值增速排名全省第二，达到4.4%。其中规上工业增加值增长17%，连续8个季度居全省首位。此外，固定资产投资、对外贸易、利用外资等多项经济指标，阳江都位居全省前列，种种迹象显示阳江经济已全面进入快速增长期。阳江由于立足自身资源禀赋，坚定不移加快主导产业集聚成链发展。合金材料产业形成从冶炼到压延、深加工的全产业链格局，总产值突破700亿元，加速向千亿级产业集群迈进。世界级风电产业基地加快建设，目前已成为国内产业链最完整的风电装备制造产业集群。以阳江核电站为内核，国家新能源基地加快构建。此外，阳江的食品加工产业正集聚壮大，成为全国最大的调味品生产基地。

四 北部生态发展区：生态发展优势凸显，绿色崛起步伐进一步加快

（一）加快建设生态保护长效机制，强化绿色屏障功能

2020年8月25日，中共广东省委十二届十次全会对高质量加快构建"一核一带一区"区域发展格局进行再动员再部署，要求北部生态发展区突出生态优先、绿色发展，正确把握生态环境保护与经济发展的辩证关系，按照"面上保护、点上开发"的原则，提高生态安全保障和绿色发展能力，推进产业生态化、生态产业化，打造"绿水青山就是金山银山"的广东样本。

根据广东省委、省政府工作部署，广东省财政厅围绕《广东省打好污染防治攻坚战三年行动计划（2018～2020年）》任务，制定省财政支持打好污染防治攻坚战一揽子资金安排方案，计划2018～2020年投入683亿元、实际落实资金达722亿元，其中80%以上用于粤东西北地区。此外，广东还以生态补偿政策为切入点，依托"四个机制"全局谋划推进生态环境保护工作，包括保护区生态补偿机制、流域上下游横向补偿机制、多元生态补偿机制和生态保护发展长效机制等，其中，2019年6月广东出台的《生态保护区财政补偿转移支付办法》，建立了省级财政资金分配与生态保护成效挂钩，建立"谁保护、谁得益，谁改善多、谁得益多"的资金分配机制，为北部生态发展区的绿色发展提供了机制保障。

根据广东省生态环境厅2020年的监测数据，广东空气质量优良天数达标率为95.5%，完成国家要求考核目标；全省$PM_{2.5}$平均浓度低至22微克/米^3，优于世界卫生组织第二阶段目标（25微克/米^3），较2014年的38微克/米^{3}下降了41%，创有监测数据以来历史最好成绩；全省臭氧浓度为138微克/米^3，较2019年下降12.7%，实现5年来$PM_{2.5}$与臭氧首次同步下降。广东省的生态环境质量已经得到本质上的改变和提升，为广东经济发展构建出了安全生态的绿色屏障。

（二）重点打造特色产业集群，构建绿色产业体系

生态优势是北部生态发展区的最大优势和最大竞争力。通过实施不同区域

差别化环保准入要求和差异化的产业定位，北部生态发展区依托自身资源禀赋，把推进"一村一品，一镇一业"和现代农业产业园建设作为重要抓手，打造出许多特色产业集群，构建起与区域发展功能相适应的绿色产业体系，实现绿色发展。

2020年5月20日，广东省政府发布了《关于培育发展战略性支柱产业集群和战略性新兴产业集群的意见》，提出打造十大战略性支柱产业集群和十大战略性新兴产业集群，其中北部生态发展区包括了梅州梅兴华丰产业集聚带的特色生态产业园区，河源深河产业共建示范区、清远广清产业园、云浮氢能产业基地等产业重大发展平台，为北部生态区的高质量发展和绿色崛起提供了坚实基础。

北部生态发展区各城市也根据自身资源禀赋的不同，探索出了各有特色的绿色发展路径：韶关通过建设华韶数据谷、鹰硕大数据中心、移动5G智慧城市、联通BPO二期、零重空间高频遥感监测等一批"新基建"重点项目，力促产业生态化。梅州通过绿色化改造和多元化发展，不断提升烟草、电力、建材、电子信息、机电制造等五大优势传统产业；加快培育文旅、体育、互联网等三大新兴产业，发展大健康、特色现代农业，推动生态优势转变为经济优势。揭阳大力开展南药产业园建设，并实现"一县一园"，埔田镇获批创建国家级农业产业强镇，揭西县成为首批7个广东省全域旅游示范区之一，普宁获评国家级电子商务进农村综合示范县。清远加快推进国家城乡融合发展试验区建设，全力打造乡村振兴发展、破解城乡二元结构示范区，大力发展富民兴村特色产业，实施产业兴村强镇行动，推进"一村一品、一镇一业"建设，推动农业产业规模化、品牌化发展。

（三）大力推进乡村振兴战略，补齐区域发展短板

党的十九大报告提出实施的"乡村振兴"战略，既是新时代我国"三农"工作的总抓手，也是广东省解决区域发展不平衡不充分问题的重要战略举措。2019年以来，北部生态区紧抓《广东省实施乡村振兴战略规划》的重大机遇，加快基础设施建设，发展现代产业，改善基本公共服务水平，不断增强经济内生动力，取得了重大进展。根据广东省农业农村厅2020年10月发布的统计数据，2019年底粤东粤西粤北地区100个省级产业园主导产业总产值1305.8亿

元，吸引返乡创业人员 2.55 万人，辐射带动农民就业人员 123 万人，园内农民收入水平高于当地全县平均水平 24.6%，累计联结带动贫困户 7.18 万户，平均每户每年增收 8518.91 元。2020 年农村居民人均可支配收入 20143 元，增长 7.0%，增幅高于城镇居民人均可支配收入 2.6 个百分点，农民生活水平不断提高。2019～2020 年，广东省财政还专门就粤北老区苏区地区，制定财政政策措施，新增集中财力 291 亿元，每年每县专项补贴由 3000 万元提高到了 4000 万元；原中央苏区和海陆丰老区均创建了农业产业园，每个农业产业园每年可获补助 5000 万元，支持老区苏区加快振兴发展，走上发展"快车道"。

五 进一步推动广东区域协调发展的政策建议

尽管取得了一定的成绩，但广东区域发展不协调的状况尚未得到根本性改善。区域发展差距过大，内需体系不完备，区域产业循环不畅通，要素流动不充分，制约了广东畅通国内大循环的能力，限制了广东在全国构建新发展格局中发挥更加积极的作用。展望"十四五"，广东应加快构建"一核一带一区"区域发展格局，以形成主体功能明显、优势互补、高质量发展的区域经济布局为目标，缩小区域发展差距，密切地区经济联系，畅通地区产业循环，促进要素在地区间自由流动，不断畅通国内大循环，打造新发展格局的战略支点。

（一）全力推进"双区"建设，引领带动形成高质量发展的区域格局

深入落实《粤港澳大湾区发展规划纲要》，持续深化粤港澳合作，联手共建广州南沙、深圳前海、珠海横琴等高水平合作示范区，发挥其在进一步深化改革、扩大开放、促进合作中的试验示范作用。全力推动三地经济运行的规则衔接、机制对接，深入推进大湾区内粤港澳投资贸易自由化。围绕大湾区国际科技创新中心目标，加快建设广深港、广珠澳科技创新走廊，推进深港科技创新合作区等重大平台建设。深化拓展粤港澳在教育、医疗、文化、旅游、人才、创业、社会保障、生态环保等领域合作，共同打造大湾区公共服务优质、宜居宜业宜游的优质生活圈。加强省市联动、统筹协调，全力支持深圳紧扣五大战略定位，努力创建社会主义现代化强国的城市范例。加快推动深圳综合改

革试点落地，围绕要素市场化配置、营商环境、科技创新体制、对外开放、公共服务体制、生态和城市空间治理等重点领域和关键环节深化改革、先行先试，努力推出一批可复制可推广的改革经验和制度成果，推动在全国形成示范。

（二）强化广深"双城联动"，全面提升区域发展核心引擎功能

在支持深圳建设中国特色社会主义先行示范区的同时，以同等力度支持广州实现老城市新活力和四个出新出彩，强化省会城市、产业发展、宜居环境功能，不断提升国际中心城市能级，推动广州与深圳"双城联动、比翼双飞"，打造全球城市合作共赢典范，强化"双城"区域发展核心引擎功能，为全省"一核一带一区"区域发展新格局提供强有力的支撑。要深化广深战略合作，发挥广州、深圳在科技创新、产业发展、优质生活圈建设等方面优势互补作用，全方位推动产业、科技、教育、医疗、金融、基础设施等领域对接协作，建立更加密切的沟通衔接机制。强化广州、深圳在广深港澳科技创新走廊中的核心节点城市功能，推进科技创新资源要素开放共享，聚焦关键核心技术、前沿引领技术，加强基础研究与应用基础研究合作。加强中新广州知识城、广州科学城、南沙科学城与深圳深港科技创新合作区、光明科学城等创新平台联动合作，共建以深圳为主阵地的综合性国家科学中心。加强产业对接共建，谋划建设广深产业合作园区，打造广深"双城"联动发展先行示范区。推动广深社会民生和社会治理的共建共治共享，加快共建宜居宜业宜游优质生活圈。

（三）以都市圈城市群建设为抓手，着力构建区域协调发展战略支点

深化城市间协调合作，加快编制广州、深圳、汕潮揭、湛茂、珠江口西岸等都市圈发展规划。建立区域互动、优势互补的协调联动机制，实现协同对接，促进都市圈内中心城市与周边城市同城化发展。率先推动统一市场建设、基础设施一体高效、公共服务共建共享、产业专业化分工协作、生态环境共保共治，增强都市圈综合承载能力和辐射带动作用。加快推进珠江口东西两岸融合互动发展，推动东岸深化创新发展，加快现代产业体系建设，实现高质量发展，同时拓展西岸发展空间，谋划建设高端产业集聚发展平台，

导入东岸创新要素和产业资源，进一步提升西岸产业发展水平。支持环珠三角城市加强对内统筹和对外开放，把握所属都市圈发展机遇，积极加强与大湾区核心城市的协作联动，加快"入珠融湾"步伐。培育壮大汕潮揭、湛茂都市圈，加快汕头、湛江全国综合交通枢纽建设，提升两市省域副中心城市能级，联动周边发展。对接核心区域，推动湛江与广州、深圳与汕头的深度协作。强化"一带"产业发展主战场地位，发挥"湾＋带"协同联动效应，依托东西两翼钢铁、石化、风电装备、核电等重大项目建设发展临港大工业，加快引进配套企业，延长产业链条，打造现代化沿海经济带。深入开展新一轮对口帮扶协作，总结推广广清经济特别合作区、深汕特别合作区等帮扶经验，研究制定新一轮对口帮扶政策，加强共享制度设计。加快把帮扶城市的高端资源导入被帮扶城市，帮助被帮扶城市加快融入都市圈同城化建设，推动帮扶协作从先进帮落后、侧重垂直一体化的对口帮扶走向一体化市场的共同打造与开发。

（四）聚焦重点领域推进基础设施建设，为"一核一带一区"建设创造良好条件

交通基础设施是密切区域经济联系，畅通经济循环的物质基础，对广东"一核一带一区"建设及国家新发展格局构建发挥基础支撑作用。要强化交通基础设施先导作用，优化广东综合交通总体布局，完善省内交通主骨架，加强联通"一核""一带""一区"的高快速交通网络建设，加快打造贯通全省、畅通国内、连接全球的"12312"海陆空现代化交通体系[①]，全面融入国内交通大网络。要突出都市圈、城市群基础设施互联互通，加快"轨道上的大湾区"建设。重点推进大湾区内高铁、城际铁路、城市轨道交通等交通网络的建设和资源整合，以及大湾区轨道交通技术与管理的跨界融合，构建以轨道交通为骨干的通勤圈，逐步实现跨市域轨道交通一体化、"公交化"运营，推动湾区轨道交通向"区域通勤功能"快速升级，打造1小时轨道经济和生活通勤圈。加快跨珠江口通道建设，打造综合衔接、一体高效的珠三角快速通道体

---

① "12312"即实现珠三角内部主要城市间1小时通达，珠三角与粤东西北各市陆路2小时左右通达、与周边省会城市陆路3小时左右通达，与全球主要城市实现12小时通达。

系。以东西贯通、陆海联动为重点，强化沿海经济带大通道大枢纽建设，畅通东西两翼和北部生态发展区城际、市域、农村道路微循环，促进交通建设与产业发展、资源开发有机融合。

（五）深化城乡土地和户籍制度改革，促进人口、建设用地等要素自主有序流动

深化户籍制度改革，畅通城乡之间、地区之间人口流动。对广州、深圳两个超大城市，调整完善积分入户政策，精简积分项目，进一步放宽城镇落户条件，大幅降低落户门槛，取消郊区新区落户限制，增加落户人口规模。支持鼓励省内其他城市全面取消落户限制，简化户籍迁移手续，大幅提高落户便利性，按照尊重意愿、自主选择原则，积极推动已在城镇就业的农业转移人口等非户籍人口落户。支持和引导常住人口向珠三角地区、沿海经济带中心城市和城镇有序转移。加大配套政策的激励力度，落实农业转移人口市民化财政支持政策，加大新增建设用地指标与吸纳落户人口数量挂钩力度，实现"钱随人走，地随人走，钱、地与人挂钩"。改革基本公共服务提供机制，推动公共资源按常住人口规模配置，扩大居住证附加的公共服务和便利项目。抓住国家支持深圳实施综合改革试点契机，加快建立健全城乡统一的建设用地市场，促进土地要素在城乡、地区之间流动和市场化配置。探索建立省域范围内的建设用地交易机制。完善农村集体经营性建设用地入市相关配套制度，明确入市对象范围和入市的主体，完善用地价格形成机制，建立合理的入市增值收益分配制度。扩大农村集体经营性建设用地使用权入市的用途。深化农村宅基地制度改革试点，优先扩大农民住房财产权对外流转的空间，稳步扩大宅基地使用权对外流转的空间，进一步推进城乡建设用地增减挂钩工作，推动流转的地域范围由县域内、省域内向跨省域调剂拓展。

参考文献

《构筑粤港澳大湾区快速交通网络》，南方网，2020－11－06，http：//economy. southcn. com/e/2020－11/06/content_ 191679227. htm。

《关于印发〈广东省基本公共服务均等化规划纲要（2009～2020年）〉（2017年修编版）的通知》，广东省财政厅，2018年8月28日，http：//czt. gd. gov. cn/fwjdh/content/post_ 178505. html。

《广东财政：积极支持区域协同发展推动解决发展不平衡不充分问题》，广东省财政厅，2020年11月30日，http：//czt. gd. gov. cn/fwjdh/content/post_ 3136487. html。

《广东建立均衡性转移支付制度》，广东省财政厅，2019年10月10日，http：//czt. gd. gov. cn/fwjdh/content/post_ 2643235. html。

《广东省人民政府关于印发广东省进一步稳定和促进就业若干政策措施的通知》，广东省人民政府门户网站，2020年2月21日，http：//www. gd. gov. cn/zwgk/wjk/qbwj/yf/content/post_ 2903650. html。

刘鹤：《加快构建以国内大循环为主体、国内国际双循环相互促进的新发展格局》，《人民日报》2020年11月25日。

《习近平看望参加政协会议的经济界委员》，新华网，2020年5月23日，http：//www. xinhuanet. com/politics/2020lh/2020 – 05/23/c_ 1126023987. htm。

习近平：《推动形成优势互补高质量发展的区域经济布局》，《求是》2019年第24期。

《中共广东省委关于制定广东省国民经济和社会发展第十四个五年规划和二〇三五年远景目标的建议（2020年12月14日中国共产党广东省第十二届委员会第十二次全体会议通过）》，广东省人民政府门户网站，2020年12月18日，http：//www. gd. gov. cn/gdywdt/gdyw/content/post_ 3152459. html。

《中共广东省委广东省人民政府关于构建"一核一带一区"区域发展新格局促进全省区域协调发展的意见》，广东省人民政府门户网站，2019年7月19日，http：//www. gd. gov. cn/zwgk/wjk/qbwj/yfb/content/post_ 3121332. html。

《中共中央关于制定国民经济和社会发展第十四个五年规划和二〇三五年远景目标的建议》，中国共产党新闻网，2020年11月4日，http：//cpc. people. com. cn/n1/2020/1104/c64094 – 31917780. html。

《中央经济工作会议举行习近平李克强作重要讲话》，新华网，2017年12月20日，http：//www. xinhuanet. com/fortune/2017 – 12/20/c_ 1122142392. htm。

B.13
后疫情时代广东家庭经济和社会心态报告
——基于广东省情调研网系列调查数据的分析

黄彦瑜 郑一昂*

摘 要： 本文以广东省社会科学院省情调查（2020）数据为基础，结合自2018年以来的家庭定点追踪入户调查的数据，对广东省城乡家庭的基本情况进行分析研究，特别对后疫情时代广东家庭经济变化、家庭模式变迁、人口结构变化、社会心态和生活方式的转变进行分析。研究表明，在新型冠状病毒肺炎疫情的影响下，广东家庭的工作生活方式发生了较大的变化，在线教育和远程办公迅速普及，以保持社交距离为前提的全新生活方式对广东家庭产生一定程度的冲击，在家庭经济生活、就业状况、社会心态等方面产生了不同程度的影响。同时，疫情防控工作有序有力开展使广东家庭对党和政府的信任度更高，对党和政府各项工作的满意度评价始终保持较高水准。

关键词： 后疫情时代 家庭经济 社会心态

习近平总书记在不同场合强调了调查研究对经济社会研究的重要性。2020年8月，习近平总书记在经济社会领域专家座谈会上，强调要"深入调研，察实情、出实招，充分反映实际情况，使理论和政策创新有根有据、合情合理"①。

＊ 黄彦瑜，博士，广东省社会科学院社会学与人口学研究所助理研究员，研究方向为社会政策、科学与社会；郑一昂，广东省社会科学院在读硕士研究生，研究方向为社区治理与发展。

① 习近平：《在经济社会领域专家座谈会上的讲话》，新华网，2020 年 8 月 24 日，http：//www. xinhuanet. com/politics/leaders/2020 － 08/24/c_1126407772. htm。

为了进一步全面准确把握省情民情，了解广东省经济社会发展的基本情况和最新动向，2020 年广东省社会科学院牵头开展了广东省省情状况抽样调查。该调查采用分层随机抽样方式，抽取广东省 80 个城乡村居社区，每村居社区抽取 10～14 个家庭户进行定点追踪调查，调查从 2018 年开始，已完成 3 年期调研，调研家庭户 3 年期的追踪率达到 79.00%。本年度的省情调查在 2020 年 6 月初启动，11 月完成调研，12 月完成问卷录入，历时半年，共回收问卷 826 份，问卷回收率达到 99%。本年度调研受访者年龄以中年为主（年龄中位数达到 52 岁），受教育程度较好（平均受教育年限达到 11.26 年），具有完全应答能力；样本家庭规模适中，家庭经济状况具有代表性，住房条件涵盖高中低三种层次，基本符合随机抽样方案中设定的目标。

本文以 2020 年省情调查数据为基础、结合 2018 年以来的家庭户定点追踪数据，对广东省经济社会生活的基本状况和发展态势进行综合分析，并就新冠肺炎疫情对广东省城乡家庭经济社会生活的冲击和影响进行分析研判。以下为省情调查的主要发现。

一 广东家庭经济的基本情况

人口要素是影响家庭经济决定性因素之一。随着中国国内经济政策的重点从需求侧转向供给侧，人口结构亦成为供给侧结构调整的关键要素之一①。需求侧的拉动力受到人口的数量、质量、结构和流动的影响，同时，人才作为技术创新的核心力量是推动供给侧驱动力从资本密集型向技术密集型转换的关键所在。此外，家庭是"居民部门"的构成单位，而居民部门属于四大经济部门（其余三者为：企业部门、政府部门、金融市场）之一，因此家庭经济是整体经济的影响因素之一，消费意愿与消费场景亦显著地受到家庭结构变化趋势的影响。

（一）广东家庭人口结构呈现"中间大、两头小"的橄榄型

人口结构呈现"中间大、两头小"的橄榄型。根据 2020 年的调查数据，

---

① 供给侧结构主要包括产能结构、融资结构、股权结构、人口结构等。

广东省情调查样本家庭人口的平均年龄为40.52岁，从人口的年龄结构来看，呈现出"中间大、两头小"的明显特征。0~15周岁年龄组的人口占比为18.66%；16~64周岁年龄组的人口占比为67.93%；65周岁以上年龄组的人口占比为13.41%。各年龄阶段的人口比例如图1所示。

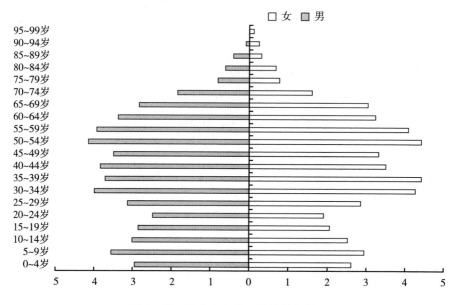

图1 调查样本家庭人口结构特征状况

资料来源：广东省省情状况抽样调查，2020。

人口结构步入"中度老龄化"阶段。以常住人口老龄系数（60岁以上和65岁以上老年人口比重）为观察指标，2020年的调查数据显示，样本家庭中65岁及以上人口占比达到13.33%，60岁以上人口占比达到20.09%，按照联合国关于"老龄化社会"① 的标准，广东60岁以上人口占比超过20%，而65

---

① 根据联合国的划分标准，当一国或者地区60岁及以上人口比例超过10%或者65岁及以上人口比例超过7%时，即认为该国或者该地区进入"老龄化"社会；当60岁及以上人口比例超过20%或65岁及以上人口比例超过14%时，即认为该国或者该地区进入"中度老龄化社会"，引用自杨舸：《"中度老龄化社会"我们准备好了吗?》，《光明日报》2020年10月29日，http://www. xinhuanet. com/politics/2020 – 10/29/c_ 1126670475. htm，最后访问日期：2020年11月23日。

岁以上人口占比未达到14%，属于"中度老龄化社会"；按照国际通用的标准衡量，广东人口年龄结构属于"老年型发展期"①（见表1）。

表1 人口年龄结构类型及指标数据

单位：%

类别	国际通常使用的人口年龄结构类型判别标准			2019年	2020年
	年轻型	成年型	老年型	广东	
少年人口比例	>40	30~40	<30	17.94	17.6
老年人口比例	<4	4~7	>7	14.22	13.33
老少比	>15	15~30	>30	79.23	75.74

说明：国家判别标准引用自：广东省统计局：《2019年广东人口发展状况分析》，粤统办函〔2019〕6号，2020年4月28日。老少比=65岁及以上人口/14岁及以下人口×100%。

资料来源：广东省省情状况抽样调查，2020。

广东省的出生人口规模在"单独二孩"政策、户籍制度改革以及"全面二孩"政策实施后，一定程度上有所提升。2020年省情调查数据显示，样本家庭中0~4岁年龄组人口占比达到3.69%，5~9岁年龄段人口占比达到4.06%，表明在人口战略调整和户籍制度改革的双重作用下，广东的人口结构得到一定程度的改善，"老龄化""少子化"趋势得到一定程度缓解。

人口性别均衡状况城乡区域差异较大。样本家庭人口中的男性占50.88%，女性占49.12%，人口性别比（以女性为100，男性对女性的比例）为104，表明样本家庭的人口性别结构较为均衡。但数据显示，性别均衡状况存在城乡区域差异。在区域差距方面，韶关地区的人口性别比为107，而深圳地区仅为101，表明人口性别均衡状况地区差异比较严重。在经济相对落后、文化较为闭塞的粤北、粤东山区，重男轻女的观念依然根深蒂固，这些地区的男性比例大大高于女性比例。与之相反的是，由于农村男性劳动力外出造成的性别结构失衡体现为"男少女多"，以2020年省情调查梅州地区家庭样本为例，梅州农村样本家庭的人口性别比为91.20，大大低于梅州整体的103，这种情况频繁出现在经济欠发达、人口净流出的农村地区。人口性别失调的情况将危害人口结构的合理性、影响未来社会的良性和稳定运行以及冲击社会伦理

---

① 广东省统计局：《2019年广东人口发展状况分析》，2020年4月28日。

道德体系，必须予以重视。

劳动适龄人口比重较高，人口红利尚存。2020 年样本家庭劳动年龄人口（16～64 岁）① 占比达到 67.93%，表明人口红利尚存。在人口质量方面，调查样本家庭人口平均受教育年限达到 11.39 年，但城乡区域之间的差距较大：城市样本家庭人口的平均受教育年限达到了 11.87 年，农村仅达到 9.58 年；深圳样本家庭人口的平均受教育年限达到 13.17 年，梅州为 10.63 年。在梅州样本家庭人口中，拥有大学本科以上学历的仅占 5.14%，拥有小学以下学历的占 16.07%。这在一定程度上反映了广东部分经济欠发达地区缺乏留住和吸引人才的手段和环境氛围，人口人才流出较为严重。

表 2　广东省样本家庭的教育水平

单位：人，%

教育程度	人数	比例	教育程度	人数	比例
小学及以下	420	15.42	大学本科	305	11.20
初中	759	27.87	研究生	27	0.99
高中/中专	786	28.87	小计	2723	100.00
大学专科	426	15.64			

资料来源：广东省省情状况抽样调查，2020。

（二）广东家庭小型化、核心化、类型多样化趋势明显

随着需求侧的主拉动力切换至消费，家庭消费的转型升级引发的消费场景重构，使家庭结构变化的趋势成为需求侧改革中备受关注的焦点。广东家庭结构呈现典型的"小型化"趋势是受到共性因素和特殊因素的"双重"影响，即"城镇化率快速提升"与"生育政策、户籍政策"。根据 2020 年的调查数据，广东省样本家庭平均规模达到 4.06 人，与中华人民共和国成立 70 年以来广东家庭结构总体趋于"小型化"的特征相一致。但家庭的"核心化"趋势

---

① 劳动适龄人口是指人口中处于劳动年龄的那一部分人口，目前，国际上通用的年龄界限是 15～64 岁。引用自广东省统计局：《广东人口老龄化对劳动力供求的影响》，2015 年 10 月 14 日，http://stats.gd.gov.cn/tjfx/content/post_ 1435293.html，最后访问日期：2020 年 11 月 17 日。

并没有快速强化，传统的直系家庭、三代及以上户家庭仍占据一席之地，家庭类型多样化是广东家庭结构的主要特征。

"主干家庭"是广东家庭的主要构成模式。虽然传统的三世同堂、四世同堂大家庭逐渐衰落，但调查显示"主干家庭"仍然是广东家庭的主要构成模式。所谓的"主干家庭"，指的是由父母（或其中一方）和一个已婚子女、或未婚兄弟姐妹生活在一起所组成的家庭。"主干家庭"分为"直系家庭"（一户两代）、"三世同堂"（一户三代）和"四世同堂"（一户四代）等几种类型。2020年省情调查显示，"主干家庭"是广东家庭的主要构成模式，46.74%的样本家庭为"主干家庭"。在"主干家庭"中，"直系家庭（一户两代）"和"三世同堂"的占比最高，分别为39.98%和46.5%。此外，由于成年子女外出打工或在外地就业，子代缺损或不在一起生活的"隔代家庭"成为"主干家庭"中的大多数。

在"核心家庭"中，独生子女家庭占据半壁江山。随着广东经济文化发展，现代家庭观念潜移默化，两代以上的家庭成员选择不居住在一起的比例有所提升，家庭"核心化"的趋势开始显现。所谓的"核心家庭"指的是由父母与未成年或未婚子女组成的家庭。调查显示，样本家庭中"核心家庭"占比达到35.87%，是除了"主干家庭"以外的最为普遍的家庭构成模式。此外，调查显示，广东"核心家庭"比例逐年增加，但家庭小型化、核心化的斜率较缓。以血缘关系为纽带的家庭牵绊、科技推动的家庭生活便利化，以及受益于社会保障体系的逐步完备，家庭承受外部压力和内在支撑的能力提升，使得在家庭小型化之后，依然具备较高的抗风险能力。最后，在"核心家庭"中，独生子女家庭占比达到55.89%，二胎家庭占比达到38.72%，三胎家庭占比达到4.71%。"全面两孩"政策的累积效应得到一定程度显现，具有二胎生育意愿的家庭占75.12%。

家庭类型多样化是广东家庭结构特征的重要方面。除了"主干家庭"和"核心家庭"以外，"空巢家庭""单亲家庭""留守家庭"等多样化的家庭模式占比也逐步扩大。调查显示，上述三种家庭模式占比分别达到12.56%、3.14%和0.36%。这说明随着经济社会持续发展以及家庭人口外出就业、学习频率增加，家庭年轻人口成长、流动、外出，逐渐地自立门户、分户居住成为主流。

（三）广东家庭经济持续向好，消费结构持续升级

超过六成的家庭认为上一年"收支相当"或"收大于支"。首先，基于调查对象主观判断结果显示，34.72%的人认为2019年家庭经济"收支相抵"，26.53%的人表示"收大于支出"，22.62%的人认为"收入小于支出"，另有16.14%的人表示"收支情况不好说"。其次，调查结果显示，广东家庭资产以实物房产为主，住房拥有率接近九成。样本家庭的资产以实物资产为主，其中房产占比最高，样本家庭的自有住房套数均值达到1.34套，低于全国平均水平的1.5套①；住房拥有率达到89.69%，低于全国平均水平的96%②；人均住房面积达到30.1平方米。在汽车等大件资产方面，样本家庭户均汽车拥有量达到0.67辆，平均每100户家庭中有67户拥有汽车。此外，家庭的户均负债率达到45.03万元，购房借贷是负债的主要原因。

表3　家庭住房套数和住房面积

单位：套，平方米

区域	住房套数	住房面积	家庭户人均住房面积
梅州	1.1	141.39	29.55
深圳	1.42	95.37	25.02
江门	1.37	120.36	30.32
韶关	1.47	135.43	34.75
总体情况	1.34	123.64	30.1

说明：表格中住房面积和家庭户人均住房面积为住房面积小于500平方米的调查户数据计算而得。
资料来源：广东省省情状况抽样调查，2020。

家庭收入持续增长，工资性收入占比最高。2019年调查对象家庭户均收入为15.38万元，与2017年、2018年收入数据相比较，持续稳步提高。首

---

① 根据中国人民银行调查统计司城镇居民家庭资产负债调查课题组近日在《中国金融》发表的2019年中国城镇居民家庭资产负债情况调查。该调查于2019年10月中下旬在全国30个省（自治区、直辖市）对3万余户城镇居民家庭开展。从当前掌握的资料看，这可以说是国内关于城镇居民资产负债情况最为完整、翔实的调查之一。有一套住房的家庭占比为58.4%，有两套住房的占比为31.0%，有3套及以上住房的占比为10.5%，户均拥有住房1.5套。引用自中国人民银行调查统计司城镇居民家庭资产负债调查课题组：《2019年中国城镇居民家庭资产负债情况调查》，《中国金融》2020年4月。

② 同注7。

先，从收入结构来看，样本家庭收入以工资性收入为主，占比达到53.46%；其次为财产性收入，占比达到16.48%；转移性收入占比达到15.11%，排名第三；经营性收入占比为13.45%，其他收入占比为1.5%。其次，从城乡比较来看，城乡家庭年均收入差距较大。城镇居民户年均收入达到19.37万元，以工资性收入为主，占比达到51.1%，财产性收入为辅，占比达到19.21%；农村居民年均收入达到7.3万元，工资性收入占比达到六成以上，为65.97%。再次，从区域收入差距来看，地区间的收入差距依然巨大。深圳调研户年均收入最高，达到29.56万元，以工资性收入和财产性收入为主；梅州调研户年均收入最低，仅为8.31万元，除工资性收入占比达六成外，以转移性收入为主。

表4　2020年广东省调研家庭户住房来源分析

单位：人，%

住房来源	频次	频率	住房来源	频次	频率
购买新建商品房	204	25.22	亲戚朋友的房子	7	0.87
购买二手商品房	78	9.64	市场租房	32	3.96
购买原公有住房	55	6.80	单位宿舍	6	0.74
购买经济适用房	26	3.21	回迁房	5	0.62
自建住房	371	45.86	小计	809	100.00
租赁廉租房、公租房	25	3.09			

资料来源：广东省省情状况抽样调查，2020。

家庭年均总支出达到11.46万元，消费性支出占比高达88.98%，消费结构持续升级。2019年样本家庭居民用于食品、衣着等基本生存型消费的支出比重持续下降，居民用于食品和衣着的消费支出比重从2018年的37.45%下降到2019年的32.1%。教育培训、医疗保健、交通通信、文化娱乐等发展型消费支出在消费结构中的比重略有提升。2019年，教育培训支出占比达到8.69%，医疗保健支出占比为4.33%，交通通信支出占比达到8.46%，文化娱乐支出占比达到3.21%。从恩格尔系数的城乡比较来看，城市样本家庭的恩格尔系数为26.11%，低于农村的29.68%。从区域比较来看，深圳地区样本家庭的恩格尔系数最低为22.80%，梅州地区最高为36.03%，这从一个侧面反映出"城富于乡""珠三角富于粤东西北"的特点（见表5）。

表5 广东省省情调研户家庭支出构成

单位：%

支出项目	深圳	梅州	江门	韶关	总体情况
食品支出	22.80	36.03	31.83	25.67	27.19
衣着支出	5.54	4.66	4.03	4.58	4.91
缴纳房租的支出	4.04	0.99	0.96	1.46	2.43
分期偿还房贷或购房首付	24.89	9.06	7.78	13.79	16.79
水电物业	5.33	5.88	7.33	5.21	5.78
家用电器	4.14	10.45	9.45	12.40	7.88
医疗保健	3.43	5.57	4.58	5.09	4.33
教育支出	10.00	8.34	8.92	6.00	8.69
交通支出	5.55	5.23	7.02	5.49	5.78
通信支出	1.96	3.24	3.01	3.49	2.68
文化娱乐支出	4.42	1.28	2.91	3.34	3.42
生产性支出	0.47	2.32	6.97	6.12	3.21
赡养不在一起生活家属	3.59	2.62	2.48	2.35	2.96
红白喜事	2.60	3.28	2.00	3.79	2.84
其他支出	1.24	1.06	0.74	1.23	1.11

资料来源：广东省省情状况抽样调查，2020。

二 新冠肺炎疫情对广东家庭的冲击和影响

（一）广东家庭经济受疫情影响较大

新冠肺炎疫情导致的经济下滑和就业不足，使广东家庭经济收入受到较大冲击。根据省情调研，受疫情影响最严重的群体是青年工人、收入相对较低的灵活就业者，以及在旅游、酒店、零售等特殊行业工作的工人，外贸依赖型企业的工人和受出口影响的务农者也在受影响群体之列。以梅州基地为例，梅州大埔县山区以种植蜜柚为生计来源，受2020年出口消费下降影响，柚子销售受阻，家庭户用于扩大生产规模的投入"回不了本"，疫情对家庭生计影响很大。

近八成的调查户的家庭经济受到新冠肺炎疫情影响。调查发现，78.95%的调查户表示新冠肺炎疫情对其家庭经济有影响，其中选择"影响很大，特别是收入减少"的占比为 32%，选择"有影响但不大"的占比为 46.95%，选择"基本没影响"的占比为 21.05%。在受影响的家庭中，"生活成本变高""影响就业""疫情防控下，生意不好做以及不敢出去做工"被认为是影响家庭经济的主要因素（见图 2）。

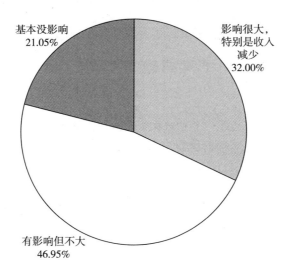

图 2 疫情对家庭经济影响

资料来源：广东省省情状况抽样调查，2020。

（二）广东家庭计划受疫情影响较大

疫情改变了广东家庭的经济计划。调查结果显示，59.85% 调查户认为"家庭的开支要更节省"，45.34% 的调查户在经历疫情后认为"家庭以后要多存一些钱以应对特殊状况"，21.77% 的调查户会"考虑多为老人小孩买应对重大疾病或意外情况的保险"，10.52% 的调查户会"考虑买一些理财型产品"，仅有 11.62% 的人认为"疫情没有什么影响，不打算做改变"。

疫情改变了广东家庭的卫生习惯。调查结果显示，与疫情发生前相比，有 81.64% 的受访家庭"已经养成经常洗手、外出戴口罩、注意社交距离等公共卫生习惯"，有 76.33% 的受访家庭"更加关注身体健康"，有 72.95% 的受访家庭"更加注重家庭和环境卫生"，仅有 3.86% 的受访者表示"一切照旧"。从社会交往来看，有 38.29% 的受访者"与他人交往更加小心谨慎"（见图 3）。

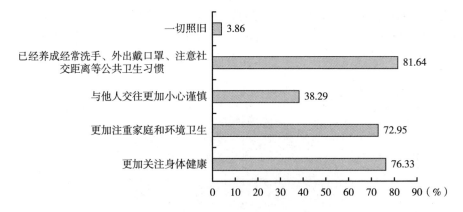

图3　疫情对家庭卫生习惯的影响

资料来源：广东省省情状况抽样调查，2020。

（三）疫情改变了广东家庭的工作生活方式

近四成受访者已习惯线上办公。当被问及"如何看待现在的网络办公、线上工作"时，36.73%的受访者表示已经习惯线上办公，25.43%的受访者表示家中没有网络办公的情况，11.55%的受访者表示还是传统面对面方式更好，6.63%的受访者表示"现有工作无法在线上完成"。

半数受访者更喜欢"宅在家"。从家庭休闲方式来看，与疫情前相比，51.57%的受访家庭"更喜欢宅在家里"，30.56%的受访家庭"更喜欢户外活动"，但也有28.50%的受访家庭表示"没有变化"。疫情过后，35.51%的受访者表示不会选择去电影院、商场、KTV、餐馆等较为封闭的室内场所；22.63%的受访者表示不会选择去人流密集的体育场馆和旅游景点。在交通工具的选择上，35.1%的受访者在疫情过后更愿意选择自行车或摩托车出行，33.33%的受访者更愿意选择私家车出行，19%的受访者更愿意选择步行，9.98%的受访者会选择公共交通，而仅有1.77%的受访者选择网约车或出租车出行（见图4）。

从具体的行为变化来看，新冠肺炎疫情后，受访者增加最多的行为依次是"常备口罩酒精等防护物资"（89.31%）、"注重个人卫生"（88.1%）、"注意公共卫生"（85.84%）、"注重养生"（70.92%），而减少最多的行为依次是

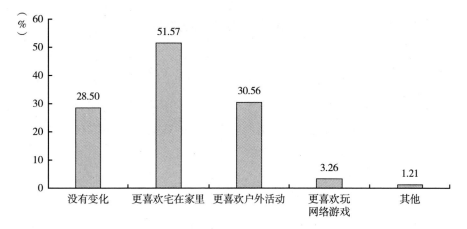

图 4 疫情对家庭休闲方式的影响

资料来源：广东省省情状况抽样调查，2020。

"出门吃饭"（84.78％）、"与亲戚朋友聚餐"（77.48％）和"制订出国计划"（62.19％）（见表6）。

表6 广东省家庭生活方式的变化

单位：%

	增多	减少	没变化
更精打细算,不敢乱花钱	40.95	26.37	32.69
注意公共卫生,养成良好卫生习惯	85.84	3.91	10.26
出门吃饭	0.74	84.78	14.48
制订出国计划	0.13	62.19	37.69
与亲戚朋友聚餐	2.45	77.48	20.07
网上办公	37.67	22.92	39.41
体育锻炼	60.71	11.14	28.15
注重养生	70.92	4.29	24.79
储蓄	31.4	23.77	44.83
网上购物消费	28.78	36.53	34.69
注重个人卫生	88.1	1.84	10.06
购买健康家电	31.04	12.39	56.56
购买进口商品	1.38	46.05	52.57
常备口罩酒精等防护物资	89.31	2.07	8.63

资料来源：广东省省情状况抽样调查，2020。

（四）广东家庭对疫情未来发展持乐观态度

调查结果显示，39.41%的受访者认为未来中国疫情还会零星出现，但是总体可控；有24.8%的受访者认为疫情已经控制住，不会再暴发；认为国外始终控制不住，会传到国内的仅占8.58%；认为秋冬季节可能会再次大暴发的仅占3.62%。当被问及"对疫情的负面影响的看法"时，45.01%的受访者认为疫情会导致政府、社会和家庭的开支增加或负担加重，41.48%的受访者认为疫情会持续负面影响经济发展；29.44%的受访者认为疫情会负面影响社会生活和社会交往。

（五）疫情并未影响居民对社区事务的参与度

社区事务参与度高，社区和谐互助氛围浓厚。本次调查对居民社区事务参与度的测量主要包括以下三个方面：对基层选举投票的参与度、向政府反映问题或提出建议的状况和参与社区活动的频率。调查显示，居民对社区事务的参与度较高，92.5%的居民参与过基层社区村居的活动，其中，47.64%的居民经常参与；75.82%的居民参与了上一届的基层投票选举，42.15%的居民向政府或村委会反映过问题或者提出过意见和建议。邻里之间的熟悉程度高、互帮互助频繁。将邻里之间熟悉程度和互帮互助程度分成五级评分（非常低、比较低、一般、比较高、非常高），5分为满分，邻里熟悉程度评分均值达到3.72分，邻里互帮互助评分均值达到3.54分，均处于较高水准。

三 后疫情时代广东家庭的社会心态

社会心态是包含了整个社会的情绪基调、共识和价值观，并在一段时间内弥散于整个社会或社会群体/类别中的宏观社会心境状态①。在党的十九大报告中，习近平总书记指出："加强社会心理服务体系建设，培育自尊自信、理性平和、积极向上的社会心态。"② 2020年，省情调查对广东城乡居民的安全

---

① 李璐：《广东公众价值观与社会心态的变迁及应对》，《法制与社会》2018年第30期。
② 习近平：《决胜全面建成小康社会夺取新时代中国特色社会主义伟大胜利——在中国共产党第十九次全国代表大会上的报告》，2017年10月18日。

感、公平感、信心度，对政府政策信任度、满意度，以及在社区事务的参与度等方面进行了调查。结果显示，虽然受到中美贸易摩擦阴影和新型冠状病毒肺炎疫情的影响，但广东城乡居民对未来经济社会发展依然信心满满。疫情防控工作的有力开展，使广东家庭对党和政府的信任度较往年更高，对党和政府各项工作的满意度评价始终保持较高水准。

（一）广东居民对家庭经济的信心度未受疫情影响

调查显示，广东居民对家庭经济的评级（以 10 分为满分）达到 4.43 分，认为 10 年后有上升的达到 63.19%，10 年后评分的均值达到 5.63 分，显示即使在中美贸易摩擦和疫情的阴霾下，广东居民对家庭经济的未来依旧充满信心。特别是与 2019 年相比较，2020 年调查户对家庭经济的评分（2019 年为 4.15 分）上升 0.28 分，对家庭经济 10 年后达到的水准评分（2019 年为 5.28 分）高出 0.35 分，认为 10 年后家庭经济变好的比例（2019 年为 56.35%）更高出 6.84 个百分点，表明受访家庭对自身家庭经济的自我感受和自我评价良好，对家庭经济的未来信心满满。从区域比较来看（见图 5），深圳家庭经济自我评分上涨幅度最大，2020 年的评分比 2019 年的评分上升了 9.52%。得益于深圳建设中国特色社会主义先行示范区的战略部署，深圳居民对家庭经济的未来信心度涨幅喜人。

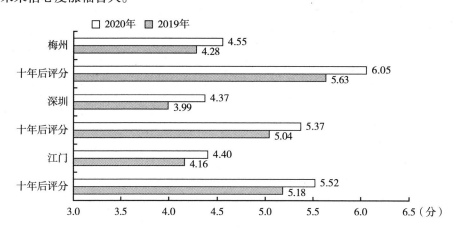

图 5　调查样本地区家庭经济自我评价比较图

资料来源：广东省省情状况抽样调查，2020。

（二）广东居民对政府信任度和满意度持续攀升

调查显示，受访者对各级政府的信任度持续处于高位。当被问到对中央政府、省政府、地级市政府、县（市、区）政府、镇（街道）、村委（社区居委）的信度时，若以4分作为最高分（将"完全不可信""不可信""比较可信""非常可信"换算成分数进行计算。评分越高说明对政府的信任度越高)，样本家庭对各级政府的总体信任度均值为3.71分，说明受访者对政府处于高信任度水平。从不同层次政府来看，样本家庭居民对中央政府的信任度最高，得分为接近满分的3.8分；对省、市、县区政府的评分分别为3.76分、3.70分和3.67分；对基层政府的信任度评分中，基层村（居）委信任度评分（3.69分）高于乡镇政府的（3.65分)，居民对各层级政府的信任度自上而下呈现递减趋势。

在各项民生工作的满意度方面，本次调查对政府工作满意度评价包括扶贫济困、疫情防控、托幼托育、养老保障、医疗卫生、公共交通、公共卫生、就业创业、住房保障、学前教育等11个方面（见图6)。调查显示，受访者对民生领域政府工作满意度的总体满意度评分达到3.16分，换算成百分制为79分（按照"非常不满意""不太满意""比较满意"和"非常满意"分为四级进行测度评分，满分为4分，评分越高说明对政府的满意度越高)。就具体民生领域而言，受访者对政府在疫情防控、公共卫生、义务教育方面的满意度最高，换算成百分制分别为90.25分、87.25分、82.50分；而在买房租房、找工作以及看病三方面的满意度最低，换算成百分制分别为69.75分、72分与73.25分。这表明广东居民对政府在疫情工作中的表现给予很高的认可度。

在基层政府各项工作的整体满意度方面，本次调查对基层政府工作满意度评价包括受访者所居住社区的经济发展、生态环境、人际关系、村（居）民协商解决问题的能力以及疫情防控五个方面，按"很不好""不好""一般""较好"和"很好"分为五级进行测度评分，评分越高说明对基层政府的满意度越高。调查结果显示，总体上，受访者对基层政府的满意度评分均值为4.39分，换算成百分制为87.8分，表明基层党组织和基层政府在疫情防控阻击战一线，为保人民群众平安做出贡献，因而居民满意度达到了历史的高位。

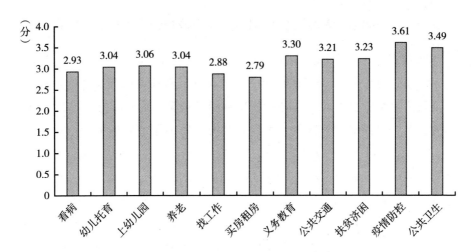

图6 样本家庭对政府工作满意度的评价

资料来源：广东省省情状况抽样调查，2020。

就具体工作而言，受访者对基层政府在疫情防控方面的满意度最高，换算成百分制为90.6分；而在经济发展方面的满意度最低，换算成百分制为76分。这表明广东居民关注所在地的经济发展，希望在促进就业、提振经济方面政府有所作为、再加一把劲（见图7）。

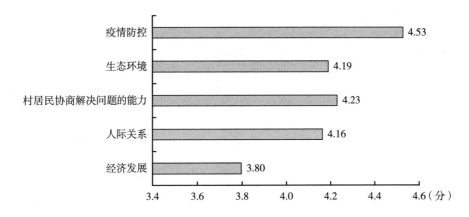

图7 样本家庭对基层政府工作满意度的评价

资料来源：广东省省情状况抽样调查，2020。

（三）广东居民认为社会相对公平，认为贫富差距依然存在

本次调查对社会公平感的测量按"很不公平"、"比较不公平"、"比较公平"和"很公平"分为四级进行测度评分，分数越高说明受访者的公平感越高。受访者对社会公平的评分均值为 2.94 分，换算成百分制为 73.5 分，说明广东居民的公平感处于较高的水准。对社会贫富差距的测量按"一点也不严重"、"不太严重"、"比较严重"和"非常严重"分为四级进行测度评分，分数越高说明受访者认为贫富差距的程度越高。调查显示，贫富差距程度的评分均值为 1.99，换算成百分制仅为 49.75 分，说明广东居民认为社会贫富差距的现象仍然存在，而且比较严重。

广东居民对"打破社会阶层、向上流动"的希望不高。对社会阶层及流动的测量主要通过受访者对"普通人孩子成为有钱有地位的人"的可能性预估作为衡量标准，按可能性"非常小"、"比较小"、"比较大"和"非常大"分为四级进行测度评分，分数越高说明受访者的公平感越高。调查显示，受访者对社会阶层及流动的可能性的评分均值为 2.35 分，换算成百分制仅为 58.75 分，说明广东居民比较倾向于认为"普通人打破社会阶层，向上流动"的可能性一般。

（四）广东居民社会安全感较高，对社会治安环境比较满意

本次调查对社会安全感的测量主要通过受访者对社会治安的评价作为衡量标准，按"很不好"、"不好"、"一般"、"较好"和"很好"分为五级进行测度评分，评分越高说明安全感越高。安全感均值为 4.32 分，换算成百分制为86.4 分，说明广东居民社会安全感较高，社会治安综合治理获得居民较好评价。

参考文献

广东省社会科学院课题组：《老龄化与低生育率叠加背景下广东家庭支持政策研究》，
　　《广东省社会科学院专报》2020 年第 15 期。

广东省统计局：《2019 年广东人口发展状况分析》，粤统办函［2019］6 号，2020 年 4 月
    28 日。

广东省总工会、广东省社会科学院联合课题组：《共治城市贫困　共享发展成果——广
    东省困难职工解困脱困调研报告》，2018 年 7 月。

李璐：《广东公众价值观与社会心态的变迁及应对》，《法制与社会》2018 年第 30 期。

习近平：《决胜全面建成小康社会夺取新时代中国特色社会主义伟大胜利——在中国共
    产党第十九次全国代表大会上的报告》，2017 年 10 月 18 日。

中国人民银行调查统计司城镇居民家庭资产负债调查课题组：《2019 年中国城镇居民家
    庭资产负债情况调查》，《中国金融》2020 年 4 月。

Victor Santiago Pineda, Building Cities For All For Post – COVID 19, https：//www.
    sohu. com/a/427040764_ 260595，2020 年 10 月 24 日，最后访问日期：2020 年 12 月
    7 日。

Abstract

The Analysis and Forecast of Guangdong's Economic and Society (2021) consisting of one master report and twelve themed reports, presents studies on macro – economy, innovation – driven development, modern industrial system, poverty alleviation, preventing and defusing major financial risks, social governance, ecological environment improvement, the rule of law development, the construction of the province with strong culture, the development of the Guangdong – Hong Kong – Macao Greater Bay Area, regional development and household survey which have been conducted from the perspectives of economics, sociology, political science, management, culture, law and other disciplines. In the reports, Guangdong's socioeconomic development in 2020 is deeply studied and analyzed, with the major achievements, issues and challenges in that year concluded; the trends of Guangdong's socioeconomic development in the 14th Five – Year Plan period starting from 2021 are forecast (in 2021 and during the 14th Five – Year Plan period); and future – oriented policy proposals are put forward. Studies have shown that in 2020 Guangdong not only brought the Covid – 19 epidemic under control but also ensured socioeconomic development. The implementation of the 1 + 1 + 9 work plan by the province has contributed to economic recovery, the development of new growth drivers, better wellbeing of the people and social harmony and stability. The high – quality socioeconomic development of the province has been gaining momentum, with achievements made in attaining the goals and targets set in the 13th Five – Year Plan, winning the battle against poverty and building a moderately prosperous society in all respects. In 2021, Guangdong should encourage the innovation – driven approach to speed up high – quality economic development, stabilize the supply chain and the industrial chain to support market entities through difficulties and accelerate the development of the modern industrial system, improve quality and efficiency and create a double development dynamic and strategic propellers for domestic and foreign dual circulation strategy, make use of the complementarities among regions for advancing coordinated and balanced rural – urban and cross – region development, overcome difficulties for deepening reforms and take the lead in developing high – standard market economy, promote shared services and harmonious communities and build Guangdong into a province with higher – level security.

This book mainly includes four parts: the master report, economy, society and the miscellaneous part. In the economy part, the economic development of Guangdong is analyzed and forecasts are made by looking at its macro – economy, innovation and modern industrial system. Studies have shown that Guangdong's economy was steadily recovering in 2020, demonstrating strong resilience and momentum. The GDP of Guangdong reached 11, 076. 094 billion *yuan* in 2020, making the province rank the first for thirty – two consecutive years. It is projected to register an approximately seven percent GDP growth in 2021. Despite the Covid – 19 epidemic and the downward pressure on the global economy, the growth of the added value of Guangdong's industries has picked up speed after a short decline. The added value of advanced and high – tech manufacturing has respectively accounted for 56. 1 percent and 31. 1 percent of the total of the industries above the designated scale. The modern industry has become a new growth driver, with a more resilient industrial structure, a higher – level industrial cluster and better quality and efficiency. Innovation – driven development has also been gaining momentum. Guangdong has ranked the first in China in terms of innovation capacity for four consecutive years. In 2020, the province invested 320 billion *yuan* in R&D, with the R&D intensity reaching 2. 9 percent, which is the average level of developed countries and regions.

In the society part, the social development of Guangdong is analyzed and forecasts are made by focusing on poverty alleviation, preventing and resolving major financial risks, social governance and ecological environment protection. In 2020, Guangdong made decisive progress in the battle against poverty, which has enabled the province to move onto promoting both poverty alleviation and rural revitalization. The focus of financial risk prevention was shifted from addressing symptoms to tackling root causes, which has helped to lay a solid foundation for high – quality financial development. The province also made positive progress in Party – building – guided social governance and the primary – level governance system reform and in encouraging multi – stakeholder engagement in governance and developing the system

for providing specialized psychological services. More than 98 percent of the conflicts and disputes in the province are timely and effectively handled at the primary level. Social governance in Guangdong is becoming smarter and law – based and is performed by specialized institutions with governance expertise. Ecological environment protection has yielded positive outcomes, with ecological environment quality improving and air and water quality in particular reaching a historically optimal level. The province is accelerating green, low – carbon and circular development and its people are one of the most environmentally minded groups in China.

The miscellaneous part includes analyses and forecasts on Guangdong's socioeconomic development with special focuses placed on the rule of law, the construction of the province with strong culture and regional development and analytical studies on rural and urban households in Guangdong by using data from the Guangdong Academy of Social Sciences Provincial Survey 2020. In 2020, Guangdong improved epidemic prevention related legislation at the sub – provincial level, further promoted the rule of law in government, worked to ensure that judicial reforms were well implemented, advanced law – based governance at different levels and in different areas and enhanced work on law – based governance across the province. The province has advanced core socialist values education to guide people's behavior which is further shaped through their practice. The cultural industry of the province has been steadily developing, and its culture is going global in an increasingly rapid manner (the pace of cultural "going out" is in an increasingly rapid manner). The Guangdong – Hong Kong – Macau Greater Bay Area has witnessed many highlight cultural projects the construction of the "Guangdong – Hong Kong – Macao Greater Bay Area Cultural Circle" has many highlights). The science and technology innovation capacity of the Greater Bay Area is building up. New breakthroughs have been made in modernizing infrastructure and enhancing infrastructure connectivity. The modern industrial system with international competitiveness is being improved. The development of a quality life area where people can live and work happily and travel conveniently is accelerated. Comprehensive opening – up is promoted at a higher level. Coordinated regional development systems and mechanisms are being improved. The comprehensive capacity of the core area of the Pearl River Delta has been built up, with three cities in the area having a GDP of more than one trillion *yuan*. The economic growth rates of the cities along the east and west sides of the coastal economic belt and in the northern ecological development zone were satisfactory in 2020. The GDPs of all cities in Guangdong have exceeded one hundred billion *yuan*. The regional development pattern of "one core, one belt and one zone" has preliminarily formed. The Covid – 19 epidemic has changed the ways that people in Guangdong live and work. Having classes online and working from home have rapidly become a fashion. The new way of life which ensures social distancing has affected household financial conditions, employment and people's social – psychological states.

Keywords: Macro – economy; Modern Industrial System; Province with a Strong Culture; Coordinated Regional Development

Contents

I General Report

Abstract: In 2020, Guangdong not only brought the Covid-19 epidemic under control but also ensured socioeconomic development. The implementation of the 1 + 1 + 9 work plan by the province has contributed to economic recovery, the development of new growth drivers, better wellbeing of the people and social harmony and stability. The high-quality socioeconomic development of the province has been gaining momentum, with achievements made in attaining the goals and targets set in the 13th Five-Year Plan, winning the battle against poverty and building a moderately prosperous society in all respects. The analysis on the issues and challenges of the socioeconomic development of the province in this study suggests that Guangdong should encourage the innovation-driven approach to speed up high-quality economic development, stabilize the supply chain and the industrial chain to support market entities through difficulties and accelerate the development of the modern industrial system, improve quality and efficiency and create a double development dynamic and strategic propellers for two-way openness, make use of the complementarities among regions for advancing coordinated and balanced rural-urban and cross-region development, overcome difficulties for deepening reforms and take the lead in developing high-standard market economy, promote shared services and harmonious communities and build Guangdong into a province with higher-level security.

Ⅱ Economic Analysis

Abstract: Despite the profound effect that the Covid-19 epidemic exerted on all aspects of Guangdong's macro-economy, it was steadily recovering in 2020, showing strong resilience and recovery momentum. Looking ahead to 2021, the world economy will rebound from a low level but experience deep, epidemic-induced structural adjustments which may reshape the world economic governance. The research team projects based on analytical results from forecasting models and expert surveys that Guangdong's GDP growth rate will reach about 7 percent in 2021.

Keywords: Macro-economy; the Covid-19 Epidemic; World Economy

Abstract: In this report, the research team, by reviewing Guangdong's innovation-driven development since the 18th CPC National Congress, presents the achievements in innovation-driven development by the province and its technological innovation highlights driven by institutional innovation and analyzes its weak points and the challenges it faces in advancing innovation-driven development. The research team concludes that for the province to expedite innovation-driven development, it must establish a national comprehensive science center for building its capacity of original innovation, incubate market entities that integrate industry with innovation and support their growth for further modernizing the industrial chain, develop a world-class ecosystem for innovation to stimulate the potential for innovation-driven

development, and integrate itself into the global innovation network by conducting international cooperation in science and technology.

Keywords: Innovation-driven; Institutional Innovation; Original Innovation

B.4　Guangdong Modern Industrial System Development
　　　Report 2020−2021

Institute of Economics Research Team,

Guangdong Academy of Social Sciences ∕ 119

Abstract: Despite the Covid-19 epidemic and the downward pressure on the global economy, Guangdong's industrial economy picked up speed after a short contraction, ending the year 2020 with more resilient industrial structure, higher-level industrial clusters and better quality and efficiency. In 2021, Guangdong still faces multiple challenges in upgrading the industrial foundation, modernizing the industrial chain, creating new growth drivers and advantages. The province needs to incubate strategic industrial clusters, further integrate the digital economy and the real economy, enhance the modernization of the industrial chain, create an ecosystem for industrial innovation and accelerate the development of the modern industrial system with international competitiveness, so that Guangdong can become a model province for advancing high-quality development.

Keywords: Modern Industrial System; Strategic Industrial Clusters; Industrial Chain Modernization

Ⅲ　Social Analysis

B.5　Guangdong Poverty Alleviation and Rural Vitalization
　　　Report 2020−2021

Institute of Environment and Development Research Team,

Guangdong Academy of Social Sciences ∕ 150

Abstract: Guangdong Province has made decisive progress in poverty alleviation: the income of the poor population has been greatly promoted, the infrastructure and basic public services in poor areas have been significantly improved, the economic and social development in poor areas has been highly accelerated, and the governance capacity and management level of rural grass-roots units have been notably enhanced. By which Guangdong contributed its wisdom and strength to the paired-up assistance between the east and the west. Facing the 14th Five-Year Plan (2021 - 2025), Guangdong's work is shifting from the poverty alleviation to the rural vitalization. It's essential to consolidate the progress in poverty alleviation. In the meantime, it's also necessary to strengthen the weak links in the work on agriculture, rural areas and rural people, enhance their resilience, comprehensively upgrade the governance capacity of rural areas, establish long-term mechanisms for eradicating relative poverty, accelerate the pace of rural revitalization.

Keywords: Poverty Alleviation; Rural Vitalization; Rural Areas Governance

B.6   Report on Preventing and Resolving Major Financial Risks in Guangdong Province 2020

Research Group of the Institute of Finance,

Guangdong Academy of Social Sciences / 174

Abstract: Preventing and resolving major financial risks is one of the important core tasks for Guangdong province to build a moderately prosperous society in an all-round way and fight the three tough battles. In 2020, the overall fortune of Guangdong province's financial system is stable, and breakthroughs have been made in risk management in key areas, which effectively resolved the impact of the COVID-19 pandemic on the real economy and laid a good foundation for promoting high-quality financial development. During the "14th Five-Year Plan" period, the internal and external environment faced by Guangdong province will undergo profound and complex changes, and the financial system will face greater risk and pressure in terms of asset quality, liquidity supply, and capital market price mechanisms. It is recommended to build a long-term mechanism for financial risk prevention and control, promote financial open risk management, optimize the business environment

of the financial industry, accurately handle Internet financial risks, actively and prudently prevent and resolve financial risks, and firmly guard the bottom line of not occurring systemic financial risks, to provide strong support for the stable and healthy economic and social development of Guangdong province in the "14th Five-Year" period.

Keywords: Major Financial Risks; Finance Supervision; Internet Financial

B.7 Guangdong Social Governance Modernization Report 2020－2021

Guangdong Academy of Social Sciences Research Team / 197

Abstract: In 2020, Guangdong improved the systems for modernizing its social governance, implemented the pilot projects for modernizing city-by-city social governance and made remarkable achievements in building the province with higher-level security, the governance of which over social security were highly recognized by the general public. Guangdong has made positive progress in Party-building-guided social governance and the primary-level governance system reform and in encouraging multi-stakeholder engagement in governance and developing the system for providing specialized psychological services. Social governance in Guangdong is becoming smarter and law-based and is performed by specialized institutions with governance expertise. The province is speeding up its efforts in realizing social governance featuring joint development and joint governance for shared benefits. Guangdong, however, still faces challenges in modernizing social governance. The systems for Party-building-guided social governance need to be improved, city-by-city social governance is still under planning, public engagement in social governance is not strong enough and the development of talent teams lags behind. In 2021, Guangdong should enhance social governance modernization by investing efforts in overall planning, systems and mechanisms and technological innovation.

Keywords: Social Governance Modernization; City-by-city Social Governance; Joint Development and Joint Governance for Shared Benefits; Secure Guangdong

Abstract: In 2020, Guangdong Province achieved good results in the construction of the ecological environment. The quality of the ecological environment continued to improve, the air and water quality reached the highest level in history, the green and low-carbon circular development mode formed quickly, and the public environmental awareness was among the top in all provinces of China. Facing the "14th Five-Year Plan", Guangdong's ecological environment construction will enter a period of rapid transformation. It is necessary to consolidate the existing achievements and adhere to the "three pollution control"; to effectively solve the environmental problems around the people and to establish a sound mechanism for realizing the value of ecological products, to accelerate the modernization of the ecological environment governance system and governance capabilities.

Keywords: Ecological Environment; Pollution Prevention and Control Battle; Environment Governance

Ⅳ   Special Topics

Abstract: It is an extraordinary year in the history of new China in 2020. Adhering to pursue Xi Jinping's Socialist Ideology on Chinese Characteristics for a New Era, it has been working on the perfection of the local legislation for the prevention and control in COVID − 19 pandemic, and has been improving the multi-level government administration system by the rule of law in Guangdong. It has been making great progress in the fields of legislation, law enforcement, justice,

and the judicial reform in Guangdong. It is the first year of the 14th Five-Year Plan and a key year for building the All-Roundly Well-off Society and a new starting of building a modern socialist country in 2021. Strengthening the Party committee's leadership over the work of governing by rule of law, and speeding up the promotion of scientific legislation, law enforcement, fair justice and law-abiding by the citizen, so as to providing a strong legal guarantee system for Guangdong to take the lead journey of building China into a modern socialist country, and create new glory in an all-round way.

Keywords: Local Legislation; Government under Rule of Law; Administration by Law; Judicial Reform; Society with Rule of Law

B.10   The 2020 Report on Developing Guangdong into a Province with a Strong Culture

Institute of Cultural Industry Studies Research Team,

Guangdong Academy of Social Sciences / 284

Abstract: Guangdong made remarkable achievements in developing itself into a province with a strong culture from 2019 to 2020. The province continued to improve public etiquette and ethical standards. The Pearl River Delta region led the country in developing the public cultural service system and the province led the country in developing the cultural industry. Cultural and arts initiatives generated noticeable effects. The going global of culture was being speeded up. The Guangdong-Hong Kong-Macau Greater Bay Area witnessed many highlight cultural projects. Multiple measures were taken to support in different ways the development of culture and tourism businesses. In 2021, Guangdong will make up for the losses caused by the Covid-19 epidemic, respond to the changes in demand for cultural consumption in the new era, seize the opportunities in the new round of science and technology revolution and create new growth drivers by adopting the interdisciplinary approach. The province will also work to promote high-quality cultural development and develop itself into a province with a strong culture by giving full play to the GBA-PDZ enabling effect which arises in developing the Greater Bay Area and the pilot demonstration area of socialism with Chinese characteristics.

Keywords: Province with a Strong Culture; the GBA-PDZ Enabling Effect; Public Cultural Service System

B.11 Guangdong Report on the Development of the Guangdong-Hong Kong-Macau Greater Bay Area 2020

Liu Wei, Yang Haishen, Chen Zirui and Li Renyuan / 311

Abstract: Guangdong succeeded in 2020 in mitigating the impact of the Covid-19 epidemic by overcoming internal and external difficulties and pooling strengths across the nation and has made headway in developing the Guangdong-Hong Kong-Macau Greater Bay Area with Hong Kong and Macau. The development of the world-class city cluster in the Greater Bay Area is gaining momentum. Science and technology innovation capacity is building up. New breakthroughs have been made in modernizing infrastructure and enhancing infrastructure connectivity. The modern industrial system with international competitiveness is being improved. The development of a quality life area where people can live and work happily and travel conveniently is accelerated. Comprehensive opening-up is promoted at a higher level. Guangdong, however, is also facing some difficulties and challenges in developing the Greater Bay Area. In the future, the province should actively explore new ways of thinking and methods for enhancing science and technology innovation, improving infrastructure, creating more growth drivers for industrial development, promoting joint development and joint governance for shared benefits and aligning with laws and standards, for building the Greater Bay Area into a world-class city cluster and bay area.

Keywords: World-class City Cluster; International Science and Technology Innovation Center; Infrastructure Connectivity; Modern Industrial System; Quality Living Area

B.12　Guangdong Regional Development Report 2020

Coordinated Regional Development Research Team,

Institute of Economic Studies,

Guangdong Academy of Social Sciences / 343

Abstract：Despite the Covid-19 epidemic in 2020, the economic growth rates of Guangzhou and Shenzhen, two center cities in Guangdong, respectively reached 27 percent and 31 percent, higher than the provincial average of 23 percent and the national average. The two cities demonstrated their strengths as growth engines. The economic growth rates of the cities along the east and west sides of the coastal economic belt and in the northern ecological development zone were also satisfactory. The economic growth rate of Shanwei was 46 percent, the highest in the province. Those of Yangjiang, Qingyuan and Shaoguan were respectively 44 percent, 38 percent and 30 percent. Yunfu, the smallest economy in the province, achieved a growth rate of 41 percent, with its GDP exceeding one hundred billion *yuan* for the first time. By 2020, all cities in Guangdong had had a GDP of more than one hundred billion *yuan* and three cities in the Pearl River Delta had had a GDP of more than one trillion *yuan* . The fourth city with a GDP of more than one trillion *yuan* is expected to come from the core area of the Pearl River Delta in Guangdong, which serves as a strong engine driving the economic growth of the province. The cities along the east and west sides of the coastal economic belt and in the northern ecological development zone have made noticeable progress in development, which has helped to narrow the expanding regional gaps. The regional development pattern of one core, one belt and one zone which has been under planning since 2018 has preliminarily formed. Looking into the future, Guangdong will step up efforts in developing the Guangdong-Hong Kong-Macau Greater Bay Area and the pilot demonstration area of socialism with Chinese characteristics, promoting the joint development of Guangzhou and Shenzhen, developing the metropolitan area and the city cluster, constructing infrastructure and facilitating the free flow of factors of production. The province will also develop at its fastest speed possible a high-quality regional development pattern where the three functional areas of the core, the belt and the zone are mutually supportive and complementary.

Abstract: Based on the data of the Provincial Situation Survey (2020) of the Guangdong Academy of Social Sciences, this paper analyzes and studies the basic situation of urban and rural families in Guangdong Province according to the data of the household survey since 2018. In particular, the changes of family economy, family model, population structure, social mentality and lifestyle in Guangdong were analyzed in the post-epidemic era. The study shows that the work and life style of Guangdong families has changed greatly under the influence of the new corona-virus pneumonia epidemic, and online education and telecommuting are popularized rapidly. The new life style based on keeping social distance has a certain degree of impact on Guangdong families, and has a different degree of impact on family economic life, employment situation, social mentality and so on. At the same time, the work of epidemic prevention and control has been carried out in an orderly and effective manner, which makes Guangdong families have higher trust in the Party and the government than in previous years, and the evaluation of satisfaction with the work of the Party and the government has always maintained a high level.

皮 书

智库报告的主要形式
同一主题智库报告的聚合

❖ 皮书定义 ❖

皮书是对中国与世界发展状况和热点问题进行年度监测，以专业的角度、专家的视野和实证研究方法，针对某一领域或区域现状与发展态势展开分析和预测，具备前沿性、原创性、实证性、连续性、时效性等特点的公开出版物，由一系列权威研究报告组成。

❖ 皮书作者 ❖

皮书系列报告作者以国内外一流研究机构、知名高校等重点智库的研究人员为主，多为相关领域一流专家学者，他们的观点代表了当下学界对中国与世界的现实和未来最高水平的解读与分析。截至2021年，皮书研创机构有近千家，报告作者累计超过7万人。

❖ 皮书荣誉 ❖

皮书系列已成为社会科学文献出版社的著名图书品牌和中国社会科学院的知名学术品牌。2016年皮书系列正式列入"十三五"国家重点出版规划项目；2013~2021年，重点皮书列入中国社会科学院承担的国家哲学社会科学创新工程项目。

中国皮书网

（网址：www.pishu.cn）

发布皮书研创资讯，传播皮书精彩内容
引领皮书出版潮流，打造皮书服务平台

栏目设置

◆ **关于皮书**

何谓皮书、皮书分类、皮书大事记、
皮书荣誉、皮书出版第一人、皮书编辑部

◆ **最新资讯**

通知公告、新闻动态、媒体聚焦、
网站专题、视频直播、下载专区

◆ **皮书研创**

皮书规范、皮书选题、皮书出版、
皮书研究、研创团队

◆ **皮书评奖评价**

指标体系、皮书评价、皮书评奖

◆ **皮书研究院理事会**

理事会章程、理事单位、个人理事、高级
研究员、理事会秘书处、入会指南

◆ **互动专区**

皮书说、社科数托邦、皮书微博、留言板

所获荣誉

◆ 2008 年、2011 年、2014 年，中国皮书
网均在全国新闻出版业网站荣誉评选中
获得 "最具商业价值网站" 称号；

◆ 2012 年,获得 "出版业网站百强" 称号。

网库合一

2014年，中国皮书网与皮书数据库端口
合一，实现资源共享。

中国皮书网

权威报告·一手数据·特色资源

皮书数据库
ANNUAL REPORT(YEARBOOK)
DATABASE

分析解读当下中国发展变迁的高端智库平台

所获荣誉

- 2019年，入围国家新闻出版署数字出版精品遴选推荐计划项目
- 2016年，入选"'十三五'国家重点电子出版物出版规划骨干工程"
- 2015年，荣获"搜索中国正能量 点赞2015""创新中国科技创新奖"
- 2013年，荣获"中国出版政府奖·网络出版物奖"提名奖
- 连续多年荣获中国数字出版博览会"数字出版·优秀品牌"奖

成为会员

通过网址www.pishu.com.cn访问皮书数据库网站或下载皮书数据库APP，进行手机号码验证或邮箱验证即可成为皮书数据库会员。

会员福利

- 已注册用户购书后可免费获赠100元皮书数据库充值卡。刮开充值卡涂层获取充值密码，登录并进入"会员中心"—"在线充值"—"充值卡充值"，充值成功即可购买和查看数据库内容。
- 会员福利最终解释权归社会科学文献出版社所有。

社会科学文献出版社 皮书系列
SOCIAL SCIENCES ACADEMIC PRESS (CHINA)

卡号：121616436111
密码：

数据库服务热线：400-008-6695
数据库服务QQ：2475522410
数据库服务邮箱：database@ssap.cn
图书销售热线：010-59367070/7028
图书服务QQ：1265056568
图书服务邮箱：duzhe@ssap.cn

S 基本子库
SUB DATABASE

中国社会发展数据库（下设 12 个子库）

整合国内外中国社会发展研究成果，汇聚独家统计数据、深度分析报告，涉及社会、人口、政治、教育、法律等 12 个领域，为了解中国社会发展动态、跟踪社会核心热点、分析社会发展趋势提供一站式资源搜索和数据服务。

中国经济发展数据库（下设 12 个子库）

围绕国内外中国经济发展主题研究报告、学术资讯、基础数据等资料构建，内容涵盖宏观经济、农业经济、工业经济、产业经济等 12 个重点经济领域，为实时掌控经济运行态势、把握经济发展规律、洞察经济形势、进行经济决策提供参考和依据。

中国行业发展数据库（下设 17 个子库）

以中国国民经济行业分类为依据，覆盖金融业、旅游、医疗卫生、交通运输、能源矿产等 100 多个行业，跟踪分析国民经济相关行业市场运行状况和政策导向，汇集行业发展前沿资讯，为投资、从业及各种经济决策提供理论基础和实践指导。

中国区域发展数据库（下设 6 个子库）

对中国特定区域内的经济、社会、文化等领域现状与发展情况进行深度分析和预测，研究层级至县及县以下行政区，涉及省份、区域经济体、城市、农村等不同维度，为地方经济社会宏观态势研究、发展经验研究、案例分析提供数据服务。

中国文化传媒数据库（下设 18 个子库）

汇聚文化传媒领域专家观点、热点资讯，梳理国内外中国文化发展相关学术研究成果、一手统计数据，涵盖文化产业、新闻传播、电影娱乐、文学艺术、群众文化等 18 个重点研究领域。为文化传媒研究提供相关数据、研究报告和综合分析服务。

世界经济与国际关系数据库（下设 6 个子库）

立足"皮书系列"世界经济、国际关系相关学术资源，整合世界经济、国际政治、世界文化与科技、全球性问题、国际组织与国际法、区域研究 6 大领域研究成果，为世界经济与国际关系研究提供全方位数据分析，为决策和形势研判提供参考。

法律声明

　　"皮书系列"（含蓝皮书、绿皮书、黄皮书）之品牌由社会科学文献出版社最早使用并持续至今，现已被中国图书市场所熟知。"皮书系列"的相关商标已在中华人民共和国国家工商行政管理总局商标局注册，如LOGO（ ）、皮书、Pishu、经济蓝皮书、社会蓝皮书等。"皮书系列"图书的注册商标专用权及封面设计、版式设计的著作权均为社会科学文献出版社所有。未经社会科学文献出版社书面授权许可，任何使用与"皮书系列"图书注册商标、封面设计、版式设计相同或者近似的文字、图形或其组合的行为均系侵权行为。

　　经作者授权，本书的专有出版权及信息网络传播权等为社会科学文献出版社享有。未经社会科学文献出版社书面授权许可，任何就本书内容的复制、发行或以数字形式进行网络传播的行为均系侵权行为。

　　社会科学文献出版社将通过法律途径追究上述侵权行为的法律责任，维护自身合法权益。

　　欢迎社会各界人士对侵犯社会科学文献出版社上述权利的侵权行为进行举报。电话：010-59367121，电子邮箱：fawubu@ssap.cn。

社会科学文献出版社